Blue Book on Brand Value
of Chinese Listed
Companies

2021
中国上市公司
品牌价值
蓝|皮|书

赵平 刘学东◎主编

清华大学出版社
北京

内 容 简 介

清华大学经济管理学院中国企业研究中心与每日经济新闻每经智库合作,对中国上市公司的品牌价值进行了深入研究,开发了清华 CBRC 上市公司品牌价值评估方法,并据此测算了在全球所有证券市场上市的中国内地公司的品牌价值。本书收录了品牌价值排名居前的 3 000 家上市公司数据,并依据品牌价值、行业和地域对其进行了排序和分析。本书的出版旨在帮助中国企业更清晰地了解本公司及相关公司的品牌建设情况,以便持续提升公司的品牌价值;同时,为学术界开展品牌价值的理论研究、为政府制定民族品牌战略提供参考。

图书在版编目(CIP)数据

2021 中国上市公司品牌价值蓝皮书/赵平,刘学东主编. —北京:清华大学出版社,2021.11

ISBN 978-7-302-59247-1

Ⅰ. ①2… Ⅱ. ①赵… ②刘… Ⅲ. ①上市公司—品牌战略—研究报告—中国—2021 Ⅳ. ①F279.246

中国版本图书馆 CIP 数据核字(2021)第 191814 号

责任编辑:王 青
封面设计:李召霞
责任校对:宋玉莲
责任印制:沈 露

出版发行:清华大学出版社

  网 址:http://www.tup.com.cn,http://www.wqbook.com

  地 址:北京清华大学学研大厦 A 座   邮 编:100084

  社 总 机:010-62770175   邮 购:010-83470235

  投稿与读者服务:010-62776969,c-service@tup.tsinghua.edu.cn

  质量反馈:010-62772015,zhiliang@tup.tsinghua.edu.cn

印 装 者:三河市龙大印装有限公司

经 销:全国新华书店

开 本:185mm×260mm   印 张:27.5   字 数:579 千字

版 次:2021 年 11 月第 1 版   印 次:2021 年 11 月第1次印刷

定 价:125.00 元

产品编号:094085-01

编　委　会

前　　言

《2021 中国上市公司品牌价值蓝皮书》是在全面汇总中国上市公司数据并进行完整品牌价值测算的基础上编辑而成的，在某种程度上是对我国"十四五"规划第一年中国上市公司品牌价值所做的一次总结。我们希望，在 2021 年剧烈动荡的国际大环境下，本书的出版能够为中国企业的品牌建设、为中国经济的高质量发展提供一些助益。

2021 年是非凡的一年，有许多重大事件正深刻影响着我国的经济发展，比如，在全球肆虐的新冠肺炎疫情、仍在持续的中美贸易摩擦，以及美国及其他西方国家对中国科技公司的不断打压，等等。所有这一切的发生都不是我们所期望的，但都是我们必须面对的。我们切实看到，在中国特色社会主义制度下，我国正在有效化解这些事件的负面影响。我们也看到，在这样的环境下，我国经济保持了相对较快的增长，人民变得更加团结爱国，国际社会对我国有了更加广泛的了解和认同。

同样，2021 年的这些重大事件对于中国品牌来说也是重大的挑战和机遇。中国企业如何抓住机遇，迎接挑战，在不利的国际大环境中赶超国际强势品牌，不仅关乎企业的生存与发展，也关乎中国经济如何有效地向高质量发展的模式转型。

第一个重大的挑战和机遇来自新冠肺炎疫情。到目前为止，新冠肺炎疫情已经在全球持续肆虐了接近两年，感染人数超过 2 亿，并且还在持续增加。许多发达国家都在疫情面前败下阵来，任由疫情肆虐。美国就是这类国家的典型代表，到 9 月份，其新冠肺炎感染人数已超过 4 000 万，列世界第一位，且疫情仍不见好转。与此对比，中国在抗击新冠病毒上则表现优异，按人口比例统计，感染人数不到美国的千分之一，并且在短时间内就有效控制了疫情的传播。中国与美国在抗疫表现上的巨大反差令世界震惊。此外，中国还展示出人道主义精神，向世界伸出援手，为许多国家提供了大量的抗疫物资和医疗援助，受到世界各国的广泛好评，扩大了中国对世界的影响力。从这个角度来看，中国制造与中国品牌的声誉必定在世界市场上得到显著的提升。显然，这是中国企业有效实施品牌战略的一次难得的机遇。

第二个重大挑战和机遇来自中美贸易摩擦。从特朗普执政时期开始，美国就对产自中国的多类商品大幅度提高进口关税，致使中国的这些商品在美国市场上的售价全面升高。美国的这种贸易政策确实给中国企业带来了挑战，降低了中国商品在美国市场上的竞争力。但是，中国商品在美国市场上整体提高价格，却为中国品牌升级带来了机遇。中国经济转型升级的目标就是向高质量发展模式转换，这需要供给侧不断创新，不断改进产品或服务质量,也需要需求侧对产品和品牌升级的认同。在市场上,高价格往往代表高质量、高技术或高标准。如果市场接受中国制造与中国品牌的高价格,就表明需求侧对中国制造与中国品牌向高端发展的认可。近几年中美贸易额的快速增加,以及中国对美国贸易顺差的持续扩大也证实了这一点。

第三个重大挑战和机遇来自美国对中国科技企业的打压。美国前总统特朗普对我国华为公司的打压是最典型的例子。他不仅下令美国企业断供华为芯片,还阻止华为5G通信产品进入美国及其他西方国家的市场。这对华为是巨大的挑战,公司发展受阻。但从另一个角度来看,美国是世界上科技实力最强的国家,美国总统在世界各地大力宣传中国华为公司很厉害,中国很多科技企业也很厉害,形成了对发达国家企业的威胁,这实质上是为中国制造与中国品牌在全球市场代言进行广告宣传。市场认知结果必定是美国担心的竞争企业一定是优秀的企业,这些企业制造的产品一定是优秀的产品。这种结果会大大提升中国制造与中国品牌在全球市场上的地位。

中国制造与中国品牌在面对挑战和机遇时的卓越表现,在《2021中国上市公司品牌价值蓝皮书》中得到了充分的体现。按"清华3000"品牌价值指数,2021年中国品牌价值从2020年基期的100攀升到116,远高于GDP的增长。这表明,中国企业在变化的环境中有能力抓住机遇,应对挑战。同时也表明,中国制造与中国品牌在全球市场上正在赢得越来越多人的喜爱,中国经济正在有效地从高速度发展模式向高质量发展模式转变。

目　　录

第3篇　中国上市公司品牌价值区域榜　　269

第 4 篇　中国上市公司品牌价值评估方法论　　423

第1篇

2021年中国上市公司品牌价值总榜

1.1　品牌价值总榜分析

　　2021 年中国上市公司品牌价值总榜,是在对 2021 年 1 月 1 日以前在全球资本市场上市的 5 285 家中国内地公司进行全面评估的基础上编制的。该榜单汇集了品牌价值居前的 3 000 家公司的数据,总计品牌价值 246 340.8 亿元,比 2020 年增加了 33 342.73 亿元,增长了 15.7%。

1.1.1　2021 年中国上市公司品牌价值总榜的集中度分析

　　在 2021 年中国上市公司品牌价值总榜中:排在前 10 位的公司品牌价值合计 65 143 亿元,占榜单总计品牌价值的 26.4%,较上年上升了 2.5 个百分点;排在前 100 位的公司品牌价值合计 146 535.93 亿元,占榜单总计品牌价值的 59.5%,较上年上升了 0.6 个百分点;排在前 1 000 位的公司品牌价值合计 223 985.6 亿元,占榜单总计品牌价值的 90.9%,较上年上升了 0.1 个百分点(参见图 1-1)。

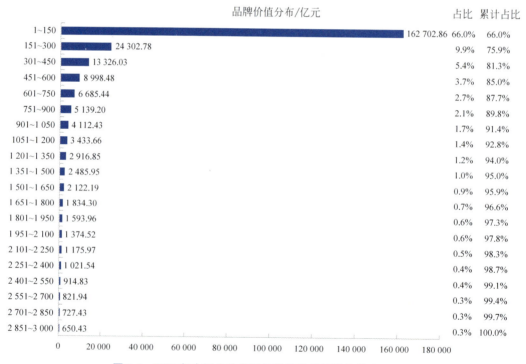

图 1-1　2021 年中国上市公司品牌价值总榜的品牌价值分布

1.1.2　2021 年中国上市公司品牌价值总榜的行业分析

　　在 2021 年中国上市公司品牌价值总榜中,共有 37 个行业的公司上榜。其中,零售行业以 34 684.02 亿元的品牌价值排在第一位。品牌价值高于 10 000 亿元的行业有 7 个,分别是零售、金融、互联网、房地产、饮料、汽车和装备行业,品牌价值合计 152 464.05 亿元,占榜单总计品牌价值的 61.9%。品牌价值在 5 000 亿~9 999 亿元区间的行业有 6 个,分别是电信、建筑、家电、医药、电子和运输行业,品牌价值合计 48 991.14 亿元,占榜单总计品牌价值的 19.9%。品牌价值在 1 000 亿~4 999 亿元区间的行业有 14 个,分别是通信、食品、休闲、贸易、有色金属、石油、服饰、农业、钢铁、教育、媒体、化工、日用和公用事业,品牌价值合计 40 066.35 亿元,占榜单总计品牌价值的 16.3%。品牌价值低于 1 000 亿元的行业有 10 个,分别是煤炭、环保、餐饮、酒店、纺织、家居、保健、造纸、商业服务和包装,品牌价值合计 4 819.27 亿元,占榜单总计品牌价值的 1.9%(参见图 1-2)。

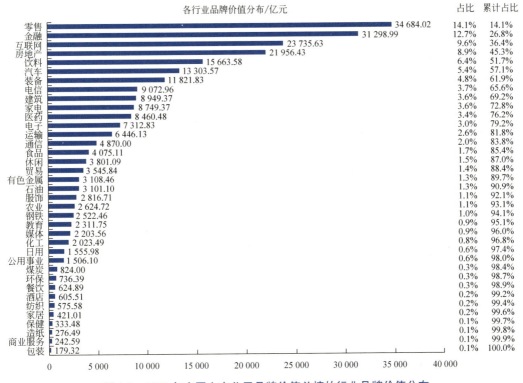

图 1-2　2021 年中国上市公司品牌价值总榜的行业品牌价值分布

在 2021 年中国上市公司品牌价值总榜中,各行业的上榜公司数量是不同的。其中,装备行业以 354 家上榜公司列在第一位。上榜公司数量多于 100 家的行业有 10 个,分别是装备、医药、电子、房地产、金融、互联网、汽车、建筑、运输和化工,上榜公司数量合计 1 773 家,占榜单公司总数的 59.1%。上榜公司数量为 50~100 家的行业有 11 个,分别是零售、有色金属、休闲、媒体、公用事业、服饰、通信、食品、贸易、农业和教育,上榜公司数量合计 791 家,占榜单公司总数的 26.4%。上榜公司数量小于 50 家的行业有 16 个,分别是家电、日用、饮料、钢铁、环保、纺织、商业服务、家居、煤炭、石油、保健、包装、电信、造纸、酒店和餐饮,上榜公司数量合计 436 家,占榜单公司总数的 14.5%(参见图 1-3)。

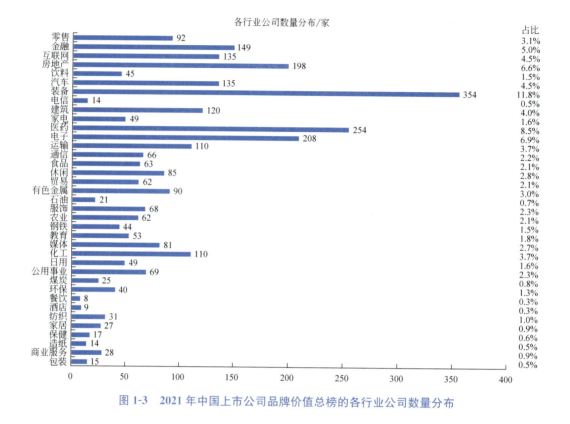

图 1-3　2021 年中国上市公司品牌价值总榜的各行业公司数量分布

　　与 2020 年中国上市公司品牌价值总榜相比,2021 年中国上市公司品牌价值总榜中,各行业的品牌价值增长率有较大差异。食品行业以 75.6% 的品牌价值增长率排在第一位。品牌价值增长率高于 30% 的行业有 8 个,分别是食品、家居、贸易、农业、零售、日用、饮料和教育。品牌价值增长率为 10%~30% 的行业有 11 个,分别是互联网、有色金属、医药、装备、建筑、餐饮、造纸、房地产、电子、环保和煤炭。品牌价值增长率低于 10% 的行业有 11 个,分别是钢铁、公用事业、通信、化工、运输、金融、媒体、纺织、家电、包装和电信。品牌价值负增长的行业有 7 个,分别是汽车、服饰、休闲、商业服务、石油、酒店和保健(参见图 1-4)。

1.1.3　2021 年中国上市公司品牌价值总榜的区域分析

　　在 2021 年中国上市公司品牌价值总榜中,3 000 家公司来自 32 个地区。其中,北京地区以 61 012.13 亿元的品牌价值排在第一位。品牌价值高于 10 000 元的地区有 5 个,分别是北京、广东、浙江、上海和香港,品牌价值合计 181 413.18 亿元,占榜单总计品牌价值的 73.6%。品牌价值在 5 000 亿~9 999 亿元区间的地区有 5 个,分别是江苏、山东、福建、四川和贵州,品牌价值合计 32 849.13 亿元,占榜单总计品牌价值的 13.3%。品牌价值在 1 000 亿~4 999 亿元区间的地区有 13 个,分别是安徽、湖北、内蒙古、河北、河南、天津、重庆、湖南、辽宁、江西、山西、新疆和陕西,品牌价值合计 28 271.90 亿元,占榜单总计品牌价值的 11.5%。品牌价值低于 1 000 亿元的地区有 9 个,分别是云南、吉林、广西、黑

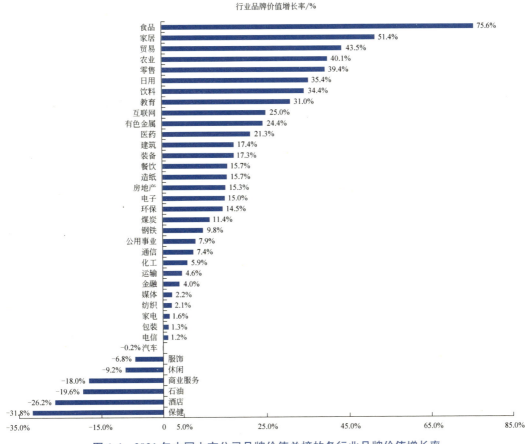

图1-4　2021年中国上市公司品牌价值总榜的各行业品牌价值增长率

龙江、海南、甘肃、西藏、青海和宁夏,品牌价值合计3 806.60亿元,占榜单总计品牌价值的1.5%(参见图1-5)。

在2021年中国上市公司品牌价值总榜中,各地区上榜公司数量是不同的。其中,广东以481家公司上榜列在第一位。上榜公司数量多于100家的地区有7个,分别是广东、北京、浙江、上海、江苏、山东和香港,上榜公司数量合计2 033家,占榜单公司总数的67.8%。上榜公司数量为50~100家的地区有8个,分别是福建、安徽、湖北、四川、湖南、河南、辽宁和河北,上榜公司数量合计562家,占榜单公司总数的18.7%。上榜公司数量少于50家的地区有17个,分别是重庆、天津、陕西、江西、新疆、广西、山西、云南、黑龙江、内蒙古、吉林、贵州、海南、甘肃、西藏、青海和宁夏,上榜公司数量合计405家,占榜单公司总数的13.5%(参见图1-6)。

与2020年中国上市公司品牌价值总榜相比,2021年中国上市公司品牌价值总榜中,各地区的品牌价值增长率有较大的差异。品牌价值增长最快的地区是浙江,增长了38.9%。品牌价值增长率高于30%的地区共计6个,分别是浙江、河南、贵州、湖南、天津和四川。品牌价值增长率为10%~30%的地区共计12个,分别是安徽、广东、广西、重庆、江西、内

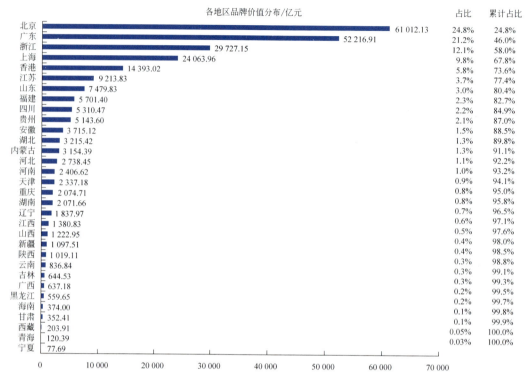

图 1-5   2021 年中国上市公司品牌价值总榜各地区的品牌价值

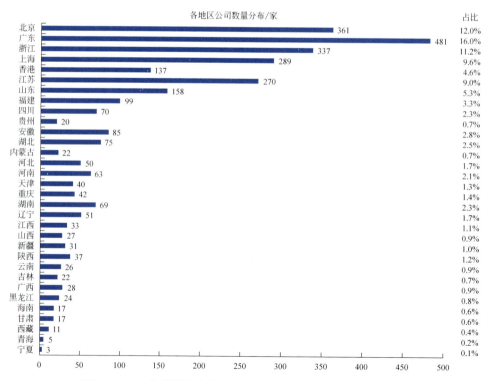

图 1-6   2021 年中国上市公司品牌价值总榜各地区公司数量分布

蒙古、吉林、云南、河北、福建、陕西和江苏。品牌价值增长率低于10%的地区有11个,分别是上海、青海、黑龙江、西藏、香港、北京、湖北、山东、山西、新疆和辽宁。品牌价值负增长的地区有3个,分别是海南、甘肃和宁夏(参见图1-7)。

各地区品牌价值增长率/%

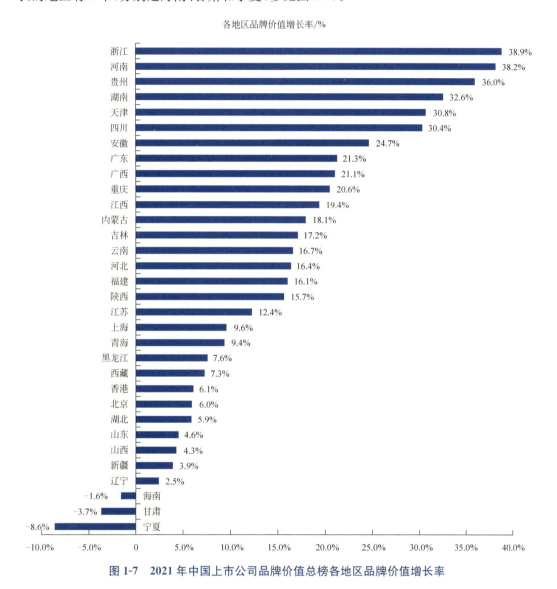

图1-7　2021年中国上市公司品牌价值总榜各地区品牌价值增长率

1.1.4　2021年中国上市公司品牌价值榜的上市板块分析

在2021年中国上市公司品牌价值总榜中:在沪市主板上市的公司有1 078家,品牌价值合计94 648.86亿元,占榜单总计品牌价值的38.4%,排在第一位;在港股上市的中资股公司有521家,品牌价值合计93 226.59亿元,占榜单总计品牌价值的37.8%,排在第二位;在深市主板上市的公司有309家,品牌价值合计24 281.26亿元,占榜单总计品牌价值的9.85%,排在第三位。此外,在深市中小企业板上市的公司有607家,品牌价值合计

18 257.63 亿元;在国外上市的中概股公司有 103 家,品牌价值合计 8 541.26 亿元;在深市创业板上市的公司有 331 家,品牌价值合计 6 396.87 亿元;在沪市科创板上市的公司有 51 家,品牌价值合计 988.33 亿元。

1.1.5　2021 年中国上市公司品牌价值榜的上市时间分析

在 2021 年中国上市公司品牌价值总榜中:2006—2010 年上市的公司有 584 家,品牌价值合计 56 847.29 亿元,占榜单总计品牌价值的 23.1%,排在第一位;2016—2020 年上市的公司有 806 家,品牌价值合计 54 597.8 亿元,占榜单总计品牌价值的 22.2%,排在第二位;2001—2005 年上市的公司有 326 家,品牌价值合计 48 373.17 亿元,占榜单总计品牌价值的 19.6%,排在第三位。此外,1996—2000 年上市的公司有 498 家,品牌价值合计 41 550.81 亿元;2011—2015 年上市的公司有 548 家,品牌价值合计 24 253.19 亿元;1996 年之前上市的公司有 238 家,品牌价值合计 20 718.55 亿元。

1.2　品牌价值总榜榜单

2021 年中国上市公司品牌价值总榜选取了品牌价值居前的 3 000 家内地公司,具体榜单如下。

序号	证 券 名 称	品牌价值/亿元	增长率/%	行业	地区	上市日期	证券代码
1	阿里巴巴-SW	17 672.76	50.0	零售	浙江	2019-11-26	9988.HK
2	腾讯控股	16 787.06	48.3	互联网	广东	2004-06-16	0700.HK
3	中国移动	5 439.91	1.1	电信	香港	1997-10-23	0941.HK
4	贵州茅台	4 815.62	39.6	饮料	贵州	2001-08-27	600519.SH
5	京东集团-SW	4 790.46	86.7	零售	北京	2020-06-18	9618.HK
6	上汽集团	3 679.69	−22.6	汽车	上海	1997-11-25	600104.SH
7	工商银行	3 340.02	−5.0	金融	北京	2006-10-27	601398.SH
8	中国平安	3 310.86	12.9	金融	广东	2007-03-01	601318.SH
9	建设银行	2 670.17	2.1	金融	北京	2007-09-25	601939.SH
10	网易-S	2 636.44	26.6	互联网	浙江	2020-06-11	9999.HK
11	美团-W	2 536.22	41.6	零售	北京	2018-09-20	3690.HK
12	农业银行	2 334.46	−3.9	金融	北京	2010-07-15	601288.SH
13	美的集团	2 310.20	6.0	家电	广东	2013-09-18	000333.SZ
14	中国恒大	2 208.51	8.9	房地产	广东	2009-11-05	3333.HK
15	中国银行	2 129.43	−2.9	金融	北京	2006-07-05	601988.SH

续表

序号	证 券 名 称	品牌价值/亿元	增长率/%	行业	地区	上市日期	证券代码
16	五粮液	2 092.68	52.8	饮料	四川	1998-04-27	000858.SZ
17	中国电信	2 050.56	−3.9	电信	北京	2002-11-15	0728.HK
18	百度	1 874.51	−29.6	互联网	北京	2005-08-05	BIDU.O
19	联想集团	1 849.26	17.5	电子	北京	1994-02-14	0992.HK
20	中国建筑	1 771.65	10.4	建筑	北京	2009-07-29	601668.SH
21	格力电器	1 679.22	−3.9	家电	广东	1996-11-18	000651.SZ
22	碧桂园	1 660.21	26.2	房地产	广东	2007-04-20	2007.HK
23	中国人寿	1 581.22	37.0	金融	北京	2007-01-09	601628.SH
24	伊利股份	1 548.64	18.4	饮料	内蒙古	1996-03-12	600887.SH
25	小米集团-W	1 455.69	53.5	通信	北京	2018-07-09	1810.HK
26	海尔智家	1 431.80	12.6	家电	山东	1993-11-19	600690.SH
27	万科 A	1 426.01	1.9	房地产	广东	1991-01-29	000002.SZ
28	中国联通	1 399.52	5.5	电信	北京	2002-10-09	600050.SH
29	中国石化	1 395.06	−17.9	石油	北京	2001-08-08	600028.SH
30	金龙鱼	1 302.98		食品	上海	2020-10-15	300999.SZ
31	苏宁易购	1 245.72	−7.8	零售	江苏	2004-07-21	002024.SZ
32	蒙牛乳业	1 193.45	20.9	饮料	内蒙古	2004-06-10	2319.HK
33	中国石油	1 145.04	−18.5	石油	北京	2007-11-05	601857.SH
34	招商银行	1 114.91	6.1	金融	广东	2002-04-09	600036.SH
35	国药控股	1 058.46	5.8	医药	上海	2009-09-23	1099.HK
36	中国中车	1 000.02	−25.4	装备	北京	2008-08-18	601766.SH
37	中国海外发展	974.21	2.6	房地产	香港	1992-08-20	0688.HK
38	中国铁建	974.06	8.4	建筑	北京	2008-03-10	601186.SH
39	中国中铁	953.87	9.5	建筑	北京	2007-12-03	601390.SH
40	绿地控股	924.98	17.9	房地产	上海	1992-03-27	600606.SH
41	中国人保	911.98	1.4	金融	北京	2018-11-16	601319.SH
42	交通银行	859.34	1.9	金融	上海	2007-05-15	601328.SH
43	保利地产	851.51	0.4	房地产	广东	2006-07-31	600048.SH
44	比亚迪	850.89	47.8	汽车	广东	2011-06-30	002594.SZ
45	唯品会	847.70	34.6	零售	广东	2012-03-23	VIPS.N
46	高鑫零售	781.25	10.3	零售	上海	2011-07-27	6808.HK

续表

序号	证券名称	品牌价值/亿元	增长率/%	行业	地区	上市日期	证券代码
47	邮储银行	776.54	6.2	金融	北京	2019-12-10	601658.SH
48	拼多多	776.34	28.3	零售	上海	2018-07-26	PDD.O
49	兴业银行	739.27	−0.5	金融	福建	2007-02-05	601166.SH
50	中国太保	734.40	14.0	金融	上海	2007-12-25	601601.SH
51	华润置地	733.45	−2.3	房地产	香港	1996-11-08	1109.HK
52	洋河股份	730.05	−10.3	饮料	江苏	2009-11-06	002304.SZ
53	龙湖集团	726.36	34.4	房地产	北京	2009-11-19	0960.HK
54	顺丰控股	724.11	63.0	运输	广东	2010-02-05	002352.SZ
55	北京汽车	714.91	−9.4	汽车	北京	2014-12-19	1958.HK
56	长城汽车	694.84	36.4	汽车	河北	2011-09-28	601633.SH
57	中国财险	689.67	5.3	金融	北京	2003-11-06	2328.HK
58	浦发银行	677.42	−7.7	金融	上海	1999-11-10	600000.SH
59	三一重工	640.02	141.1	装备	北京	2003-07-03	600031.SH
60	世茂集团	636.06	42.3	房地产	香港	2006-07-05	0813.HK
61	华侨城 A	634.38	50.1	房地产	广东	1997-09-10	000069.SZ
62	双汇发展	623.52	28.4	食品	河南	1998-12-10	000895.SZ
63	中国交建	616.80	1.9	建筑	北京	2012-03-09	601800.SH
64	民生银行	599.70	−1.3	金融	北京	2000-12-19	600016.SH
65	中信银行	570.30	−5.0	金融	北京	2007-04-27	601998.SH
66	吉利汽车	557.69	15.4	汽车	香港	1973-02-23	0175.HK
67	上海电气	556.34	26.0	装备	上海	2008-12-05	601727.SH
68	农夫山泉	554.23		饮料	浙江	2020-09-08	9633.HK
69	中兴通讯	549.12	7.6	通信	广东	1997-11-18	000063.SZ
70	华润啤酒	543.30	−9.0	饮料	香港	1973-11-15	0291.HK
71	泸州老窖	538.05	35.9	饮料	四川	1994-05-09	000568.SZ
72	上海医药	534.17	17.2	医药	上海	1994-03-24	601607.SH
73	中国通信服务	533.46	0.9	通信	北京	2006-12-08	0552.HK
74	潍柴动力	523.60	17.2	汽车	山东	2007-04-30	000338.SZ
75	永辉超市	516.51	14.4	零售	福建	2010-12-15	601933.SH
76	长安汽车	503.41	31.4	汽车	重庆	1997-06-10	000625.SZ
77	中国中免	502.11	43.3	零售	北京	2009-10-15	601888.SH

续表

序号	证 券 名 称	品牌价值/亿元	增长率/%	行业	地区	上市日期	证券代码
78	光大银行	499.02	11.0	金融	北京	2010-08-18	601818.SH
79	TCL 科技	497.69	−11.0	通信	广东	2004-01-30	000100.SZ
80	四川长虹	496.00	12.3	家电	四川	1994-03-11	600839.SH
81	东风集团股份	485.07	−17.0	汽车	湖北	2005-12-07	0489.HK
82	中国重汽	480.07	59.4	汽车	山东	2007-11-28	3808.HK
83	中远海控	478.69	86.7	运输	天津	2007-06-26	601919.SH
84	中信股份	477.59	−13.1	金融	北京	1986-02-26	0267.HK
85	新东方-S	475.30	35.9	教育	北京	2020-11-09	9901.HK
86	青岛啤酒	467.55	7.4	饮料	山东	1993-08-27	600600.SH
87	海底捞	458.03	14.3	餐饮	北京	2018-09-26	6862.HK
88	中集集团	451.13	22.0	装备	广东	1994-04-08	000039.SZ
89	好未来	445.03	53.4	教育	北京	2010-10-20	TAL.N
90	宝钢股份	436.29	−10.8	钢铁	上海	2000-12-12	600019.SH
91	三六零	434.88	−24.4	互联网	天津	2012-01-16	601360.SH
92	平安银行	421.90	7.5	金融	广东	1991-04-03	000001.SZ
93	华润医药	419.39	−26.3	医药	北京	2016-10-28	3320.HK
94	腾讯音乐	404.30	19.8	休闲	广东	2018-12-12	TME.N
95	广汇汽车	403.10	−5.9	汽车	辽宁	2000-11-16	600297.SH
96	国美零售	402.67	8.1	零售	北京	1992-04-15	0493.HK
97	中国建材	401.48	41.3	建筑	北京	2006-03-23	3323.HK
98	物产中大	400.97	43.5	贸易	浙江	1996-06-06	600704.SH
99	建发股份	391.51	11.6	贸易	福建	1998-06-16	600153.SH
100	大秦铁路	389.94	−8.3	运输	山西	2006-08-01	601006.SH
101	海螺水泥	386.90	55.5	建筑	安徽	2002-02-07	600585.SH
102	海航科技	383.83	3.0	贸易	天津	1996-09-09	600751.SH
103	安踏体育	383.74	46.3	服饰	福建	2007-07-10	2020.HK
104	江西铜业	381.74	20.6	有色金属	江西	2002-01-11	600362.SH
105	厦门象屿	379.70	89.5	贸易	福建	1997-06-04	600057.SH
106	广汽集团	377.35	3.7	汽车	广东	2012-03-29	601238.SH
107	光明乳业	376.75	30.2	饮料	上海	2002-08-28	600597.SH
108	中国中冶	375.03	31.9	建筑	北京	2009-09-21	601618.SH

续表

序号	证券名称	品牌价值/亿元	增长率/%	行业	地区	上市日期	证券代码
109	中国电建	373.75	20.7	建筑	北京	2011-10-18	601669.SH
110	贝壳(KE)	373.63		零售	北京	2020-08-13	BEKE.N
111	华域汽车	364.10	−8.6	汽车	上海	1996-08-26	600741.SH
112	百联股份	363.03	41.0	零售	上海	1994-02-04	600827.SH
113	老凤祥	362.90	15.7	服饰	上海	1992-08-14	600612.SH
114	山西汾酒	362.73	77.0	饮料	山西	1994-01-06	600809.SH
115	新希望	356.84	16.7	农业	四川	1998-03-11	000876.SZ
116	海天味业	354.37	43.8	食品	广东	2014-02-11	603288.SH
117	富力地产	351.70	−1.7	房地产	广东	2005-07-14	2777.HK
118	中国外运	348.16	−15.7	运输	北京	2019-01-18	601598.SH
119	招商蛇口	344.31	−24.2	房地产	广东	2015-12-30	001979.SZ
120	新华保险	343.26	22.6	金融	北京	2011-12-16	601336.SH
121	新城控股	339.75	43.0	房地产	江苏	2015-12-04	601155.SH
122	龙光集团	336.65	56.8	房地产	广东	2013-12-20	3380.HK
123	隆基股份	331.54	109.4	装备	陕西	2012-04-11	601012.SH
124	中国太平	331.00	6.7	金融	香港	2000-06-29	0966.HK
125	华夏幸福	328.85	−0.8	房地产	河北	2003-12-30	600340.SH
126	南方航空	327.22	−27.3	运输	广东	2003-07-25	600029.SH
127	金地集团	326.89	22.6	房地产	广东	2001-04-12	600383.SH
128	雅居乐集团	325.48	0.5	房地产	广东	2005-12-15	3383.HK
129	九州通	316.61	44.5	医药	湖北	2010-11-02	600998.SH
130	中国国航	314.42	−38.3	运输	北京	2006-08-18	601111.SH
131	汽车之家	313.49	−17.0	互联网	北京	2013-12-11	ATHM.N
132	TCL电子	296.23	36.9	家电	香港	1999-11-26	1070.HK
133	海康威视	289.14	2.9	电子	浙江	2010-05-28	002415.SZ
134	牧原股份	288.40	328.1	农业	河南	2014-01-28	002714.SZ
135	厦门国贸	287.26	50.0	贸易	福建	1996-10-03	600755.SH
136	三七互娱	286.96	8.8	休闲	安徽	2011-03-02	002555.SZ
137	古井贡酒	280.79	25.1	饮料	安徽	1996-09-27	000596.SZ
138	中国能源建设	279.33	−5.0	建筑	北京	2015-12-10	3996.HK
139	徐工机械	277.66	89.7	装备	江苏	1996-08-28	000425.SZ

续表

序号	证 券 名 称	品牌价值/亿元	增长率/%	行业	地区	上市日期	证券代码
140	温氏股份	276.64	−17.0	农业	广东	2015-11-02	300498.SZ
141	浪潮信息	272.65	38.6	电子	山东	2000-06-08	000977.SZ
142	中联重科	271.00	119.5	装备	湖南	2000-10-12	000157.SZ
143	中银香港	269.31	11.0	金融	香港	2002-07-25	2388.HK
144	海信家电	268.66	31.8	家电	广东	1999-07-13	000921.SZ
145	中国神华	267.25	−3.2	煤炭	北京	2007-10-09	601088.SH
146	顺鑫农业	267.22	12.6	饮料	北京	1998-11-04	000860.SZ
147	紫光股份	265.53	32.1	电子	北京	1999-11-04	000938.SZ
148	华夏银行	263.28	−2.2	金融	北京	2003-09-12	600015.SH
149	紫金矿业	262.68	48.8	有色金属	福建	2008-04-25	601899.SH
150	京东方A	261.23	21.0	电子	北京	2001-01-12	000725.SZ
151	江淮汽车	253.87	60.8	汽车	安徽	2001-08-24	600418.SH
152	申洲国际	252.91	7.7	服饰	浙江	2005-11-24	2313.HK
153	中国奥园	251.64	82.7	房地产	广东	2007-10-09	3883.HK
154	闻泰科技	248.56	36.5	通信	湖北	1996-08-28	600745.SH
155	恒安国际	247.58	11.0	日用	福建	1998-12-08	1044.HK
156	福田汽车	245.84	37.7	汽车	北京	1998-06-02	600166.SH
157	中国飞鹤	244.83	93.2	食品	北京	2019-11-13	6186.HK
158	爱奇艺(IQIYI)	243.25	9.2	休闲	北京	2018-03-29	IQ.O
159	上海建工	239.55	17.0	建筑	上海	1998-06-23	600170.SH
160	海信视像	236.97	21.2	家电	山东	1997-04-22	600060.SH
161	中公教育	235.23	24.3	教育	安徽	2011-08-10	002607.SZ
162	中国铝业	234.06	9.5	有色金属	北京	2007-04-30	601600.SH
163	创维集团	228.69	16.3	家电	香港	2000-04-07	0751.HK
164	立讯精密	226.28	47.9	电子	广东	2010-09-15	002475.SZ
165	荣盛发展	226.26	1.6	房地产	河北	2007-08-08	002146.SZ
166	旭辉控股集团	226.24	29.0	房地产	上海	2012-11-23	0884.HK
167	金科股份	225.36	62.8	房地产	重庆	1996-11-28	000656.SZ
168	欢聚	222.30	−5.7	休闲	广东	2012-11-21	YY.O
169	北京银行	222.15	−0.8	金融	北京	2007-09-19	601169.SH
170	通威股份	219.16	87.6	农业	四川	2004-03-02	600438.SH

续表

序号	证券名称	品牌价值/亿元	增长率/%	行业	地区	上市日期	证券代码
171	JS环球生活	217.80	40.8	家电	香港	2019-12-18	1691.HK
172	陌陌	216.36	−42.4	休闲	北京	2014-12-11	MOMO.O
173	一汽解放	215.57	84.9	汽车	吉林	1997-06-18	000800.SZ
174	中国东航	213.90	−40.5	运输	上海	1997-11-05	600115.SH
175	越秀地产	210.72	50.8	房地产	香港	1992-12-15	0123.HK
176	传音控股	210.49	63.7	通信	广东	2019-09-30	688036.SH
177	中天科技	205.60	40.9	通信	江苏	2002-10-24	600522.SH
178	中国宏桥	205.52	10.0	有色金属	山东	2011-03-24	1378.HK
179	佳兆业集团	201.61	109.0	房地产	广东	2009-12-09	1638.HK
180	中国再保险	200.68	5.0	金融	北京	2015-10-26	1508.HK
181	陆金所控股(LUFAX)	199.49		金融	上海	2020-10-30	LU.N
182	金风科技	199.11	2.9	装备	新疆	2007-12-26	002202.SZ
183	中国海洋石油	198.68	−20.2	石油	北京	2001-02-28	0883.HK
184	京沪高铁	197.08		运输	北京	2020-01-16	601816.SH
185	海大集团	195.11	24.7	农业	广东	2009-11-27	002311.SZ
186	中国金茂	193.41	−7.5	房地产	香港	2007-08-17	0817.HK
187	融信中国	192.88	23.3	房地产	上海	2016-01-13	3301.HK
188	白云山	191.94	45.6	医药	广东	2001-02-06	600332.SH
189	重庆百货	191.61	−19.0	零售	重庆	1996-07-02	600729.SH
190	养元饮品	189.38	−16.5	饮料	河北	2018-02-12	603156.SH
191	中通快递-SW	187.99	34.0	运输	上海	2020-09-29	2057.HK
192	中梁控股	187.76	−13.9	房地产	上海	2019-07-16	2772.HK
193	美的置业	186.15	31.2	房地产	广东	2018-10-11	3990.HK
194	中信证券	185.47	−13.5	金融	广东	2003-01-06	600030.SH
195	上海银行	185.15	2.6	金融	上海	2016-11-16	601229.SH
196	时代中国控股	183.94	10.1	房地产	广东	2013-12-11	1233.HK
197	祥生控股集团	181.71		房地产	上海	2020-11-18	2599.HK
198	豫园股份	179.89	62.7	服饰	上海	1992-09-02	600655.SH
199	完美世界	179.15	53.4	休闲	浙江	2011-10-28	002624.SZ
200	美凯龙	177.46	−9.0	零售	上海	2018-01-17	601828.SH
201	今世缘	176.37	41.1	饮料	江苏	2014-07-03	603369.SH

续表

序号	证券名称	品牌价值/亿元	增长率/%	行业	地区	上市日期	证券代码
202	中南建设	174.76	61.2	房地产	江苏	2000-03-01	000961.SZ
203	阳光城	170.86	3.0	房地产	福建	1996-12-18	000671.SZ
204	携程网	168.37	−12.2	零售	上海	2003-12-09	TCOM.O
205	世纪华通	166.99	103.2	休闲	浙江	2011-07-28	002602.SZ
206	徽商银行	165.70	27.5	金融	安徽	2013-11-12	3698.HK
207	圆通速递	165.48	6.0	运输	辽宁	2000-06-08	600233.SH
208	国药一致	165.07	26.2	医药	广东	1993-08-09	000028.SZ
209	海澜之家	161.73	−27.1	服饰	江苏	2000-12-28	600398.SH
210	瑞茂通	160.43	7.5	运输	山东	1998-07-03	600180.SH
211	深康佳A	159.23	−27.3	家电	广东	1992-03-27	000016.SZ
212	宇通客车	159.10	−16.0	汽车	河南	1997-05-08	600066.SH
213	亨通光电	158.52	−2.9	通信	江苏	2003-08-22	600487.SH
214	复星国际	158.17	17.5	金融	上海	2007-07-16	0656.HK
215	东方电气	158.14	2.0	装备	四川	1995-10-10	600875.SH
216	恒瑞医药	157.49	45.6	医药	江苏	2000-10-18	600276.SH
217	江苏银行	156.04	19.9	金融	江苏	2016-08-02	600919.SH
218	苏泊尔	154.82	−6.4	家电	浙江	2004-08-17	002032.SZ
219	晶澳科技	153.44	38.2	装备	河北	2010-08-10	002459.SZ
220	宁德时代	152.75	39.8	装备	福建	2018-06-11	300750.SZ
221	联华超市	152.72	41.7	零售	上海	2003-06-27	0980.HK
222	锦江酒店	151.76	−10.1	酒店	上海	1996-10-11	600754.SH
223	歌尔股份	151.57	70.3	电子	山东	2008-05-22	002241.SZ
224	浙商银行	150.28	5.2	金融	浙江	2019-11-26	601916.SH
225	华菱钢铁	149.66	27.6	钢铁	湖南	1999-08-03	000932.SZ
226	宁波银行	149.62	17.3	金融	浙江	2007-07-19	002142.SZ
227	韵达股份	149.43	41.8	运输	浙江	2007-03-06	002120.SZ
228	锦江资本	148.74	−19.4	酒店	上海	2006-12-15	2006.HK
229	王府井	148.27	−11.7	零售	北京	1994-05-06	600859.SH
230	葛洲坝	147.25	13.8	建筑	湖北	1997-05-26	600068.SH
231	中国海外宏洋集团	146.74	91.8	房地产	广东	1984-04-26	0081.HK
232	环旭电子	146.52	28.2	电子	上海	2012-02-20	601231.SH

续表

序号	证券名称	品牌价值/亿元	增长率/%	行业	地区	上市日期	证券代码
233	首开股份	146.38	0.1	房地产	北京	2001-03-12	600376.SH
234	光大环境	146.22	47.3	环保	香港	1997-02-28	0257.HK
235	国药股份	145.46	70.3	医药	北京	2002-11-27	600511.SH
236	河钢股份	142.49	4.6	钢铁	河北	1997-04-16	000709.SZ
237	复星医药	142.03	44.1	医药	上海	1998-08-07	600196.SH
238	中铁工业	141.71	−32.5	装备	北京	2001-05-28	600528.SH
239	口子窖	140.50	−1.1	饮料	安徽	2015-06-29	603589.SH
240	阿特斯太阳能	139.49	−10.4	装备	江苏	2006-11-09	CSIQ.O
241	中集车辆	139.29	−1.8	装备	广东	2019-07-11	1839.HK
242	燕京啤酒	138.71	−18.1	饮料	北京	1997-07-16	000729.SZ
243	中国生物制药	137.43	37.8	医药	香港	2000-09-29	1177.HK
244	东方海外国际	137.09	−3.7	运输	香港	1992-07-31	0316.HK
245	仁恒置地	137.05	1.2	房地产	上海	2006-06-22	Z25.SG
246	兆驰股份	136.99	91.2	日用	广东	2010-06-10	002429.SZ
247	正荣地产	136.50	−7.4	房地产	上海	2018-01-16	6158.HK
248	京东健康	135.61		零售	北京	2020-12-08	6618.HK
249	搜狗	135.54	3.9	互联网	北京	2017-11-09	SOGO.N
250	保利协鑫能源	135.24	2.7	装备	香港	2007-11-13	3800.HK
251	上海实业控股	135.21	18.5	房地产	上海	1996-05-30	0363.HK
252	上海机电	133.78	2.8	装备	上海	1994-02-24	600835.SH
253	云南白药	133.67	8.0	医药	云南	1993-12-15	000538.SZ
254	禹洲集团	133.58	14.9	房地产	福建	2009-11-02	1628.HK
255	中国铁塔	133.47	−26.7	建筑	北京	2018-08-08	0788.HK
256	正邦科技	132.46	44.2	农业	江西	2007-08-17	002157.SZ
257	合生创展集团	132.41	113.2	房地产	香港	1998-05-27	0754.HK
258	扬子江	131.90	−4.0	装备	江苏	2007-04-18	BS6.SG
259	江铃汽车	131.30	−14.8	汽车	江西	1993-12-01	000550.SZ
260	蓝色光标	131.20	41.5	媒体	北京	2010-02-26	300058.SZ
261	保利置业集团	130.93	34.8	房地产	上海	1973-08-30	0119.HK
262	南京银行	129.50	8.0	金融	江苏	2007-07-19	601009.SH
263	渤海银行	127.94		金融	天津	2020-07-16	9668.HK

续表

序号	证 券 名 称	品牌价值/亿元	增长率/%	行业	地区	上市日期	证券代码
264	中国华融	127.51	−34.1	金融	北京	2015-10-30	2799.HK
265	蓝光发展	127.44	15.7	房地产	四川	2001-02-12	600466.SH
266	均胜电子	127.33	49.5	汽车	浙江	1993-12-06	600699.SH
267	海通证券	126.83	−7.5	金融	上海	1994-02-24	600837.SH
268	天合光能	126.62		装备	江苏	2020-06-10	688599.SH
269	国泰君安	125.63	−14.5	金融	上海	2015-06-26	601211.SH
270	家家悦	125.39	30.4	零售	山东	2016-12-13	603708.SH
271	金辉控股	125.22		房地产	北京	2020-10-29	9993.HK
272	铜陵有色	125.00	1.8	有色金属	安徽	1996-11-20	000630.SZ
273	天能动力	124.41	83.8	装备	香港	2007-06-11	0819.HK
274	华发股份	123.73	51.0	房地产	广东	2004-02-25	600325.SH
275	中骏集团控股	123.60	45.9	房地产	上海	2010-02-05	1966.HK
276	恒力石化	123.53	192.5	化工	辽宁	2001-08-20	600346.SH
277	海王生物	121.15	44.2	医药	广东	1998-12-18	000078.SZ
278	上港集团	121.12	−22.4	运输	上海	2006-10-26	600018.SH
279	哈尔滨电气	120.44	−4.8	装备	黑龙江	1994-12-16	1133.HK
280	山东黄金	120.09	27.7	有色金属	山东	2003-08-28	600547.SH
281	*ST 海航	119.40	−24.0	运输	海南	1999-11-25	600221.SH
282	合景泰富集团	119.37	139.4	房地产	香港	2007-07-03	1813.HK
283	大商股份	118.32	−32.0	零售	辽宁	1993-11-22	600694.SH
284	中国医药	118.09	28.3	医药	北京	1997-05-15	600056.SH
285	李宁	117.68	44.2	服饰	北京	2004-06-28	2331.HK
286	鞍钢股份	117.26	−15.8	钢铁	辽宁	1997-12-25	000898.SZ
287	马钢股份	117.16	8.8	钢铁	安徽	1994-01-06	600808.SH
288	荣盛石化	116.14	62.7	化工	浙江	2010-11-02	002493.SZ
289	国机汽车	115.80	−16.5	汽车	天津	2001-03-05	600335.SH
290	雅戈尔	115.58	3.8	房地产	浙江	1998-11-19	600177.SH
291	分众传媒	115.56	−22.8	媒体	广东	2004-08-04	002027.SZ
292	中国船舶	115.29	26.3	装备	上海	1998-05-20	600150.SH
293	烽火通信	115.24	−0.1	通信	湖北	2001-08-23	600498.SH
294	金隅集团	114.65	37.9	建筑	北京	2011-03-01	601992.SH

续表

序号	证券名称	品牌价值/亿元	增长率/%	行业	地区	上市日期	证券代码
295	大参林	113.23	56.7	零售	广东	2017-07-31	603233.SH
296	华泰证券	112.78	0.7	金融	江苏	2010-02-26	601688.SH
297	际华集团	111.99	15.5	服饰	北京	2010-08-16	601718.SH
298	石药集团	111.70	44.2	医药	香港	1994-06-21	1093.HK
299	迈瑞医疗	111.55	36.2	医药	广东	2018-10-16	300760.SZ
300	信义光能	111.53	34.8	装备	安徽	2013-12-12	0968.HK
301	华能国际	111.28	−7.6	公用事业	北京	2001-12-06	600011.SH
302	万华化学	110.95	25.1	化工	山东	2001-01-05	600309.SH
303	昆仑万维	110.84	76.5	休闲	北京	2015-01-21	300418.SZ
304	丘钛科技	110.28	173.1	日用	江苏	2014-12-02	1478.HK
305	公牛集团	109.34		日用	浙江	2020-02-06	603195.SH
306	首钢股份	108.25	53.5	钢铁	北京	1999-12-16	000959.SZ
307	舜宇光学科技	108.07	60.4	电子	浙江	2007-06-15	2382.HK
308	迎驾贡酒	108.06	22.6	饮料	安徽	2015-05-28	603198.SH
309	华东医药	107.30	−1.6	医药	浙江	2000-01-27	000963.SZ
310	中国化学	107.22	12.0	建筑	北京	2010-01-07	601117.SH
311	特变电工	107.19	8.7	装备	新疆	1997-06-18	600089.SH
312	庞大集团	107.10	−0.7	汽车	河北	2011-04-28	601258.SH
313	洛阳钼业	106.78	147.5	有色金属	河南	2012-10-09	603993.SH
314	复星旅游文化	106.76	−20.6	酒店	上海	2018-12-14	1992.HK
315	中国长城	106.68	−59.4	电子	广东	1997-06-26	000066.SZ
316	步步高	105.58	9.5	零售	湖南	2008-06-19	002251.SZ
317	广汇宝信	105.20	19.7	汽车	上海	2011-12-14	1293.HK
318	世茂股份	104.87	−4.6	房地产	上海	1994-02-04	600823.SH
319	吉比特	104.54	89.3	休闲	福建	2017-01-04	603444.SH
320	森马服饰	104.37	−27.1	服饰	浙江	2011-03-11	002563.SZ
321	兖州煤业	104.17	30.3	煤炭	山东	1998-07-01	600188.SH
322	渝农商行	103.93	−9.8	金融	重庆	2019-10-29	601077.SH
323	苏美达	103.76	−1.7	贸易	江苏	1996-07-01	600710.SH
324	鄂武商A	103.37	−15.6	零售	湖北	1992-11-20	000501.SZ
325	南京医药	103.11	31.9	医药	江苏	1996-07-01	600713.SH

续表

序号	证 券 名 称	品牌价值/亿元	增长率/%	行业	地区	上市日期	证券代码
326	蓝思科技	103.03	89.9	电子	湖南	2015-03-18	300433.SZ
327	中国通号	102.97	−15.5	装备	北京	2019-07-22	688009.SH
328	新宝股份	102.88	65.0	家电	广东	2014-01-21	002705.SZ
329	稳健医疗	102.34		纺织	广东	2020-09-17	300888.SZ
330	神州数码	101.85	80.5	贸易	广东	1994-05-09	000034.SZ
331	晨光文具	101.51	32.1	日用	上海	2015-01-27	603899.SH
332	波司登	101.10	14.9	服饰	香港	2007-10-11	3998.HK
333	东方明珠	101.01	0.4	媒体	上海	1993-03-16	600637.SH
334	长电科技	100.27	18.4	电子	江苏	2003-06-03	600584.SH
335	中芯国际	100.01	43.9	电子	上海	2020-07-16	688981.SH
336	云南铜业	99.87	29.7	有色金属	云南	1998-06-02	000878.SZ
337	上海钢联	98.88	−37.9	贸易	上海	2011-06-08	300226.SZ
338	张裕 A	98.60	−20.2	饮料	山东	2000-10-26	000869.SZ
339	天虹股份	98.27	−37.5	零售	广东	2010-06-01	002419.SZ
340	建业地产	97.81	45.1	房地产	河南	2008-06-06	0832.HK
341	大华股份	97.65	15.9	电子	浙江	2008-05-20	002236.SZ
342	长江电力	96.98	13.7	公用事业	北京	2003-11-18	600900.SH
343	欧菲光	96.86	59.1	电子	广东	2010-08-03	002456.SZ
344	老百姓	96.63	46.9	零售	湖南	2015-04-23	603883.SH
345	广发证券	96.46	−4.7	金融	广东	1997-06-11	000776.SZ
346	正泰电器	95.79	28.6	装备	浙江	2010-01-21	601877.SH
347	益丰药房	95.76	83.6	零售	湖南	2015-02-17	603939.SH
348	哔哩哔哩	95.47	54.1	休闲	上海	2018-03-28	BILI.O
349	山东钢铁	95.28	38.7	钢铁	山东	2004-06-29	600022.SH
350	华住	95.24	−25.9	酒店	上海	2010-03-26	HTHT.O
351	浙江建投	94.92		建筑	浙江	2015-06-10	002761.SZ
352	天地科技	94.78	−4.5	装备	北京	2002-05-15	600582.SH
353	振华重工	94.11	−11.9	装备	上海	2000-12-21	600320.SH
354	中信特钢	93.69	383.4	钢铁	湖北	1997-03-26	000708.SZ
355	三元股份	93.24	21.6	饮料	北京	2003-09-15	600429.SH
356	郑煤机	93.17	263.1	装备	河南	2010-08-03	601717.SH

续表

序号	证 券 名 称	品牌价值/亿元	增长率/%	行业	地区	上市日期	证券代码
357	昆仑能源	93.08	13.3	公用事业	香港	1973-03-13	0135.HK
358	申通快递	92.46	−14.4	运输	浙江	2010-09-08	002468.SZ
359	中信建投	92.18	50.9	金融	北京	2018-06-20	601066.SH
360	陆家嘴	91.17	19.9	房地产	上海	1993-06-28	600663.SH
361	中航科工	91.09	16.9	装备	北京	2003-10-30	2357.HK
362	晶科能源	91.02	59.6	装备	江西	2010-05-14	JKS.N
363	航天信息	90.45	−30.0	电子	北京	2003-07-11	600271.SH
364	新钢股份	90.33	15.2	钢铁	江西	1996-12-25	600782.SH
365	安琪酵母	90.27	58.8	食品	湖北	2000-08-18	600298.SH
366	百世集团	90.24	24.4	运输	浙江	2017-09-20	BEST.N
367	长虹美菱	89.85	14.3	家电	安徽	1993-10-18	000521.SZ
368	人福医药	89.57	74.2	医药	湖北	1997-06-06	600079.SH
369	梅花生物	88.80	−4.5	农业	西藏	1995-02-17	600873.SH
370	招商证券	88.32	28.5	金融	广东	2009-11-17	600999.SH
371	浙商中拓	88.26	62.9	贸易	浙江	1999-07-07	000906.SZ
372	网龙	88.00	103.2	休闲	香港	2007-11-02	0777.HK
373	重庆啤酒	87.92	42.0	饮料	重庆	1997-10-30	600132.SH
374	水井坊	87.85	13.4	饮料	四川	1996-12-06	600779.SH
375	柳工	86.59	42.7	装备	广西	1993-11-18	000528.SZ
376	玉柴国际	86.51	10.8	装备	广西	1994-12-16	CYD.N
377	海天国际	86.49	19.6	装备	浙江	2006-12-22	1882.HK
378	香港置地	86.36	−14.3	房地产	香港	1990-10-01	H78.SG
379	欣旺达	86.28	25.9	电子	广东	2011-04-21	300207.SZ
380	利欧股份	86.26	119.4	媒体	浙江	2007-04-27	002131.SZ
381	德邦股份	86.01	0.4	运输	上海	2018-01-16	603056.SH
382	九阳股份	85.56	10.0	家电	山东	2008-05-28	002242.SZ
383	智飞生物	85.18	330.3	医药	重庆	2010-09-28	300122.SZ
384	大北农	85.06	16.6	农业	北京	2010-04-09	002385.SZ
385	花样年控股	84.82	50.4	房地产	广东	2009-11-25	1777.HK
386	斗鱼	84.49	77.0	休闲	湖北	2019-07-17	DOYU.O
387	陕西煤业	84.15	52.7	煤炭	陕西	2014-01-28	601225.SH

续表

序号	证 券 名 称	品牌价值/亿元	增长率/%	行业	地区	上市日期	证券代码
388	居然之家	84.12	−14.6	零售	湖北	1997-07-11	000785.SZ
389	中国电影	83.67	−45.0	休闲	北京	2016-08-09	600977.SH
390	万达电影	83.45	−51.2	休闲	北京	2015-01-22	002739.SZ
391	中国东方教育	83.40	−5.1	教育	安徽	2019-06-12	0667.HK
392	国电南瑞	83.22	17.1	装备	江苏	2003-10-16	600406.SH
393	金融街	83.09	−16.2	房地产	北京	1996-06-26	000402.SZ
394	药明康德	82.97	50.5	医药	江苏	2018-05-08	603259.SH
395	传化智联	82.84	58.8	运输	浙江	2004-06-29	002010.SZ
396	太钢不锈	82.81	−26.5	钢铁	山西	1998-10-21	000825.SZ
397	广州农商银行	82.75	3.8	金融	广东	2017-06-20	1551.HK
398	老板电器	82.72	9.5	家电	浙江	2010-11-23	002508.SZ
399	三钢闽光	82.54	28.6	钢铁	福建	2007-01-26	002110.SZ
400	中国建筑国际	82.17	22.3	建筑	香港	2005-07-08	3311.HK
401	雅迪控股	81.75	37.8	汽车	江苏	2016-05-19	1585.HK
402	华润水泥控股	81.33	23.9	建筑	香港	2009-10-06	1313.HK
403	健康元	81.21	33.6	医药	广东	2001-06-08	600380.SH
404	中百集团	80.57	−12.3	零售	湖北	1997-05-19	000759.SZ
405	鹏鼎控股	80.52	−37.0	电子	广东	2018-09-18	002938.SZ
406	包钢股份	80.34	15.5	钢铁	内蒙古	2001-03-09	600010.SH
407	天津银行	79.97	37.2	金融	天津	2016-03-30	1578.HK
408	上海梅林	79.97	18.3	农业	上海	1997-07-04	600073.SH
409	弘阳地产	79.61	48.3	房地产	江苏	2018-07-12	1996.HK
410	杭州银行	79.46	44.9	金融	浙江	2016-10-27	600926.SH
411	*ST 跨境	79.22	−57.8	零售	山西	2011-12-08	002640.SZ
412	东风汽车	78.73	10.7	汽车	湖北	1999-07-27	600006.SH
413	明阳智能	78.46	123.3	装备	广东	2019-01-23	601615.SH
414	中煤能源	78.37	42.0	煤炭	北京	2008-02-01	601898.SH
415	中文传媒	78.17	20.3	媒体	江西	2002-03-04	600373.SH
416	一心堂	78.15	15.8	零售	云南	2014-07-02	002727.SZ
417	虎牙直播	78.15	24.7	休闲	广东	2018-05-11	HUYA.N
418	新乳业	77.98	11.0	饮料	四川	2019-01-25	002946.SZ

续表

序号	证券名称	品牌价值/亿元	增长率/%	行业	地区	上市日期	证券代码
419	珠江啤酒	77.93	32.0	饮料	广东	2010-08-18	002461.SZ
420	福耀玻璃	77.45	2.7	汽车	福建	1993-06-10	600660.SH
421	中教控股	77.40	109.6	教育	香港	2017-12-15	0839.HK
422	新特能源	77.20	10.3	装备	新疆	2015-12-30	1799.HK
423	瑞康医药	77.06	4.5	医药	山东	2011-06-10	002589.SZ
424	宇华教育	77.04	116.0	教育	河南	2017-02-28	6169.HK
425	申万宏源	76.96	−10.1	金融	新疆	2015-01-26	000166.SZ
426	省广集团	76.83	54.1	媒体	广东	2010-05-06	002400.SZ
427	白银有色	76.54	17.3	有色金属	甘肃	2017-02-15	601212.SH
428	东方日升	76.22	43.0	装备	浙江	2010-09-02	300118.SZ
429	欧亚集团	75.89	−18.4	零售	吉林	1993-12-06	600697.SH
430	恒逸石化	75.84	11.7	化工	广西	1997-03-28	000703.SZ
431	绿地香港	75.49	26.8	房地产	上海	2006-10-10	0337.HK
432	小康股份	75.27	−14.4	汽车	重庆	2016-06-15	601127.SH
433	步长制药	74.67	24.8	医药	山东	2016-11-18	603858.SH
434	中环股份	73.99	16.1	电子	天津	2007-04-20	002129.SZ
435	中国核建	73.43	53.3	建筑	上海	2016-06-06	601611.SH
436	爱施德	73.13	12.6	贸易	广东	2010-05-28	002416.SZ
437	柳钢股份	73.02	−2.6	钢铁	广西	2007-02-27	601003.SH
438	中国龙工	72.86	46.3	装备	上海	2005-11-17	3339.HK
439	凤凰传媒	72.81	−3.2	媒体	江苏	2011-11-30	601928.SH
440	游族网络	72.77	20.4	休闲	福建	2007-09-25	002174.SZ
441	禾丰股份	72.44	32.1	农业	辽宁	2014-08-08	603609.SH
442	中国银河	72.01	17.1	金融	北京	2017-01-23	601881.SH
443	颐海国际	71.71	128.9	食品	上海	2016-07-13	1579.HK
444	上坤地产	71.51		房地产	上海	2020-11-17	6900.HK
445	盛京银行	71.36	4.7	金融	辽宁	2014-12-29	2066.HK
446	南钢股份	71.28	16.0	钢铁	江苏	2000-09-19	600282.SH
447	深圳控股	71.13	−19.6	房地产	广东	1997-03-07	0604.HK
448	中油资本	71.12	50.0	金融	新疆	1996-10-22	000617.SZ
449	中远海能	71.03	39.9	运输	上海	2002-05-23	600026.SH

续表

序号	证 券 名 称	品牌价值/亿元	增长率/%	行业	地区	上市日期	证券代码
450	佳源国际控股	70.94	149.6	房地产	江苏	2016-03-08	2768.HK
451	大悦城	70.81	13.1	房地产	广东	1993-10-08	000031.SZ
452	招商局置地	70.53	7.6	房地产	香港	1997-10-16	0978.HK
453	同方股份	70.52	−45.9	电子	北京	1997-06-27	600100.SH
454	宝胜股份	70.24	51.3	装备	江苏	2004-08-02	600973.SH
455	信达地产	70.00	9.5	房地产	北京	1993-05-24	600657.SH
456	远大控股	69.77	8.7	贸易	江苏	1996-11-28	000626.SZ
457	华新水泥	68.95	37.3	建筑	湖北	1994-01-03	600801.SH
458	中银航空租赁	68.59	19.0	运输	香港	2016-06-01	2588.HK
459	河北建设	68.58	13.0	建筑	河北	2017-12-15	1727.HK
460	南京新百	68.57	−45.1	零售	江苏	1993-10-18	600682.SH
461	威高股份	68.37	54.0	医药	山东	2004-02-27	1066.HK
462	中南传媒	68.36	−7.9	媒体	湖南	2010-10-28	601098.SH
463	滨江集团	68.22	−3.2	房地产	浙江	2008-05-29	002244.SZ
464	怡亚通	67.11	−9.4	贸易	广东	2007-11-13	002183.SZ
465	杭叉集团	66.92	132.9	装备	浙江	2016-12-27	603298.SH
466	中油工程	66.42	−13.5	石油	新疆	2000-12-25	600339.SH
467	国银租赁	66.34	7.6	金融	广东	2016-07-11	1606.HK
468	凯撒旅业	66.33	−1.6	休闲	陕西	1997-07-03	000796.SZ
469	安徽合力	66.30	36.2	装备	安徽	1996-10-09	600761.SH
470	中航西飞	66.02	16.3	装备	陕西	1997-06-26	000768.SZ
471	重药控股	65.90	99.5	医药	重庆	1999-09-16	000950.SZ
472	国电电力	65.86	32.3	公用事业	辽宁	1997-03-18	600795.SH
473	蔚来	65.84	156.2	汽车	上海	2018-09-12	NIO.N
474	长春高新	65.81	86.5	医药	吉林	1996-12-18	000661.SZ
475	三全食品	65.53	87.1	食品	河南	2008-02-20	002216.SZ
476	新和成	65.41	37.5	医药	浙江	2004-06-25	002001.SZ
477	友发集团	65.12		钢铁	天津	2020-12-04	601686.SH
478	中国广核	65.08	−4.0	公用事业	广东	2019-08-26	003816.SZ
479	凯乐科技	64.78	−0.8	通信	湖北	2000-07-06	600260.SH
480	美东汽车	64.59	60.8	汽车	广东	2013-12-05	1268.HK

续表

序号	证券名称	品牌价值/亿元	增长率/%	行业	地区	上市日期	证券代码
481	中泰化学	64.57	50.9	贸易	新疆	2006-12-08	002092.SZ
482	招商轮船	64.47	90.2	运输	上海	2006-12-01	601872.SH
483	金田铜业	64.40		有色金属	浙江	2020-04-22	601609.SH
484	首创置业	64.19	−7.5	房地产	北京	2003-06-19	2868.HK
485	宋城演艺	64.12	−34.6	休闲	浙江	2010-12-09	300144.SZ
486	东山精密	64.08	50.5	电子	江苏	2010-04-09	002384.SZ
487	上海家化	64.07	−7.4	日用	上海	2001-03-15	600315.SH
488	中金黄金	64.03	16.5	有色金属	北京	2003-08-14	600489.SH
489	桃李面包	64.01	31.1	食品	辽宁	2015-12-22	603866.SH
490	爱尔眼科	63.98	1.9	医药	湖南	2009-10-30	300015.SZ
491	华润电力	63.80	−9.2	公用事业	广东	2003-11-12	0836.HK
492	华电国际	63.71	−4.7	公用事业	山东	2005-02-03	600027.SH
493	绝味食品	63.58	40.7	食品	湖南	2017-03-17	603517.SH
494	中国重工	63.47	−22.2	装备	北京	2009-12-16	601989.SH
495	中顺洁柔	63.37	46.6	日用	广东	2010-11-25	002511.SZ
496	华联综超	63.36	−2.0	零售	北京	2001-11-29	600361.SH
497	四川路桥	63.33	35.2	建筑	四川	2003-03-25	600039.SH
498	广宇发展	63.15	4.2	房地产	天津	1993-12-10	000537.SZ
499	中信国际电讯	63.11	−4.4	电信	香港	2007-04-03	1883.HK
500	恒立液压	62.90	148.0	装备	江苏	2011-10-28	601100.SH
501	红旗连锁	62.49	31.3	零售	四川	2012-09-05	002697.SZ
502	五矿发展	62.48	21.7	贸易	北京	1997-05-28	600058.SH
503	新兴铸管	62.38	−3.2	钢铁	河北	1997-06-06	000778.SZ
504	欧派家居	62.17	36.0	家居	广东	2017-03-28	603833.SH
505	众信旅游	62.15	−35.4	休闲	北京	2014-01-23	002707.SZ
506	安迪苏	62.13	−29.5	农业	北京	2000-04-20	600299.SH
507	三安光电	61.88	23.6	电子	湖北	1996-05-28	600703.SH
508	金龙汽车	61.87	−19.7	汽车	福建	1993-11-08	600686.SH
509	建发国际集团	61.81	36.4	房地产	香港	2012-12-14	1908.HK
510	老白干酒	61.56	43.0	饮料	河北	2002-10-29	600559.SH
511	招商港口	61.46	302.6	运输	广东	1993-05-05	001872.SZ

续表

序号	证券名称	品牌价值/亿元	增长率/%	行业	地区	上市日期	证券代码
512	明发集团	61.45	95.3	房地产	江苏	2009-11-13	0846.HK
513	利群股份	61.15	−3.0	零售	山东	2017-04-12	601366.SH
514	五菱汽车	61.10	160.9	汽车	香港	1992-11-23	0305.HK
515	中国东方集团	61.08	−9.2	钢铁	北京	2004-03-02	0581.HK
516	国信证券	61.03	−26.1	金融	广东	2014-12-29	002736.SZ
517	海亮股份	60.70	13.5	有色金属	浙江	2008-01-16	002203.SZ
518	芒果超媒	60.63	107.2	媒体	湖南	2015-01-21	300413.SZ
519	纳思达	60.37	8.1	电子	广东	2007-11-13	002180.SZ
520	云天化	60.10	6.2	贸易	云南	1997-07-09	600096.SH
521	天士力	60.01	−7.1	医药	天津	2002-08-23	600535.SH
522	中炬高新	59.99	31.8	食品	广东	1995-01-24	600872.SH
523	安井食品	59.95	68.8	食品	福建	2017-02-22	603345.SH
524	香飘飘	59.91	16.8	饮料	浙江	2017-11-30	603711.SH
525	新奥能源	59.87	19.4	公用事业	河北	2002-06-03	2688.HK
526	中金公司	59.83	50.1	金融	北京	2020-11-02	601995.SH
527	洽洽食品	59.80	39.9	食品	安徽	2011-03-02	002557.SZ
528	新湖中宝	59.78	−11.5	房地产	浙江	1999-06-23	600208.SH
529	欧普照明	59.52	−3.3	家电	上海	2016-08-19	603515.SH
530	华润三九	59.42	8.3	医药	广东	2000-03-09	000999.SZ
531	中化化肥	59.36	9.4	化工	北京	1996-09-30	0297.HK
532	哈尔滨银行	59.15	−6.8	金融	黑龙江	2014-03-31	6138.HK
533	石化油服	59.04	−5.1	石油	北京	1995-04-11	600871.SH
534	微博	58.76	−17.0	媒体	北京	2014-04-17	WB.O
535	银座股份	58.76	−10.6	零售	山东	1994-05-06	600858.SH
536	太平鸟	58.69	5.1	服饰	浙江	2017-01-09	603877.SH
537	宁波港	58.69	−1.0	运输	浙江	2010-09-28	601018.SH
538	舍得酒业	58.27	79.1	饮料	四川	1996-05-24	600702.SH
539	华扬联众	58.08	37.1	媒体	北京	2017-08-02	603825.SH
540	首旅酒店	57.96	8.3	酒店	北京	2000-06-01	600258.SH
541	茂业商业	57.93	−29.4	零售	四川	1994-02-24	600828.SH
542	厦门信达	57.84	20.3	贸易	福建	1997-02-26	000701.SZ

续表

序号	证券名称	品牌价值/亿元	增长率/%	行业	地区	上市日期	证券代码
543	首商股份	57.79	−15.9	零售	北京	1996-07-16	600723.SH
544	德赛电池	57.76	27.3	电子	广东	1995-03-20	000049.SZ
545	中国联塑	57.68	37.1	建筑	广东	2010-06-23	2128.HK
546	巨人网络	57.62	3.8	休闲	重庆	2011-03-02	002558.SZ
547	巨星科技	57.48	72.5	装备	浙江	2010-07-13	002444.SZ
548	同仁堂	57.45	−12.5	医药	北京	1997-06-25	600085.SH
549	隆鑫通用	57.36	5.6	汽车	重庆	2012-08-10	603766.SH
550	海丰国际	56.93	30.5	运输	香港	2010-10-06	1308.HK
551	特步国际	56.93	−10.5	服饰	福建	2008-06-03	1368.HK
552	希望教育	56.92	79.4	教育	四川	2018-08-03	1765.HK
553	好想你	56.91	168.8	食品	河南	2011-05-20	002582.SZ
554	中远海发	56.91	3.0	运输	上海	2007-12-12	601866.SH
555	晨鸣纸业	56.90	−6.3	造纸	山东	2000-11-20	000488.SZ
556	丽珠集团	56.76	29.0	医药	广东	1993-10-28	000513.SZ
557	航发动力	56.75	24.8	装备	陕西	1996-04-08	600893.SH
558	浙文互联	56.62	2.5	媒体	山东	2004-04-26	600986.SH
559	三只松鼠	56.49	4.6	食品	安徽	2019-07-12	300783.SZ
560	合肥百货	56.49	−5.2	零售	安徽	1996-08-12	000417.SZ
561	创维数字	56.49	8.7	家电	四川	1998-06-02	000810.SZ
562	隧道股份	56.20	32.1	建筑	上海	1994-01-28	600820.SH
563	长沙银行	56.12	8.8	金融	湖南	2018-09-26	601577.SH
564	华贸物流	56.10	26.5	运输	上海	2012-05-29	603128.SH
565	圣农发展	55.75	12.5	农业	福建	2009-10-21	002299.SZ
566	英科医疗	55.75	887.3	医药	山东	2017-07-21	300677.SZ
567	良品铺子	55.36		食品	湖北	2020-02-24	603719.SH
568	*ST 大集	55.11	−37.6	零售	陕西	1994-01-10	000564.SZ
569	太阳纸业	55.07	12.3	造纸	山东	2006-11-16	002078.SZ
570	中国中药	55.01	11.2	医药	广东	1993-04-07	0570.HK
571	福日电子	54.95	45.5	通信	福建	1999-05-14	600203.SH
572	江苏国泰	54.57	21.1	贸易	江苏	2006-12-08	002091.SZ
573	玲珑轮胎	54.27	54.3	汽车	山东	2016-07-06	601966.SH

续表

序号	证券名称	品牌价值/亿元	增长率/%	行业	地区	上市日期	证券代码
574	中国动力	54.16	16.6	装备	河北	2004-07-14	600482.SH
575	嘉事堂	54.09	16.1	医药	北京	2010-08-18	002462.SZ
576	本钢板材	54.01	0.9	钢铁	辽宁	1998-01-15	000761.SZ
577	龙大肉食	53.95	116.9	农业	山东	2014-06-26	002726.SZ
578	锡业股份	53.89	−5.6	有色金属	云南	2000-02-21	000960.SZ
579	南极电商	53.86	−10.4	零售	江苏	2007-04-18	002127.SZ
580	中化国际	53.54	17.4	化工	上海	2000-03-01	600500.SH
581	重庆建工	53.50	34.8	建筑	重庆	2017-02-21	600939.SH
582	贵阳银行	53.30	5.2	金融	贵州	2016-08-16	601997.SH
583	爱旭股份	53.19	116.1	装备	上海	1996-08-16	600732.SH
584	中原银行	53.02	107.0	金融	河南	2017-07-19	1216.HK
585	大唐发电	53.01	4.9	公用事业	北京	2006-12-20	601991.SH
586	星网锐捷	52.83	5.5	通信	福建	2010-06-23	002396.SZ
587	杭钢股份	52.78	79.0	钢铁	浙江	1998-03-11	600126.SH
588	当代置业	52.68	33.1	房地产	北京	2013-07-12	1107.HK
589	德信中国	52.36	23.9	房地产	浙江	2019-02-26	2019.HK
590	国药现代	52.26	35.4	医药	上海	2004-06-16	600420.SH
591	迪信通	52.03	−18.4	零售	北京	2014-07-08	6188.HK
592	中科曙光	52.00	13.3	电子	天津	2014-11-06	603019.SH
593	深天马A	51.90	35.0	电子	广东	1995-03-15	000050.SZ
594	酒钢宏兴	51.67	−13.0	钢铁	甘肃	2000-12-20	600307.SH
595	超威动力	51.66	−2.6	装备	浙江	2010-07-07	0951.HK
596	山东出版	51.57	−6.0	媒体	山东	2017-11-22	601019.SH
597	迪安诊断	51.55	63.6	保健	浙江	2011-07-19	300244.SZ
598	*ST浪奇	51.40	−16.8	日用	广东	1993-11-08	000523.SZ
599	天音控股	51.32	26.8	贸易	江西	1997-12-02	000829.SZ
600	光大证券	51.27	43.5	金融	上海	2009-08-18	601788.SH
601	龙净环保	51.02	1.1	装备	福建	2000-12-29	600388.SH
602	西部矿业	50.94	34.2	有色金属	青海	2007-07-12	601168.SH
603	大悦城地产	50.59	−10.7	房地产	香港	1973-03-06	0207.HK
604	伊力特	50.55	7.6	饮料	新疆	1999-09-16	600197.SH

续表

序号	证 券 名 称	品牌价值/亿元	增长率/%	行业	地区	上市日期	证券代码
605	澳柯玛	50.54	99.5	家电	山东	2000-12-29	600336.SH
606	顾家家居	50.52	52.2	家居	浙江	2016-10-14	603816.SH
607	中航资本	50.47	12.6	金融	黑龙江	1996-05-16	600705.SH
608	冀东水泥	50.44	114.0	建筑	河北	1996-06-14	000401.SZ
609	中集安瑞科	50.17	−24.8	装备	广东	2005-10-18	3899.HK
610	广深铁路	50.08	−21.4	运输	广东	2006-12-22	601333.SH
611	成都银行	50.01	22.6	金融	四川	2018-01-31	601838.SH
612	新华文轩	49.99	17.7	媒体	四川	2016-08-08	601811.SH
613	天茂集团	49.93	90.0	金融	湖北	1996-11-12	000627.SZ
614	金域医学	49.84	87.4	保健	广东	2017-09-08	603882.SH
615	安道麦 A	49.65	−35.5	化工	湖北	1993-12-03	000553.SZ
616	酒鬼酒	49.65	80.3	饮料	湖南	1997-07-18	000799.SZ
617	北辰实业	49.61	−9.6	房地产	北京	2006-10-16	601588.SH
618	韦尔股份	49.48	237.0	电子	上海	2017-05-04	603501.SH
619	学大教育	49.31	−14.6	教育	福建	1993-11-01	000526.SZ
620	国投电力	49.29	−0.5	公用事业	北京	1996-01-18	600886.SH
621	山东高速	49.28	18.1	运输	山东	2002-03-18	600350.SH
622	周大生	49.28	11.7	服饰	广东	2017-04-27	002867.SZ
623	柳药股份	49.13	36.9	医药	广西	2014-12-04	603368.SH
624	天龙集团	49.09	88.6	媒体	广东	2010-03-26	300063.SZ
625	重庆银行	48.95	9.0	金融	重庆	2013-11-06	1963.HK
626	科伦药业	48.92	−15.6	医药	四川	2010-06-03	002422.SZ
627	安徽建工	48.79	71.0	建筑	安徽	2003-04-15	600502.SH
628	远东宏信	48.73	−25.6	金融	上海	2011-03-30	3360.HK
629	云集	48.72	−70.5	零售	浙江	2019-05-03	YJ.O
630	上海石化	48.47	−20.4	石油	上海	1993-11-08	600688.SH
631	汇顶科技	48.35	72.0	电子	广东	2016-10-17	603160.SH
632	金科服务	48.32		房地产	重庆	2020-11-17	9666.HK
633	城建发展	48.23	4.3	房地产	北京	1999-02-03	600266.SH
634	中交地产	48.20	94.6	房地产	重庆	1997-04-25	000736.SZ
635	蓝月亮集团	48.02		日用	广东	2020-12-16	6993.HK

续表

序号	证券名称	品牌价值/亿元	增长率/%	行业	地区	上市日期	证券代码
636	渤海租赁	47.74	−15.3	金融	新疆	1996-07-16	000415.SZ
637	广电运通	47.68	4.7	电子	广东	2007-08-13	002152.SZ
638	耐世特	47.59	−32.1	汽车	香港	2013-10-07	1316.HK
639	智度股份	47.54	91.6	媒体	广东	1996-12-24	000676.SZ
640	中国软件国际	47.40	35.1	互联网	北京	2003-06-20	0354.HK
641	中石化炼化工程	47.38	−24.7	建筑	北京	2013-05-23	2386.HK
642	唐人神	47.23	−26.0	农业	湖南	2011-03-25	002567.SZ
643	长飞光纤	47.18	−27.7	通信	湖北	2018-07-20	601869.SH
644	皖新传媒	47.13	12.4	媒体	安徽	2010-01-18	601801.SH
645	长江传媒	47.10	−28.9	媒体	湖北	1996-10-03	600757.SH
646	中国高速传动	47.10	−18.2	装备	香港	2007-07-04	0658.HK
647	生益科技	47.06	15.4	电子	广东	1998-10-28	600183.SH
648	中原传媒	46.93	6.3	媒体	河南	1997-03-31	000719.SZ
649	视源股份	46.69	3.9	电子	广东	2017-01-19	002841.SZ
650	荣威国际	46.51	22.3	日用	上海	2017-11-16	3358.HK
651	共进股份	46.47	6.5	通信	广东	2015-02-25	603118.SH
652	光明地产	46.34	−40.9	房地产	上海	1996-06-06	600708.SH
653	云内动力	46.22	99.2	装备	云南	1999-04-15	000903.SZ
654	莱克电气	46.15	36.7	家电	江苏	2015-05-13	603355.SH
655	宁沪高速	46.14	−14.8	运输	江苏	2001-01-16	600377.SH
656	齐心集团	46.09	333.3	日用	广东	2009-10-21	002301.SZ
657	华润燃气	46.03	14.5	公用事业	香港	1994-11-07	1193.HK
658	金徽酒	46.01	51.8	饮料	甘肃	2016-03-10	603919.SH
659	春秋航空	45.93	−11.5	运输	上海	2015-01-21	601021.SH
660	姚记科技	45.93	384.5	休闲	上海	2011-08-05	002605.SZ
661	阳光电源	45.90	71.2	装备	安徽	2011-11-02	300274.SZ
662	兴业证券	45.76	31.8	金融	福建	2010-10-13	601377.SH
663	海立股份	45.68	−5.2	装备	上海	1992-11-16	600619.SH
664	山鹰国际	45.55	1.9	造纸	安徽	2001-12-18	600567.SH
665	中国核电	45.52	19.7	公用事业	北京	2015-06-10	601985.SH
666	绿景中国地产	45.35	12.8	房地产	江苏	2005-12-02	0095.HK

续表

序号	证券名称	品牌价值/亿元	增长率/%	行业	地区	上市日期	证券代码
667	大名城	44.98	3.3	房地产	上海	1997-07-03	600094.SH
668	华宝股份	44.97	8.1	食品	西藏	2018-03-01	300741.SZ
669	迪马股份	44.95	11.6	房地产	重庆	2002-07-23	600565.SH
670	恒邦股份	44.86	20.5	有色金属	山东	2008-05-20	002237.SZ
671	扬农化工	44.82	83.3	化工	江苏	2002-04-25	600486.SH
672	京粮控股	44.29	59.7	食品	海南	1992-12-21	000505.SZ
673	宁波华翔	44.13	29.6	汽车	浙江	2005-06-03	002048.SZ
674	威孚高科	44.12	23.5	汽车	江苏	1998-09-24	000581.SZ
675	桐昆股份	44.11	24.5	化工	浙江	2011-05-18	601233.SH
676	金发科技	44.09	82.9	化工	广东	2004-06-23	600143.SH
677	成实外教育	43.96	237.9	教育	四川	2016-01-15	1565.HK
678	恒大物业	43.87		房地产	广东	2020-12-02	6666.HK
679	中国一重	43.74	76.0	装备	黑龙江	2010-02-09	601106.SH
680	九江银行	43.62	14.0	金融	江西	2018-07-10	6190.HK
681	百润股份	43.59	51.0	饮料	上海	2011-03-25	002568.SZ
682	木林森	43.56	16.5	电子	广东	2015-02-17	002745.SZ
683	贵州银行	43.47	40.4	金融	贵州	2019-12-30	6199.HK
684	浙能电力	43.34	−4.6	公用事业	浙江	2013-12-19	600023.SH
685	石头科技	43.32		家电	北京	2020-02-21	688169.SH
686	盛屯矿业	43.30	30.9	贸易	福建	1996-05-31	600711.SH
687	领益智造	43.21	−39.4	电子	广东	2011-07-15	002600.SZ
688	中国忠旺	43.21	−30.2	有色金属	辽宁	2009-05-08	1333.HK
689	片仔癀	43.08	56.2	医药	福建	2003-06-16	600436.SH
690	万和电气	43.04	−12.1	家电	广东	2011-01-28	002543.SZ
691	深科技	43.03	3.9	电子	广东	1994-02-02	000021.SZ
692	阳光照明	43.02	17.2	家电	浙江	2000-07-20	600261.SH
693	青岛港	43.02	−14.6	运输	山东	2019-01-21	601298.SH
694	承德露露	43.02	−22.1	饮料	河北	1997-11-13	000848.SZ
695	江西银行	42.96	−7.9	金融	江西	2018-06-26	1916.HK
696	大明国际	42.83	33.9	钢铁	江苏	2010-12-01	1090.HK
697	361度	42.59	11.3	服饰	福建	2009-06-30	1361.HK

续表

序号	证 券 名 称	品牌价值/亿元	增长率/%	行业	地区	上市日期	证券代码
698	中华企业	42.55	18.8	房地产	上海	1993-09-24	600675.SH
699	天顺风能	42.54	69.8	装备	江苏	2010-12-31	002531.SZ
700	天虹纺织	42.45	−10.3	纺织	上海	2004-12-09	2678.HK
701	中车时代电气	42.39	−25.2	装备	湖南	2006-12-20	3898.HK
702	飞科电器	42.37	2.1	家电	上海	2016-04-18	603868.SH
703	中天金融	42.34	−33.7	房地产	贵州	1994-02-02	000540.SZ
704	大族激光	42.30	−10.4	电子	广东	2004-06-25	002008.SZ
705	志高控股	42.19	−13.6	家电	广东	2009-07-13	0449.HK
706	汇鸿集团	42.18	10.3	贸易	江苏	2004-06-30	600981.SH
707	一汽富维	42.07	37.3	汽车	吉林	1996-08-26	600742.SH
708	合力泰	41.93	0.6	电子	福建	2008-02-20	002217.SZ
709	三花智控	41.92	36.2	家电	浙江	2005-06-07	002050.SZ
710	浙江沪杭甬	41.92	−19.5	运输	浙江	1997-05-15	0576.HK
711	郑州银行	41.81	−10.9	金融	河南	2018-09-19	002936.SZ
712	北京京客隆	41.79	23.4	零售	北京	2006-09-25	0814.HK
713	中国西电	41.78	30.6	装备	陕西	2010-01-28	601179.SH
714	雅生活服务	41.71	112.6	房地产	广东	2018-02-09	3319.HK
715	以岭药业	41.67	110.4	医药	河北	2011-07-28	002603.SZ
716	正通汽车	41.62	−62.0	汽车	北京	2010-12-10	1728.HK
717	赛轮轮胎	41.61	38.2	汽车	山东	2011-06-30	601058.SH
718	中国大冶有色金属	41.60	16.0	有色金属	香港	1990-11-21	0661.HK
719	友阿股份	41.34	−0.7	零售	湖南	2009-07-17	002277.SZ
720	上海机场	41.27	−32.6	运输	上海	1998-02-18	600009.SH
721	华南城	40.89	32.1	房地产	香港	2009-09-30	1668.HK
722	东方证券	40.70	8.3	金融	上海	2015-03-23	600958.SH
723	光线传媒	40.70	−29.0	休闲	北京	2011-08-03	300251.SZ
724	东方雨虹	40.68	81.9	建筑	北京	2008-09-10	002271.SZ
725	信义玻璃	40.62	−18.1	化工	香港	2005-02-03	0868.HK
726	五矿资本	40.37	21.0	金融	湖南	2001-01-15	600390.SH
727	康哲药业	40.03	27.9	医药	广东	2010-09-28	0867.HK
728	华邦健康	40.00	17.5	化工	重庆	2004-06-25	002004.SZ

续表

序号	证券名称	品牌价值/亿元	增长率/%	行业	地区	上市日期	证券代码
729	江苏有线	39.99	4.1	媒体	江苏	2015-04-28	600959.SH
730	乐普医疗	39.87	15.4	医药	北京	2009-10-30	300003.SZ
731	小商品城	39.83	45.9	房地产	浙江	2002-05-09	600415.SH
732	鄂尔多斯	39.82	24.1	钢铁	内蒙古	2001-04-26	600295.SH
733	南山铝业	39.77	23.8	有色金属	山东	1999-12-23	600219.SH
734	中青旅	39.72	−46.4	休闲	北京	1997-12-03	600138.SH
735	360 DIGITECH	39.71	−57.1	金融	上海	2018-12-14	QFIN.O
736	新华百货	39.59	−9.7	零售	宁夏	1997-01-08	600785.SH
737	华天科技	39.44	56.5	电子	甘肃	2007-11-20	002185.SZ
738	黑牡丹	39.38	61.8	房地产	江苏	2002-06-18	600510.SH
739	科沃斯	39.34	32.0	家电	江苏	2018-05-28	603486.SH
740	先导智能	39.33	28.5	装备	江苏	2015-05-18	300450.SZ
741	亿纬锂能	39.27	102.7	电子	广东	2009-10-30	300014.SZ
742	鲁商发展	39.17	30.9	房地产	山东	2000-01-13	600223.SH
743	汤臣倍健	39.15	1.6	保健	广东	2010-12-15	300146.SZ
744	海正药业	39.13	31.2	医药	浙江	2000-07-25	600267.SH
745	景瑞控股	39.11	−4.6	房地产	上海	2013-10-31	1862.HK
746	长虹华意	38.97	17.4	装备	江西	1996-06-19	000404.SZ
747	深圳国际	38.96	2.9	运输	香港	1972-09-25	0152.HK
748	南方传媒	38.93	32.2	媒体	广东	2016-02-15	601900.SH
749	新洋丰	38.80	−5.0	化工	湖北	1999-04-08	000902.SZ
750	五矿地产	38.77	−21.5	房地产	香港	1991-12-20	0230.HK
751	通富微电	38.70	70.1	电子	江苏	2007-08-16	002156.SZ
752	国电科环	38.63	−31.0	装备	北京	2011-12-30	1296.HK
753	中材科技	38.54	132.4	装备	江苏	2006-11-20	002080.SZ
754	友谊时光	38.33	35.2	休闲	江苏	2019-10-08	6820.HK
755	信利国际	38.26	29.1	电子	香港	1991-07-29	0732.HK
756	宝信软件	38.19	49.4	互联网	上海	1994-03-11	600845.SH
757	敏实集团	38.10	5.6	汽车	浙江	2005-12-01	0425.HK
758	振德医疗	38.06	702.1	医药	浙江	2018-04-12	603301.SH
759	金螳螂	38.02	1.0	建筑	江苏	2006-11-20	002081.SZ

续表

序号	证券名称	品牌价值/亿元	增长率/%	行业	地区	上市日期	证券代码
760	广百股份	37.97	−14.1	零售	广东	2007-11-22	002187.SZ
761	华帝股份	37.94	−12.6	家电	广东	2004-09-01	002035.SZ
762	睿见教育	37.81	18.8	教育	广东	2017-01-26	6068.HK
763	九毛九	37.72		餐饮	广东	2020-01-15	9922.HK
764	中谷物流	37.69		运输	上海	2020-09-25	603565.SH
765	北京控股	37.66	−5.8	公用事业	北京	1997-05-29	0392.HK
766	深南电路	37.58	68.1	电子	广东	2017-12-13	002916.SZ
767	华北制药	37.57	20.0	医药	河北	1994-01-14	600812.SH
768	长虹佳华	37.51	113.9	贸易	香港	2000-01-24	3991.HK
769	鹭燕医药	37.50	46.9	医药	福建	2016-02-18	002788.SZ
770	博实乐	37.40	109.5	教育	广东	2017-05-18	BEDU.N
771	奥马电器	37.39	10.4	家电	广东	2012-04-16	002668.SZ
772	龙源电力	37.38	21.0	公用事业	北京	2009-12-10	0916.HK
773	东华软件	37.32	5.8	互联网	北京	2006-08-23	002065.SZ
774	罗莱生活	37.20	−7.9	纺织	江苏	2009-09-10	002293.SZ
775	雨润食品	37.19	−10.9	农业	江苏	2005-10-03	1068.HK
776	华兰生物	37.17	51.6	医药	河南	2004-06-25	002007.SZ
777	哈药股份	36.99	−14.8	医药	黑龙江	1993-06-29	600664.SH
778	中航沈飞	36.85	156.1	装备	山东	1996-10-11	600760.SH
779	贵研铂业	36.82	52.1	有色金属	云南	2003-05-16	600459.SH
780	韶钢松山	36.81	17.2	钢铁	广东	1997-05-08	000717.SZ
781	*ST 基础	36.77	−7.4	房地产	海南	2002-08-06	600515.SH
782	陕鼓动力	36.76	42.3	装备	陕西	2010-04-28	601369.SH
783	孚日股份	36.73	−8.9	纺织	山东	2006-11-24	002083.SZ
784	华鲁恒升	36.68	−5.5	化工	山东	2002-06-20	600426.SH
785	东方嘉盛	36.65	−19.7	运输	广东	2017-07-31	002889.SZ
786	山河智能	36.63	112.9	装备	湖南	2006-12-22	002097.SZ
787	浙江永强	36.52	50.7	日用	浙江	2010-10-21	002489.SZ
788	一拖股份	36.44	48.1	装备	河南	2012-08-08	601038.SH
789	山煤国际	36.43	35.4	煤炭	山西	2003-07-31	600546.SH
790	远东股份	36.39	18.2	装备	青海	1995-02-06	600869.SH

续表

序号	证券名称	品牌价值/亿元	增长率/%	行业	地区	上市日期	证券代码
791	招商公路	36.39	−20.3	运输	天津	2017-12-25	001965.SZ
792	卧龙电驱	36.35	14.1	装备	浙江	2002-06-06	600580.SH
793	天健集团	36.20	86.5	建筑	广东	1999-07-21	000090.SZ
794	吉祥航空	36.11	−33.1	运输	上海	2015-05-27	603885.SH
795	联邦制药	36.09	24.3	医药	香港	2007-06-15	3933.HK
796	华友钴业	36.06	80.5	有色金属	浙江	2015-01-29	603799.SH
797	中国科培	36.01	40.9	教育	广东	2019-01-25	1890.HK
798	亿联网络	36.00	46.1	通信	福建	2017-03-17	300628.SZ
799	中国民航信息网络	35.98	−19.9	互联网	北京	2001-02-07	0696.HK
800	绿城服务	35.90	39.6	房地产	浙江	2016-07-12	2869.HK
801	味千(中国)	35.83	−30.3	餐饮	上海	2007-03-30	0538.HK
802	太极集团	35.55	33.9	医药	重庆	1997-11-18	600129.SH
803	用友网络	35.49	19.9	互联网	北京	2001-05-18	600588.SH
804	精锐教育	35.48	−18.6	教育	上海	2018-03-28	ONE.N
805	惠而浦	35.43	−4.6	家电	安徽	2004-07-27	600983.SH
806	盈峰环境	35.29	56.5	环保	浙江	2000-03-30	000967.SZ
807	天康生物	35.21	45.9	农业	新疆	2006-12-26	002100.SZ
808	金达威	35.10	146.2	保健	福建	2011-10-28	002626.SZ
809	辽宁成大	35.08	39.9	贸易	辽宁	1996-08-19	600739.SH
810	华润双鹤	34.99	34.3	医药	北京	1997-05-22	600062.SH
811	三一国际	34.82	118.8	装备	辽宁	2009-11-25	0631.HK
812	华策影视	34.80	−53.3	休闲	浙江	2010-10-26	300133.SZ
813	朴新教育	34.71	−3.8	教育	北京	2018-06-15	NEW.N
814	新高教集团	34.69	76.3	教育	北京	2017-04-19	2001.HK
815	岭南控股	34.67	25.7	休闲	广东	1993-11-18	000524.SZ
816	搜狐	34.66	11.4	媒体	北京	2000-07-12	SOHU.O
817	金一文化	34.49	−56.8	服饰	北京	2014-01-27	002721.SZ
818	国瑞置业	34.49	−1.9	房地产	北京	2014-07-07	2329.HK
819	道道全	34.38	54.7	食品	湖南	2017-03-10	002852.SZ
820	华虹半导体	34.37	13.0	电子	上海	2014-10-15	1347.HK
821	盈趣科技	34.28	154.2	日用	福建	2018-01-15	002925.SZ

续表

序 号	证 券 名 称	品牌价值 /亿元	增长率/%	行业	地区	上市日期	证券代码
822	中储股份	34.27	8.4	贸易	天津	1997-01-21	600787.SH
823	国机重装	34.23		装备	四川	2020-06-08	601399.SH
824	国联股份	34.22	124.1	互联网	北京	2019-07-30	603613.SH
825	中船防务	34.21	9.3	装备	广东	1993-10-28	600685.SH
826	广州酒家	34.19	28.2	食品	广东	2017-06-27	603043.SH
827	ST 维维	34.09	40.8	食品	江苏	2000-06-30	600300.SH
828	鱼跃医疗	34.01	71.4	医药	江苏	2008-04-18	002223.SZ
829	普洛药业	33.87	33.6	医药	浙江	1997-05-09	000739.SZ
830	方大特钢	33.84	1.4	钢铁	江西	2003-09-30	600507.SH
831	新华医疗	33.82	10.0	医药	山东	2002-09-27	600587.SH
832	文峰股份	33.81	−31.5	零售	江苏	2011-06-03	601010.SH
833	西王食品	33.79	15.7	食品	山东	1996-11-26	000639.SZ
834	安阳钢铁	33.75	−17.9	钢铁	河南	2001-08-20	600569.SH
835	华大基因	33.74	316.9	医药	广东	2017-07-14	300676.SZ
836	海油发展	33.73	−20.8	石油	北京	2019-06-26	600968.SH
837	银城国际控股	33.42	21.9	房地产	江苏	2019-03-06	1902.HK
838	天立教育	33.33	80.7	教育	四川	2018-07-12	1773.HK
839	得邦照明	33.31	26.5	家电	浙江	2017-03-30	603303.SH
840	新大陆	33.30	4.0	电子	福建	2000-08-07	000997.SZ
841	招商积余	33.26	8.3	房地产	广东	1994-09-28	001914.SZ
842	鑫苑置业	33.17	−31.1	房地产	北京	2007-12-12	XIN.N
843	中国心连心化肥	33.11	−3.7	化工	河南	2009-12-08	1866.HK
844	金山软件	33.11	19.3	互联网	北京	2007-10-09	3888.HK
845	中海油服	33.05	10.5	石油	天津	2007-09-28	601808.SH
846	达达集团 (DADA NEXUS)	32.93		零售	上海	2020-06-05	DADA.O
847	五矿资源	32.86	−29.1	有色金属	香港	1994-12-15	1208.HK
848	魏桥纺织	32.83	−9.9	纺织	山东	2003-09-24	2698.HK
849	古越龙山	32.70	13.2	饮料	浙江	1997-05-16	600059.SH
850	阅文集团	32.61	77.9	媒体	上海	2017-11-08	0772.HK
851	海南橡胶	32.53	27.7	农业	海南	2011-01-07	601118.SH
852	汉马科技	32.52	38.0	装备	安徽	2003-04-01	600375.SH

续表

序号	证券名称	品牌价值/亿元	增长率/%	行业	地区	上市日期	证券代码
853	杭州解百	32.50	4.0	零售	浙江	1994-01-14	600814.SH
854	宝业集团	32.46	19.3	建筑	浙江	2003-06-30	2355.HK
855	中直股份	32.45	16.6	装备	黑龙江	2000-12-18	600038.SH
856	丽人丽妆	32.44		零售	上海	2020-09-29	605136.SH
857	天誉置业	32.42	41.2	房地产	广东	1993-11-16	0059.HK
858	涪陵榨菜	32.37	28.8	食品	重庆	2010-11-23	002507.SZ
859	香港中旅	32.33	−48.2	休闲	香港	1992-11-11	0308.HK
860	中金岭南	32.26	8.7	有色金属	广东	1997-01-23	000060.SZ
861	北新建材	32.08	18.9	建筑	北京	1997-06-06	000786.SZ
862	中海石油化学	32.06	−26.9	化工	海南	2006-09-29	3983.HK
863	汇川技术	32.05	48.7	装备	广东	2010-09-28	300124.SZ
864	中国出版	32.04	7.9	媒体	北京	2017-08-21	601949.SH
865	天津港	31.98	−0.7	运输	天津	1996-06-14	600717.SH
866	山水水泥	31.96	51.6	建筑	山东	2008-07-04	0691.HK
867	九号公司-WD	31.90		日用	北京	2020-10-29	689009.SH
868	时代出版	31.87	−4.2	媒体	安徽	2002-09-05	600551.SH
869	珀莱雅	31.83	33.2	日用	浙江	2017-11-15	603605.SH
870	上实城市开发	31.60	9.4	房地产	香港	1993-09-10	0563.HK
871	电广传媒	31.58	−30.5	媒体	湖南	1999-03-25	000917.SZ
872	大连重工	31.58	10.6	装备	辽宁	2008-01-16	002204.SZ
873	中泰证券	31.57		金融	山东	2020-06-03	600918.SH
874	云铝股份	31.47	17.7	有色金属	云南	1998-04-08	000807.SZ
875	周黑鸭	31.46	−5.6	食品	湖北	2016-11-11	1458.HK
876	同庆楼	31.38		餐饮	安徽	2020-07-16	605108.SH
877	福然德	31.37		运输	上海	2020-09-24	605050.SH
878	亿帆医药	31.35	34.1	医药	浙江	2004-07-13	002019.SZ
879	阳煤化工	31.32	−17.3	化工	山西	1993-11-19	600691.SH
880	泰禾集团	31.27	−68.0	房地产	福建	1997-07-04	000732.SZ
881	格力地产	31.26	88.8	房地产	广东	1999-06-11	600185.SH
882	佛山照明	31.21	−8.6	家电	广东	1993-11-23	000541.SZ
883	阿里影业	31.14	57.2	休闲	北京	1994-05-12	1060.HK

续表

序号	证 券 名 称	品牌价值/亿元	增长率/%	行业	地区	上市日期	证券代码
884	浙江鼎力	31.14	108.9	装备	浙江	2015-03-25	603338.SH
885	浙江龙盛	31.14	−69.3	化工	浙江	2003-08-01	600352.SH
886	科大讯飞	31.08	14.5	互联网	安徽	2008-05-12	002230.SZ
887	青岛银行	31.05	−5.1	金融	山东	2019-01-16	002948.SZ
888	朗诗地产	31.03	−52.7	房地产	香港	1986-03-24	0106.HK
889	克明面业	30.99	55.8	食品	湖南	2012-03-16	002661.SZ
890	远大医药	30.90	50.4	医药	香港	1995-12-19	0512.HK
891	美年健康	30.88	−34.1	保健	江苏	2005-05-18	002044.SZ
892	索菲亚	30.75	16.1	家居	广东	2011-04-12	002572.SZ
893	神州信息	30.71	10.0	互联网	广东	1994-04-08	000555.SZ
894	泰达股份	30.70	64.0	贸易	天津	1996-11-28	000652.SZ
895	思摩尔国际	30.66		家电	广东	2020-07-10	6969.HK
896	天津港发展	30.66	−9.4	运输	香港	2006-05-24	3382.HK
897	苏垦农发	30.59	70.8	农业	江苏	2017-05-15	601952.SH
898	凌云股份	30.57	68.8	汽车	河北	2003-08-15	600480.SH
899	沙钢股份	30.53	28.5	钢铁	江苏	2006-10-25	002075.SZ
900	江南布衣	30.47	16.6	服饰	浙江	2016-10-31	3306.HK
901	华海药业	30.46	47.9	医药	浙江	2003-03-04	600521.SH
902	光迅科技	30.46	4.7	通信	湖北	2009-08-21	002281.SZ
903	*ST 康美	30.45	−53.5	医药	广东	2001-03-19	600518.SH
904	瀚蓝环境	30.42	40.2	环保	广东	2000-12-25	600323.SH
905	仙坛股份	30.41	41.5	食品	山东	2015-02-16	002746.SZ
906	人人乐	30.38	−40.0	零售	广东	2010-01-13	002336.SZ
907	富奥股份	30.32	54.9	汽车	吉林	1993-09-29	000030.SZ
908	中航光电	30.29	10.1	电子	河南	2007-11-01	002179.SZ
909	圣湘生物	30.26		医药	湖南	2020-08-28	688289.SH
910	卓郎智能	30.25	−34.6	装备	新疆	2003-12-03	600545.SH
911	大东方	30.23	13.3	汽车	江苏	2002-06-25	600327.SH
912	碧水源	30.21	−19.4	环保	北京	2010-04-21	300070.SZ
913	东阳光药	29.98	78.3	医药	湖北	2015-12-29	1558.HK
914	无忧英语(51TALK)	29.95	184.0	教育	北京	2016-06-10	COE.N

序号	证 券 名 称	品牌价值/亿元	增长率/%	行业	地区	上市日期	证券代码
915	英特集团	29.94	37.1	贸易	浙江	1996-07-16	000411.SZ
916	中国卫通	29.94	7.6	电信	北京	2019-06-28	601698.SH
917	千方科技	29.90	36.6	互联网	北京	2010-03-18	002373.SZ
918	天润乳业	29.89	26.0	饮料	新疆	2001-06-28	600419.SH
919	星辉娱乐	29.83	−20.6	休闲	广东	2010-01-20	300043.SZ
920	浙数文化	29.82	37.1	媒体	浙江	1993-03-04	600633.SH
921	东方创业	29.68	42.2	贸易	上海	2000-07-12	600278.SH
922	上实发展	29.63	−27.7	房地产	上海	1996-09-25	600748.SH
923	易见股份	29.61	−8.2	运输	云南	1997-06-26	600093.SH
924	中国机械工程	29.61	−17.7	建筑	北京	2012-12-21	1829.HK
925	中通客车	29.55	−1.3	汽车	山东	2000-01-13	000957.SZ
926	庆铃汽车股份	29.54	−9.3	汽车	重庆	1994-08-17	1122.HK
927	浙江医药	29.43	29.3	医药	浙江	1999-10-21	600216.SH
928	宝尊电商-SW	29.35	5.0	互联网	上海	2020-09-29	9991.HK
929	京信通信	29.27	0.0	通信	香港	2003-07-15	2342.HK
930	唐山港	29.25	10.2	运输	河北	2010-07-05	601000.SH
931	经纬纺机	29.23	−35.5	装备	北京	1996-12-10	000666.SZ
932	云图控股	29.22	101.4	化工	四川	2011-01-18	002539.SZ
933	宏发股份	29.20	32.0	装备	湖北	1996-02-05	600885.SH
934	光环新网	29.14	−11.0	互联网	北京	2014-01-29	300383.SZ
935	博汇纸业	29.14	82.2	造纸	山东	2004-06-08	600966.SH
936	济川药业	29.10	−15.6	医药	湖北	2001-08-22	600566.SH
937	中材国际	29.04	4.3	建筑	江苏	2005-04-12	600970.SH
938	海格通信	28.94	−15.0	通信	广东	2010-08-31	002465.SZ
939	安克创新	28.80		电子	湖南	2020-08-24	300866.SZ
940	信维通信	28.75	17.8	电子	广东	2010-11-05	300136.SZ
941	天邦股份	28.73	82.8	农业	浙江	2007-04-03	002124.SZ
942	有道	28.56	122.0	教育	浙江	2019-10-25	DAO.N
943	宝丰能源	28.24	−1.4	化工	宁夏	2019-05-16	600989.SH
944	中铝国际	28.23	−37.8	建筑	北京	2018-08-31	601068.SH
945	中国利郎	28.19	−22.5	服饰	福建	2009-09-25	1234.HK

续表

序号	证券名称	品牌价值/亿元	增长率/%	行业	地区	上市日期	证券代码
946	北汽蓝谷	28.17	175.9	汽车	北京	1996-08-16	600733.SH
947	飞亚达	28.15	31.6	服饰	广东	1993-06-03	000026.SZ
948	中国电力	28.14	19.6	公用事业	北京	2004-10-15	2380.HK
949	英唐智控	28.13	66.8	电子	广东	2010-10-19	300131.SZ
950	厦门港务	28.07	15.9	运输	福建	2005-12-19	3378.HK
951	中国有色矿业	28.01	8.0	有色金属	香港	2012-06-29	1258.HK
952	凌钢股份	28.00	0.8	钢铁	辽宁	2000-05-11	600231.SH
953	许继电气	28.00	25.9	装备	河南	1997-04-18	000400.SZ
954	华致酒行	27.99	25.5	零售	云南	2019-01-29	300755.SZ
955	天禾股份	27.97		化工	广东	2020-09-03	002999.SZ
956	绿叶制药	27.90	7.1	医药	山东	2014-07-09	2186.HK
957	江南集团	27.66	33.4	装备	江苏	2012-04-20	1366.HK
958	华谊集团	27.66	−21.5	化工	上海	1992-12-04	600623.SH
959	现代投资	27.61	−9.6	运输	湖南	1999-01-28	000900.SZ
960	北方稀土	27.61	79.8	有色金属	内蒙古	1997-09-24	600111.SH
961	中国信达	27.59	−32.6	金融	北京	2013-12-12	1359.HK
962	地素时尚	27.53	7.8	服饰	上海	2018-06-22	603587.SH
963	南京高科	27.53	9.8	房地产	江苏	1997-05-06	600064.SH
964	1药网	27.52	176.3	零售	上海	2018-09-12	YI.O
965	山东路桥	27.52	66.6	建筑	山东	1997-06-09	000498.SZ
966	太原重工	27.45	7.9	装备	山西	1998-09-04	600169.SH
967	德赛西威	27.42	85.5	互联网	广东	2017-12-26	002920.SZ
968	齐翔腾达	27.42	20.1	化工	山东	2010-05-18	002408.SZ
969	海螺创业	27.37	75.4	环保	安徽	2013-12-19	0586.HK
970	新凤鸣	27.36	12.7	化工	浙江	2017-04-18	603225.SH
971	宝通科技	27.32	72.9	休闲	江苏	2009-12-25	300031.SZ
972	天坛生物	27.31	67.8	医药	北京	1998-06-16	600161.SH
973	均瑶健康	27.29		饮料	湖北	2020-08-18	605388.SH
974	桂东电力	27.22	414.5	贸易	广西	2001-02-28	600310.SH
975	晶盛机电	27.17	38.9	装备	浙江	2012-05-11	300316.SZ
976	中国天楹	27.15	281.7	环保	江苏	1994-04-08	000035.SZ

续表

序号	证 券 名 称	品牌价值/亿元	增长率/%	行业	地区	上市日期	证券代码
977	联泰控股	27.11	−19.4	服饰	香港	2004-07-15	0311.HK
978	电科数字	27.09	−1.7	互联网	上海	1994-03-24	600850.SH
979	伊泰煤炭	27.07	−13.1	煤炭	内蒙古	2012-07-12	3948.HK
980	小熊电器	27.05	40.7	家电	广东	2019-08-23	002959.SZ
981	人民同泰	27.01	14.3	医药	黑龙江	1994-02-24	600829.SH
982	健之佳	26.97		零售	云南	2020-12-01	605266.SH
983	*ST 西水	26.89	−63.6	金融	内蒙古	2000-07-31	600291.SH
984	厦门钨业	26.89	18.4	有色金属	福建	2002-11-07	600549.SH
985	东方时尚	26.87	−19.5	教育	北京	2016-02-05	603377.SH
986	中粮糖业	26.82	25.1	贸易	新疆	1996-07-31	600737.SH
987	楚江新材	26.81	57.9	有色金属	安徽	2007-09-21	002171.SZ
988	北控水务集团	26.79	22.3	公用事业	北京	1993-04-19	0371.HK
989	山推股份	26.77	29.9	装备	山东	1997-01-22	000680.SZ
990	昆药集团	26.75	1.3	医药	云南	2000-12-06	600422.SH
991	海亮教育	26.74	2.7	教育	浙江	2015-07-07	HLG.O
992	君正集团	26.68	114.4	化工	内蒙古	2011-02-22	601216.SH
993	苏州银行	26.68	−3.9	金融	江苏	2019-08-02	002966.SZ
994	鹏博士	26.63	10.6	电信	四川	1994-01-03	600804.SH
995	龙元建设	26.61	16.3	建筑	浙江	2004-05-24	600491.SH
996	华泰股份	26.58	8.4	造纸	山东	2000-09-28	600308.SH
997	华立大学集团	26.55	16.1	教育	广东	2019-11-25	1756.HK
998	平治信息	26.53	65.7	休闲	浙江	2016-12-13	300571.SZ
999	中航机电	26.49	10.9	装备	湖北	2004-07-05	002013.SZ
1000	华数传媒	26.45	6.6	媒体	浙江	2000-09-06	000156.SZ
1001	罗欣药业	26.41	345.1	医药	浙江	2016-04-15	002793.SZ
1002	东阳光	26.28	63.9	有色金属	广东	1993-09-17	600673.SH
1003	豫光金铅	26.26	32.3	有色金属	河南	2002-07-30	600531.SH
1004	华孚时尚	26.18	−5.1	纺织	安徽	2005-04-27	002042.SZ
1005	天味食品	26.17	73.8	食品	四川	2019-04-16	603317.SH
1006	常山北明	26.14	−26.3	互联网	河北	2000-07-24	000158.SZ
1007	甬金股份	26.10	−7.5	钢铁	浙江	2019-12-24	603995.SH

续表

序号	证券名称	品牌价值/亿元	增长率/%	行业	地区	上市日期	证券代码
1008	精达股份	26.08	23.3	装备	安徽	2002-09-11	600577.SH
1009	大亚圣象	26.05	11.3	家居	江苏	1999-06-30	000910.SZ
1010	美邦服饰	26.00	−20.7	服饰	上海	2008-08-28	002269.SZ
1011	招商局港口	25.97	−4.7	运输	香港	1992-07-15	0144.HK
1012	长信科技	25.97	5.5	电子	安徽	2010-05-26	300088.SZ
1013	九牧王	25.90	−5.0	服饰	福建	2011-05-30	601566.SH
1014	科达制造	25.88	19.9	装备	广东	2002-10-10	600499.SH
1015	方正证券	25.86	−5.2	金融	湖南	2011-08-10	601901.SH
1016	中鼎股份	25.78	−2.9	汽车	安徽	1998-12-03	000887.SZ
1017	裕同科技	25.76	29.5	包装	广东	2016-12-16	002831.SZ
1018	万丰奥威	25.72	−2.4	汽车	浙江	2006-11-28	002085.SZ
1019	云米科技	25.68	−16.1	零售	广东	2018-09-25	VIOT.O
1020	润达医疗	25.68	2.0	医药	上海	2015-05-27	603108.SH
1021	慧聪集团	25.67	58.2	互联网	北京	2003-12-17	2280.HK
1022	会稽山	25.67	13.9	饮料	浙江	2014-08-25	601579.SH
1023	锦州银行	25.64	−48.8	金融	辽宁	2015-12-07	0416.HK
1024	华润万象生活	25.61		房地产	广东	2020-12-09	1209.HK
1025	上海实业环境	25.61	5.6	环保	上海	2018-03-23	0807.HK
1026	启迪环境	25.61	−19.3	环保	湖北	1998-02-25	000826.SZ
1027	翠微股份	25.54	−20.0	零售	北京	2012-05-03	603123.SH
1028	黄山旅游	25.54	−23.9	休闲	安徽	1997-05-06	600054.SH
1029	恺英网络	25.51	−18.9	休闲	福建	2010-12-07	002517.SZ
1030	越秀金控	25.49	129.6	金融	广东	2000-07-18	000987.SZ
1031	航民股份	25.48	−5.0	纺织	浙江	2004-08-09	600987.SH
1032	吉林敖东	25.46	−14.1	医药	吉林	1996-10-28	000623.SZ
1033	卓尔智联	25.43	−46.7	贸易	湖北	2011-07-13	2098.HK
1034	佳云科技	25.42	78.7	媒体	广东	2011-07-12	300242.SZ
1035	逸仙电商（YATSEN）	25.40		零售	广东	2020-11-19	YSG.N
1036	克劳斯	25.39	5.8	装备	山东	2002-08-09	600579.SH
1037	露天煤业	25.34	240.6	有色金属	内蒙古	2007-04-18	002128.SZ
1038	威海银行	25.30		金融	山东	2020-10-12	9677.HK

续表

序号	证券名称	品牌价值/亿元	增长率/%	行业	地区	上市日期	证券代码
1039	三江购物	25.28	33.3	零售	浙江	2011-03-02	601116.SH
1040	来伊份	25.28	28.9	零售	上海	2016-10-12	603777.SH
1041	保利物业	25.26	43.7	房地产	广东	2019-12-19	6049.HK
1042	国光电器	25.25	43.8	日用	广东	2005-05-23	002045.SZ
1043	交运股份	25.23	28.0	汽车	上海	1993-09-28	600676.SH
1044	康力电梯	25.23	3.5	装备	江苏	2010-03-12	002367.SZ
1045	神火股份	25.22	18.9	有色金属	河南	1999-08-31	000933.SZ
1046	中烟香港	25.19	−27.7	食品	香港	2019-06-12	6055.HK
1047	恒顺醋业	25.19	28.4	食品	江苏	2001-02-06	600305.SH
1048	深高速	25.18	−15.2	运输	广东	2001-12-25	600548.SH
1049	红日药业	25.18	39.8	医药	天津	2009-10-30	300026.SZ
1050	明泰铝业	25.13	45.2	有色金属	河南	2011-09-19	601677.SH
1051	杭锅股份	25.06	88.5	装备	浙江	2011-01-10	002534.SZ
1052	保利文化	24.98	−31.2	休闲	北京	2014-03-06	3636.HK
1053	重庆钢铁	24.98	27.5	钢铁	重庆	2007-02-28	601005.SH
1054	粤海投资	24.96	22.0	公用事业	香港	1993-01-08	0270.HK
1055	北大荒	24.92	46.1	农业	黑龙江	2002-03-29	600598.SH
1056	福星股份	24.88	−29.6	房地产	湖北	1999-06-18	000926.SZ
1057	北京首都机场股份	24.85	−33.9	运输	北京	2000-02-01	0694.HK
1058	外高桥	24.82	−31.5	贸易	上海	1993-05-04	600648.SH
1059	中国天瑞水泥	24.77	35.2	建筑	河南	2011-12-23	1252.HK
1060	民生教育	24.71	34.8	教育	北京	2017-03-22	1569.HK
1061	嘉友国际	24.67	−1.6	运输	北京	2018-02-06	603871.SH
1062	杭氧股份	24.55	232.8	装备	浙江	2010-06-10	002430.SZ
1063	创世纪	24.49	206.0	装备	广东	2010-05-20	300083.SZ
1064	中海物业	24.39	55.4	房地产	香港	2015-10-23	2669.HK
1065	运达股份	24.37	44.6	装备	浙江	2019-04-26	300772.SZ
1066	东软教育	24.34		教育	辽宁	2020-09-29	9616.HK
1067	中洲控股	24.34	−14.2	房地产	广东	1994-09-21	000042.SZ
1068	兰花科创	24.31	4.8	煤炭	山西	1998-12-17	600123.SH
1069	亨得利	24.30	−38.6	零售	香港	2005-09-26	3389.HK

续表

序号	证券名称	品牌价值/亿元	增长率/%	行业	地区	上市日期	证券代码
1070	万向钱潮	24.30	−5.0	汽车	浙江	1994-01-10	000559.SZ
1071	三角轮胎	24.24	58.0	汽车	山东	2016-09-09	601163.SH
1072	富安娜	24.18	−22.2	纺织	广东	2009-12-30	002327.SZ
1073	东软集团	24.13	−9.7	互联网	辽宁	1996-06-18	600718.SH
1074	湖北宜化	24.10	25.7	化工	湖北	1996-08-15	000422.SZ
1075	豪悦护理	24.09		日用	浙江	2020-09-11	605009.SH
1076	百富环球	24.06	52.1	电子	香港	2010-12-20	0327.HK
1077	三维通信	24.06	144.0	媒体	浙江	2007-02-15	002115.SZ
1078	驰宏锌锗	24.01	−5.8	有色金属	云南	2004-04-20	600497.SH
1079	新华联	24.00	−37.5	房地产	北京	1996-10-29	000620.SZ
1080	平高电气	23.93	0.7	装备	河南	2001-02-21	600312.SH
1081	申达股份	23.91	3.2	汽车	上海	1993-01-07	600626.SH
1082	长江证券	23.89	−8.3	金融	湖北	1997-07-31	000783.SZ
1083	东方园林	23.89	−26.3	环保	北京	2009-11-27	002310.SZ
1084	龙蟒佰利	23.89	63.1	化工	河南	2011-07-15	002601.SZ
1085	星宇股份	23.86	40.9	汽车	江苏	2011-02-01	601799.SH
1086	阳光能源	23.83	99.6	装备	香港	2008-03-31	0757.HK
1087	三聚环保	23.78	−41.2	环保	北京	2010-04-27	300072.SZ
1088	龙头股份	23.78	0.2	纺织	上海	1993-02-09	600630.SH
1089	中国宝安	23.76	48.4	金融	广东	1991-06-25	000009.SZ
1090	中新集团	23.76	19.4	房地产	江苏	2019-12-20	601512.SH
1091	春风动力	23.70	101.9	汽车	浙江	2017-08-18	603129.SH
1092	华远地产	23.67	−24.1	房地产	北京	1996-09-09	600743.SH
1093	万年青	23.62	34.9	建筑	江西	1997-09-23	000789.SZ
1094	万邦德	23.61	44.7	有色金属	浙江	2006-11-20	002082.SZ
1095	中国巨石	23.60	4.9	建筑	浙江	1999-04-22	600176.SH
1096	厦门港务	23.59	29.1	运输	福建	1999-04-29	000905.SZ
1097	特发信息	23.56	−35.1	通信	广东	2000-05-11	000070.SZ
1098	太极实业	23.55	−37.8	建筑	江苏	1993-07-28	600667.SH
1099	汇景控股	23.44		房地产	广东	2020-01-16	9968.HK
1100	康恩贝	23.44	−23.3	医药	浙江	2004-04-12	600572.SH

续表

序号	证 券 名 称	品牌价值/亿元	增长率/%	行业	地区	上市日期	证券代码
1101	内蒙一机	23.42	9.1	装备	内蒙古	2004-05-18	600967.SH
1102	航天电子	23.40	9.2	装备	湖北	1995-11-15	600879.SH
1103	宁波建工	23.39	30.6	建筑	浙江	2011-08-16	601789.SH
1104	电魂网络	23.38	133.3	休闲	浙江	2016-10-26	603258.SH
1105	傲农生物	23.33	20.0	农业	福建	2017-09-26	603363.SH
1106	上海临港	23.29	77.1	房地产	上海	1994-03-24	600848.SH
1107	海能达	23.24	−5.0	通信	广东	2011-05-27	002583.SZ
1108	长盈精密	23.24	36.4	电子	广东	2010-09-02	300115.SZ
1109	拓普集团	23.23	61.8	汽车	浙江	2015-03-19	601689.SH
1110	浙商证券	23.20	62.1	金融	浙江	2017-06-26	601878.SH
1111	苏宁环球	23.20	5.1	房地产	吉林	1997-04-08	000718.SZ
1112	友好集团	23.16	−20.3	零售	新疆	1996-12-03	600778.SH
1113	东方盛虹	23.04	6.0	化工	江苏	2000-05-29	000301.SZ
1114	恒生电子	23.02	23.2	互联网	浙江	2003-12-16	600570.SH
1115	蓝帆医疗	23.01	167.4	医药	山东	2010-04-02	002382.SZ
1116	新濠影汇	22.98	−61.9	休闲	香港	2018-10-18	MSC.N
1117	三星医疗	22.96	44.8	装备	浙江	2011-06-15	601567.SH
1118	东华能源	22.92	−9.4	石油	江苏	2008-03-06	002221.SZ
1119	黑芝麻	22.92	8.0	食品	广西	1997-04-18	000716.SZ
1120	青农商行	22.89	−22.9	金融	山东	2019-03-26	002958.SZ
1121	甘李药业	22.88		医药	北京	2020-06-29	603087.SH
1122	国金证券	22.86	41.1	金融	四川	1997-08-07	600109.SH
1123	八一钢铁	22.86	5.2	钢铁	新疆	2002-08-16	600581.SH
1124	申能股份	22.84	−19.3	公用事业	上海	1993-04-16	600642.SH
1125	奥瑞金	22.76	8.1	包装	北京	2012-10-11	002701.SZ
1126	杰赛科技	22.74	15.4	通信	广东	2011-01-28	002544.SZ
1127	信立泰	22.70	−30.7	医药	广东	2009-09-10	002294.SZ
1128	骆驼股份	22.70	6.3	汽车	湖北	2011-06-02	601311.SH
1129	冠城大通	22.66	14.5	房地产	福建	1997-05-08	600067.SH
1130	中远海特	22.65	30.5	运输	广东	2002-04-18	600428.SH
1131	阳光 100 中国	22.63	75.4	房地产	北京	2014-03-13	2608.HK

续表

序号	证 券 名 称	品牌价值/亿元	增长率/%	行业	地区	上市日期	证券代码
1132	朗姿股份	22.63	51.2	服饰	北京	2011-08-30	002612.SZ
1133	太极股份	22.60	−1.2	互联网	北京	2010-03-12	002368.SZ
1134	唐宫中国	22.55	−24.0	餐饮	香港	2011-04-19	1181.HK
1135	东阿阿胶	22.54	−47.6	医药	山东	1996-07-29	000423.SZ
1136	长久物流	22.52	5.8	运输	北京	2016-08-10	603569.SH
1137	中信重工	22.51	−2.6	装备	河南	2012-07-06	601608.SH
1138	中国食品	22.49	−7.3	贸易	香港	1988-10-07	0506.HK
1139	中新药业	22.48	−4.3	医药	天津	2001-06-06	600329.SH
1140	京运通	22.45	90.8	装备	北京	2011-09-08	601908.SH
1141	嘉宏教育	22.45	103.7	教育	浙江	2019-06-18	1935.HK
1142	永安行	22.44	17.1	日用	江苏	2017-08-17	603776.SH
1143	新奥股份	22.43	−51.0	公用事业	河北	1994-01-03	600803.SH
1144	横店影视	22.42	−43.4	休闲	浙江	2017-10-12	603103.SH
1145	东百集团	22.40	11.1	零售	福建	1993-11-22	600693.SH
1146	中来股份	22.38	93.4	装备	江苏	2014-09-12	300393.SZ
1147	高鸿股份	22.36	−19.4	互联网	贵州	1998-06-09	000851.SZ
1148	沪电股份	22.33	43.3	电子	江苏	2010-08-18	002463.SZ
1149	西安银行	22.31	−19.7	金融	陕西	2019-03-01	600928.SH
1150	淮北矿业	22.30	148.3	煤炭	安徽	2004-04-28	600985.SH
1151	海普瑞	22.28	18.5	医药	广东	2010-05-06	002399.SZ
1152	今创集团	22.28	−4.7	装备	江苏	2018-02-27	603680.SH
1153	先声药业	22.26		医药	江苏	2020-10-27	2096.HK
1154	中创物流	22.25	−14.5	运输	山东	2019-04-29	603967.SH
1155	杰克股份	22.24	−1.4	装备	浙江	2017-01-19	603337.SH
1156	大唐集团控股	22.21		房地产	福建	2020-12-11	2117.HK
1157	大全新能源	22.15	71.3	电子	上海	2010-10-07	DQ.N
1158	昂立教育	22.15	−19.0	教育	上海	1993-06-14	600661.SH
1159	新日股份	22.13	17.4	汽车	江苏	2017-04-27	603787.SH
1160	*ST云城	22.09	−29.1	房地产	云南	1999-12-02	600239.SH
1161	华润微	22.07		电子	江苏	2020-02-27	688396.SH
1162	利亚德	22.05	−25.5	电子	北京	2012-03-15	300296.SZ

续表

序号	证 券 名 称	品牌价值/亿元	增长率/%	行业	地区	上市日期	证券代码
1163	华能水电	22.04	24.1	公用事业	云南	2017-12-15	600025.SH
1164	歌华有线	22.00	12.6	媒体	北京	2001-02-08	600037.SH
1165	冰轮环境	21.97	11.9	装备	山东	1998-05-28	000811.SZ
1166	辉隆股份	21.94	53.9	贸易	安徽	2011-03-02	002556.SZ
1167	日出东方	21.93	40.9	家电	江苏	2012-05-21	603366.SH
1168	京投发展	21.88	−37.5	房地产	浙江	1993-10-25	600683.SH
1169	广州港	21.88	29.3	运输	广东	2017-03-29	601228.SH
1170	立华股份	21.83	−35.4	农业	江苏	2019-02-18	300761.SZ
1171	海马汽车	21.83	−25.8	汽车	海南	1994-08-08	000572.SZ
1172	新华都	21.78	−39.7	零售	福建	2008-07-31	002264.SZ
1173	华工科技	21.76	20.9	电子	湖北	2000-06-08	000988.SZ
1174	泰格医药	21.73	33.3	医药	浙江	2012-08-17	300347.SZ
1175	协鑫集成	21.72	−65.6	电子	上海	2010-11-18	002506.SZ
1176	常熟银行	21.69	26.6	金融	江苏	2016-09-30	601128.SH
1177	环球医疗	21.67	−51.4	金融	北京	2015-07-08	2666.HK
1178	苏州高新	21.66	−22.7	房地产	江苏	1996-08-15	600736.SH
1179	寺库	21.65	−24.9	零售	北京	2017-09-22	SECO.O
1180	通策医疗	21.63	41.4	保健	浙江	1996-10-30	600763.SH
1181	南山控股	21.62	31.3	房地产	广东	2009-12-03	002314.SZ
1182	西部建设	21.61	23.1	建筑	新疆	2009-11-03	002302.SZ
1183	移远通信	21.60	7.9	通信	上海	2019-07-16	603236.SH
1184	SOHO 中国	21.55	45.2	房地产	北京	2007-10-08	0410.HK
1185	安图生物	21.48	58.6	医药	河南	2016-09-01	603658.SH
1186	雷士国际	21.47	−36.0	家电	广东	2010-05-20	2222.HK
1187	中牧股份	21.45	0.0	农业	北京	1999-01-07	600195.SH
1188	通程控股	21.41	−7.9	零售	湖南	1996-08-16	000419.SZ
1189	俊知集团	21.32	−12.0	通信	江苏	2012-03-19	1300.HK
1190	歌力思	21.30	9.5	服饰	广东	2015-04-22	603808.SH
1191	九台农商银行	21.28	−10.8	金融	吉林	2017-01-12	6122.HK
1192	白云机场	21.28	−28.5	运输	广东	2003-04-28	600004.SH
1193	南京熊猫	21.27	−14.8	通信	江苏	1996-11-18	600775.SH

续表

序号	证 券 名 称	品牌价值/亿元	增长率/%	行业	地区	上市日期	证券代码
1194	华统股份	21.22	35.8	农业	浙江	2017-01-10	002840.SZ
1195	江河集团	21.21	6.9	建筑	北京	2011-08-18	601886.SH
1196	重庆机电	21.21	54.6	装备	重庆	2008-06-13	2722.HK
1197	华联控股	21.18	−19.7	房地产	广东	1994-06-17	000036.SZ
1198	高能环境	21.16	130.3	环保	北京	2014-12-29	603588.SH
1199	中利集团	21.16	−46.5	装备	江苏	2009-11-27	002309.SZ
1200	中国春来	21.10	13.0	教育	河南	2018-09-13	1969.HK
1201	新安股份	21.09	−38.1	化工	浙江	2001-09-06	600596.SH
1202	七匹狼	21.08	−15.0	服饰	福建	2004-08-06	002029.SZ
1203	四川九洲	21.08	7.4	日用	四川	1998-05-06	000801.SZ
1204	福莱特	21.06	207.5	装备	浙江	2019-02-15	601865.SH
1205	千禾味业	21.01	91.4	食品	四川	2016-03-07	603027.SH
1206	同仁堂科技	21.00	−18.0	医药	北京	2000-10-31	1666.HK
1207	兆易创新	20.99	89.9	电子	北京	2016-08-18	603986.SH
1208	旗滨集团	20.99	51.7	建筑	湖南	2011-08-12	601636.SH
1209	安正时尚	20.97	49.6	服饰	浙江	2017-02-14	603839.SH
1210	中恒集团	20.87	28.1	医药	广西	2000-11-30	600252.SH
1211	荣安地产	20.86	85.5	房地产	浙江	1993-08-06	000517.SZ
1212	双塔食品	20.86	5.3	食品	山东	2010-09-21	002481.SZ
1213	梦百合	20.83	11.9	家居	江苏	2016-10-13	603313.SH
1214	浙江东方	20.80	49.8	金融	浙江	1997-12-01	600120.SH
1215	景旺电子	20.80	13.2	电子	广东	2017-01-06	603228.SH
1216	中国飞机租赁	20.77	7.9	运输	天津	2014-07-11	1848.HK
1217	新华制药	20.74	43.3	医药	山东	1997-08-06	000756.SZ
1218	康龙化成	20.74	51.3	医药	北京	2019-01-28	300759.SZ
1219	天山铝业	20.73	127.3	有色金属	浙江	2010-12-31	002532.SZ
1220	北方华创	20.71	134.5	电子	北京	2010-03-16	002371.SZ
1221	国轩高科	20.67	44.0	装备	安徽	2006-10-18	002074.SZ
1222	中国国贸	20.65	6.4	房地产	北京	1999-03-12	600007.SH
1223	拉卡拉	20.61	−7.8	互联网	北京	2019-04-25	300773.SZ
1224	祖龙娱乐	20.60		休闲	北京	2020-07-15	9990.HK

续表

序号	证券名称	品牌价值/亿元	增长率/%	行业	地区	上市日期	证券代码
1225	煌上煌	20.57	83.1	食品	江西	2012-09-05	002695.SZ
1226	众安在线	20.54	223.5	金融	上海	2017-09-28	6060.HK
1227	红豆股份	20.52	−10.5	服饰	江苏	2001-01-08	600400.SH
1228	百宏实业	20.52	−4.2	纺织	福建	2011-05-18	2299.HK
1229	迈克生物	20.47	55.3	医药	四川	2015-05-28	300463.SZ
1230	火岩控股	20.45	327.7	休闲	广东	2016-02-18	1909.HK
1231	方大炭素	20.45	−32.7	有色金属	甘肃	2002-08-30	600516.SH
1232	泡泡玛特	20.40		日用	北京	2020-12-11	9992.HK
1233	紫江企业	20.39	18.8	包装	上海	1999-08-24	600210.SH
1234	华阳股份	20.34	12.3	煤炭	山西	2003-08-21	600348.SH
1235	浦东金桥	20.31	19.0	房地产	上海	1993-03-26	600639.SH
1236	中圣集团	20.28	63.7	装备	湖南	2005-03-16	5GD.SG
1237	天原股份	20.15	67.9	贸易	四川	2010-04-09	002386.SZ
1238	网宿科技	20.14	−38.2	互联网	上海	2009-10-30	300017.SZ
1239	粤电力 A	20.13	−8.8	公用事业	广东	1993-11-26	000539.SZ
1240	立中集团	20.12	181.0	汽车	河北	2015-03-19	300428.SZ
1241	红蜻蜓	20.12	−8.5	服饰	浙江	2015-06-29	603116.SH
1242	时计宝	20.09	−17.4	服饰	香港	2013-02-05	2033.HK
1243	广州发展	20.05	27.5	公用事业	广东	1997-07-18	600098.SH
1244	兴发铝业	20.05	−2.5	有色金属	广东	2008-03-31	0098.HK
1245	上柴股份	20.04	43.9	装备	上海	1994-03-11	600841.SH
1246	财通证券	20.03	−0.7	金融	浙江	2017-10-24	601108.SH
1247	钱江摩托	19.98	94.5	汽车	浙江	1999-05-14	000913.SZ
1248	东吴证券	19.97	−5.4	金融	江苏	2011-12-12	601555.SH
1249	同花顺	19.95	−24.1	互联网	浙江	2009-12-25	300033.SZ
1250	思源电气	19.89	58.2	装备	上海	2004-08-05	002028.SZ
1251	嘉欣丝绸	19.82	3.6	服饰	浙江	2010-05-11	002404.SZ
1252	密尔克卫	19.76	89.1	运输	上海	2018-07-13	603713.SH
1253	深圳华强	19.75	25.1	贸易	广东	1997-01-30	000062.SZ
1254	中金环境	19.74	−15.2	装备	浙江	2010-12-09	300145.SZ
1255	恒通股份	19.72	65.9	运输	山东	2015-06-30	603223.SH

续表

序号	证 券 名 称	品牌价值/亿元	增长率/%	行业	地区	上市日期	证券代码
1256	元祖股份	19.72	40.0	食品	上海	2016-12-28	603886.SH
1257	润东汽车	19.70	−20.0	汽车	上海	2014-08-12	1365.HK
1258	水星家纺	19.68	7.9	纺织	上海	2017-11-20	603365.SH
1259	普路通	19.67	−8.5	运输	广东	2015-06-29	002769.SZ
1260	格林美	19.65	−4.8	有色金属	广东	2010-01-22	002340.SZ
1261	东北制药	19.65	9.5	医药	辽宁	1996-05-23	000597.SZ
1262	史丹利	19.64	−0.1	化工	山东	2011-06-10	002588.SZ
1263	起帆电缆	19.63		装备	上海	2020-07-31	605222.SH
1264	中原高速	19.62	−9.1	运输	河南	2003-08-08	600020.SH
1265	万马股份	19.59	37.4	装备	浙江	2009-07-10	002276.SZ
1266	通达集团	19.58	62.3	电子	香港	2000-12-22	0698.HK
1267	顺风清洁能源	19.57	−58.3	装备	江苏	2011-07-13	1165.HK
1268	湖南黄金	19.57	15.2	有色金属	湖南	2007-08-16	002155.SZ
1269	世联行	19.56	−30.7	房地产	广东	2009-08-28	002285.SZ
1270	山西焦煤	19.53	17.1	煤炭	山西	2000-07-26	000983.SZ
1271	达安基因	19.52	251.4	医药	广东	2004-08-09	002030.SZ
1272	丸美股份	19.51	−0.4	日用	广东	2019-07-25	603983.SH
1273	云南旅游	19.51	−52.5	休闲	云南	2006-08-10	002059.SZ
1274	东方集团	19.50	36.3	贸易	黑龙江	1994-01-06	600811.SH
1275	蔚蓝锂芯	19.45	20.6	运输	江苏	2008-06-05	002245.SZ
1276	仁和药业	19.43	−15.0	医药	江西	1996-12-10	000650.SZ
1277	中国圣牧	19.34	113.1	农业	内蒙古	2014-07-15	1432.HK
1278	华建集团	19.33	50.2	商业服务	上海	1993-02-09	600629.SH
1279	天下秀	19.33		互联网	广西	2001-08-07	600556.SH
1280	摩贝	19.28	−30.3	互联网	上海	2019-12-30	MKD.O
1281	深信服	19.28	26.5	互联网	广东	2018-05-16	300454.SZ
1282	亿晶光电	19.27	8.0	装备	浙江	2003-01-23	600537.SH
1283	国投资本	19.27	−8.4	金融	上海	1997-05-19	600061.SH
1284	格林酒店	19.25	−4.9	酒店	上海	2018-03-27	GHG.N
1285	华显光电	19.25	−4.7	电子	香港	1997-06-18	0334.HK
1286	中国同辐	19.22	10.3	医药	北京	2018-07-06	1763.HK

续表

序号	证 券 名 称	品牌价值/亿元	增长率/%	行业	地区	上市日期	证券代码
1287	劲嘉股份	19.21	−13.0	商业服务	广东	2007-12-05	002191.SZ
1288	三峰环境	19.20		环保	重庆	2020-06-05	601827.SH
1289	浙江交科	19.16	1.8	建筑	浙江	2006-08-16	002061.SZ
1290	中国光大水务	19.15	−18.2	环保	广东	2019-05-08	1857.HK
1291	诺力股份	19.12	69.3	装备	浙江	2015-01-28	603611.SH
1292	贵广网络	19.08	16.3	媒体	贵州	2016-12-26	600996.SH
1293	鸿路钢构	19.07	172.5	建筑	安徽	2011-01-18	002541.SZ
1294	辽港股份	19.07	6.5	运输	辽宁	2010-12-06	601880.SH
1295	上峰水泥	19.06	91.5	建筑	甘肃	1996-12-18	000672.SZ
1296	招金矿业	19.04	7.7	有色金属	山东	2006-12-08	1818.HK
1297	申华控股	19.01	6.8	汽车	辽宁	1990-12-19	600653.SH
1298	大众交通	19.00	12.8	运输	上海	1992-08-07	600611.SH
1299	全聚德	19.00	−39.7	餐饮	北京	2007-11-20	002186.SZ
1300	万国数据-SW	18.99	124.4	互联网	上海	2020-11-02	9698.HK
1301	思考乐教育	18.93	48.0	教育	广东	2019-06-21	1769.HK
1302	健友股份	18.93	118.5	医药	江苏	2017-07-19	603707.SH
1303	四川成渝	18.91	−19.7	运输	四川	2009-07-27	601107.SH
1304	汉缆股份	18.90	45.2	装备	山东	2010-11-09	002498.SZ
1305	伟明环保	18.90	86.5	环保	浙江	2015-05-28	603568.SH
1306	妙可蓝多	18.89	237.6	食品	上海	1995-12-06	600882.SH
1307	内蒙古能建	18.89	113.9	建筑	内蒙古	2017-07-18	1649.HK
1308	中信国安	18.87	−8.9	媒体	北京	1997-10-31	000839.SZ
1309	北大资源	18.84	−63.2	房地产	香港	1991-10-07	0618.HK
1310	报喜鸟	18.83	18.6	服饰	浙江	2007-08-16	002154.SZ
1311	中航电子	18.83	8.3	装备	北京	2001-07-06	600372.SH
1312	爱仕达	18.79	−2.9	日用	浙江	2010-05-11	002403.SZ
1313	中国卫星	18.77	22.6	装备	北京	1997-09-08	600118.SH
1314	华光环能	18.76	−9.2	装备	江苏	2003-07-21	600475.SH
1315	浙江美大	18.72	22.2	家电	浙江	2012-05-25	002677.SZ
1316	豪迈科技	18.71	20.6	装备	山东	2011-06-28	002595.SZ
1317	首创环境	18.68	27.0	环保	香港	2006-07-13	3989.HK

续表

序号	证券名称	品牌价值/亿元	增长率/%	行业	地区	上市日期	证券代码
1318	拓维信息	18.64	32.3	教育	湖南	2008-07-23	002261.SZ
1319	明牌珠宝	18.54	−18.5	服饰	浙江	2011-04-22	002574.SZ
1320	ST 粤泰	18.54	34.5	房地产	广东	2001-03-19	600393.SH
1321	科德教育	18.53	171.4	教育	江苏	2011-03-22	300192.SZ
1322	潮宏基	18.53	6.6	服饰	广东	2010-01-28	002345.SZ
1323	延安必康	18.51	−41.3	医药	陕西	2010-05-25	002411.SZ
1324	上海电力	18.50	23.4	公用事业	上海	2003-10-29	600021.SH
1325	艾迪精密	18.41	144.6	装备	山东	2017-01-20	603638.SH
1326	H&H 国际控股	18.41	−80.9	贸易	广东	2010-12-17	1112.HK
1327	凯莱英	18.32	64.5	医药	天津	2016-11-18	002821.SZ
1328	石四药集团	18.32	4.4	医药	香港	2005-12-20	2005.HK
1329	映客	18.26	−26.7	媒体	北京	2018-07-12	3700.HK
1330	全柴动力	18.25	−7.9	装备	安徽	1998-12-03	600218.SH
1331	汇森家居	18.21		家居	江西	2020-12-29	2127.HK
1332	海油工程	18.21	−20.6	石油	天津	2002-02-05	600583.SH
1333	比音勒芬	18.21	16.8	服饰	广东	2016-12-23	002832.SZ
1334	江山股份	18.21	18.8	化工	江苏	2001-01-10	600389.SH
1335	山东药玻	18.19	31.1	医药	山东	2002-06-03	600529.SH
1336	龙马环卫	18.07	95.3	环保	福建	2015-01-26	603686.SH
1337	苏交科	18.04	−19.7	商业服务	江苏	2012-01-10	300284.SZ
1338	三友化工	18.04	−6.2	化工	河北	2003-06-18	600409.SH
1339	康弘药业	18.04	9.1	医药	四川	2015-06-26	002773.SZ
1340	东北证券	18.04	−17.2	金融	吉林	1997-02-27	000686.SZ
1341	引力传媒	18.03	57.6	媒体	北京	2015-05-27	603598.SH
1342	铁龙物流	17.99	−52.7	贸易	辽宁	1998-05-11	600125.SH
1343	兴发集团	17.97	9.1	化工	湖北	1999-06-16	600141.SH
1344	号百控股	17.97	−47.6	媒体	上海	1993-04-07	600640.SH
1345	龙宇燃油	17.96	143.5	有色金属	上海	2012-08-17	603003.SH
1346	华谊兄弟	17.88	−70.9	休闲	浙江	2009-10-30	300027.SZ
1347	利尔化学	17.86	16.6	化工	四川	2008-07-08	002258.SZ
1348	美克家居	17.84	2.4	家居	新疆	2000-11-27	600337.SH

续表

序号	证券名称	品牌价值/亿元	增长率/%	行业	地区	上市日期	证券代码
1349	亚泰集团	17.83	22.1	建筑	吉林	1995-11-15	600881.SH
1350	奥赛康	17.81	−21.4	医药	北京	2015-05-15	002755.SZ
1351	掌趣科技	17.77	25.5	休闲	北京	2012-05-11	300315.SZ
1352	天山发展控股	17.77	17.3	房地产	河北	2010-07-15	2118.HK
1353	猫眼娱乐	17.71	−60.1	休闲	北京	2019-02-04	1896.HK
1354	粤运交通	17.67	−24.2	运输	广东	2005-10-26	3399.HK
1355	厦门银行	17.67		金融	福建	2020-10-27	601187.SH
1356	乐信	17.66	70.4	金融	广东	2017-12-21	LX.O
1357	乐居	17.65	38.3	媒体	北京	2014-04-17	LEJU.N
1358	拉夏贝尔	17.64	−57.5	服饰	新疆	2014-10-09	6116.HK
1359	深物业A	17.64	70.8	房地产	广东	1992-03-30	000011.SZ
1360	东方财富	17.62	31.2	金融	上海	2010-03-19	300059.SZ
1361	通化东宝	17.61	4.1	医药	吉林	1994-08-24	600867.SH
1362	三环集团	17.59	−4.8	电子	广东	2014-12-03	300408.SZ
1363	奥康国际	17.59	−22.3	服饰	浙江	2012-04-26	603001.SH
1364	光大嘉宝	17.58	12.4	房地产	上海	1992-12-03	600622.SH
1365	中远海运港口	17.58	2.8	运输	香港	1994-12-19	1199.HK
1366	兴达国际	17.55	12.1	汽车	上海	2006-12-21	1899.HK
1367	金证股份	17.54	−5.4	互联网	广东	2003-12-24	600446.SH
1368	青岛金王	17.52	−11.2	日用	山东	2006-12-15	002094.SZ
1369	宋都股份	17.50	19.9	房地产	浙江	1997-05-20	600077.SH
1370	ST加加	17.50	30.1	食品	湖南	2012-01-06	002650.SZ
1371	宗申动力	17.47	−45.9	汽车	重庆	1997-03-06	001696.SZ
1372	星雅集团	17.46	−10.0	休闲	江苏	2004-02-20	S85.SG
1373	东旭光电	17.44	−72.4	电子	河北	1996-09-25	000413.SZ
1374	盐津铺子	17.42	140.7	食品	湖南	2017-02-08	002847.SZ
1375	广联达	17.41	14.3	互联网	北京	2010-05-25	002410.SZ
1376	上海莱士	17.38	56.4	医药	上海	2008-06-23	002252.SZ
1377	仙琚制药	17.38	32.3	医药	浙江	2010-01-12	002332.SZ
1378	阜丰集团	17.37	19.3	化工	山东	2007-02-08	0546.HK
1379	合兴包装	17.35	−4.2	包装	福建	2008-05-08	002228.SZ

续表

序号	证券名称	品牌价值/亿元	增长率/%	行业	地区	上市日期	证券代码
1380	汇嘉时代	17.32	−8.4	零售	新疆	2016-05-06	603101.SH
1381	华夏视听教育	17.31		休闲	北京	2020-07-15	1981.HK
1382	南都电源	17.27	0.8	装备	浙江	2010-04-21	300068.SZ
1383	凯撒文化	17.27	35.4	休闲	广东	2010-06-08	002425.SZ
1384	株冶集团	17.25	−7.1	有色金属	湖南	2004-08-30	600961.SH
1385	天能重工	17.25	134.5	装备	山东	2016-11-25	300569.SZ
1386	广日股份	17.24	−41.2	装备	广东	1996-03-28	600894.SH
1387	南京公用	17.23	746.6	公用事业	江苏	1996-08-06	000421.SZ
1388	华锦股份	17.22	−6.6	石油	辽宁	1997-01-30	000059.SZ
1389	国光连锁	17.21		零售	江西	2020-07-28	605188.SH
1390	趣店	17.18	−60.5	金融	福建	2017-10-18	QD.N
1391	新世界	17.18	−16.1	零售	上海	1993-01-19	600628.SH
1392	ST方科	17.18	−9.1	电子	上海	1990-12-19	600601.SH
1393	振华科技	17.17	−6.1	电子	贵州	1997-07-03	000733.SZ
1394	紫光国微	17.17	54.7	电子	河北	2005-06-06	002049.SZ
1395	万业企业	17.16	−18.6	房地产	上海	1993-04-07	600641.SH
1396	江苏国信	17.15	20.1	公用事业	江苏	2011-08-10	002608.SZ
1397	永鼎股份	17.14	−13.8	通信	江苏	1997-09-29	600105.SH
1398	奥佳华	17.14	−3.6	医药	福建	2011-09-09	002614.SZ
1399	云赛智联	17.13	1.3	互联网	上海	1990-12-19	600602.SH
1400	青青稞酒	17.13	−23.2	饮料	青海	2011-12-22	002646.SZ
1401	汇洁股份	17.13	0.3	服饰	广东	2015-06-10	002763.SZ
1402	联创电子	17.08	26.3	电子	江西	2004-09-03	002036.SZ
1403	平安好医生	17.05	43.8	医药	上海	2018-05-04	1833.HK
1404	国际医学	17.05	−42.5	保健	陕西	1993-08-09	000516.SZ
1405	我爱我家	17.04	33.9	房地产	云南	1994-02-02	000560.SZ
1406	中国淀粉	17.01	−1.7	农业	香港	2007-09-27	3838.HK
1407	彩生活	17.01	10.3	房地产	广东	2014-06-30	1778.HK
1408	中国软件	17.00	−7.1	互联网	北京	2002-05-17	600536.SH
1409	赢合科技	16.99	43.6	装备	广东	2015-05-14	300457.SZ
1410	尚品宅配	16.95	−30.6	家居	广东	2017-03-07	300616.SZ

序号	证券名称	品牌价值/亿元	增长率/%	行业	地区	上市日期	证券代码
1411	美亚光电	16.95	8.9	装备	安徽	2012-07-31	002690.SZ
1412	万孚生物	16.86	114.6	医药	广东	2015-06-30	300482.SZ
1413	爱康科技	16.86	−18.0	装备	江苏	2011-08-15	002610.SZ
1414	卡宾	16.85	12.7	服饰	广东	2013-10-28	2030.HK
1415	新产业	16.83		医药	广东	2020-05-12	300832.SZ
1416	华设集团	16.78	36.8	商业服务	江苏	2014-10-13	603018.SH
1417	东兴证券	16.77	−5.3	金融	北京	2015-02-26	601198.SH
1418	亚普股份	16.77	4.2	汽车	江苏	2018-05-09	603013.SH
1419	南玻A	16.73	26.3	建筑	广东	1992-02-28	000012.SZ
1420	金山云	16.70		互联网	北京	2020-05-08	KC.O
1421	欣贺股份	16.67		服饰	福建	2020-10-26	003016.SZ
1422	上机数控	16.67	178.4	装备	江苏	2018-12-28	603185.SH
1423	招商南油	16.65	19.9	运输	江苏	2019-01-08	601975.SH
1424	潞安环能	16.65	2.2	煤炭	山西	2006-09-22	601699.SH
1425	宁波联合	16.64	159.7	贸易	浙江	1997-04-10	600051.SH
1426	广信股份	16.58	47.0	化工	安徽	2015-05-13	603599.SH
1427	横店东磁	16.54	43.1	有色金属	浙江	2006-08-02	002056.SZ
1428	东富龙	16.53	22.5	装备	上海	2011-02-01	300171.SZ
1429	捷佳伟创	16.53	88.4	电子	广东	2018-08-10	300724.SZ
1430	华夏航空	16.52	20.2	运输	贵州	2018-03-02	002928.SZ
1431	浦林成山	16.51	11.2	汽车	香港	2018-10-09	1809.HK
1432	恩华药业	16.49	8.0	医药	江苏	2008-07-23	002262.SZ
1433	上海环境	16.47	37.5	环保	上海	2017-03-31	601200.SH
1434	力劲科技	16.45	6.3	装备	香港	2006-10-16	0558.HK
1435	一鸣食品	16.45		食品	浙江	2020-12-28	605179.SH
1436	现代牧业	16.41	35.2	农业	安徽	2010-11-26	1117.HK
1437	城投控股	16.41	−62.3	房地产	上海	1993-05-18	600649.SH
1438	中色股份	16.40	−26.4	有色金属	北京	1997-04-16	000758.SZ
1439	秦港股份	16.38	−6.2	运输	河北	2017-08-16	601326.SH
1440	悦康药业	16.38		医药	北京	2020-12-24	688658.SH
1441	拓斯达	16.37	162.1	装备	广东	2017-02-09	300607.SZ

续表

序号	证券名称	品牌价值/亿元	增长率/%	行业	地区	上市日期	证券代码
1442	中国科传	16.36	7.9	媒体	北京	2017-01-18	601858.SH
1443	继峰股份	16.35	180.3	汽车	浙江	2015-03-02	603997.SH
1444	信也科技	16.34	−14.2	金融	上海	2017-11-10	FINV.N
1445	中国新华教育	16.28	17.9	教育	安徽	2018-03-26	2779.HK
1446	华胜天成	16.25	−2.9	互联网	北京	2004-04-27	600410.SH
1447	赣锋锂业	16.20	21.3	有色金属	江西	2010-08-10	002460.SZ
1448	祁连山	16.18	78.2	建筑	甘肃	1996-07-16	600720.SH
1449	天创时尚	16.15	16.5	服饰	广东	2016-02-18	603608.SH
1450	康缘药业	16.14	1.6	医药	江苏	2002-09-18	600557.SH
1451	华西证券	16.13	23.9	金融	四川	2018-02-05	002926.SZ
1452	建桥教育	16.07		教育	上海	2020-01-16	1525.HK
1453	海思科	16.05	4.8	医药	西藏	2012-01-17	002653.SZ
1454	前程无忧	16.05	−14.0	商业服务	上海	2004-09-29	JOBS.O
1455	BRILLIANCE CHI	16.01	−8.8	汽车	香港	1999-10-22	1114.HK
1456	东风科技	16.01	−6.7	汽车	上海	1997-07-03	600081.SH
1457	四环医药	16.00	−5.9	医药	北京	2010-10-28	0460.HK
1458	凤祥股份	15.99		农业	山东	2020-07-16	9977.HK
1459	中粮家佳康	15.98	49.4	贸易	北京	2016-11-01	1610.HK
1460	珠光控股	15.91	−31.8	房地产	香港	1996-12-09	1176.HK
1461	日月股份	15.90	174.3	装备	浙江	2016-12-28	603218.SH
1462	江苏阳光	15.90	3.6	纺织	江苏	1999-09-27	600220.SH
1463	华昌化工	15.89	163.3	化工	江苏	2008-09-25	002274.SZ
1464	深圳能源	15.88	15.3	公用事业	广东	1993-09-03	000027.SZ
1465	水羊股份	15.87	31.1	日用	湖南	2018-02-08	300740.SZ
1466	晋商银行	15.86	19.4	金融	山西	2019-07-18	2558.HK
1467	中宠股份	15.84	72.3	食品	山东	2017-08-21	002891.SZ
1468	上工申贝	15.84	22.2	装备	上海	1994-03-11	600843.SH
1469	吉宏股份	15.80	237.9	包装	福建	2016-07-12	002803.SZ
1470	巨化股份	15.77	3.7	化工	浙江	1998-06-26	600160.SH
1471	润建股份	15.76	−7.6	通信	广西	2018-03-01	002929.SZ
1472	强生控股	15.75	7.5	运输	上海	1993-06-14	600662.SH

续表

序号	证 券 名 称	品牌价值/亿元	增长率/%	行业	地区	上市日期	证券代码
1473	海通恒信	15.74	−0.8	金融	上海	2019-06-03	1905.HK
1474	三雄极光	15.72	6.1	家电	广东	2017-03-17	300625.SZ
1475	深振业A	15.72	12.5	房地产	广东	1992-04-27	000006.SZ
1476	鲁泰A	15.68	−74.7	纺织	山东	2000-12-25	000726.SZ
1477	九芝堂	15.66	−10.2	医药	湖南	2000-06-28	000989.SZ
1478	吉峰科技	15.66	1.9	零售	四川	2009-10-30	300022.SZ
1479	岱美股份	15.65	43.4	汽车	上海	2017-07-28	603730.SH
1480	泰胜风能	15.65	77.0	装备	上海	2010-10-19	300129.SZ
1481	亚厦股份	15.65	26.7	建筑	浙江	2010-03-23	002375.SZ
1482	模塑科技	15.64	80.3	汽车	江苏	1997-02-28	000700.SZ
1483	搜于特	15.64	−76.7	贸易	广东	2010-11-17	002503.SZ
1484	仙乐健康	15.62	23.8	保健	广东	2019-09-25	300791.SZ
1485	国新文化	15.61	347.8	教育	上海	1993-03-16	600636.SH
1486	鲁西化工	15.55	−80.6	化工	山东	1998-08-07	000830.SZ
1487	洲明科技	15.49	2.5	电子	广东	2011-06-22	300232.SZ
1488	奥美医疗	15.45	56.0	医药	湖北	2019-03-11	002950.SZ
1489	皇氏集团	15.41	64.9	食品	广西	2010-01-06	002329.SZ
1490	鹏都农牧	15.39	−17.0	贸易	湖南	2010-11-18	002505.SZ
1491	视觉中国	15.38	−35.7	休闲	江苏	1997-01-21	000681.SZ
1492	得利斯	15.35	65.7	食品	山东	2010-01-06	002330.SZ
1493	国元证券	15.34	−5.0	金融	安徽	1997-06-16	000728.SZ
1494	合肥城建	15.34	68.9	房地产	安徽	2008-01-28	002208.SZ
1495	易事特	15.32	19.0	装备	广东	2014-01-27	300376.SZ
1496	科华生物	15.29	89.2	医药	上海	2004-07-21	002022.SZ
1497	同济科技	15.27	24.6	房地产	上海	1994-03-11	600846.SH
1498	天山股份	15.26	113.4	建筑	新疆	1999-01-07	000877.SZ
1499	金杯汽车	15.25	−32.0	汽车	辽宁	1992-07-24	600609.SH
1500	中国旭阳集团	15.24	−10.5	煤炭	北京	2019-03-15	1907.HK
1501	平煤股份	15.23	52.1	煤炭	河南	2006-11-23	601666.SH
1502	奥普家居	15.20		日用	浙江	2020-01-15	603551.SH
1503	小鹏汽车(XPENG)	15.20		汽车	广东	2020-08-27	XPEV.N

序号	证券名称	品牌价值/亿元	增长率/%	行业	地区	上市日期	证券代码
1504	同兴达	15.19	118.1	电子	广东	2017-01-25	002845.SZ
1505	银轮股份	15.19	26.7	汽车	浙江	2007-04-18	002126.SZ
1506	葵花药业	15.17	−20.9	医药	黑龙江	2014-12-30	002737.SZ
1507	理士国际	15.11	8.8	装备	广东	2010-11-16	0842.HK
1508	贝因美	15.10	4.6	食品	浙江	2011-04-12	002570.SZ
1509	玉禾田	15.09		环保	安徽	2020-01-23	300815.SZ
1510	东诚药业	15.09	65.0	医药	山东	2012-05-25	002675.SZ
1511	信邦制药	15.09	−10.7	医药	贵州	2010-04-16	002390.SZ
1512	金圆股份	15.05	−0.7	环保	吉林	1993-12-15	000546.SZ
1513	澜起科技	15.01	18.7	电子	上海	2019-07-22	688008.SH
1514	国网英大	15.01	−12.4	装备	上海	2003-10-10	600517.SH
1515	超声电子	15.00	38.1	电子	广东	1997-10-08	000823.SZ
1516	康泰生物	14.98	69.1	医药	广东	2017-02-07	300601.SZ
1517	航天科技	14.97	9.6	电子	黑龙江	1999-04-01	000901.SZ
1518	世茂服务	14.96		房地产	上海	2020-10-30	0873.HK
1519	健帆生物	14.96	70.2	医药	广东	2016-08-02	300529.SZ
1520	塔牌集团	14.96	24.5	建筑	广东	2008-05-16	002233.SZ
1521	金钼股份	14.95	1.0	有色金属	陕西	2008-04-17	601958.SH
1522	大唐环境	14.95	−48.4	环保	北京	2016-11-15	1272.HK
1523	银泰黄金	14.95	72.2	有色金属	内蒙古	2000-06-08	000975.SZ
1524	喜临门	14.93	46.6	家居	浙江	2012-07-17	603008.SH
1525	东风股份	14.93	−26.1	商业服务	广东	2012-02-16	601515.SH
1526	通裕重工	14.92	80.2	装备	山东	2011-03-08	300185.SZ
1527	日海智能	14.92	−15.5	通信	广东	2009-12-03	002313.SZ
1528	城市传媒	14.91	5.0	媒体	山东	2000-03-09	600229.SH
1529	威海广泰	14.91	26.0	装备	山东	2007-01-26	002111.SZ
1530	北元集团	14.88		化工	陕西	2020-10-20	601568.SH
1531	特锐德	14.86	−6.5	装备	山东	2009-10-30	300001.SZ
1532	建霖家居	14.80		家居	福建	2020-07-30	603408.SH
1533	万里扬	14.78	45.9	汽车	浙江	2010-06-18	002434.SZ
1534	珍宝岛	14.74	1.3	医药	黑龙江	2015-04-24	603567.SH

续表

序号	证 券 名 称	品牌价值/亿元	增长率/%	行业	地区	上市日期	证券代码
1535	华测检测	14.71	23.9	商业服务	广东	2009-10-30	300012.SZ
1536	丽尚国潮	14.71	−26.2	零售	甘肃	1996-08-02	600738.SH
1537	华熙生物	14.68	52.6	医药	山东	2019-11-06	688363.SH
1538	梦洁股份	14.63	8.9	纺织	湖南	2010-04-29	002397.SZ
1539	东方精工	14.62	54.2	装备	广东	2011-08-30	002611.SZ
1540	北巴传媒	14.59	9.5	汽车	北京	2001-02-16	600386.SH
1541	石基信息	14.58	−25.8	互联网	北京	2007-08-13	002153.SZ
1542	佳都科技	14.57	0.7	互联网	广东	1996-07-16	600728.SH
1543	华闻集团	14.56	22.2	媒体	海南	1997-07-29	000793.SZ
1544	有研新材	14.56	114.3	有色金属	北京	1999-03-19	600206.SH
1545	东岳集团	14.56	−13.6	化工	山东	2007-12-10	0189.HK
1546	国际天食	14.54	−28.3	餐饮	上海	2012-07-04	3666.HK
1547	天融信	14.53	16.1	装备	广东	2008-02-01	002212.SZ
1548	电声股份	14.53	−15.8	媒体	广东	2019-11-21	300805.SZ
1549	百隆东方	14.52	−8.3	纺织	浙江	2012-06-12	601339.SH
1550	合富辉煌	14.51	−16.3	房地产	广东	2004-07-15	0733.HK
1551	森麒麟	14.50		汽车	山东	2020-09-11	002984.SZ
1552	世纪互联	14.48	28.2	互联网	北京	2011-04-21	VNET.O
1553	鼎胜新材	14.46	4.2	有色金属	江苏	2018-04-18	603876.SH
1554	湖北能源	14.45	32.1	公用事业	湖北	1998-05-19	000883.SZ
1555	海翔药业	14.44	−19.9	医药	浙江	2006-12-26	002099.SZ
1556	越秀交通基建	14.39	−18.3	运输	香港	1997-01-30	1052.HK
1557	长园集团	14.39	1.5	装备	广东	2002-12-02	600525.SH
1558	惠程科技	14.37	8.9	休闲	广东	2007-09-19	002168.SZ
1559	广和通	14.34	101.0	通信	广东	2017-04-13	300638.SZ
1560	利民股份	14.34	145.7	化工	江苏	2015-01-27	002734.SZ
1561	海兴电力	14.34	47.6	电子	浙江	2016-11-10	603556.SH
1562	顺钠股份	14.31	−45.0	装备	广东	1994-01-03	000533.SZ
1563	漫步者	14.29	58.7	日用	广东	2010-02-05	002351.SZ
1564	奥飞娱乐	14.27	−43.4	日用	广东	2009-09-10	002292.SZ
1565	天宇股份	14.24	125.0	医药	浙江	2017-09-19	300702.SZ

续表

序号	证券名称	品牌价值/亿元	增长率/%	行业	地区	上市日期	证券代码
1566	机器人	14.21	−27.2	装备	辽宁	2009-10-30	300024.SZ
1567	宏润建设	14.20	27.0	建筑	浙江	2006-08-16	002062.SZ
1568	安德利	14.20	53.6	零售	安徽	2016-08-22	603031.SH
1569	淮河能源	14.20	89.1	贸易	安徽	2003-03-28	600575.SH
1570	尚德机构	14.19	−14.4	教育	北京	2018-03-23	STG.N
1571	盾安环境	14.13	26.2	装备	浙江	2004-07-05	002011.SZ
1572	北部湾港	14.11	34.7	运输	广西	1995-11-02	000582.SZ
1573	恒林股份	14.08	76.6	家居	浙江	2017-11-21	603661.SH
1574	风华高科	14.05	5.3	电子	广东	1996-11-29	000636.SZ
1575	华宏科技	14.04	55.0	装备	江苏	2011-12-20	002645.SZ
1576	南山智尚	14.04		纺织	山东	2020-12-22	300918.SZ
1577	西王特钢	14.02	−33.6	钢铁	山东	2012-02-23	1266.HK
1578	卓胜微	14.00	242.4	电子	江苏	2019-06-18	300782.SZ
1579	北京城乡	14.00	4.5	零售	北京	1994-05-20	600861.SH
1580	西部水泥	13.99	52.0	建筑	陕西	2010-08-23	2233.HK
1581	汉钟精机	13.96	54.7	装备	上海	2007-08-17	002158.SZ
1582	江苏租赁	13.96	24.7	金融	江苏	2018-03-01	600901.SH
1583	日照港	13.95	17.9	运输	山东	2006-10-17	600017.SH
1584	剑桥科技	13.95	−16.5	通信	上海	2017-11-10	603083.SH
1585	中钢国际	13.93	25.7	建筑	吉林	1999-03-12	000928.SZ
1586	博华太平洋	13.91	−72.3	休闲	香港	2002-02-11	1076.HK
1587	思美传媒	13.90	−32.0	媒体	浙江	2014-01-23	002712.SZ
1588	酷派集团	13.90	59.3	通信	广东	2004-12-09	2369.HK
1589	金逸影视	13.90	−60.7	休闲	广东	2017-10-16	002905.SZ
1590	辰欣药业	13.90	9.6	医药	山东	2017-09-29	603367.SH
1591	通鼎互联	13.90	−48.3	通信	江苏	2010-10-21	002491.SZ
1592	齐合环保	13.89	−8.7	有色金属	浙江	2010-07-12	0976.HK
1593	龙建股份	13.89	39.4	建筑	黑龙江	1994-04-04	600853.SH
1594	广汇物流	13.89	14.0	房地产	四川	1992-01-13	600603.SH
1595	中际旭创	13.88	87.9	装备	山东	2012-04-10	300308.SZ

续表

序号	证券名称	品牌价值/亿元	增长率/%	行业	地区	上市日期	证券代码
1596	一起教育科技（17 EDUCATION & TECHNOLOGY）	13.87		教育	北京	2020-12-04	YQ.O
1597	ST 德豪	13.86	14.3	家电	安徽	2004-06-25	002005.SZ
1598	航天机电	13.86	17.5	装备	上海	1998-06-05	600151.SH
1599	中粮包装	13.86	12.0	包装	浙江	2009-11-16	0906.HK
1600	甘肃银行	13.86	−66.6	金融	甘肃	2018-01-18	2139.HK
1601	赣粤高速	13.85	−13.4	运输	江西	2000-05-18	600269.SH
1602	锐信控股	13.83	−3.4	电子	福建	2006-12-21	1399.HK
1603	爱婴室	13.82	9.0	零售	上海	2018-03-30	603214.SH
1604	珠江钢琴	13.79	3.1	日用	广东	2012-05-30	002678.SZ
1605	京能电力	13.76	21.9	公用事业	北京	2002-05-10	600578.SH
1606	风神股份	13.71	7.5	汽车	河南	2003-10-21	600469.SH
1607	太阳电缆	13.70	78.1	装备	福建	2009-10-21	002300.SZ
1608	华荣股份	13.69	256.8	装备	上海	2017-05-24	603855.SH
1609	开山股份	13.66	14.4	装备	浙江	2011-08-19	300257.SZ
1610	中航重机	13.65	56.0	装备	贵州	1996-11-06	600765.SH
1611	精工钢构	13.64	91.3	建筑	安徽	2002-06-05	600496.SH
1612	*ST 数知	13.63	1.1	互联网	北京	2010-01-08	300038.SZ
1613	贵州轮胎	13.62	9.3	汽车	贵州	1996-03-08	000589.SZ
1614	国茂股份	13.62	15.0	装备	江苏	2019-06-14	603915.SH
1615	得润电子	13.61	17.2	电子	广东	2006-07-25	002055.SZ
1616	煜盛文化	13.61		休闲	北京	2020-03-13	1859.HK
1617	生物股份	13.60	−19.1	医药	内蒙古	1999-01-15	600201.SH
1618	兰亭集势	13.59	33.8	零售	北京	2013-06-06	LITB.N
1619	天奇股份	13.56	0.0	装备	江苏	2004-06-29	002009.SZ
1620	航天晨光	13.52	30.7	装备	江苏	2001-06-15	600501.SH
1621	国星光电	13.50	−9.2	电子	广东	2010-07-16	002449.SZ
1622	东方电缆	13.49	93.3	装备	浙江	2014-10-15	603606.SH
1623	大洋电机	13.47	2.6	装备	广东	2008-06-19	002249.SZ
1624	惠达卫浴	13.46	52.5	家居	河北	2017-04-05	603385.SH
1625	丽江股份	13.45	−20.1	休闲	云南	2004-08-25	002033.SZ

续表

序号	证券名称	品牌价值/亿元	增长率/%	行业	地区	上市日期	证券代码
1626	易华录	13.43	−16.2	互联网	北京	2011-05-05	300212.SZ
1627	莱宝高科	13.43	73.0	电子	广东	2007-01-12	002106.SZ
1628	汇量科技	13.42	28.2	互联网	广东	2018-12-12	1860.HK
1629	天通股份	13.41	61.3	装备	浙江	2001-01-18	600330.SH
1630	东方通信	13.40	−27.3	通信	浙江	1996-11-26	600776.SH
1631	百奥家庭互动	13.39	101.0	休闲	广东	2014-04-10	2100.HK
1632	美好置业	13.38	−11.9	房地产	云南	1996-12-05	000667.SZ
1633	永泰能源	13.37	24.6	公用事业	山西	1998-05-13	600157.SH
1634	攀钢钒钛	13.35	−33.4	有色金属	四川	1996-11-15	000629.SZ
1635	新易盛	13.35	119.7	通信	四川	2016-03-03	300502.SZ
1636	皖通高速	13.34	9.3	运输	安徽	2003-01-07	600012.SH
1637	二三四五	13.33	−2.6	互联网	上海	2007-12-12	002195.SZ
1638	天地源	13.33	−12.7	房地产	陕西	1993-07-09	600665.SH
1639	长江健康	13.32	14.6	医药	江苏	2010-06-18	002435.SZ
1640	创兴银行	13.31	13.3	金融	香港	1994-07-11	1111.HK
1641	金枫酒业	13.30	25.6	饮料	上海	1992-09-29	600616.SH
1642	广弘控股	13.30	−26.5	媒体	广东	1993-11-18	000529.SZ
1643	桂冠电力	13.29	0.1	公用事业	广西	2000-03-23	600236.SH
1644	香江控股	13.27	−39.0	房地产	广东	1998-06-09	600162.SH
1645	开润股份	13.27	−8.3	服饰	安徽	2016-12-21	300577.SZ
1646	迈为股份	13.23	82.2	装备	江苏	2018-11-09	300751.SZ
1647	出版传媒	13.21	50.3	媒体	辽宁	2007-12-21	601999.SH
1648	电子城	13.16	6.7	房地产	北京	1993-05-24	600658.SH
1649	上海物贸	13.14	−33.3	贸易	上海	1994-02-04	600822.SH
1650	鲁抗医药	13.13	46.3	医药	山东	1997-02-26	600789.SH
1651	千金药业	13.07	11.9	医药	湖南	2004-03-12	600479.SH
1652	*ST大唐	13.07	−35.0	通信	北京	1998-10-21	600198.SH
1653	福田实业	13.05	−16.4	纺织	香港	1988-04-20	0420.HK
1654	三人行	13.04		媒体	陕西	2020-05-28	605168.SH
1655	广电网络	13.04	−22.6	媒体	陕西	1994-02-24	600831.SH
1656	伊之密	13.03	39.4	装备	广东	2015-01-23	300415.SZ

续表

序号	证 券 名 称	品牌价值/亿元	增长率/%	行业	地区	上市日期	证券代码
1657	长城证券	13.03	20.4	金融	广东	2018-10-26	002939.SZ
1658	湖北广电	13.00	−15.7	媒体	湖北	1996-12-10	000665.SZ
1659	冠城钟表珠宝	13.00	−29.8	服饰	香港	1991-12-10	0256.HK
1660	美联国际教育	12.98		教育	广东	2020-03-31	METX.O
1661	萃华珠宝	12.97	−22.7	服饰	辽宁	2014-11-04	002731.SZ
1662	大金重工	12.97	486.2	装备	辽宁	2010-10-15	002487.SZ
1663	广田集团	12.95	−18.8	建筑	广东	2010-09-29	002482.SZ
1664	璞泰来	12.94	47.5	有色金属	上海	2017-11-03	603659.SH
1665	博雅生物	12.94	4.3	医药	江西	2012-03-08	300294.SZ
1666	冀中能源	12.93	24.9	煤炭	河北	1999-09-09	000937.SZ
1667	星期六	12.92	47.3	服饰	广东	2009-09-03	002291.SZ
1668	海容冷链	12.92	67.5	装备	山东	2018-11-29	603187.SH
1669	华安证券	12.90	43.7	金融	安徽	2016-12-06	600909.SH
1670	中国波顿	12.83	707.4	保健	香港	2005-12-09	3318.HK
1671	航天发展	12.83	51.0	装备	福建	1993-11-30	000547.SZ
1672	飞力达	12.82	−6.7	运输	江苏	2011-07-06	300240.SZ
1673	京新药业	12.82	16.5	医药	浙江	2004-07-15	002020.SZ
1674	澳洋健康	12.80	−28.6	保健	江苏	2007-09-21	002172.SZ
1675	兴森科技	12.80	26.6	电子	广东	2010-06-18	002436.SZ
1676	胜宏科技	12.78	50.6	电子	广东	2015-06-11	300476.SZ
1677	金杯电工	12.78	47.3	装备	湖南	2010-12-31	002533.SZ
1678	高德红外	12.76	161.3	电子	湖北	2010-07-16	002414.SZ
1679	润邦股份	12.74	73.2	装备	江苏	2010-09-29	002483.SZ
1680	志邦家居	12.73	65.7	家居	安徽	2017-06-30	603801.SH
1681	崇达技术	12.70	6.0	电子	广东	2016-10-12	002815.SZ
1682	弘亚数控	12.69	52.8	装备	广东	2016-12-28	002833.SZ
1683	中国汽研	12.68	67.1	汽车	重庆	2012-06-11	601965.SH
1684	无锡银行	12.67	46.2	金融	江苏	2016-09-23	600908.SH
1685	双良节能	12.66	−6.8	装备	江苏	2003-04-22	600481.SH
1686	西南证券	12.66	−17.5	金融	重庆	2001-01-09	600369.SH
1687	中兴商业	12.64	−19.5	零售	辽宁	1997-05-08	000715.SZ

续表

序号	证券名称	品牌价值/亿元	增长率/%	行业	地区	上市日期	证券代码
1688	诺普信	12.62	5.6	化工	广东	2008-02-18	002215.SZ
1689	大唐新能源	12.62	22.1	公用事业	北京	2010-12-17	1798.HK
1690	捷成股份	12.61	−49.5	媒体	北京	2011-02-22	300182.SZ
1691	大丰实业	12.61	15.1	装备	浙江	2017-04-20	603081.SH
1692	中工国际	12.60	−13.4	建筑	北京	2006-06-19	002051.SZ
1693	人民网	12.60	−29.7	媒体	北京	2012-04-27	603000.SH
1694	威胜控股	12.58	−7.7	电子	香港	2005-12-19	3393.HK
1695	浙大网新	12.58	2.4	互联网	浙江	1997-04-18	600797.SH
1696	鑫达集团	12.55	−28.6	汽车	黑龙江	2009-11-27	CXDC.O
1697	紫金银行	12.53	−18.7	金融	江苏	2019-01-03	601860.SH
1698	博实股份	12.52	77.2	装备	黑龙江	2012-09-11	002698.SZ
1699	尖峰集团	12.52	158.3	建筑	浙江	1993-07-28	600668.SH
1700	科瑞技术	12.50	−23.0	装备	广东	2019-07-26	002957.SZ
1701	星星科技	12.44	57.1	电子	浙江	2011-08-19	300256.SZ
1702	福斯特	12.43	−70.7	化工	浙江	2014-09-05	603806.SH
1703	亿利洁能	12.39	−2.7	化工	内蒙古	2000-07-25	600277.SH
1704	江中药业	12.39	24.2	医药	江西	1996-09-23	600750.SH
1705	西藏水资源	12.36	5.7	饮料	香港	2011-06-30	1115.HK
1706	达芙妮国际	12.36	−40.9	服饰	上海	1995-11-03	0210.HK
1707	中兵红箭	12.35	52.7	装备	湖南	1993-10-08	000519.SZ
1708	粤高速A	12.34	−21.5	运输	广东	1998-02-20	000429.SZ
1709	杰瑞股份	12.34	55.7	石油	山东	2010-02-05	002353.SZ
1710	锦州港	12.34	45.5	运输	辽宁	1999-06-09	600190.SH
1711	富森美	12.33	19.0	房地产	四川	2016-11-09	002818.SZ
1712	开滦股份	12.33	23.2	煤炭	河北	2004-06-02	600997.SH
1713	晨光生物	12.32	51.0	农业	河北	2010-11-05	300138.SZ
1714	北方国际	12.32	26.3	建筑	北京	1998-06-05	000065.SZ
1715	中银证券	12.32		金融	上海	2020-02-26	601696.SH
1716	海利尔	12.32	49.7	化工	山东	2017-01-12	603639.SH
1717	金陵饭店	12.31	13.4	酒店	江苏	2007-04-06	601007.SH
1718	江山欧派	12.30	153.9	家居	浙江	2017-02-10	603208.SH

序号	证券名称	品牌价值/亿元	增长率/%	行业	地区	上市日期	证券代码
1719	众生药业	12.30	1.3	医药	广东	2009-12-11	002317.SZ
1720	龙腾光电	12.28		电子	江苏	2020-08-17	688055.SH
1721	杭可科技	12.28	4.2	装备	浙江	2019-07-22	688006.SH
1722	振东制药	12.28	18.8	医药	山西	2011-01-07	300158.SZ
1723	天工国际	12.27	17.0	钢铁	江苏	2007-07-26	0826.HK
1724	益民集团	12.27	−13.5	零售	上海	1994-02-04	600824.SH
1725	瑞斯康达	12.25	−7.2	通信	北京	2017-04-20	603803.SH
1726	航天电器	12.25	−41.0	电子	贵州	2004-07-26	002025.SZ
1727	西部证券	12.22	18.4	金融	陕西	2012-05-03	002673.SZ
1728	博彦科技	12.21	26.1	互联网	北京	2012-01-06	002649.SZ
1729	国电南自	12.19	3.1	装备	江苏	1999-11-18	600268.SH
1730	大博医疗	12.17	70.4	医药	福建	2017-09-22	002901.SZ
1731	世荣兆业	12.14	16.4	房地产	广东	2004-07-08	002016.SZ
1732	九洲药业	12.13	53.3	医药	浙江	2014-10-10	603456.SH
1733	舒华体育	12.13		日用	福建	2020-12-15	605299.SH
1734	神州高铁	12.13	−18.0	装备	北京	1992-05-07	000008.SZ
1735	众业达	12.13	27.0	贸易	广东	2010-07-06	002441.SZ
1736	爱建集团	12.13	32.1	金融	上海	1993-04-26	600643.SH
1737	徐家汇	12.12	−24.3	零售	上海	2011-03-03	002561.SZ
1738	国海证券	12.11	12.9	金融	广西	1997-07-09	000750.SZ
1739	长青股份	12.08	10.1	化工	江苏	2010-04-16	002391.SZ
1740	火星人	12.08		家电	浙江	2020-12-31	300894.SZ
1741	阳光纸业	12.07	2.9	包装	山东	2007-12-12	2002.HK
1742	有友食品	12.07	1.4	食品	重庆	2019-05-08	603697.SH
1743	新野纺织	12.07	17.3	纺织	河南	2006-11-30	002087.SZ
1744	吉视传媒	12.06	−18.3	媒体	吉林	2012-02-23	601929.SH
1745	峨眉山 A	12.06	−32.8	休闲	四川	1997-10-21	000888.SZ
1746	中科软	12.03	−32.9	互联网	北京	2019-09-09	603927.SH
1747	港龙中国地产	12.03		房地产	上海	2020-07-15	6968.HK
1748	联创光电	12.02	55.1	电子	江西	2001-03-29	600363.SH
1749	嘉士利集团	12.01	25.0	食品	广东	2014-09-25	1285.HK

续表

序号	证券名称	品牌价值/亿元	增长率/%	行业	地区	上市日期	证券代码
1750	航天控股	12.00	17.5	电子	香港	1981-08-25	0031.HK
1751	京基智农	11.99	22.0	农业	广东	1994-11-01	000048.SZ
1752	华润医疗	11.97	−13.6	保健	北京	2013-11-29	1515.HK
1753	风语筑	11.94	−39.6	媒体	上海	2017-10-20	603466.SH
1754	七一二	11.93	36.1	通信	天津	2018-02-26	603712.SH
1755	博威合金	11.93	45.2	有色金属	浙江	2011-01-27	601137.SH
1756	楚天高速	11.91	4.9	运输	湖北	2004-03-10	600035.SH
1757	东湖高新	11.90	21.2	建筑	湖北	1998-02-12	600133.SH
1758	美盛文化	11.89	3.5	休闲	浙江	2012-09-11	002699.SZ
1759	新城悦服务	11.88	118.9	房地产	上海	2018-11-06	1755.HK
1760	贵州百灵	11.88	−12.9	医药	贵州	2010-06-03	002424.SZ
1761	景业名邦集团	11.88	63.9	房地产	广东	2019-12-05	2231.HK
1762	创力集团	11.86	16.3	装备	上海	2015-03-20	603012.SH
1763	东鹏控股	11.86		建筑	广东	2020-10-19	003012.SZ
1764	泸天化	11.84	45.9	化工	四川	1999-06-03	000912.SZ
1765	健盛集团	11.83	54.3	服饰	浙江	2015-01-27	603558.SH
1766	天润工业	11.82	75.6	汽车	山东	2009-08-21	002283.SZ
1767	南华期货	11.82	−1.0	金融	浙江	2019-08-30	603093.SH
1768	马应龙	11.81	34.2	医药	湖北	2004-05-17	600993.SH
1769	掌阅科技	11.81	103.6	媒体	北京	2017-09-21	603533.SH
1770	银都股份	11.78	40.7	装备	浙江	2017-09-11	603277.SH
1771	亚太卫星	11.77	115.7	电信	香港	1996-12-18	1045.HK
1772	宝钢包装	11.74	70.5	包装	上海	2015-06-11	601968.SH
1773	中国船舶租赁	11.71	1.7	金融	上海	2019-06-17	3877.HK
1774	岳阳林纸	11.70	31.3	造纸	湖南	2004-05-25	600963.SH
1775	新天绿能	11.67	34.4	公用事业	河北	2020-06-29	600956.SH
1776	福建高速	11.64	−8.1	运输	福建	2001-02-09	600033.SH
1777	曲美家居	11.64	65.9	家居	北京	2015-04-22	603818.SH
1778	林洋能源	11.64	2.2	装备	江苏	2011-08-08	601222.SH
1779	锦泓集团	11.59	−27.5	服饰	江苏	2014-12-03	603518.SH
1780	新北洋	11.58	−30.7	电子	山东	2010-03-23	002376.SZ

66

续表

序号	证 券 名 称	品牌价值/亿元	增长率/%	行业	地区	上市日期	证券代码
1781	山西证券	11.57	−36.2	金融	山西	2010-11-15	002500.SZ
1782	合盛硅业	11.55	4.1	化工	浙江	2017-10-30	603260.SH
1783	曲江文旅	11.54	−0.7	休闲	陕西	1996-05-16	600706.SH
1784	中电光谷	11.54	3.2	房地产	湖北	2014-03-28	0798.HK
1785	金城医药	11.53	16.6	医药	山东	2011-06-22	300233.SZ
1786	景津环保	11.53	−43.1	环保	山东	2019-07-29	603279.SH
1787	鹏辉能源	11.52	51.6	电子	广东	2015-04-24	300438.SZ
1788	佳禾智能	11.51	6.4	日用	广东	2019-10-18	300793.SZ
1789	联发股份	11.50	−0.6	纺织	江苏	2010-04-23	002394.SZ
1790	中国动向	11.49	0.4	服饰	北京	2007-10-10	3818.HK
1791	CEC INTL HOLD	11.46	9.4	零售	香港	1999-11-15	0759.HK
1792	康德莱	11.45	137.3	医药	上海	2016-11-21	603987.SH
1793	潍柴重机	11.44	32.8	装备	山东	1998-04-02	000880.SZ
1794	瑞贝卡	11.44	−16.8	日用	河南	2003-07-10	600439.SH
1795	奥特佳	11.44	71.6	汽车	江苏	2008-05-22	002239.SZ
1796	沃尔核材	11.44	47.3	电子	广东	2007-04-20	002130.SZ
1797	卫星石化	11.43	25.7	化工	浙江	2011-12-28	002648.SZ
1798	ST 起步	11.43	5.3	服饰	浙江	2017-08-18	603557.SH
1799	内蒙华电	11.42	5.2	公用事业	内蒙古	1994-05-20	600863.SH
1800	华峰化学	11.42	133.3	化工	浙江	2006-08-23	002064.SZ
1801	科华数据	11.42	64.7	装备	福建	2010-01-13	002335.SZ
1802	永艺股份	11.41	92.7	家居	浙江	2015-01-23	603600.SH
1803	抚顺特钢	11.41	147.0	钢铁	辽宁	2000-12-29	600399.SH
1804	粤水电	11.39	21.6	建筑	广东	2006-08-10	002060.SZ
1805	东莞控股	11.38	13.7	运输	广东	1997-06-17	000828.SZ
1806	贝达药业	11.38	50.8	医药	浙江	2016-11-07	300558.SZ
1807	万集科技	11.37	327.1	电子	北京	2016-10-21	300552.SZ
1808	金健米业	11.35	48.2	农业	湖南	1998-05-06	600127.SH
1809	深圳燃气	11.35	15.5	公用事业	广东	2009-12-25	601139.SH
1810	天房发展	11.34	−5.2	房地产	天津	2001-09-10	600322.SH
1811	东南网架	11.32	36.4	建筑	浙江	2007-05-30	002135.SZ

续表

序号	证券名称	品牌价值/亿元	增长率/%	行业	地区	上市日期	证券代码
1812	鸿合科技	11.32	−34.0	电子	北京	2019-05-23	002955.SZ
1813	尔康制药	11.30	−26.2	医药	湖南	2011-09-27	300267.SZ
1814	安莉芳控股	11.29	−26.8	服饰	香港	2006-12-18	1388.HK
1815	凌霄泵业	11.29	43.5	装备	广东	2017-07-11	002884.SZ
1816	莲花健康	11.28	28.6	食品	河南	1998-08-25	600186.SH
1817	拓邦股份	11.25	55.9	电子	广东	2007-06-29	002139.SZ
1818	天威视讯	11.24	−8.1	媒体	广东	2008-05-26	002238.SZ
1819	张江高科	11.24	−12.6	房地产	上海	1996-04-22	600895.SH
1820	金蝶国际	11.23	24.1	互联网	广东	2001-02-15	0268.HK
1821	杭电股份	11.22	35.1	装备	浙江	2015-02-17	603618.SH
1822	天沃科技	11.20	233.7	建筑	江苏	2011-03-10	002564.SZ
1823	珠江股份	11.20	−20.8	房地产	广东	1993-10-28	600684.SH
1824	益生股份	11.17	134.7	农业	山东	2010-08-10	002458.SZ
1825	新泉股份	11.16	90.5	汽车	江苏	2017-03-17	603179.SH
1826	红塔证券	11.15	124.3	金融	云南	2019-07-05	601236.SH
1827	燕塘乳业	11.14	28.9	食品	广东	2014-12-05	002732.SZ
1828	永升生活服务	11.13	150.6	房地产	上海	2018-12-17	1995.HK
1829	仙鹤股份	11.13	38.2	造纸	浙江	2018-04-20	603733.SH
1830	易成新能	11.13	7.6	装备	河南	2010-06-25	300080.SZ
1831	火炬电子	11.10	86.8	电子	福建	2015-01-26	603678.SH
1832	启明星辰	11.09	−10.5	互联网	北京	2010-06-23	002439.SZ
1833	中超控股	11.06	−20.1	装备	江苏	2010-09-10	002471.SZ
1834	华特达因	11.06	30.0	医药	山东	1999-06-09	000915.SZ
1835	天源迪科	11.05	−7.7	互联网	广东	2010-01-20	300047.SZ
1836	丰原药业	11.04	2.7	医药	安徽	2000-09-20	000153.SZ
1837	远达环保	11.04	18.3	环保	重庆	2000-11-01	600292.SH
1838	依顿电子	11.03	−10.5	电子	广东	2014-07-01	603328.SH
1839	青鸟消防	11.01	5.5	电子	河北	2019-08-09	002960.SZ
1840	东江环保	11.01	−15.7	环保	广东	2012-04-26	002672.SZ
1841	鼎信通讯	10.99	−14.9	通信	山东	2016-10-11	603421.SH
1842	创美药业	10.99	−16.5	医药	广东	2015-12-14	2289.HK

续表

序号	证 券 名 称	品牌价值/亿元	增长率/%	行业	地区	上市日期	证券代码
1843	宁波东力	10.98	−29.8	装备	浙江	2007-08-23	002164.SZ
1844	广西广电	10.97	−4.7	媒体	广西	2016-08-15	600936.SH
1845	趣头条	10.97	−60.4	媒体	上海	2018-09-14	QTT.O
1846	中控技术	10.97		互联网	浙江	2020-11-24	688777.SH
1847	中钨高新	10.94	23.4	有色金属	海南	1996-12-05	000657.SZ
1848	品渥食品	10.94		食品	上海	2020-09-24	300892.SZ
1849	小牛电动	10.93	37.9	汽车	北京	2018-10-19	NIU.O
1850	万润科技	10.89	15.2	媒体	广东	2012-02-17	002654.SZ
1851	华宇软件	10.87	−17.0	互联网	北京	2011-10-26	300271.SZ
1852	春兴精工	10.84	3.2	电子	江苏	2011-02-18	002547.SZ
1853	凯盛科技	10.83	69.0	电子	安徽	2002-11-08	600552.SH
1854	国芳集团	10.80	−35.2	零售	甘肃	2017-09-29	601086.SH
1855	南兴股份	10.80	103.5	装备	广东	2015-05-27	002757.SZ
1856	安凯客车	10.79	−39.8	汽车	安徽	1997-07-25	000868.SZ
1857	雅士利国际	10.78	−22.1	食品	广东	2010-11-01	1230.HK
1858	好太太	10.76	−3.1	日用	广东	2017-12-01	603848.SH
1859	华达科技	10.75	41.5	汽车	江苏	2017-01-25	603358.SH
1860	中航高科	10.75	49.0	装备	江苏	1994-05-20	600862.SH
1861	聚飞光电	10.74	12.3	电子	广东	2012-03-19	300303.SZ
1862	新朋股份	10.70	−4.9	汽车	上海	2009-12-30	002328.SZ
1863	曙光股份	10.70	−0.3	汽车	辽宁	2000-12-26	600303.SH
1864	浙富控股	10.69	35.7	环保	浙江	2008-08-06	002266.SZ
1865	杭萧钢构	10.69	53.1	建筑	浙江	2003-11-10	600477.SH
1866	彩虹股份	10.69	550.1	电子	陕西	1996-05-20	600707.SH
1867	羚锐制药	10.69	24.7	医药	河南	2000-10-18	600285.SH
1868	中国三江化工	10.69	18.7	化工	浙江	2010-09-16	2198.HK
1869	万通发展	10.69	16.1	房地产	北京	2000-09-22	600246.SH
1870	金信诺	10.68	−27.5	通信	广东	2011-08-18	300252.SZ
1871	永高股份	10.67	57.4	建筑	浙江	2011-12-08	002641.SZ
1872	城建设计	10.65	32.9	建筑	北京	2014-07-08	1599.HK
1873	华宝国际	10.65	29.9	化工	香港	1992-01-22	0336.HK

续表

序号	证券名称	品牌价值/亿元	增长率/%	行业	地区	上市日期	证券代码
1874	南宁糖业	10.62	58.1	农业	广西	1999-05-27	000911.SZ
1875	新华锦	10.61	17.8	服饰	山东	1996-07-26	600735.SH
1876	泰豪科技	10.60	−7.8	装备	江西	2002-07-03	600590.SH
1877	誉衡药业	10.60	−41.3	医药	黑龙江	2010-06-23	002437.SZ
1878	建业新生活	10.59		房地产	河南	2020-05-15	9983.HK
1879	亚星客车	10.58	−10.9	汽车	江苏	1999-08-31	600213.SH
1880	莱绅通灵	10.56	−26.2	服饰	江苏	2016-11-23	603900.SH
1881	西宁特钢	10.55	27.6	钢铁	青海	1997-10-15	600117.SH
1882	扬杰科技	10.55	49.2	电子	江苏	2014-01-23	300373.SZ
1883	中电兴发	10.54	63.6	互联网	安徽	2009-09-29	002298.SZ
1884	坚朗五金	10.53	112.1	建筑	广东	2016-03-29	002791.SZ
1885	创元科技	10.53	48.5	环保	江苏	1994-01-06	000551.SZ
1886	重庆港九	10.52	1.2	运输	重庆	2000-07-31	600279.SH
1887	时代新材	10.51	−4.5	化工	湖南	2002-12-19	600458.SH
1888	金溢科技	10.51	158.1	电子	广东	2017-05-15	002869.SZ
1889	广东鸿图	10.51	10.8	汽车	广东	2006-12-29	002101.SZ
1890	科锐国际	10.51	68.3	商业服务	北京	2017-06-08	300662.SZ
1891	士兰微	10.50	3.5	电子	浙江	2003-03-11	600460.SH
1892	ST红太阳	10.45	−44.7	化工	江苏	1993-10-28	000525.SZ
1893	卫宁健康	10.44	12.5	互联网	上海	2011-08-18	300253.SZ
1894	中国水务	10.44	14.3	公用事业	香港	1999-10-11	0855.HK
1895	香雪制药	10.43	31.0	医药	广东	2010-12-15	300147.SZ
1896	益佰制药	10.42	6.5	医药	贵州	2004-03-23	600594.SH
1897	凤凰卫视	10.42	−37.6	媒体	香港	2000-06-30	2008.HK
1898	神马股份	10.40	−56.0	化工	河南	1994-01-06	600810.SH
1899	云海金属	10.40	55.9	有色金属	江苏	2007-11-13	002182.SZ
1900	顺络电子	10.40	15.6	电子	广东	2007-06-13	002138.SZ
1901	中国全通	10.39	2.5	电信	香港	2009-09-16	0633.HK
1902	锦江在线	10.38	16.9	运输	上海	1993-06-07	600650.SH
1903	雪天盐业	10.37	−18.4	食品	湖南	2018-03-26	600929.SH
1904	理邦仪器	10.34	247.5	医药	广东	2011-04-21	300206.SZ

续表

序号	证券名称	品牌价值/亿元	增长率/%	行业	地区	上市日期	证券代码
1905	中再资环	10.33	22.9	环保	陕西	1999-12-16	600217.SH
1906	天风证券	10.31	14.4	金融	湖北	2018-10-19	601162.SH
1907	金陵药业	10.30	−15.4	医药	江苏	1999-11-18	000919.SZ
1908	英飞拓	10.30	19.1	电子	广东	2010-12-24	002528.SZ
1909	凯赛生物	10.28		医药	上海	2020-08-12	688065.SH
1910	永兴材料	10.27	35.0	钢铁	浙江	2015-05-15	002756.SZ
1911	西藏天路	10.27	64.2	建筑	西藏	2001-01-16	600326.SH
1912	和而泰	10.27	46.5	电子	广东	2010-05-11	002402.SZ
1913	蓝光嘉宝服务	10.24	21.6	房地产	四川	2019-10-18	2606.HK
1914	上海电影	10.24	−40.3	休闲	上海	2016-08-17	601595.SH
1915	蓝城兄弟(BLUECITY)	10.23		休闲	北京	2020-07-08	BLCT.O
1916	苏常柴 A	10.22	8.3	装备	江苏	1994-07-01	000570.SZ
1917	美兰空港	10.20	29.9	运输	海南	2002-11-18	0357.HK
1918	神威药业	10.19	−21.8	医药	河北	2004-12-02	2877.HK
1919	水晶光电	10.17	24.4	电子	浙江	2008-09-19	002273.SZ
1920	中粮科技	10.17	64.0	化工	安徽	1999-07-12	000930.SZ
1921	泛海控股	10.16	−75.0	金融	北京	1994-09-12	000046.SZ
1922	三峡新材	10.16	−47.0	通信	湖北	2000-09-19	600293.SH
1923	金山办公	10.12	40.6	互联网	北京	2019-11-18	688111.SH
1924	金新农	10.12	1.1	农业	广东	2011-02-18	002548.SZ
1925	甘源食品	10.10		食品	江西	2020-07-31	002991.SZ
1926	光弘科技	10.06	22.8	电子	广东	2017-12-29	300735.SZ
1927	太安堂	10.05	−6.6	医药	广东	2010-06-18	002433.SZ
1928	新华网	10.04	−14.5	媒体	北京	2016-10-28	603888.SH
1929	深深房 A	10.03	−11.5	房地产	广东	1993-09-15	000029.SZ
1930	华东重机	10.02	−70.9	贸易	江苏	2012-06-12	002685.SZ
1931	大成生化科技	10.01	0.3	农业	香港	2001-03-16	0809.HK
1932	中广核新能源	10.00	21.3	公用事业	香港	2014-10-03	1811.HK
1933	百亚股份	9.99		日用	重庆	2020-09-21	003006.SZ
1934	四方股份	9.99	39.2	装备	北京	2010-12-31	601126.SH
1935	华侨城(亚洲)	9.98	−49.6	房地产	香港	2005-11-02	3366.HK

序号	证 券 名 称	品牌价值/亿元	增长率/%	行业	地区	上市日期	证券代码
1936	伯特利	9.98	42.6	汽车	安徽	2018-04-27	603596.SH
1937	清新环境	9.97	−32.9	环保	北京	2011-04-22	002573.SZ
1938	天津发展	9.97	−22.6	医药	香港	1997-12-10	0882.HK
1939	栖霞建设	9.95	21.0	房地产	江苏	2002-03-28	600533.SH
1940	永创智能	9.95	33.5	装备	浙江	2015-05-29	603901.SH
1941	浙江震元	9.93	33.9	医药	浙江	1997-04-10	000705.SZ
1942	金融壹账通	9.93	36.6	互联网	广东	2019-12-13	OCFT.N
1943	旋极信息	9.91	−13.0	互联网	北京	2012-06-08	300324.SZ
1944	第一医药	9.91	27.8	零售	上海	1994-02-24	600833.SH
1945	杉杉股份	9.91	5.5	化工	浙江	1996-01-30	600884.SH
1946	纽威股份	9.89	−42.8	装备	江苏	2014-01-17	603699.SH
1947	哈尔斯	9.89	−3.6	日用	浙江	2011-09-09	002615.SZ
1948	金种子酒	9.87	−39.4	饮料	安徽	1998-08-12	600199.SH
1949	聚光科技	9.87	−32.1	电子	浙江	2011-04-15	300203.SZ
1950	宁夏建材	9.86	85.3	建筑	宁夏	2003-08-29	600449.SH
1951	深圳机场	9.84	−24.5	运输	广东	1998-04-20	000089.SZ
1952	中科创达	9.83	72.0	互联网	北京	2015-12-10	300496.SZ
1953	建投能源	9.83	17.9	公用事业	河北	1996-06-06	000600.SZ
1954	皖能电力	9.82	−5.7	公用事业	安徽	1993-12-20	000543.SZ
1955	爱柯迪	9.81	20.0	汽车	浙江	2017-11-17	600933.SH
1956	隆华科技	9.80	27.7	装备	河南	2011-09-16	300263.SZ
1957	三诺生物	9.80	51.5	医药	湖南	2012-03-19	300298.SZ
1958	北新路桥	9.79	6.5	建筑	新疆	2009-11-11	002307.SZ
1959	叶氏化工集团	9.79	11.7	化工	香港	1991-08-22	0408.HK
1960	新媒股份	9.77	55.3	媒体	广东	2019-04-19	300770.SZ
1961	科博达	9.77	−6.3	汽车	上海	2019-10-15	603786.SH
1962	英维克	9.77	79.7	装备	广东	2016-12-29	002837.SZ
1963	浙江广厦	9.76	26.4	休闲	浙江	1997-04-15	600052.SH
1964	天药股份	9.76	58.5	医药	天津	2001-06-18	600488.SH
1965	原生态牧业	9.76	107.3	农业	黑龙江	2013-11-26	1431.HK
1966	滨海泰达物流	9.76	16.8	运输	天津	2008-04-30	8348.HK

续表

序号	证券名称	品牌价值/亿元	增长率/%	行业	地区	上市日期	证券代码
1967	博腾股份	9.75	66.8	医药	重庆	2014-01-29	300363.SZ
1968	川仪股份	9.75	21.8	装备	重庆	2014-08-05	603100.SH
1969	桂林三金	9.75	−6.9	医药	广西	2009-07-10	002275.SZ
1970	冠农股份	9.72	54.4	农业	新疆	2003-06-09	600251.SH
1971	天齐锂业	9.71	−57.4	有色金属	四川	2010-08-31	002466.SZ
1972	苏农银行	9.71	21.8	金融	江苏	2016-11-29	603323.SH
1973	万泰生物	9.71		医药	北京	2020-04-29	603392.SH
1974	冰川网络	9.71	37.2	休闲	广东	2016-08-18	300533.SZ
1975	伟星新材	9.71	−10.5	建筑	浙江	2010-03-18	002372.SZ
1976	海印股份	9.69	5.2	房地产	广东	1998-10-28	000861.SZ
1977	南天信息	9.68	14.7	互联网	云南	1999-10-14	000948.SZ
1978	节能国祯	9.67	−10.5	环保	安徽	2014-08-01	300388.SZ
1979	博杰股份	9.64		装备	广东	2020-02-05	002975.SZ
1980	梦网科技	9.64	8.6	互联网	辽宁	2007-03-28	002123.SZ
1981	华鼎控股	9.62	−16.1	服饰	香港	2005-12-15	3398.HK
1982	三房巷	9.60	300.4	纺织	江苏	2003-03-06	600370.SH
1983	日发精机	9.58	9.8	装备	浙江	2010-12-10	002520.SZ
1984	兰石重装	9.57	9.1	装备	甘肃	2014-10-09	603169.SH
1985	慈文传媒	9.55	−31.5	休闲	浙江	2010-01-26	002343.SZ
1986	法拉电子	9.55	24.4	电子	福建	2002-12-10	600563.SH
1987	美锦能源	9.53	−17.7	煤炭	山西	1997-05-15	000723.SZ
1988	卓越商企服务	9.52		房地产	广东	2020-10-19	6989.HK
1989	财信发展	9.51	34.0	房地产	重庆	1997-06-26	000838.SZ
1990	软控股份	9.50	−21.0	装备	山东	2006-10-18	002073.SZ
1991	威胜信息	9.47		通信	湖南	2020-01-21	688100.SH
1992	疯狂体育	9.47	45.6	媒体	北京	1991-10-25	0082.HK
1993	力源信息	9.46	−59.9	贸易	湖北	2011-02-22	300184.SZ
1994	赤峰黄金	9.45	91.4	有色金属	内蒙古	2004-04-14	600988.SH
1995	中体产业	9.45	59.4	休闲	天津	1998-03-27	600158.SH
1996	通宇通讯	9.43	−25.3	通信	广东	2016-03-28	002792.SZ
1997	沈阳化工	9.43	24.5	化工	辽宁	1997-02-20	000698.SZ

续表

序号	证券名称	品牌价值/亿元	增长率/%	行业	地区	上市日期	证券代码
1998	中国电研	9.42	−4.2	装备	广东	2019-11-05	688128.SH
1999	研祥智能	9.41	3.8	电子	广东	2003-10-10	2308.HK
2000	和利时自动化	9.41	−61.4	电子	北京	2008-08-01	HOLI.O
2001	隆平高科	9.40	−41.3	农业	湖南	2000-12-11	000998.SZ
2002	民和股份	9.38	63.0	农业	山东	2008-05-16	002234.SZ
2003	开元教育	9.38	−23.8	教育	湖南	2012-07-26	300338.SZ
2004	长城科技	9.37	−3.0	装备	浙江	2018-04-10	603897.SH
2005	中远海运国际	9.36	−22.2	运输	香港	1992-02-11	0517.HK
2006	睿创微纳	9.36	167.3	电子	山东	2019-07-22	688002.SH
2007	锌业股份	9.34	10.2	有色金属	辽宁	1997-06-26	000751.SZ
2008	良信股份	9.34	90.9	装备	上海	2014-01-21	002706.SZ
2009	南京证券	9.33	56.2	金融	江苏	2018-06-13	601990.SH
2010	大恒科技	9.32	1.3	电子	北京	2000-11-29	600288.SH
2011	东方铁塔	9.32	114.0	建筑	山东	2011-02-11	002545.SZ
2012	司尔特	9.32	−11.7	化工	安徽	2011-01-18	002538.SZ
2013	华瑞服装	9.32	−54.4	服饰	江苏	2008-07-16	EVK.O
2014	南国置业	9.31	−13.2	房地产	湖北	2009-11-06	002305.SZ
2015	首创股份	9.30	36.9	公用事业	北京	2000-04-27	600008.SH
2016	景兴纸业	9.30	−2.7	造纸	浙江	2006-09-15	002067.SZ
2017	广博股份	9.29	−59.8	媒体	浙江	2007-01-10	002103.SZ
2018	华媒控股	9.29	−5.0	媒体	浙江	1996-08-30	000607.SZ
2019	西麦食品	9.28	8.2	食品	广西	2019-06-19	002956.SZ
2020	同仁堂国药	9.28	−9.3	医药	香港	2013-05-07	3613.HK
2021	侨银股份	9.26		环保	广东	2020-01-06	002973.SZ
2022	辰林教育	9.24	−2.2	教育	江西	2019-12-13	1593.HK
2023	德展健康	9.24	−61.1	医药	新疆	1998-05-19	000813.SZ
2024	亚联发展	9.24	13.9	互联网	广东	2009-12-09	002316.SZ
2025	渤海轮渡	9.22	7.5	运输	山东	2012-09-06	603167.SH
2026	浦东建设	9.22	22.9	建筑	上海	2004-03-16	600284.SH
2027	嘉化能源	9.21	−4.8	化工	浙江	2003-06-27	600273.SH
2028	中信出版	9.20	−19.4	媒体	北京	2019-07-05	300788.SZ

续表

序号	证 券 名 称	品牌价值/亿元	增长率/%	行业	地区	上市日期	证券代码
2029	华达新材	9.19		钢铁	浙江	2020-08-05	605158.SH
2030	冰山冷热	9.17	−4.5	装备	辽宁	1993-12-08	000530.SZ
2031	巨匠建设	9.15	41.4	建筑	浙江	2016-01-12	1459.HK
2032	顺发恒业	9.14	−53.6	房地产	吉林	1996-11-22	000631.SZ
2033	大元泵业	9.12	57.1	装备	浙江	2017-07-11	603757.SH
2034	赛腾股份	9.10	32.4	装备	江苏	2017-12-25	603283.SH
2035	浙江富润	9.09	62.1	互联网	浙江	1997-06-04	600070.SH
2036	达实智能	9.08	−2.6	互联网	广东	2010-06-03	002421.SZ
2037	探路者	9.08	−48.7	服饰	北京	2009-10-30	300005.SZ
2038	天目湖	9.06	1.0	休闲	江苏	2017-09-27	603136.SH
2039	众安集团	9.01	−23.6	房地产	浙江	2007-11-13	0672.HK
2040	宁波海运	9.00	53.3	运输	浙江	1997-04-23	600798.SH
2041	亚宝药业	8.99	−10.4	医药	山西	2002-09-26	600351.SH
2042	* ST 华英	8.98	−18.9	农业	河南	2009-12-16	002321.SZ
2043	洪都航空	8.97	69.1	装备	江西	2000-12-15	600316.SH
2044	世纪阳光	8.97	−39.5	化工	香港	2004-02-17	0509.HK
2045	南宁百货	8.94	−33.5	零售	广西	1996-06-26	600712.SH
2046	希努尔	8.93	26.5	服饰	山东	2010-10-15	002485.SZ
2047	河钢资源	8.92	186.6	有色金属	河北	1999-07-14	000923.SZ
2048	铁建装备	8.92	−39.8	装备	云南	2015-12-16	1786.HK
2049	天地在线	8.92		互联网	北京	2020-08-05	002995.SZ
2050	王道	8.91		教育	江苏	2020-07-23	EDTK.O
2051	天邑股份	8.90	−33.2	通信	四川	2018-03-30	300504.SZ
2052	文投控股	8.90	−15.4	休闲	辽宁	1996-07-01	600715.SH
2053	泸州银行	8.89	19.4	金融	四川	2018-12-17	1983.HK
2054	巴比食品	8.88		食品	上海	2020-10-12	605338.SH
2055	中嘉博创	8.86	−31.0	电信	河北	1997-12-18	000889.SZ
2056	康臣药业	8.84	−17.4	医药	广东	2013-12-19	1681.HK
2057	昊海生科	8.83	−22.5	医药	上海	2019-10-30	688366.SH
2058	京东方精电	8.83	47.8	电子	香港	1991-07-01	0710.HK
2059	亚威股份	8.83	10.6	装备	江苏	2011-03-03	002559.SZ

续表

序号	证 券 名 称	品牌价值/亿元	增长率/%	行业	地区	上市日期	证券代码
2060	世运电路	8.82	38.9	电子	广东	2017-04-26	603920.SH
2061	张家港行	8.81	30.6	金融	江苏	2017-01-24	002839.SZ
2062	久立特材	8.80	33.9	钢铁	浙江	2009-12-11	002318.SZ
2063	晋控煤业	8.77	53.2	煤炭	山西	2006-06-23	601001.SH
2064	海欣食品	8.76	53.2	食品	福建	2012-10-11	002702.SZ
2065	卧龙地产	8.73	−15.2	房地产	浙江	1999-04-15	600173.SH
2066	好莱客	8.73	7.0	家居	广东	2015-02-17	603898.SH
2067	广汇能源	8.73	2.6	石油	新疆	2000-05-26	600256.SH
2068	怡球资源	8.71	51.6	有色金属	江苏	2012-04-23	601388.SH
2069	麦格米特	8.69	53.4	装备	广东	2017-03-06	002851.SZ
2070	海昌海洋公园	8.68	−70.4	休闲	上海	2014-03-13	2255.HK
2071	尚荣医疗	8.67	24.4	医药	广东	2011-02-25	002551.SZ
2072	建溢集团	8.67	−1.6	日用	香港	1997-05-01	0638.HK
2073	东方国信	8.66	−16.1	互联网	北京	2011-01-25	300166.SZ
2074	都市丽人	8.64	−80.4	服饰	广东	2014-06-26	2298.HK
2075	天马科技	8.63	122.4	农业	福建	2017-01-17	603668.SH
2076	上海凤凰	8.62	138.0	日用	上海	1993-10-08	600679.SH
2077	松芝股份	8.62	−8.8	汽车	上海	2010-07-20	002454.SZ
2078	ST 安泰	8.62	62.9	煤炭	山西	2003-02-12	600408.SH
2079	珠海控股投资	8.61	55.4	公用事业	香港	1998-05-26	0908.HK
2080	川投能源	8.60	−4.1	公用事业	四川	1993-09-24	600674.SH
2081	麒盛科技	8.59	−15.3	家居	浙江	2019-10-29	603610.SH
2082	金安国纪	8.58	17.6	电子	上海	2011-11-25	002636.SZ
2083	家乡互动	8.58	15.3	互联网	福建	2019-07-04	3798.HK
2084	惠发食品	8.57	22.2	食品	山东	2017-06-13	603536.SH
2085	ST 柏龙	8.57	−13.4	服饰	广东	2015-06-26	002776.SZ
2086	苏利股份	8.56	14.8	化工	江苏	2016-12-14	603585.SH
2087	富祥药业	8.56	66.9	医药	江西	2015-12-22	300497.SZ
2088	漳州发展	8.56	−4.7	汽车	福建	1997-06-26	000753.SZ
2089	拉芳家化	8.56	3.4	日用	广东	2017-03-13	603630.SH
2090	奇正藏药	8.54	51.0	医药	西藏	2009-08-28	002287.SZ

续表

序号	证券名称	品牌价值/亿元	增长率/%	行业	地区	上市日期	证券代码
2091	武汉凡谷	8.54	-8.3	通信	湖北	2007-12-07	002194.SZ
2092	全通教育	8.53	-6.3	教育	广东	2014-01-21	300359.SZ
2093	大富科技	8.51	-16.1	通信	安徽	2010-10-26	300134.SZ
2094	永利股份	8.51	17.2	装备	上海	2011-06-15	300230.SZ
2095	晶晨股份	8.51	19.0	电子	上海	2019-08-08	688099.SH
2096	亨鑫科技	8.51	-13.9	通信	江苏	2010-12-23	1085.HK
2097	达内教育	8.50	-34.8	教育	北京	2014-04-03	TEDU.O
2098	科顺股份	8.49	93.7	建筑	广东	2018-01-25	300737.SZ
2099	健民集团	8.49	25.9	医药	湖北	2004-04-19	600976.SH
2100	惠泉啤酒	8.48	14.6	饮料	福建	2003-02-26	600573.SH
2101	硕世生物	8.48	489.6	医药	江苏	2019-12-05	688399.SH
2102	粤港湾控股	8.48	-16.8	房地产	广东	2013-10-31	1396.HK
2103	宇信科技	8.48	11.5	互联网	北京	2018-11-07	300674.SZ
2104	科士达	8.47	18.2	装备	广东	2010-12-07	002518.SZ
2105	新疆众和	8.47	1.2	有色金属	新疆	1996-02-15	600888.SH
2106	众合科技	8.46	172.7	装备	浙江	1999-06-11	000925.SZ
2107	彩虹集团	8.45		家电	四川	2020-12-11	003023.SZ
2108	楚天科技	8.45	8.7	装备	湖南	2014-01-21	300358.SZ
2109	海联金汇	8.44	-2.5	汽车	山东	2011-01-10	002537.SZ
2110	保隆科技	8.41	41.0	汽车	上海	2017-05-19	603197.SH
2111	*ST腾邦	8.40	-76.7	休闲	广东	2011-02-15	300178.SZ
2112	京威股份	8.37	-36.3	汽车	北京	2012-03-09	002662.SZ
2113	江阴银行	8.34	31.1	金融	江苏	2016-09-02	002807.SZ
2114	海宁皮城	8.33	-16.0	房地产	浙江	2010-01-26	002344.SZ
2115	广晟有色	8.33	82.6	有色金属	海南	2000-05-25	600259.SH
2116	西藏药业	8.32	81.1	医药	西藏	1999-07-21	600211.SH
2117	凯利泰	8.31	20.9	医药	上海	2012-06-13	300326.SZ
2118	艾华集团	8.31	33.7	电子	湖南	2015-05-15	603989.SH
2119	国泰君安国际	8.31	-9.2	金融	香港	2010-07-08	1788.HK
2120	博世科	8.30	27.9	环保	广西	2015-02-17	300422.SZ
2121	中国天保集团	8.29	202.8	建筑	河北	2019-11-11	1427.HK

续表

序号	证 券 名 称	品牌价值/亿元	增长率/%	行业	地区	上市日期	证券代码
2122	卓翼科技	8.29	−25.8	电子	广东	2010-03-16	002369.SZ
2123	轻纺城	8.26	−5.7	房地产	浙江	1997-02-28	600790.SH
2124	蒙娜丽莎	8.25	71.7	建筑	广东	2017-12-19	002918.SZ
2125	嘉诚国际	8.25	40.9	运输	广东	2017-08-08	603535.SH
2126	荣泰健康	8.25	10.8	医药	上海	2017-01-11	603579.SH
2127	吴通控股	8.25	−2.8	互联网	江苏	2012-02-29	300292.SZ
2128	旗天科技	8.22	−29.9	零售	上海	2010-03-19	300061.SZ
2129	福能股份	8.21	−6.7	公用事业	福建	2004-05-31	600483.SH
2130	中闽百汇	8.21	11.4	零售	福建	2011-01-20	5SR.SG
2131	盛和资源	8.20	46.6	有色金属	四川	2003-05-29	600392.SH
2132	绿色动力	8.17	52.2	环保	广东	2018-06-11	601330.SH
2133	国际脐带血库	8.16	10.0	保健	北京	2009-11-19	CO.N
2134	鲍斯股份	8.13	55.7	装备	浙江	2015-04-23	300441.SZ
2135	新集能源	8.12	122.0	煤炭	安徽	2007-12-19	601918.SH
2136	菲达环保	8.11	17.5	环保	浙江	2002-07-22	600526.SH
2137	中盐化工	8.10	127.9	化工	内蒙古	2000-12-22	600328.SH
2138	山东矿机	8.09	49.4	装备	山东	2010-12-17	002526.SZ
2139	金卡智能	8.09	−9.3	电子	浙江	2012-08-17	300349.SZ
2140	ST 冠福	8.07	42.6	贸易	福建	2006-12-29	002102.SZ
2141	锐科激光	8.03	−32.0	电子	湖北	2018-06-25	300747.SZ
2142	保变电气	8.03	62.7	装备	河北	2001-02-28	600550.SH
2143	华联股份	8.02	−22.6	零售	北京	1998-06-16	000882.SZ
2144	东方能源	8.02	264.9	公用事业	河北	1999-12-23	000958.SZ
2145	三棵树	8.01	87.7	化工	福建	2016-06-03	603737.SH
2146	中新赛克	8.01	42.8	通信	广东	2017-11-21	002912.SZ
2147	灵宝黄金	8.00	14.5	有色金属	河南	2006-01-12	3330.HK
2148	保龄宝	7.99	100.5	农业	山东	2009-08-28	002286.SZ
2149	贝瑞基因	7.99	1.6	医药	四川	1997-04-22	000710.SZ
2150	美康生物	7.99	−20.5	医药	浙江	2015-04-22	300439.SZ
2151	闰土股份	7.98	−25.7	化工	浙江	2010-07-06	002440.SZ
2152	蓝英装备	7.97	103.1	装备	辽宁	2012-03-08	300293.SZ

续表

序号	证券名称	品牌价值/亿元	增长率/%	行业	地区	上市日期	证券代码
2153	远兴能源	7.95	−20.9	化工	内蒙古	1997-01-31	000683.SZ
2154	卫士通	7.94	−36.7	电子	四川	2008-08-11	002268.SZ
2155	福安药业	7.94	3.6	医药	重庆	2011-03-22	300194.SZ
2156	长安民生物流	7.93	−16.2	运输	重庆	2006-02-23	1292.HK
2157	新国都	7.93	−8.1	电子	广东	2010-10-19	300130.SZ
2158	勘设股份	7.91	34.1	商业服务	贵州	2017-08-09	603458.SH
2159	新经典	7.91	−19.9	媒体	天津	2017-04-25	603096.SH
2160	国创高新	7.90	35.3	房地产	湖北	2010-03-23	002377.SZ
2161	中国鹏飞集团	7.89	194.8	装备	江苏	2019-11-15	3348.HK
2162	城地香江	7.89	496.7	建筑	上海	2016-10-10	603887.SH
2163	顺网科技	7.87	−41.0	互联网	浙江	2010-08-27	300113.SZ
2164	华兴源创	7.87	−3.4	电子	江苏	2019-07-22	688001.SH
2165	青岛双星	7.87	6.3	汽车	山东	1996-04-30	000599.SZ
2166	宝新金融	7.86	70.6	贸易	香港	2010-12-15	1282.HK
2167	毅昌股份	7.85	−3.6	家电	广东	2010-06-01	002420.SZ
2168	中国高科	7.85	−37.6	教育	北京	1996-07-26	600730.SH
2169	苏州固锝	7.85	20.5	电子	江苏	2006-11-16	002079.SZ
2170	春秋电子	7.84	88.0	电子	江苏	2017-12-12	603890.SH
2171	赞宇科技	7.84	46.9	化工	浙江	2011-11-25	002637.SZ
2172	沃森生物	7.84	83.4	医药	云南	2010-11-12	300142.SZ
2173	冀东装备	7.83	43.1	装备	河北	1998-08-13	000856.SZ
2174	开创国际	7.83	274.1	农业	上海	1997-06-19	600097.SH
2175	雪榕生物	7.82	41.7	农业	上海	2016-05-04	300511.SZ
2176	双鹭药业	7.82	−40.5	医药	北京	2004-09-09	002038.SZ
2177	三湘印象	7.82	84.1	房地产	上海	1997-09-25	000863.SZ
2178	京山轻机	7.80	−13.0	装备	湖北	1998-06-26	000821.SZ
2179	第一创业	7.80	10.1	金融	广东	2016-05-11	002797.SZ
2180	晨讯科技	7.79	−29.4	通信	香港	2005-06-30	2000.HK
2181	金洲管道	7.78	33.7	钢铁	浙江	2010-07-06	002443.SZ
2182	亚盛集团	7.78	6.8	农业	甘肃	1997-08-18	600108.SH
2183	奇安信-U	7.77		互联网	北京	2020-07-22	688561.SH

续表

序号	证 券 名 称	品牌价值/亿元	增长率/%	行业	地区	上市日期	证券代码
2184	中国恒天立信国际	7.76	−26.2	装备	香港	1990-10-12	0641.HK
2185	劲仔食品	7.74		食品	湖南	2020-09-14	003000.SZ
2186	鸿达兴业	7.72	−18.6	化工	江苏	2004-06-25	002002.SZ
2187	华阳集团	7.71	−0.3	汽车	广东	2017-10-13	002906.SZ
2188	东方电子	7.71	−4.8	装备	山东	1997-01-21	000682.SZ
2189	中国白银集团	7.69	40.1	有色金属	广东	2012-12-28	0815.HK
2190	宝鹰股份	7.68	−21.7	建筑	广东	2005-05-31	002047.SZ
2191	乔治白	7.68	−1.9	服饰	浙江	2012-07-13	002687.SZ
2192	松霖科技	7.68	−54.9	家居	福建	2019-08-26	603992.SH
2193	九华旅游	7.67	−3.4	休闲	安徽	2015-03-26	603199.SH
2194	帅丰电器	7.67		家电	浙江	2020-10-19	605336.SH
2195	维尔利	7.66	−3.4	环保	江苏	2011-03-16	300190.SZ
2196	湘佳股份	7.66		农业	湖南	2020-04-24	002982.SZ
2197	宜通世纪	7.65	−9.1	电信	广东	2012-04-25	300310.SZ
2198	新五丰	7.64	0.7	农业	湖南	2004-06-09	600975.SH
2199	太平洋网络	7.64	33.1	媒体	广东	2007-12-18	0543.HK
2200	奥士康	7.64	10.0	电子	湖南	2017-12-01	002913.SZ
2201	金牌厨柜	7.64	44.3	家居	福建	2017-05-12	603180.SH
2202	宏大爆破	7.63	44.5	化工	广东	2012-06-12	002683.SZ
2203	欧普康视	7.63	63.2	医药	安徽	2017-01-17	300595.SZ
2204	贵航股份	7.62	−8.3	汽车	贵州	2001-12-27	600523.SH
2205	金龙羽	7.62	4.8	装备	广东	2017-07-17	002882.SZ
2206	赛晶科技	7.62	80.3	电子	北京	2010-10-13	0580.HK
2207	焦作万方	7.60	62.3	有色金属	河南	1996-09-26	000612.SZ
2208	渤海汽车	7.60	41.4	汽车	山东	2004-04-07	600960.SH
2209	瑞思学科英语	7.59	−37.9	教育	北京	2017-10-20	REDU.O
2210	ST 中安	7.58	9.8	互联网	上海	1990-12-19	600654.SH
2211	常山药业	7.58	20.6	医药	河北	2011-08-19	300255.SZ
2212	宝钛股份	7.57	63.4	有色金属	陕西	2002-04-12	600456.SH
2213	开能健康	7.57	−10.0	家电	上海	2011-11-02	300272.SZ
2214	长鹰信质	7.55	18.2	汽车	浙江	2012-03-16	002664.SZ

续表

序号	证券名称	品牌价值/亿元	增长率/%	行业	地区	上市日期	证券代码
2215	伟星股份	7.55	−13.4	服饰	浙江	2004-06-25	002003.SZ
2216	海南海药	7.55	−4.7	医药	海南	1994-05-25	000566.SZ
2217	航天长峰	7.55	58.9	互联网	北京	1994-04-25	600855.SH
2218	*ST 嘉信	7.54	−25.4	媒体	北京	2010-04-21	300071.SZ
2219	恒达集团控股	7.54	−10.8	房地产	河南	2018-11-12	3616.HK
2220	华电重工	7.54	19.7	建筑	北京	2014-12-11	601226.SH
2221	精测电子	7.54	5.8	电子	湖北	2016-11-22	300567.SZ
2222	四维图新	7.54	−17.6	互联网	北京	2010-05-18	002405.SZ
2223	东方生物	7.54		医药	浙江	2020-02-05	688298.SH
2224	泉阳泉	7.54	20.1	饮料	吉林	1998-10-07	600189.SH
2225	司太立	7.53	81.1	医药	浙江	2016-03-09	603520.SH
2226	经纬辉开	7.53	167.4	电子	天津	2010-09-17	300120.SZ
2227	汉得信息	7.52	−34.9	互联网	上海	2011-02-01	300170.SZ
2228	捷昌驱动	7.51	67.6	装备	浙江	2018-09-21	603583.SH
2229	亿嘉和	7.50	71.1	装备	江苏	2018-06-12	603666.SH
2230	滨化股份	7.48	−16.8	化工	山东	2010-02-23	601678.SH
2231	兔宝宝	7.47	−31.0	建筑	浙江	2005-05-10	002043.SZ
2232	全筑股份	7.46	21.8	建筑	上海	2015-03-20	603030.SH
2233	爱迪尔	7.44	−27.5	服饰	福建	2015-01-22	002740.SZ
2234	幸福蓝海	7.44	−46.1	休闲	江苏	2016-08-08	300528.SZ
2235	航发控制	7.43	26.7	装备	江苏	1997-06-26	000738.SZ
2236	中微公司	7.42	100.6	电子	上海	2019-07-22	688012.SH
2237	岭南股份	7.38	−25.8	建筑	广东	2014-02-19	002717.SZ
2238	美盈森	7.37	0.3	包装	广东	2009-11-03	002303.SZ
2239	四川美丰	7.36	−0.1	化工	四川	1997-06-17	000731.SZ
2240	粤海置地	7.35	138.4	房地产	香港	1997-08-08	0124.HK
2241	瑞普生物	7.35	39.7	医药	天津	2010-09-17	300119.SZ
2242	中科三环	7.33	2.2	有色金属	北京	2000-04-20	000970.SZ
2243	通用股份	7.33	19.7	汽车	江苏	2016-09-19	601500.SH
2244	灵康药业	7.32	39.1	医药	西藏	2015-05-28	603669.SH
2245	南方锰业	7.30	15.9	有色金属	广西	2010-11-18	1091.HK

续表

序号	证券名称	品牌价值/亿元	增长率/%	行业	地区	上市日期	证券代码
2246	国恩股份	7.30	129.5	化工	山东	2015-06-30	002768.SZ
2247	中国地利	7.30	96.5	房地产	北京	2008-10-22	1387.HK
2248	华铁应急	7.30	177.0	商业服务	浙江	2015-05-29	603300.SH
2249	赛升药业	7.30	9.5	医药	北京	2015-06-26	300485.SZ
2250	SST佳通	7.29	−17.3	汽车	黑龙江	1999-05-07	600182.SH
2251	诺亚财富	7.28	−21.3	金融	上海	2010-11-10	NOAH.N
2252	常宝股份	7.28	0.7	钢铁	江苏	2010-09-21	002478.SZ
2253	江海股份	7.26	49.7	电子	江苏	2010-09-29	002484.SZ
2254	创业慧康	7.26	50.6	互联网	浙江	2015-05-14	300451.SZ
2255	索通发展	7.25	83.9	有色金属	山东	2017-07-18	603612.SH
2256	奥海科技	7.24		电子	广东	2020-08-17	002993.SZ
2257	朗新科技	7.24	79.6	互联网	江苏	2017-08-01	300682.SZ
2258	双林股份	7.23	−28.7	汽车	浙江	2010-08-06	300100.SZ
2259	中贝通信	7.23	−19.9	电信	湖北	2018-11-15	603220.SH
2260	飞荣达	7.22	48.3	电子	广东	2017-01-26	300602.SZ
2261	京北方	7.22		互联网	北京	2020-05-07	002987.SZ
2262	三木集团	7.22	4.6	贸易	福建	1996-11-21	000632.SZ
2263	设计总院	7.21	7.8	商业服务	安徽	2017-08-01	603357.SH
2264	金河生物	7.20	20.3	农业	内蒙古	2012-07-13	002688.SZ
2265	重庆水务	7.20	14.7	公用事业	重庆	2010-03-29	601158.SH
2266	东睦股份	7.20	81.3	有色金属	浙江	2004-05-11	600114.SH
2267	金晶科技	7.20	53.9	建筑	山东	2002-08-15	600586.SH
2268	四方科技	7.19	16.3	装备	江苏	2016-05-19	603339.SH
2269	东光化工	7.19	−12.3	化工	河北	2017-07-11	1702.HK
2270	奥园美谷	7.19	−4.6	房地产	湖北	1996-10-16	000615.SZ
2271	神州泰岳	7.18	−18.8	互联网	北京	2009-10-30	300002.SZ
2272	溢多利	7.18	83.2	医药	广东	2014-01-28	300381.SZ
2273	五洋停车	7.17	59.4	装备	江苏	2015-02-17	300420.SZ
2274	建设机械	7.17	261.6	建筑	陕西	2004-07-07	600984.SH
2275	兴业合金	7.15	−1.5	有色金属	浙江	2007-12-27	0505.HK
2276	宜昌交运	7.15	11.5	运输	湖北	2011-11-03	002627.SZ

续表

序号	证券名称	品牌价值/亿元	增长率/%	行业	地区	上市日期	证券代码
2277	爱康医疗	7.14	83.0	医药	北京	2017-12-20	1789.HK
2278	国联证券	7.14	−1.4	金融	江苏	2020-07-31	601456.SH
2279	恒投证券	7.13	6.6	金融	内蒙古	2015-10-15	1476.HK
2280	国联水产	7.12	−15.1	农业	广东	2010-07-08	300094.SZ
2281	兑吧	7.12	−41.2	媒体	浙江	2019-05-07	1753.HK
2282	海天精工	7.11	40.4	装备	浙江	2016-11-07	601882.SH
2283	佳士科技	7.10	14.6	装备	广东	2011-03-22	300193.SZ
2284	ST威龙	7.10	−16.7	饮料	山东	2016-05-16	603779.SH
2285	畅联股份	7.08	14.2	运输	上海	2017-09-13	603648.SH
2286	安奈儿	7.08	−24.4	服饰	广东	2017-06-01	002875.SZ
2287	航天彩虹	7.08	48.7	装备	浙江	2010-04-13	002389.SZ
2288	万顺新材	7.08	18.1	包装	广东	2010-02-26	300057.SZ
2289	航天动力	7.07	1.9	装备	陕西	2003-04-08	600343.SH
2290	美亚柏科	7.07	−17.4	互联网	福建	2011-03-16	300188.SZ
2291	协鑫能科	7.07	4.8	公用事业	江苏	2004-07-08	002015.SZ
2292	锦龙股份	7.06	28.1	金融	广东	1997-04-15	000712.SZ
2293	安科生物	7.04	−5.5	医药	安徽	2009-10-30	300009.SZ
2294	顺博合金	7.03		有色金属	重庆	2020-08-28	002996.SZ
2295	金通灵	7.03	−9.5	装备	江苏	2010-06-25	300091.SZ
2296	上海三毛	7.02	−3.4	纺织	上海	1993-11-08	600689.SH
2297	先达股份	7.02	8.1	化工	山东	2017-05-11	603086.SH
2298	海南发展	7.01	55.9	建筑	广东	2007-08-23	002163.SZ
2299	海尔生物	6.98	55.8	医药	山东	2019-10-25	688139.SH
2300	中国物流资产	6.97	106.9	房地产	上海	2016-07-15	1589.HK
2301	金川国际	6.97	−13.0	有色金属	香港	2001-07-09	2362.HK
2302	千红制药	6.95	9.5	医药	江苏	2011-02-18	002550.SZ
2303	新智认知	6.94	−19.2	互联网	广西	2015-03-26	603869.SH
2304	中旗股份	6.93	15.3	化工	江苏	2016-12-20	300575.SZ
2305	ST联建	6.92	−31.9	媒体	广东	2011-10-12	300269.SZ
2306	帝尔激光	6.90	16.3	装备	湖北	2019-05-17	300776.SZ
2307	基蛋生物	6.89	64.8	医药	江苏	2017-07-17	603387.SH

续表

序号	证券名称	品牌价值/亿元	增长率/%	行业	地区	上市日期	证券代码
2308	道通科技	6.87		电子	广东	2020-02-13	688208.SH
2309	科达利	6.85	50.9	装备	广东	2017-03-02	002850.SZ
2310	途牛	6.85	−75.1	零售	江苏	2014-05-09	TOUR.O
2311	氯碱化工	6.85	12.2	化工	上海	1992-11-13	600618.SH
2312	航天工程	6.84	−32.7	装备	北京	2015-01-28	603698.SH
2313	海晨股份	6.84		运输	江苏	2020-08-24	300873.SZ
2314	苏州科达	6.83	−8.5	电子	江苏	2016-12-01	603660.SH
2315	中奥到家	6.83	78.2	房地产	广东	2015-11-25	1538.HK
2316	陕西建工	6.82	26.1	建筑	陕西	2000-06-22	600248.SH
2317	百大集团	6.82	9.9	零售	浙江	1994-08-09	600865.SH
2318	创源股份	6.81	24.8	日用	浙江	2017-09-19	300703.SZ
2319	智慧农业	6.81	14.7	装备	江苏	1997-08-18	000816.SZ
2320	仁东控股	6.80	30.5	互联网	浙江	2011-12-28	002647.SZ
2321	指尖悦动	6.78	−64.5	休闲	广东	2018-07-12	6860.HK
2322	甘咨询	6.78	143.2	商业服务	甘肃	1997-05-28	000779.SZ
2323	安泰科技	6.77	8.8	有色金属	北京	2000-05-29	000969.SZ
2324	波奇网（BOQII)	6.77		零售	上海	2020-09-30	BQ.N
2325	江苏吴中	6.76	45.7	医药	江苏	1999-04-01	600200.SH
2326	永新股份	6.76	19.2	包装	安徽	2004-07-08	002014.SZ
2327	万达酒店发展	6.76	−32.4	酒店	香港	2002-06-04	0169.HK
2328	协鑫新能源	6.76	1.9	公用事业	香港	1992-03-25	0451.HK
2329	倍加洁	6.75	5.6	日用	江苏	2018-03-02	603059.SH
2330	华伍股份	6.74	84.2	装备	江西	2010-07-28	300095.SZ
2331	华纺股份	6.74	7.1	纺织	山东	2001-09-03	600448.SH
2332	华天酒店	6.73	1.5	酒店	湖南	1996-08-08	000428.SZ
2333	电连技术	6.72	−4.8	电子	广东	2017-07-31	300679.SZ
2334	科前生物	6.72		医药	湖北	2020-09-22	688526.SH
2335	中装建设	6.71	47.6	建筑	广东	2016-11-29	002822.SZ
2336	仲景食品	6.71		食品	河南	2020-11-23	300908.SZ
2337	海峡股份	6.70	19.8	运输	海南	2009-12-16	002320.SZ
2338	深粮控股	6.70	158.8	贸易	广东	1992-10-12	000019.SZ

续表

序号	证 券 名 称	品牌价值/亿元	增长率/%	行业	地区	上市日期	证券代码
2339	华茂股份	6.69	7.2	纺织	安徽	1998-10-07	000850.SZ
2340	科大智能	6.69	−57.8	装备	上海	2011-05-25	300222.SZ
2341	海升果汁	6.69	−49.3	饮料	陕西	2005-11-04	0359.HK
2342	常熟汽饰	6.69	51.2	汽车	江苏	2017-01-05	603035.SH
2343	龙洲股份	6.69	−46.8	运输	福建	2012-06-12	002682.SZ
2344	诚志股份	6.68	−20.3	化工	江西	2000-07-06	000990.SZ
2345	康泰医学	6.68		医药	河北	2020-08-24	300869.SZ
2346	瑞芯微	6.67		电子	福建	2020-02-07	603893.SH
2347	昌红科技	6.67	327.4	装备	广东	2010-12-22	300151.SZ
2348	宁水集团	6.66	36.7	电子	浙江	2019-01-22	603700.SH
2349	美吉姆	6.64	61.2	教育	辽宁	2011-09-29	002621.SZ
2350	灿谷	6.64	−26.0	互联网	上海	2018-07-26	CANG.N
2351	腾达建设	6.64	55.7	建筑	浙江	2002-12-26	600512.SH
2352	富通信息	6.64	−25.1	通信	天津	1997-09-29	000836.SZ
2353	新时达	6.63	21.2	装备	上海	2010-12-24	002527.SZ
2354	金辰股份	6.63	59.1	装备	辽宁	2017-10-18	603396.SH
2355	立昂技术	6.63	93.2	通信	新疆	2017-01-26	300603.SZ
2356	法兰泰克	6.63	89.4	装备	江苏	2017-01-25	603966.SH
2357	二六三	6.62	47.2	电信	北京	2010-09-08	002467.SZ
2358	市北高新	6.61	100.8	房地产	上海	1992-03-27	600604.SH
2359	科森科技	6.60	30.0	电子	江苏	2017-02-09	603626.SH
2360	神奇制药	6.59	−4.4	医药	上海	1992-08-20	600613.SH
2361	超盈国际控股	6.59	23.8	纺织	广东	2014-05-23	2111.HK
2362	波导股份	6.58	10.8	通信	浙江	2000-07-06	600130.SH
2363	卡森国际	6.57	−40.9	家居	浙江	2005-10-20	0496.HK
2364	迅雷	6.57	−39.6	休闲	广东	2014-06-24	XNET.O
2365	*ST 华昌	6.57	−51.0	装备	湖北	2011-12-16	300278.SZ
2366	新疆天业	6.56	78.4	化工	新疆	1997-06-17	600075.SH
2367	城发环境	6.56	46.2	运输	河南	1999-03-19	000885.SZ
2368	岁宝百货	6.55	−22.0	零售	广东	2010-11-17	0312.HK
2369	广宇集团	6.55	−46.8	贸易	浙江	2007-04-27	002133.SZ

续表

序号	证券名称	品牌价值/亿元	增长率/%	行业	地区	上市日期	证券代码
2370	宝新置地	6.55	303.0	贸易	北京	2004-04-30	0299.HK
2371	光峰科技	6.54	−14.3	电子	广东	2019-07-22	688007.SH
2372	金禾实业	6.54	3.2	化工	安徽	2011-07-07	002597.SZ
2373	捷捷微电	6.53	94.4	电子	江苏	2017-03-14	300623.SZ
2374	先进数通	6.52	39.9	互联网	北京	2016-09-13	300541.SZ
2375	中关村	6.51	20.4	医药	北京	1999-07-12	000931.SZ
2376	华丽家族	6.51	150.4	房地产	上海	2002-07-09	600503.SH
2377	双环传动	6.50	−4.5	装备	浙江	2010-09-10	002472.SZ
2378	ST 华鼎	6.49	92.1	贸易	浙江	2011-05-09	601113.SH
2379	恒润股份	6.49	141.9	装备	江苏	2017-05-05	603985.SH
2380	立方制药	6.48		医药	安徽	2020-12-15	003020.SZ
2381	奥克股份	6.48	14.7	化工	辽宁	2010-05-20	300082.SZ
2382	汉威科技	6.48	15.4	电子	河南	2009-10-30	300007.SZ
2383	方大集团	6.48	−25.3	建筑	广东	1996-04-15	000055.SZ
2384	华检医疗	6.47	254.5	医药	上海	2019-07-12	1931.HK
2385	亲亲食品	6.47	9.5	食品	福建	2016-07-08	1583.HK
2386	远光软件	6.46	5.2	互联网	广东	2006-08-23	002063.SZ
2387	康辰药业	6.45	−13.3	医药	北京	2018-08-27	603590.SH
2388	中国罕王	6.45	137.5	钢铁	辽宁	2011-09-30	3788.HK
2389	康华生物	6.44		医药	四川	2020-06-16	300841.SZ
2390	山东国信	6.44	−11.2	金融	山东	2017-12-08	1697.HK
2391	华微电子	6.44	21.1	电子	吉林	2001-03-16	600360.SH
2392	星徽股份	6.44	329.6	装备	广东	2015-06-10	300464.SZ
2393	亚太科技	6.43	0.7	有色金属	江苏	2011-01-18	002540.SZ
2394	西安旅游	6.43	−36.1	休闲	陕西	1996-09-26	000610.SZ
2395	G.A.控股	6.41	105.0	汽车	香港	2002-06-17	8126.HK
2396	晋亿实业	6.40	−3.6	装备	浙江	2007-01-26	601002.SH
2397	中恒电气	6.39	−1.6	装备	浙江	2010-03-05	002364.SZ
2398	天正电气	6.38		装备	浙江	2020-08-07	605066.SH
2399	新华传媒	6.37	−14.1	媒体	上海	1994-02-04	600825.SH
2400	一品红	6.37	1.4	医药	广东	2017-11-16	300723.SZ

续表

序号	证 券 名 称	品牌价值/亿元	增长率/%	行业	地区	上市日期	证券代码
2401	至纯科技	6.37	108.6	装备	上海	2017-01-13	603690.SH
2402	新诺威	6.36	−13.3	医药	河北	2019-03-22	300765.SZ
2403	立德教育	6.36		教育	黑龙江	2020-08-06	1449.HK
2404	宝莱特	6.36	145.0	医药	广东	2011-07-19	300246.SZ
2405	亚太股份	6.36	6.3	汽车	浙江	2009-08-28	002284.SZ
2406	丰乐种业	6.36	2.4	农业	安徽	1997-04-22	000713.SZ
2407	华夏文化科技	6.35	−29.6	休闲	广东	2015-03-12	1566.HK
2408	博雅互动	6.35	−36.2	休闲	广东	2013-11-12	0434.HK
2409	延长石油国际	6.35	24.2	石油	香港	2001-04-19	0346.HK
2410	江苏舜天	6.34	−5.0	贸易	江苏	2000-09-01	600287.SH
2411	金马能源	6.33	17.8	煤炭	河南	2017-10-10	6885.HK
2412	香山股份	6.32	−16.1	家电	广东	2017-05-15	002870.SZ
2413	华峰铝业	6.32		有色金属	上海	2020-09-07	601702.SH
2414	芭田股份	6.32	−4.5	化工	广东	2007-09-19	002170.SZ
2415	博敏电子	6.31	37.0	电子	广东	2015-12-09	603936.SH
2416	万达信息	6.30	−39.4	互联网	上海	2011-01-25	300168.SZ
2417	康华医疗	6.29	−28.9	保健	广东	2016-11-08	3689.HK
2418	中地乳业	6.29	102.7	农业	北京	2015-12-02	1492.HK
2419	天桥起重	6.28	−16.6	装备	湖南	2010-12-10	002523.SZ
2420	中衡设计	6.28	16.3	商业服务	江苏	2014-12-31	603017.SH
2421	昇辉科技	6.27	85.1	装备	山东	2015-02-17	300423.SZ
2422	珠江船务	6.27	−22.2	运输	香港	1997-05-23	0560.HK
2423	皖维高新	6.27	41.3	化工	安徽	1997-05-28	600063.SH
2424	中农立华	6.25	41.6	贸易	北京	2017-11-16	603970.SH
2425	银江股份	6.25	−4.1	互联网	浙江	2009-10-30	300020.SZ
2426	普利制药	6.25	62.1	医药	海南	2017-03-28	300630.SZ
2427	绿盟科技	6.24	−4.2	互联网	北京	2014-01-29	300369.SZ
2428	紫天科技	6.24	204.5	媒体	江苏	2011-12-29	300280.SZ
2429	五洲特纸	6.24		造纸	浙江	2020-11-10	605007.SH
2430	华西能源	6.24	−62.8	装备	四川	2011-11-11	002630.SZ
2431	人人网	6.23	28.1	媒体	北京	2011-05-04	RENN.N

续表

序号	证 券 名 称	品牌价值/亿元	增长率/%	行业	地区	上市日期	证券代码
2432	茶花股份	6.23	4.8	日用	福建	2017-02-13	603615.SH
2433	百洋股份	6.23	−16.2	农业	广西	2012-09-05	002696.SZ
2434	英洛华	6.23	127.4	有色金属	山西	1997-08-08	000795.SZ
2435	江苏雷利	6.22	21.8	装备	江苏	2017-06-02	300660.SZ
2436	海洋王	6.22	41.9	电子	广东	2014-11-04	002724.SZ
2437	景峰医药	6.21	−38.4	医药	湖南	1999-02-03	000908.SZ
2438	金能科技	6.21	44.6	煤炭	山东	2017-05-11	603113.SH
2439	佳讯飞鸿	6.20	−28.7	通信	北京	2011-05-05	300213.SZ
2440	猎豹移动	6.20	−60.1	互联网	北京	2014-05-08	CMCM.N
2441	两面针	6.19	22.8	日用	广西	2004-01-30	600249.SH
2442	苏试试验	6.19	65.3	装备	江苏	2015-01-22	300416.SZ
2443	中原证券	6.19	−13.1	金融	河南	2017-01-03	601375.SH
2444	欧陆通	6.19		电子	广东	2020-08-24	300870.SZ
2445	久其软件	6.18	12.0	互联网	北京	2009-08-11	002279.SZ
2446	旭升股份	6.18	59.7	汽车	浙江	2017-07-10	603305.SH
2447	智光电气	6.18	10.5	装备	广东	2007-09-19	002169.SZ
2448	上海凯宝	6.18	−21.9	医药	上海	2010-01-08	300039.SZ
2449	上海沪工	6.18	39.4	装备	上海	2016-06-07	603131.SH
2450	流利说	6.18	−67.7	教育	上海	2018-09-27	LAIX.N
2451	深桑达 A	6.18	14.1	贸易	广东	1993-10-28	000032.SZ
2452	佳沃股份	6.17	252.4	农业	湖南	2011-09-27	300268.SZ
2453	新能泰山	6.17	−43.8	装备	山东	1997-05-09	000720.SZ
2454	朗科科技	6.17	31.0	电子	广东	2010-01-08	300042.SZ
2455	联泓新科	6.17		化工	山东	2020-12-08	003022.SZ
2456	宁波中百	6.16	6.1	零售	浙江	1994-04-25	600857.SH
2457	盛达资源	6.16	−10.6	有色金属	北京	1996-08-23	000603.SZ
2458	银宝山新	6.16	−5.8	装备	广东	2015-12-23	002786.SZ
2459	达华智能	6.15	29.7	电子	福建	2010-12-03	002512.SZ
2460	大豪科技	6.15	19.9	电子	北京	2015-04-22	603025.SH
2461	北大医药	6.15	1.2	医药	重庆	1997-06-16	000788.SZ
2462	天伦燃气	6.15	18.8	公用事业	河南	2010-11-10	1600.HK

续表

序号	证券名称	品牌价值/亿元	增长率/%	行业	地区	上市日期	证券代码
2463	恒宝股份	6.15	−14.5	电子	江苏	2007-01-10	002104.SZ
2464	我乐家居	6.15	71.1	家居	江苏	2017-06-16	603326.SH
2465	德尔股份	6.14	−2.0	汽车	辽宁	2015-06-12	300473.SZ
2466	厦门空港	6.14	−21.9	运输	福建	1996-05-31	600897.SH
2467	趣活科技（QUHUO）	6.14		互联网	北京	2020-07-10	QH.O
2468	多维科技	6.14	54.5	商业服务	上海	2007-08-02	CZ4.SG
2469	五洲交通	6.13	36.7	运输	广西	2000-12-21	600368.SH
2470	银信科技	6.13	31.0	互联网	北京	2011-06-15	300231.SZ
2471	豪森股份	6.13		装备	辽宁	2020-11-09	688529.SH
2472	旺能环境	6.13	110.7	环保	浙江	2004-08-26	002034.SZ
2473	雄韬股份	6.12	−31.7	装备	广东	2014-12-03	002733.SZ
2474	联美控股	6.11	−6.5	公用事业	辽宁	1999-01-28	600167.SH
2475	中国光大绿色环保	6.11	10.8	公用事业	香港	2017-05-08	1257.HK
2476	中国黄金国际	6.11	−1.2	有色金属	香港	2010-12-01	2099.HK
2477	东安动力	6.10	152.6	汽车	黑龙江	1998-10-14	600178.SH
2478	元隆雅图	6.10	8.3	商业服务	北京	2017-06-06	002878.SZ
2479	恒盛地产	6.10	−31.3	房地产	上海	2009-10-02	0845.HK
2480	南微医学	6.10	22.0	医药	江苏	2019-07-22	688029.SH
2481	东港股份	6.09	−16.5	商业服务	山东	2007-03-02	002117.SZ
2482	圣邦股份	6.09	58.9	电子	北京	2017-06-06	300661.SZ
2483	海峡石油化工	6.08	12.4	石油	香港	2009-01-12	0852.HK
2484	浪潮国际	6.08	10.6	互联网	香港	2004-04-29	0596.HK
2485	欣龙控股	6.08	63.2	纺织	海南	1999-12-09	000955.SZ
2486	天舟文化	6.07	76.0	休闲	湖南	2010-12-15	300148.SZ
2487	利君股份	6.07	93.6	装备	四川	2012-01-06	002651.SZ
2488	时代邻里	6.07	95.6	房地产	广东	2019-12-19	9928.HK
2489	合景悠活	6.06		房地产	广东	2020-10-30	3913.HK
2490	陕国投 A	6.06	31.0	金融	陕西	1994-01-10	000563.SZ
2491	国投中鲁	6.06	28.7	食品	北京	2004-06-22	600962.SH
2492	雷赛智能	6.05		装备	广东	2020-04-08	002979.SZ
2493	北斗星通	6.05	44.1	装备	北京	2007-08-13	002151.SZ

续表

序号	证 券 名 称	品牌价值/亿元	增长率/%	行业	地区	上市日期	证券代码
2494	天喻信息	6.05	−17.4	电子	湖北	2011-04-21	300205.SZ
2495	海蓝控股	6.04	−52.7	房地产	海南	2016-07-15	2278.HK
2496	锦浪科技	6.04	61.1	装备	浙江	2019-03-19	300763.SZ
2497	美诺华	6.04	61.7	医药	浙江	2017-04-07	603538.SH
2498	三特索道	6.04	−26.5	休闲	湖北	2007-08-17	002159.SZ
2499	金马游乐	6.04	−26.4	休闲	广东	2018-12-28	300756.SZ
2500	天赐材料	6.03	111.6	化工	广东	2014-01-23	002709.SZ
2501	科思科技	6.03		通信	广东	2020-10-22	688788.SH
2502	兆龙互连	6.02		通信	浙江	2020-12-07	300913.SZ
2503	金科文化	6.01	−26.9	媒体	浙江	2015-05-15	300459.SZ
2504	人瑞人才	6.01	14.6	商业服务	四川	2019-12-13	6919.HK
2505	盘江股份	6.00	47.8	煤炭	贵州	2001-05-31	600395.SH
2506	远东传动	6.00	49.1	汽车	河南	2010-05-18	002406.SZ
2507	江西长运	6.00	−7.7	运输	江西	2002-07-16	600561.SH
2508	锋尚文化	6.00		商业服务	北京	2020-08-24	300860.SZ
2509	世纪联合控股	5.98	32.9	汽车	广东	2019-10-18	1959.HK
2510	协创数据	5.98		电子	广东	2020-07-27	300857.SZ
2511	齐峰新材	5.98	−6.3	造纸	山东	2010-12-10	002521.SZ
2512	炬华科技	5.98	5.3	电子	浙江	2014-01-21	300360.SZ
2513	罗牛山	5.98	50.8	农业	海南	1997-06-11	000735.SZ
2514	金诚信	5.97	14.1	建筑	北京	2015-06-30	603979.SH
2515	迪瑞医疗	5.97	23.5	医药	吉林	2014-09-10	300396.SZ
2516	烽火电子	5.97	11.7	通信	陕西	1994-05-09	000561.SZ
2517	CAPITALAND CHINA TRUST	5.96	9.3	金融	上海	2006-12-08	AU8U.SG
2518	宜华健康	5.95	−16.1	保健	广东	2000-08-07	000150.SZ
2519	乐歌股份	5.94	111.5	家居	浙江	2017-12-01	300729.SZ
2520	晋西车轴	5.93	106.8	装备	山西	2004-05-26	600495.SH
2521	斯莱克	5.93	16.0	装备	江苏	2014-01-29	300382.SZ
2522	康尼机电	5.93	35.8	装备	江苏	2014-08-01	603111.SH
2523	希尔威金属矿业	5.93	55.6	有色金属	北京	2009-02-17	SVM.A
2524	如意集团	5.93	−8.5	纺织	山东	2007-12-07	002193.SZ

序号	证 券 名 称	品牌价值/亿元	增长率/%	行业	地区	上市日期	证券代码
2525	齐鲁高速	5.93	−5.8	运输	山东	2018-07-19	1576.HK
2526	北京利尔	5.92	80.9	建筑	北京	2010-04-23	002392.SZ
2527	泛华金控	5.92	−31.2	金融	广东	2007-10-31	FANH.O
2528	亿田智能	5.92		家电	浙江	2020-12-03	300911.SZ
2529	帝欧家居	5.92	130.0	建筑	四川	2016-05-25	002798.SZ
2530	中材节能	5.91	50.2	环保	天津	2014-07-31	603126.SH
2531	乐凯胶片	5.91	−2.9	化工	河北	1998-01-22	600135.SH
2532	新天科技	5.91	1.5	电子	河南	2011-08-31	300259.SZ
2533	联环药业	5.90	84.4	医药	江苏	2003-03-19	600513.SH
2534	飞龙股份	5.90	−1.5	汽车	河南	2011-01-11	002536.SZ
2535	立昂微	5.89		电子	浙江	2020-09-11	605358.SH
2536	鸿远电子	5.89	58.8	电子	北京	2019-05-15	603267.SH
2537	彩虹新能源	5.88	−30.6	装备	陕西	2004-12-20	0438.HK
2538	百济神州	5.87	51.4	医药	北京	2016-02-03	BGNE.O
2539	三盛教育	5.87	−57.9	教育	北京	2011-12-29	300282.SZ
2540	鹏鹞环保	5.87	62.7	环保	江苏	2018-01-05	300664.SZ
2541	鸣志电器	5.87	30.6	装备	上海	2017-05-09	603728.SH
2542	天保基建	5.86	−19.1	房地产	天津	2000-04-06	000965.SZ
2543	银河电子	5.86	2.8	通信	江苏	2010-12-07	002519.SZ
2544	普利特	5.86	41.7	化工	上海	2009-12-18	002324.SZ
2545	深赛格	5.86	−8.6	房地产	广东	1996-12-26	000058.SZ
2546	中伟股份	5.85		化工	贵州	2020-12-23	300919.SZ
2547	意华股份	5.85	54.0	电子	浙江	2017-09-07	002897.SZ
2548	日播时尚	5.85	−27.0	服饰	上海	2017-05-31	603196.SH
2549	精艺股份	5.85	19.0	贸易	广东	2009-09-29	002295.SZ
2550	富途控股	5.85	174.0	金融	广东	2019-03-08	FUTU.O
2551	中国海诚	5.84	−2.9	建筑	上海	2007-02-15	002116.SZ
2552	哈森股份	5.84	1.0	服饰	江苏	2016-06-29	603958.SH
2553	德尔未来	5.84	−0.3	家居	江苏	2011-11-11	002631.SZ
2554	西安饮食	5.84	−7.9	餐饮	陕西	1997-04-30	000721.SZ
2555	九强生物	5.84	−8.2	医药	北京	2014-10-30	300406.SZ

续表

序号	证券名称	品牌价值/亿元	增长率/%	行业	地区	上市日期	证券代码
2556	当代文体	5.83	−73.5	休闲	湖北	1998-03-03	600136.SH
2557	金达莱	5.83		环保	江西	2020-11-11	688057.SH
2558	越剑智能	5.82		装备	浙江	2020-04-15	603095.SH
2559	禾望电气	5.81	34.3	装备	广东	2017-07-28	603063.SH
2560	科兴制药	5.80		医药	山东	2020-12-14	688136.SH
2561	金莱特	5.80	37.2	家电	广东	2014-01-29	002723.SZ
2562	海伦哲	5.79	−21.5	装备	江苏	2011-04-07	300201.SZ
2563	安洁科技	5.78	−62.8	电子	江苏	2011-11-25	002635.SZ
2564	三丰智能	5.78	28.4	装备	湖北	2011-11-15	300276.SZ
2565	国检集团	5.78	45.3	商业服务	北京	2016-11-09	603060.SH
2566	中信博	5.76		装备	江苏	2020-08-28	688408.SH
2567	亿和控股	5.76	−62.1	装备	香港	2005-05-11	0838.HK
2568	万咖壹联	5.75	−36.5	媒体	北京	2018-12-21	1762.HK
2569	国光股份	5.74	26.4	化工	四川	2015-03-20	002749.SZ
2570	超讯通信	5.73	10.4	电信	广东	2016-07-28	603322.SH
2571	塞力医疗	5.72	31.9	医药	湖北	2016-10-31	603716.SH
2572	华正新材	5.72	44.0	电子	浙江	2017-01-03	603186.SH
2573	宁波富达	5.72	10.8	建筑	浙江	1996-07-16	600724.SH
2574	壹网壹创	5.71	−32.7	互联网	浙江	2019-09-27	300792.SZ
2575	富瑞特装	5.71	3.5	装备	江苏	2011-06-08	300228.SZ
2576	我武生物	5.71	12.1	医药	浙江	2014-01-21	300357.SZ
2577	ST 海越	5.70	−33.7	石油	浙江	2004-02-18	600387.SH
2578	天华超净	5.69	102.6	电子	江苏	2014-07-31	300390.SZ
2579	哈工智能	5.69	10.2	装备	江苏	1995-11-28	000584.SZ
2580	全志科技	5.68	22.9	电子	广东	2015-05-15	300458.SZ
2581	泛微网络	5.68	49.6	互联网	上海	2017-01-13	603039.SH
2582	华灿光电	5.68	−37.9	电子	湖北	2012-06-01	300323.SZ
2583	中光学	5.67	32.0	电子	河南	2007-12-03	002189.SZ
2584	三生国健	5.67		医药	上海	2020-07-22	688336.SH
2585	云南建投混凝土	5.66	−0.1	建筑	云南	2019-10-31	1847.HK
2586	恒玄科技	5.65		通信	上海	2020-12-16	688608.SH

续表

序号	证 券 名 称	品牌价值/亿元	增长率/%	行业	地区	上市日期	证券代码
2587	宝明科技	5.65		电子	广东	2020-08-03	002992.SZ
2588	硕贝德	5.65	−47.9	电子	广东	2012-06-08	300322.SZ
2589	ST 通葡	5.65	−51.2	零售	吉林	2001-01-15	600365.SH
2590	快克股份	5.64	47.5	装备	江苏	2016-11-08	603203.SH
2591	超图软件	5.63	5.0	互联网	北京	2009-12-25	300036.SZ
2592	安宁股份	5.62		有色金属	四川	2020-04-17	002978.SZ
2593	晋控电力	5.62	3.5	公用事业	山西	1997-06-09	000767.SZ
2594	恩捷股份	5.61	96.0	化工	云南	2016-09-14	002812.SZ
2595	中视金桥	5.61	−33.5	媒体	上海	2008-07-08	0623.HK
2596	星湖科技	5.61	24.0	食品	广东	1994-08-18	600866.SH
2597	八方股份	5.61	38.1	装备	江苏	2019-11-11	603489.SH
2598	和邦生物	5.61	−13.3	化工	四川	2012-07-31	603077.SH
2599	弘信电子	5.61	26.4	电子	福建	2017-05-23	300657.SZ
2600	常铝股份	5.60	26.2	有色金属	江苏	2007-08-21	002160.SZ
2601	中信海直	5.60	5.0	运输	广东	2000-07-31	000099.SZ
2602	东旭蓝天	5.59	−55.0	公用事业	广东	1994-08-08	000040.SZ
2603	信邦控股	5.59	11.7	汽车	广东	2017-06-28	1571.HK
2604	熊猫乳品	5.58		食品	浙江	2020-10-16	300898.SZ
2605	陕天然气	5.57	−18.2	石油	陕西	2008-08-13	002267.SZ
2606	柏楚电子	5.57	88.4	电子	上海	2019-08-08	688188.SH
2607	风范股份	5.56	−28.9	装备	江苏	2011-01-18	601700.SH
2608	大山教育	5.56		教育	河南	2020-07-15	9986.HK
2609	中国三迪	5.56	261.2	金融	香港	1998-12-01	0910.HK
2610	腾信股份	5.56	−13.5	媒体	北京	2014-09-10	300392.SZ
2611	庄臣控股	5.56	53.3	商业服务	香港	2019-10-16	1955.HK
2612	中油燃气	5.56	12.4	公用事业	香港	1993-05-28	0603.HK
2613	石大胜华	5.56	9.2	化工	山东	2015-05-29	603026.SH
2614	爱丽家居	5.55		家居	江苏	2020-03-23	603221.SH
2615	天泽信息	5.55	151.0	互联网	湖南	2011-04-26	300209.SZ
2616	豆神教育	5.55	19.8	互联网	北京	2009-10-30	300010.SZ
2617	哈三联	5.54	−14.9	医药	黑龙江	2017-09-22	002900.SZ

续表

序 号	证 券 名 称	品牌价值/亿元	增长率/%	行业	地区	上市日期	证券代码
2618	上海复旦	5.53	−8.3	电子	上海	2000-08-04	1385.HK
2619	东瑞制药	5.53	−4.9	医药	江苏	2003-07-11	2348.HK
2620	露笑科技	5.52	9.9	装备	浙江	2011-09-20	002617.SZ
2621	乐惠国际	5.52	14.4	装备	浙江	2017-11-13	603076.SH
2622	联化科技	5.51	9.0	化工	浙江	2008-06-19	002250.SZ
2623	春立医疗	5.50	94.1	医药	北京	2015-03-11	1858.HK
2624	兰生股份	5.50	−17.2	贸易	上海	1994-02-04	600826.SH
2625	焦点科技	5.49	54.0	互联网	江苏	2009-12-09	002315.SZ
2626	好当家	5.47	−17.9	农业	山东	2004-04-05	600467.SH
2627	力生制药	5.47	19.8	医药	天津	2010-04-23	002393.SZ
2628	晶方科技	5.46	73.9	电子	江苏	2014-02-10	603005.SH
2629	乐享互动	5.46		媒体	北京	2020-09-23	6988.HK
2630	凯普生物	5.45	87.9	医药	广东	2017-04-12	300639.SZ
2631	华软科技	5.45	30.6	互联网	江苏	2010-07-20	002453.SZ
2632	大叶股份	5.45		装备	浙江	2020-09-01	300879.SZ
2633	洪恩教育(IHUMAN)	5.45		教育	北京	2020-10-09	IH.N
2634	法本信息	5.44		互联网	广东	2020-12-30	300925.SZ
2635	高伟达	5.44	24.7	互联网	北京	2015-05-28	300465.SZ
2636	华电能源	5.43	32.6	公用事业	黑龙江	1996-07-01	600726.SH
2637	慈星股份	5.42	21.9	装备	浙江	2012-03-29	300307.SZ
2638	通达股份	5.42	42.6	装备	河南	2011-03-03	002560.SZ
2639	天鸽互动	5.41	−67.1	休闲	浙江	2014-07-09	1980.HK
2640	美畅股份	5.41		有色金属	陕西	2020-08-24	300861.SZ
2641	豫能控股	5.40	99.0	公用事业	河南	1998-01-22	001896.SZ
2642	太阳能	5.40	35.9	公用事业	重庆	1996-02-08	000591.SZ
2643	兰州黄河	5.40	−21.4	饮料	甘肃	1999-06-23	000929.SZ
2644	宜人金科	5.39	−74.1	金融	北京	2015-12-18	YRD.N
2645	旷达科技	5.39	−10.3	汽车	江苏	2010-12-07	002516.SZ
2646	21 世纪教育	5.38	15.6	教育	河北	2018-05-29	1598.HK
2647	ST 顺利	5.38	247.3	互联网	青海	1996-10-04	000606.SZ
2648	巨轮智能	5.36	64.8	装备	广东	2004-08-16	002031.SZ

续表

序号	证 券 名 称	品牌价值/亿元	增长率/%	行业	地区	上市日期	证券代码
2649	农产品	5.36	95.2	贸易	广东	1997-01-10	000061.SZ
2650	兴蓉环境	5.36	16.3	公用事业	四川	1996-05-29	000598.SZ
2651	吉电股份	5.35	83.3	公用事业	吉林	2002-09-26	000875.SZ
2652	美晨生态	5.35	−7.2	建筑	山东	2011-06-29	300237.SZ
2653	辰兴发展	5.35	−29.4	房地产	山西	2015-07-03	2286.HK
2654	金雷股份	5.35	79.6	装备	山东	2015-04-22	300443.SZ
2655	柯力传感	5.34	−0.5	装备	浙江	2019-08-06	603662.SH
2656	道恩股份	5.33	276.7	化工	山东	2017-01-06	002838.SZ
2657	中汽系统	5.33	−5.8	汽车	湖北	2004-08-24	CAAS.O
2658	中智药业	5.32	36.0	医药	广东	2015-07-13	3737.HK
2659	神冠控股	5.32	−29.2	保健	广西	2009-10-13	0829.HK
2660	常青股份	5.31	69.9	汽车	安徽	2017-03-24	603768.SH
2661	天顺股份	5.30	49.4	运输	新疆	2016-05-30	002800.SZ
2662	丰山集团	5.29	10.4	化工	江苏	2018-09-17	603810.SH
2663	西藏珠峰	5.28	−25.6	有色金属	西藏	2000-12-27	600338.SH
2664	红相股份	5.27	94.9	装备	福建	2015-02-17	300427.SZ
2665	思创医惠	5.27	−8.5	电子	浙江	2010-04-30	300078.SZ
2666	航锦科技	5.27	28.1	化工	辽宁	1997-10-17	000818.SZ
2667	爱美客	5.26		医药	北京	2020-09-28	300896.SZ
2668	卫光生物	5.26	34.3	医药	广东	2017-06-16	002880.SZ
2669	鼎捷软件	5.26	14.9	互联网	上海	2014-01-27	300378.SZ
2670	交银国际	5.26	21.0	金融	香港	2017-05-19	3329.HK
2671	华翔股份	5.26		装备	山西	2020-09-17	603112.SH
2672	酷特智能	5.26		服饰	山东	2020-07-08	300840.SZ
2673	荣联科技	5.25	14.6	互联网	北京	2011-12-20	002642.SZ
2674	南都物业	5.25	32.2	房地产	浙江	2018-02-01	603506.SH
2675	四创电子	5.24	−42.9	装备	安徽	2004-05-10	600990.SH
2676	登海种业	5.24	−16.7	农业	山东	2005-04-18	002041.SZ
2677	数据港	5.23	59.3	互联网	上海	2017-02-08	603881.SH
2678	应流股份	5.23	55.0	装备	安徽	2014-01-22	603308.SH
2679	圣元环保	5.22		环保	福建	2020-08-24	300867.SZ

续表

序号	证券名称	品牌价值/亿元	增长率/%	行业	地区	上市日期	证券代码
2680	中源协和	5.22	20.0	医药	天津	1993-05-04	600645.SH
2681	迪普科技	5.21	−11.6	通信	浙江	2019-04-12	300768.SZ
2682	昂利康	5.20	34.8	医药	浙江	2018-10-23	002940.SZ
2683	北鼎股份	5.20		家电	广东	2020-06-19	300824.SZ
2684	山东章鼓	5.20	33.7	装备	山东	2011-07-07	002598.SZ
2685	宝新能源	5.20	36.3	公用事业	广东	1997-01-28	000690.SZ
2686	石化机械	5.20	42.5	石油	湖北	1998-11-26	000852.SZ
2687	瑞慈医疗	5.20	13.2	保健	上海	2016-10-06	1526.HK
2688	祥源文化	5.19	119.8	休闲	浙江	2003-02-20	600576.SH
2689	华脉科技	5.19	29.1	通信	江苏	2017-06-02	603042.SH
2690	兄弟科技	5.19	219.5	医药	浙江	2011-03-10	002562.SZ
2691	启明信息	5.18	11.0	互联网	吉林	2008-05-09	002232.SZ
2692	圣济堂	5.18	−5.9	化工	贵州	2000-02-21	600227.SH
2693	国新能源	5.17	−4.6	公用事业	山西	1992-10-13	600617.SH
2694	中京电子	5.16	47.3	电子	广东	2011-05-06	002579.SZ
2695	诺邦股份	5.16	167.9	纺织	浙江	2017-02-22	603238.SH
2696	优刻得-W	5.15		互联网	上海	2020-01-20	688158.SH
2697	新晨动力	5.15	28.1	汽车	四川	2013-03-13	1148.HK
2698	华铁股份	5.15	94.1	装备	广东	2000-06-01	000976.SZ
2699	ST 远程	5.15	−11.6	装备	江苏	2012-08-08	002692.SZ
2700	易鑫集团	5.15	−21.8	金融	上海	2017-11-16	2858.HK
2701	宁波韵升	5.14	8.3	有色金属	浙江	2000-10-30	600366.SH
2702	中亚股份	5.14	−14.7	装备	浙江	2016-05-26	300512.SZ
2703	长白山	5.14	−38.0	休闲	吉林	2014-08-22	603099.SH
2704	龙江交通	5.13	17.9	运输	黑龙江	2010-03-19	601188.SH
2705	华营建筑	5.13	−4.4	建筑	香港	2019-10-16	1582.HK
2706	安博教育	5.13	13.3	教育	北京	2010-08-05	AMBO.A
2707	鼎丰集团控股	5.12	174.3	金融	福建	2013-12-09	6878.HK
2708	鸿利智汇	5.12	−31.8	电子	广东	2011-05-18	300219.SZ
2709	房多多	5.12	−25.9	房地产	广东	2019-11-01	DUO.O
2710	思维列控	5.11	0.3	互联网	河南	2015-12-24	603508.SH

续表

序号	证券名称	品牌价值/亿元	增长率/%	行业	地区	上市日期	证券代码
2711	东方电热	5.11	5.2	家电	江苏	2011-05-18	300217.SZ
2712	锐明技术	5.11	−9.6	电子	广东	2019-12-17	002970.SZ
2713	HERALD HOLD	5.11	2.5	日用	香港	1970-03-12	0114.HK
2714	华林证券	5.11	25.3	金融	西藏	2019-01-17	002945.SZ
2715	尚乘国际	5.10	44.0	金融	香港	2019-08-05	HKIB.N
2716	济丰包装	5.10	8.1	包装	上海	2018-12-21	1820.HK
2717	新澳股份	5.09	−4.8	纺织	浙江	2014-12-31	603889.SH
2718	恒银科技	5.09	−10.3	电子	天津	2017-09-20	603106.SH
2719	上海贝岭	5.08	84.5	电子	上海	1998-09-24	600171.SH
2720	豪美新材	5.08		有色金属	广东	2020-05-18	002988.SZ
2721	福成股份	5.08	−14.2	农业	河北	2004-07-13	600965.SH
2722	山东威达	5.07	49.4	装备	山东	2004-07-27	002026.SZ
2723	上海能源	5.07	24.7	煤炭	上海	2001-08-29	600508.SH
2724	大立科技	5.06	248.2	电子	浙江	2008-02-18	002214.SZ
2725	海融科技	5.05		食品	上海	2020-12-02	300915.SZ
2726	国脉科技	5.04	−32.9	电信	福建	2006-12-15	002093.SZ
2727	证通电子	5.04	−9.3	电子	广东	2007-12-18	002197.SZ
2728	金财互联	5.04	17.2	互联网	江苏	2010-12-31	002530.SZ
2729	台海核电	5.02	−72.9	装备	四川	2010-03-12	002366.SZ
2730	捷顺科技	5.02	13.5	电子	广东	2011-08-15	002609.SZ
2731	新黄浦	5.02	−29.1	房地产	上海	1993-03-26	600638.SH
2732	派林生物	5.02	55.2	医药	山西	1996-06-28	000403.SZ
2733	威派格	5.01	−9.2	装备	上海	2019-02-22	603956.SH
2734	华盛昌	5.00		电子	广东	2020-04-15	002980.SZ
2735	中远海科	5.00	47.2	互联网	上海	2010-05-06	002401.SZ
2736	农发种业	5.00	13.5	贸易	北京	2001-01-19	600313.SH
2737	万东医疗	4.98	49.2	医药	北京	1997-05-19	600055.SH
2738	润和软件	4.98	−44.6	互联网	江苏	2012-07-18	300339.SZ
2739	捷荣技术	4.97	9.8	电子	广东	2017-03-21	002855.SZ
2740	耀皮玻璃	4.96	53.0	建筑	上海	1994-01-28	600819.SH
2741	云南水务	4.96	9.4	公用事业	云南	2015-05-27	6839.HK

续表

序号	证券名称	品牌价值/亿元	增长率/%	行业	地区	上市日期	证券代码
2742	东软载波	4.96	−15.7	电子	山东	2011-02-22	300183.SZ
2743	长源东谷	4.96		汽车	湖北	2020-05-26	603950.SH
2744	牧高笛	4.96	30.2	服饰	浙江	2017-03-07	603908.SH
2745	三美股份	4.95	−45.7	化工	浙江	2019-04-02	603379.SH
2746	中广天择	4.95	−4.9	休闲	湖南	2017-08-11	603721.SH
2747	盛路通信	4.94	−43.0	通信	广东	2010-07-13	002446.SZ
2748	鹏欣资源	4.94	6.5	贸易	上海	2003-06-26	600490.SH
2749	新疆交建	4.94	−23.4	建筑	新疆	2018-11-28	002941.SZ
2750	佳电股份	4.93	47.9	装备	黑龙江	1999-06-18	000922.SZ
2751	中颖电子	4.93	44.3	电子	上海	2012-06-13	300327.SZ
2752	艾比森	4.93	−34.1	电子	广东	2014-08-01	300389.SZ
2753	延江股份	4.92	112.2	纺织	福建	2017-06-02	300658.SZ
2754	明辉国际	4.92	−7.0	商业服务	广东	2007-11-02	3828.HK
2755	中航电测	4.92	20.2	电子	陕西	2010-08-27	300114.SZ
2756	今飞凯达	4.92	−16.7	汽车	浙江	2017-04-18	002863.SZ
2757	雪人股份	4.89	0.8	装备	福建	2011-12-05	002639.SZ
2758	白云电器	4.89	26.6	装备	广东	2016-03-22	603861.SH
2759	中电华大科技	4.89	30.4	电子	北京	1997-07-25	0085.HK
2760	读者传媒	4.89	25.5	媒体	甘肃	2015-12-10	603999.SH
2761	盛天网络	4.89	50.7	媒体	湖北	2015-12-31	300494.SZ
2762	科兴生物	4.88	7.8	医药	北京	2004-12-08	SVA.O
2763	皮阿诺	4.88	55.7	家居	广东	2017-03-10	002853.SZ
2764	新娱科控股	4.88		休闲	广西	2020-07-15	6933.HK
2765	浙文影业	4.87	−38.3	纺织	江苏	2011-05-27	601599.SH
2766	泰瑞机器	4.87	9.6	装备	浙江	2017-10-31	603289.SH
2767	金固股份	4.86	−21.2	汽车	浙江	2010-10-21	002488.SZ
2768	中国新电信	4.86	−52.6	通信	香港	2002-08-06	8167.HK
2769	秦淮数据（CHINDATA）	4.86		互联网	北京	2020-09-30	CD.O
2770	皖通科技	4.85	22.7	互联网	安徽	2010-01-06	002331.SZ
2771	成都高速	4.85	−38.4	运输	四川	2019-01-15	1785.HK
2772	航发科技	4.84	21.5	装备	四川	2001-12-12	600391.SH

续表

序号	证券名称	品牌价值/亿元	增长率/%	行业	地区	上市日期	证券代码
2773	獐子岛	4.84	−31.2	农业	辽宁	2006-09-28	002069.SZ
2774	荃银高科	4.84	50.0	农业	安徽	2010-05-26	300087.SZ
2775	易德龙	4.83	37.4	电子	江苏	2017-06-22	603380.SH
2776	华铭智能	4.83	137.8	电子	上海	2015-05-27	300462.SZ
2777	中国武夷	4.83	−5.1	建筑	福建	1997-07-15	000797.SZ
2778	京城机电股份	4.82	19.0	装备	北京	1993-08-06	0187.HK
2779	昭衍新药	4.82	84.1	医药	北京	2017-08-25	603127.SH
2780	永太科技	4.81	50.6	化工	浙江	2009-12-22	002326.SZ
2781	双星新材	4.81	46.0	化工	江苏	2011-06-02	002585.SZ
2782	触宝	4.81	36.4	互联网	上海	2018-09-28	CTK.N
2783	沃华医药	4.80	88.5	医药	山东	2007-01-24	002107.SZ
2784	银杏教育	4.80	18.0	教育	四川	2019-01-18	1851.HK
2785	西藏城投	4.79	43.6	房地产	西藏	1996-11-08	600773.SH
2786	众兴菌业	4.79	31.0	农业	甘肃	2015-06-26	002772.SZ
2787	博天环境	4.78	−16.9	环保	北京	2017-02-17	603603.SH
2788	国盛智科	4.78		装备	江苏	2020-06-30	688558.SH
2789	*ST科迪	4.78	−41.4	食品	河南	2015-06-30	002770.SZ
2790	盛视科技	4.78		电子	广东	2020-05-25	002990.SZ
2791	森林包装	4.78		造纸	浙江	2020-12-22	605500.SH
2792	海象新材	4.77		家居	浙江	2020-09-30	003011.SZ
2793	普莱柯	4.77	48.1	医药	河南	2015-05-18	603566.SH
2794	万润股份	4.76	36.9	化工	山东	2011-12-20	002643.SZ
2795	太辰光	4.75	−22.2	通信	广东	2016-12-06	300570.SZ
2796	西部牧业	4.75	37.0	食品	新疆	2010-08-20	300106.SZ
2797	环球印务	4.75	382.8	媒体	陕西	2016-06-08	002799.SZ
2798	冠豪高新	4.75	28.7	造纸	广东	2003-06-19	600433.SH
2799	众源新材	4.74	28.7	有色金属	安徽	2017-09-07	603527.SH
2800	冀辰实业	4.74	2.9	装备	河北	2016-12-21	1596.HK
2801	音飞储存	4.74	48.6	装备	江苏	2015-06-11	603066.SH
2802	金斯瑞生物科技	4.74	−21.1	医药	江苏	2015-12-30	1548.HK
2803	丽翔教育（LIXIANG EDUCATION）	4.73		教育	浙江	2020-10-01	LXEH.O

续表

序号	证券名称	品牌价值/亿元	增长率/%	行业	地区	上市日期	证券代码
2804	中广核技	4.73	70.5	化工	辽宁	1998-09-02	000881.SZ
2805	瑞松科技	4.73		装备	广东	2020-02-17	688090.SH
2806	千百度	4.73	−74.8	服饰	江苏	2011-09-23	1028.HK
2807	凤凰新媒体	4.73	−32.7	媒体	北京	2011-05-12	FENG.N
2808	金麒麟	4.72	23.5	汽车	山东	2017-04-06	603586.SH
2809	荣晟环保	4.71	60.6	造纸	浙江	2017-01-17	603165.SH
2810	智莱科技	4.71	−15.1	电子	广东	2019-04-22	300771.SZ
2811	英派斯	4.71	−26.6	日用	山东	2017-09-15	002899.SZ
2812	中国建筑兴业	4.71	30.9	建筑	香港	2010-03-30	0830.HK
2813	金融街物业	4.70		房地产	北京	2020-07-06	1502.HK
2814	中渝置地	4.70	−48.5	房地产	香港	1999-04-30	1224.HK
2815	南亚新材	4.70		电子	上海	2020-08-18	688519.SH
2816	洁美科技	4.70	12.0	电子	浙江	2017-04-07	002859.SZ
2817	首钢资源	4.69	53.2	煤炭	山西	1990-10-02	0639.HK
2818	华明装备	4.69	4.7	装备	山东	2008-09-05	002270.SZ
2819	万安科技	4.69	20.1	汽车	浙江	2011-06-10	002590.SZ
2820	中化岩土	4.69	51.4	建筑	北京	2011-01-28	002542.SZ
2821	飞扬集团	4.69	8.3	休闲	浙江	2019-06-28	1901.HK
2822	中国海防	4.69	282.6	装备	北京	1996-11-04	600764.SH
2823	广电计量	4.69	−7.0	商业服务	广东	2019-11-08	002967.SZ
2824	北方股份	4.68	26.2	装备	内蒙古	2000-06-30	600262.SH
2825	西部黄金	4.68	128.2	有色金属	新疆	2015-01-22	601069.SH
2826	武进不锈	4.68	87.8	钢铁	江苏	2016-12-19	603878.SH
2827	德利股份	4.67	−46.3	农业	山东	2020-09-18	605198.SH
2828	长江投资	4.67	−19.4	运输	上海	1998-01-15	600119.SH
2829	青山纸业	4.67	8.2	造纸	福建	1997-07-03	600103.SH
2830	远大中国	4.67	0.6	建筑	辽宁	2011-05-17	2789.HK
2831	珠海港	4.66	−7.0	运输	广东	1993-03-26	000507.SZ
2832	博士眼镜	4.66	7.7	零售	广东	2017-03-15	300622.SZ
2833	埃斯顿	4.66	74.2	装备	江苏	2015-03-20	002747.SZ
2834	固德威	4.65		电子	江苏	2020-09-04	688390.SH

续表

序号	证 券 名 称	品牌价值/亿元	增长率/%	行业	地区	上市日期	证券代码
2835	信捷电气	4.65	148.6	装备	江苏	2016-12-21	603416.SH
2836	濮耐股份	4.65	15.8	建筑	河南	2008-04-25	002225.SZ
2837	亿利达	4.64	−29.6	装备	浙江	2012-07-03	002686.SZ
2838	精研科技	4.64	10.3	电子	江苏	2017-10-19	300709.SZ
2839	未名医药	4.64	19.6	医药	山东	2011-05-20	002581.SZ
2840	克来机电	4.64	38.3	装备	上海	2017-03-14	603960.SH
2841	佳力图	4.63	32.9	装备	江苏	2017-11-01	603912.SH
2842	宏达电子	4.63	52.5	电子	湖南	2017-11-21	300726.SZ
2843	维力医疗	4.62	60.8	医药	广东	2015-03-02	603309.SH
2844	锦和商业	4.61		房地产	上海	2020-04-21	603682.SH
2845	未来发展控股	4.61	83.9	日用	福建	2011-07-15	1259.HK
2846	沪硅产业-U	4.61		电子	上海	2020-04-20	688126.SH
2847	中国有赞	4.60	467.7	互联网	香港	2000-04-14	8083.HK
2848	冠盛股份	4.60		汽车	浙江	2020-08-17	605088.SH
2849	美格智能	4.60	−36.7	通信	广东	2017-06-22	002881.SZ
2850	海王英特龙	4.59	65.2	医药	广东	2005-09-12	8329.HK
2851	赛意信息	4.59	18.9	互联网	广东	2017-08-03	300687.SZ
2852	中原内配	4.59	9.1	汽车	河南	2010-07-16	002448.SZ
2853	值得买	4.58	−6.6	媒体	北京	2019-07-15	300785.SZ
2854	元邦地产	4.58	45.3	房地产	广东	2007-05-09	BCD.SG
2855	德力股份	4.58	13.9	日用	安徽	2011-04-12	002571.SZ
2856	洪城环境	4.58	59.3	公用事业	江西	2004-06-01	600461.SH
2857	康基医疗	4.58		医药	浙江	2020-06-29	9997.HK
2858	兆威机电	4.58		装备	广东	2020-12-04	003021.SZ
2859	浪潮软件	4.58	−28.2	互联网	山东	1996-09-23	600756.SH
2860	先河环保	4.57	2.5	电子	河北	2010-11-05	300137.SZ
2861	新亚制程	4.57	108.8	电子	广东	2010-04-13	002388.SZ
2862	长亮科技	4.57	8.4	互联网	广东	2012-08-17	300348.SZ
2863	康大食品	4.56	128.4	农业	山东	2008-12-22	0834.HK
2864	华录百纳	4.56	−58.7	休闲	北京	2012-02-09	300291.SZ
2865	嘉美包装	4.56	−33.7	包装	安徽	2019-12-02	002969.SZ

续表

序号	证券名称	品牌价值/亿元	增长率/%	行业	地区	上市日期	证券代码
2866	创意信息	4.55	23.5	互联网	四川	2014-01-27	300366.SZ
2867	谱尼测试	4.54		商业服务	北京	2020-09-16	300887.SZ
2868	长华股份	4.54		汽车	浙江	2020-09-29	605018.SH
2869	亚钾国际	4.54	−29.3	化工	广东	1998-12-24	000893.SZ
2870	垒知集团	4.53	60.0	化工	福建	2010-05-06	002398.SZ
2871	光明沃得	4.52	21.6	装备	江苏	2006-04-27	B49.SG
2872	移为通信	4.52	−6.6	通信	上海	2017-01-11	300590.SZ
2873	金龙机电	4.52	−20.8	电子	浙江	2009-12-25	300032.SZ
2874	雪迪龙	4.51	−7.2	电子	北京	2012-03-09	002658.SZ
2875	惠生工程	4.51	−20.9	石油	上海	2012-12-28	2236.HK
2876	华懋科技	4.51	16.2	汽车	福建	2014-09-26	603306.SH
2877	滨江服务	4.51	60.9	房地产	浙江	2019-03-15	3316.HK
2878	ST天圣	4.50	−40.4	医药	重庆	2017-05-19	002872.SZ
2879	葫芦娃	4.50		医药	海南	2020-07-10	605199.SH
2880	远大住工	4.50	5.1	建筑	湖南	2019-11-06	2163.HK
2881	达刚控股	4.49	275.0	装备	陕西	2010-08-12	300103.SZ
2882	盛通股份	4.49	30.0	商业服务	北京	2011-07-15	002599.SZ
2883	新宙邦	4.48	46.7	化工	广东	2010-01-08	300037.SZ
2884	中核钛白	4.48	48.6	化工	甘肃	2007-08-03	002145.SZ
2885	高乐股份	4.48	−39.0	日用	广东	2010-02-03	002348.SZ
2886	虹软科技	4.47	34.6	互联网	浙江	2019-07-22	688088.SH
2887	国瓷材料	4.47	42.1	化工	山东	2012-01-13	300285.SZ
2888	联赢激光	4.47		装备	广东	2020-06-22	688518.SH
2889	设研院	4.47	11.6	商业服务	河南	2017-12-12	300732.SZ
2890	腾龙股份	4.46	55.4	汽车	江苏	2015-03-20	603158.SH
2891	拓尔思	4.46	3.3	互联网	北京	2011-06-15	300229.SZ
2892	长源电力	4.46	−14.6	公用事业	湖北	2000-03-16	000966.SZ
2893	北京科锐	4.45	7.4	装备	北京	2010-02-03	002350.SZ
2894	天阳科技	4.45		互联网	西藏	2020-08-24	300872.SZ
2895	安东油田服务	4.45	17.9	石油	北京	2007-12-14	3337.HK
2896	森特股份	4.44	36.0	建筑	北京	2016-12-16	603098.SH

续表

序号	证 券 名 称	品牌价值/亿元	增长率/%	行业	地区	上市日期	证券代码
2897	新强联	4.43		装备	河南	2020-07-13	300850.SZ
2898	正荣服务	4.43		房地产	上海	2020-07-10	6958.HK
2899	海欣股份	4.43	−41.7	医药	上海	1994-04-04	600851.SH
2900	福建水泥	4.43	89.7	建筑	福建	1994-01-03	600802.SH
2901	亚玛顿	4.43	−24.9	装备	江苏	2011-10-13	002623.SZ
2902	比优集团	4.41	−2.9	建筑	北京	2004-08-06	8053.HK
2903	金山股份	4.41	55.5	公用事业	辽宁	2001-03-28	600396.SH
2904	华银电力	4.40	25.4	公用事业	湖南	1996-09-05	600744.SH
2905	重庆燃气	4.40	4.7	公用事业	重庆	2014-09-30	600917.SH
2906	蓝盾股份	4.40	−49.3	互联网	广东	2012-03-15	300297.SZ
2907	恒星科技	4.39	28.8	钢铁	河南	2007-04-27	002132.SZ
2908	恒源煤电	4.38	28.7	煤炭	安徽	2004-08-17	600971.SH
2909	京西国际	4.38	−11.0	汽车	香港	2003-10-10	2339.HK
2910	盐田港	4.37	−14.3	运输	广东	1997-07-28	000088.SZ
2911	正业国际	4.37	−26.2	包装	广东	2011-06-03	3363.HK
2912	润都股份	4.36	2.0	医药	广东	2018-01-05	002923.SZ
2913	力合科创	4.36	37.9	包装	广东	2008-05-28	002243.SZ
2914	奥飞数据	4.36	95.6	互联网	广东	2018-01-19	300738.SZ
2915	福蓉科技	4.36	24.8	电子	四川	2019-05-23	603327.SH
2916	辰安科技	4.35	−3.6	互联网	北京	2016-07-26	300523.SZ
2917	东亚药业	4.35		医药	浙江	2020-11-25	605177.SH
2918	浙农股份	4.35	−7.9	商业服务	浙江	2015-05-27	002758.SZ
2919	达力普控股	4.35	−40.5	石油	河北	2019-11-08	1921.HK
2920	名臣健康	4.34	2.4	日用	广东	2017-12-18	002919.SZ
2921	爱普股份	4.34	41.6	食品	上海	2015-03-25	603020.SH
2922	节能铁汉	4.34	−40.6	建筑	广东	2011-03-29	300197.SZ
2923	九安医疗	4.34	250.3	医药	天津	2010-06-10	002432.SZ
2924	华中数控	4.33	40.5	装备	湖北	2011-01-13	300161.SZ
2925	文灿股份	4.33	15.2	汽车	广东	2018-04-26	603348.SH
2926	药石科技	4.32	80.8	医药	江苏	2017-11-10	300725.SZ
2927	浙能锦江环境	4.32	5.1	公用事业	浙江	2016-08-01	BWM.SG

续表

序号	证 券 名 称	品牌价值/亿元	增长率/%	行业	地区	上市日期	证券代码
2928	南威软件	4.31	13.1	互联网	福建	2014-12-30	603636.SH
2929	光宇国际集团科技	4.31	−21.7	装备	香港	1999-11-17	1043.HK
2930	弘业股份	4.31	−5.7	贸易	江苏	1997-09-01	600128.SH
2931	苏博特	4.31	105.2	化工	江苏	2017-11-10	603916.SH
2932	君禾股份	4.30	14.9	装备	浙江	2017-07-03	603617.SH
2933	南新制药	4.30		医药	湖南	2020-03-26	688189.SH
2934	泛华金融	4.30	−56.0	金融	广东	2018-11-07	CNF.N
2935	东华科技	4.29	2.9	建筑	安徽	2007-07-12	002140.SZ
2936	亚光科技	4.29	131.2	装备	湖南	2010-09-28	300123.SZ
2937	通润装备	4.29	36.7	装备	江苏	2007-08-10	002150.SZ
2938	方盛制药	4.29	32.8	医药	湖南	2014-12-05	603998.SH
2939	同方泰德	4.28	−15.2	商业服务	香港	2011-10-27	1206.HK
2940	银龙股份	4.28	49.9	钢铁	天津	2015-02-27	603969.SH
2941	保利联合	4.28	−0.1	化工	贵州	2004-09-08	002037.SZ
2942	荔枝	4.27		互联网	广东	2020-01-17	LIZI.O
2943	普天通信集团	4.27	−12.9	通信	江西	2017-11-09	1720.HK
2944	百利电气	4.27	46.0	装备	天津	2001-06-15	600468.SH
2945	张家界	4.26	−43.2	休闲	湖南	1996-08-29	000430.SZ
2946	双一科技	4.26	98.0	装备	山东	2017-08-08	300690.SZ
2947	多伦科技	4.26	4.2	互联网	江苏	2016-05-03	603528.SH
2948	棒杰股份	4.25	45.5	服饰	浙江	2011-12-05	002634.SZ
2949	数字政通	4.25	−1.0	互联网	北京	2010-04-27	300075.SZ
2950	谭木匠	4.24	−15.8	服饰	江苏	2009-12-29	0837.HK
2951	祥鑫科技	4.24	−8.8	汽车	广东	2019-10-25	002965.SZ
2952	信隆健康	4.24	−28.9	日用	广东	2007-01-12	002105.SZ
2953	吉鑫科技	4.24	31.1	装备	江苏	2011-05-06	601218.SH
2954	高新兴	4.24	−64.0	互联网	广东	2010-07-28	300098.SZ
2955	凯迪股份	4.24		装备	江苏	2020-06-01	605288.SH
2956	北方导航	4.23	8.3	装备	北京	2003-07-04	600435.SH
2957	花园生物	4.23	39.3	医药	浙江	2014-10-09	300401.SZ
2958	数码视讯	4.23	−54.5	互联网	北京	2010-04-30	300079.SZ

续表

序号	证券名称	品牌价值/亿元	增长率/%	行业	地区	上市日期	证券代码
2959	苑东生物	4.22		医药	四川	2020-09-02	688513.SH
2960	福达股份	4.22	64.8	汽车	广西	2014-11-27	603166.SH
2961	天汽模	4.22	−16.2	汽车	天津	2010-11-25	002510.SZ
2962	凯中精密	4.21	35.3	装备	广东	2016-11-24	002823.SZ
2963	晨丰科技	4.21	−35.5	电子	浙江	2017-11-27	603685.SH
2964	莱美药业	4.20	−7.8	医药	重庆	2009-10-30	300006.SZ
2965	远大智能	4.20	−40.3	装备	辽宁	2012-07-17	002689.SZ
2966	新大正	4.19	10.5	房地产	重庆	2019-12-03	002968.SZ
2967	先健科技	4.19	41.8	医药	广东	2011-11-10	1302.HK
2968	华丰股份	4.19		装备	山东	2020-08-11	605100.SH
2969	明德生物	4.19	225.5	医药	湖北	2018-07-10	002932.SZ
2970	迦南科技	4.18	45.0	装备	浙江	2014-12-31	300412.SZ
2971	水发兴业能源	4.18	16.8	建筑	香港	2009-01-13	0750.HK
2972	邦宝益智	4.18	23.5	日用	广东	2015-12-09	603398.SH
2973	金轮股份	4.17	40.2	装备	江苏	2014-01-28	002722.SZ
2974	大众公用	4.17	−6.5	公用事业	上海	1993-03-04	600635.SH
2975	北陆药业	4.17	29.5	医药	北京	2009-10-30	300016.SZ
2976	英威腾	4.17	−15.7	装备	广东	2010-01-13	002334.SZ
2977	西部超导	4.16	58.5	有色金属	陕西	2019-07-22	688122.SH
2978	嘉瑞国际	4.16	21.9	装备	香港	2007-06-27	0822.HK
2979	朗迪集团	4.15	−53.0	家电	浙江	2016-04-21	603726.SH
2980	海得控制	4.15	8.9	装备	上海	2007-11-16	002184.SZ
2981	华阳国际	4.14	−5.8	商业服务	广东	2019-02-26	002949.SZ
2982	海鸥住工	4.14	82.8	建筑	广东	2006-11-24	002084.SZ
2983	长荣股份	4.14	−45.3	装备	天津	2011-03-29	300195.SZ
2984	振江股份	4.14	60.9	装备	江苏	2017-11-06	603507.SH
2985	优克联新（UCLOUDLINK）	4.14		通信	广东	2020-06-10	UCL.O
2986	川能动力	4.14	121.9	公用事业	四川	2000-09-26	000155.SZ
2987	交控科技	4.14	43.3	装备	北京	2019-07-22	688015.SH
2988	康隆达	4.14	114.1	纺织	浙江	2017-03-13	603665.SH
2989	国瑞科技	4.14	9.9	装备	江苏	2017-01-25	300600.SZ

续表

序号	证 券 名 称	品牌价值/亿元	增长率/%	行业	地区	上市日期	证券代码
2990	康宁医院	4.13	−4.4	保健	浙江	2015-11-20	2120.HK
2991	传艺科技	4.13	49.0	电子	江苏	2017-04-26	002866.SZ
2992	亿胜生物科技	4.12	−17.0	医药	广东	2001-06-27	1061.HK
2993	久远银海	4.12	2.3	互联网	四川	2015-12-31	002777.SZ
2994	凯文教育	4.12	−25.8	教育	北京	2012-03-09	002659.SZ
2995	兴源环境	4.11	15.1	环保	浙江	2011-09-27	300266.SZ
2996	银之杰	4.11	−29.4	互联网	广东	2010-05-26	300085.SZ
2997	华津国际控股	4.11	−6.0	钢铁	广东	2016-04-15	2738.HK
2998	川润股份	4.11	60.7	装备	四川	2008-09-19	002272.SZ
2999	博创科技	4.11	103.3	通信	浙江	2016-10-12	300548.SZ
3000	湘油泵	4.10	147.6	汽车	湖南	2016-11-30	603319.SH

第 2 篇

中国上市公司品牌价值行业榜

2.1 零售行业品牌价值榜

在 2021 年中国上市公司品牌价值总榜的 3 000 家企业中：零售行业的企业共计 92 家，比 2020 年增加了 4 家；品牌价值总计 34 684.02 亿元，比 2020 年增长了 39.4%。

2.1.1 2021 年中国零售行业上市公司品牌价值榜分析

【行业集中度】 在 2021 年中国零售行业上市公司品牌价值榜中：排在第 1 位的公司是阿里巴巴，品牌价值 17 672.76 亿元，占行业榜单总计品牌价值的 51%；排在前 3 位的公司品牌价值合计 24 999.43 亿元，占行业榜单总计品牌价值的 72.1%；排在前 10 位的公司品牌价值合计 30 071.73 亿元，占行业榜单总计品牌价值的 86.7%。

【所在区域】 在 2021 年中国零售行业上市公司品牌价值榜中，92 家公司来自 23 个地区。其中，来自浙江和北京的公司共计 22 家，品牌价值合计 26 978.99 亿元，占行业榜单总计品牌价值的 77.8%，处于主导地位。其他地区企业的构成情况见图 2-1 和图 2-2。

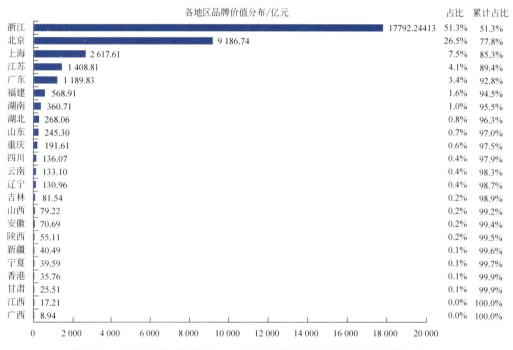

图 2-1　2021 年中国零售行业上市公司品牌价值榜所在区域品牌价值分布

【上市板块】 在 2021 年中国零售行业上市公司品牌价值榜中：在港股上市的中资股公司有 12 家，品牌价值合计 26 607.81 亿元，占行业总计品牌价值的 76.7%，排在第一位；在沪市主板上市的公司有 42 家，品牌价值合计 3 347.73 亿元，占行业榜单总计品牌价值的 9.7%，排在第二位；在国外上市的中概股公司有 14 家，品牌价值合计 2 383.36 亿元，

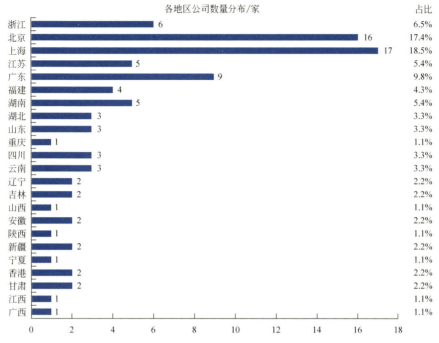

图 2-2　2021 年中国零售行业上市公司品牌价值榜所在区域公司数量分布

占行业榜单总计品牌价值的 6.9%，排在第三位。此外，在深市中小企业板上市的公司有 12 家，品牌价值合计 1 866.87 亿元；在深市主板上市的公司有 8 家，品牌价值合计 421.73 亿元；在深市创业板上市的公司有 4 家，品牌价值合计 56.52 亿元。

【上市时间】 在 2021 年中国零售行业上市公司品牌价值榜中：2016—2020 年上市的公司有 27 家，品牌价值合计 27 141.6 亿元，占行业榜单总计品牌价值的 78.3%，排在第一位；2011—2015 年上市的公司有 15 家，品牌价值合计 2 218.62 亿元，占行业榜单总计品牌价值的 6.4%，排在第二位；2001—2005 年上市的公司有 6 家，品牌价值合计 1 660.12 亿元，占行业榜单总计品牌价值的 4.8%，排在第三位。此外，1996 年以前上市的公司有 18 家，品牌价值合计 1 573.16 亿元；2006—2010 年上市的公司有 13 家，品牌价值合计 1 480.01 亿元；1996—2000 年上市的公司有 13 家，品牌价值合计 610.51 亿元。

2.1.2　2021 年中国零售行业上市公司品牌价值榜单

序 号	证 券 名 称	品牌价值/亿元	增长率/%	地区	上市日期	证券代码
1	阿里巴巴-SW	17 672.76	50.0	浙江	2019-11-26	9988.HK
2	京东集团-SW	4 790.46	86.7	北京	2020-06-18	9618.HK
3	美团-W	2 536.22	41.6	北京	2018-09-20	3690.HK
4	苏宁易购	1 245.72	−7.8	江苏	2004-07-21	002024.SZ

续表

序号	证券名称	品牌价值/亿元	增长率/%	地区	上市日期	证券代码
5	唯品会	847.70	34.6	广东	2012-03-23	VIPS.N
6	高鑫零售	781.25	10.3	上海	2011-07-27	6808.HK
7	拼多多	776.34	28.3	上海	2018-07-26	PDD.O
8	永辉超市	516.51	14.4	福建	2010-12-15	601933.SH
9	中国中免	502.11	43.3	北京	2009-10-15	601888.SH
10	国美零售	402.67	8.1	北京	1992-04-15	0493.HK
11	贝壳（KE）	373.63		北京	2020-08-13	BEKE.N
12	百联股份	363.03	41.0	上海	1994-02-04	600827.SH
13	重庆百货	191.61	−19.0	重庆	1996-07-02	600729.SH
14	美凯龙	177.46	−9.0	上海	2018-01-17	601828.SH
15	携程网	168.37	−12.2	上海	2003-12-09	TCOM.O
16	联华超市	152.72	41.7	上海	2003-06-27	0980.HK
17	王府井	148.27	−11.7	北京	1994-05-06	600859.SH
18	京东健康	135.61		北京	2020-12-08	6618.HK
19	家家悦	125.39	30.4	山东	2016-12-13	603708.SH
20	大商股份	118.32	−32.0	辽宁	1993-11-22	600694.SH
21	大参林	113.23	56.7	广东	2017-07-31	603233.SH
22	步步高	105.58	9.5	湖南	2008-06-19	002251.SZ
23	鄂武商 A	103.37	−15.6	湖北	1992-11-20	000501.SZ
24	天虹股份	98.27	−37.5	广东	2010-06-01	002419.SZ
25	老百姓	96.63	46.9	湖南	2015-04-23	603883.SH
26	益丰药房	95.76	83.6	湖南	2015-02-17	603939.SH
27	居然之家	84.12	−14.6	湖北	1997-07-11	000785.SZ
28	中百集团	80.57	−12.3	湖北	1997-05-19	000759.SZ
29	*ST 跨境	79.22	−57.8	山西	2011-12-08	002640.SZ
30	一心堂	78.15	15.8	云南	2014-07-02	002727.SZ
31	欧亚集团	75.89	−18.4	吉林	1993-12-06	600697.SH
32	南京新百	68.57	−45.1	江苏	1993-10-18	600682.SH
33	华联综超	63.36	−2.0	北京	2001-11-29	600361.SH
34	红旗连锁	62.49	31.3	四川	2012-09-05	002697.SZ
35	利群股份	61.15	−3.0	山东	2017-04-12	601366.SH

续表

序号	证 券 名 称	品牌价值/亿元	增长率/%	地区	上市日期	证券代码
36	银座股份	58.76	−10.6	山东	1994-05-06	600858.SH
37	茂业商业	57.93	−29.4	四川	1994-02-24	600828.SH
38	首商股份	57.79	−15.9	北京	1996-07-16	600723.SH
39	合肥百货	56.49	−5.2	安徽	1996-08-12	000417.SZ
40	*ST大集	55.11	−37.6	陕西	1994-01-10	000564.SZ
41	南极电商	53.86	−10.4	江苏	2007-04-18	002127.SZ
42	迪信通	52.03	−18.4	北京	2014-07-08	6188.HK
43	云集	48.72	−70.5	浙江	2019-05-03	YJ.O
44	北京京客隆	41.79	23.4	北京	2006-09-25	0814.HK
45	友阿股份	41.34	−0.7	湖南	2009-07-17	002277.SZ
46	新华百货	39.59	−9.7	宁夏	1997-01-08	600785.SH
47	广百股份	37.97	−14.1	广东	2007-11-22	002187.SZ
48	文峰股份	33.81	−31.5	江苏	2011-06-03	601010.SH
49	达达集团(DADA NEXUS)	32.93		上海	2020-06-05	DADA.O
50	杭州解百	32.50	4.0	浙江	1994-01-14	600814.SH
51	丽人丽妆	32.44		上海	2020-09-29	605136.SH
52	人人乐	30.38	−40.0	广东	2010-01-13	002336.SZ
53	华致酒行	27.99	25.5	云南	2019-01-29	300755.SZ
54	1药网	27.52	176.3	上海	2018-09-12	YI.O
55	健之佳	26.97		云南	2020-12-01	605266.SH
56	云米科技	25.68	−16.1	广东	2018-09-25	VIOT.O
57	翠微股份	25.54	−20.0	北京	2012-05-03	603123.SH
58	逸仙电商(YATSEN)	25.40		广东	2020-11-19	YSG.N
59	三江购物	25.28	33.3	浙江	2011-03-02	601116.SH
60	来伊份	25.28	28.9	上海	2016-10-12	603777.SH
61	亨得利	24.30	−38.6	香港	2005-09-26	3389.HK
62	友好集团	23.16	−20.3	新疆	1996-12-03	600778.SH
63	东百集团	22.40	11.1	福建	1993-11-22	600693.SH
64	新华都	21.78	−39.7	福建	2008-07-31	002264.SZ
65	寺库	21.65	−24.9	北京	2017-09-22	SECO.O
66	通程控股	21.41	−7.9	湖南	1996-08-16	000419.SZ

零售行业榜单

续表

序号	证券名称	品牌价值/亿元	增长率/%	地区	上市日期	证券代码
67	汇嘉时代	17.32	−8.4	新疆	2016-05-06	603101.SH
68	国光连锁	17.21		江西	2020-07-28	605188.SH
69	新世界	17.18	−16.1	上海	1993-01-19	600628.SH
70	吉峰科技	15.66	1.9	四川	2009-10-30	300022.SZ
71	丽尚国潮	14.71	−26.2	甘肃	1996-08-02	600738.SH
72	安德利	14.20	53.6	安徽	2016-08-22	603031.SH
73	北京城乡	14.00	4.5	北京	1994-05-20	600861.SH
74	爱婴室	13.82	9.0	上海	2018-03-30	603214.SH
75	兰亭集势	13.59	33.8	北京	2013-06-06	LITB.N
76	中兴商业	12.64	−19.5	辽宁	1997-05-08	000715.SZ
77	益民集团	12.27	−13.5	上海	1994-02-04	600824.SH
78	徐家汇	12.12	−24.3	上海	2011-03-03	002561.SZ
79	CEC INTL HOLD	11.46	9.4	香港	1999-11-15	0759.HK
80	国芳集团	10.80	−35.2	甘肃	2017-09-29	601086.SH
81	第一医药	9.91	27.8	上海	1994-02-24	600833.SH
82	南宁百货	8.94	−33.5	广西	1996-06-26	600712.SH
83	旗天科技	8.22	−29.9	上海	2010-03-19	300061.SZ
84	中闽百汇	8.21	11.4	福建	2011-01-20	5SR.SG
85	华联股份	8.02	−22.6	北京	1998-06-16	000882.SZ
86	途牛	6.85	−75.1	江苏	2014-05-09	TOUR.O
87	百大集团	6.82	9.9	浙江	1994-08-09	600865.SH
88	波奇网（BOQII）	6.77		上海	2020-09-30	BQ.N
89	岁宝百货	6.55	−22.0	广东	2010-11-17	0312.HK
90	宁波中百	6.16	6.1	浙江	1994-04-25	600857.SH
91	ST通葡	5.65	−51.2	吉林	2001-01-15	600365.SH
92	博士眼镜	4.66	7.7	广东	2017-03-15	300622.SZ

零售行业榜单

2.2 金融行业品牌价值榜

在 2021 年中国上市公司品牌价值总榜的 3 000 家企业中：金融行业的企业共计 149 家，与 2020 年持平；品牌价值总计 31 298.99 亿元，比 2020 年增长了 4%。

2.2.1　2021 年中国金融行业上市公司品牌价值榜分析

【行业集中度】　在 2021 年中国金融行业上市公司品牌价值榜中：排在前 5 位的公司品牌价值合计 13 784.94 亿元，占行业榜单总计品牌价值的 44%；排在前 10 位的公司品牌价值合计 19 028.93 亿元，占行业榜单总计品牌价值的 60.8%；排在前 20 位的公司品牌价值合计 24 781.46 亿元，占行业榜单总计品牌价值的 79.2%。

【所在区域】　在 2021 年中国金融行业上市公司品牌价值榜中，149 家公司来自 28 个地区。其中，来自北京、广东和上海的公司共计 66 家，品牌价值合计 26 972.33 亿元，占行业榜单总计品牌价值的 86.2%，处于主导地位。其他地区企业的构成情况见图 2-3 和图 2-4。

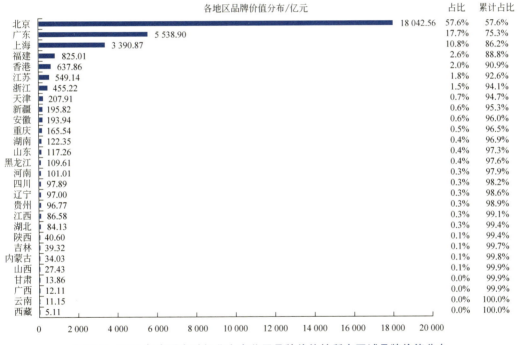

图 2-3　2021 年中国金融行业上市公司品牌价值榜所在区域品牌价值分布

【上市板块】　在 2021 年中国金融行业上市公司品牌价值榜中：在沪市主板上市的公司有 68 家，品牌价值合计 26 176.83 亿元，占行业榜单总计品牌价值的 83.6%，排在第一位；在港股上市的中资股公司有 39 家，品牌价值合计 3 452.25 亿元，占行业榜单总计品牌价值的 11%，排在第二位；在深市主板上市的公司有 15 家，品牌价值合计 906.03 亿元，占行业总计品牌价值的 2.9%，排在第三位。此外，在深市中小企业板上市的公司有 14 家，品牌价值合计 416.09 亿元；在国外上市的中概股公司有 12 家，品牌价值合计 330.18 亿元；在深市创业板上市的公司有 1 家，品牌价值 17.62 亿元。

【上市时间】　在 2021 年中国金融行业上市公司品牌价值榜中：2006—2010 年上市

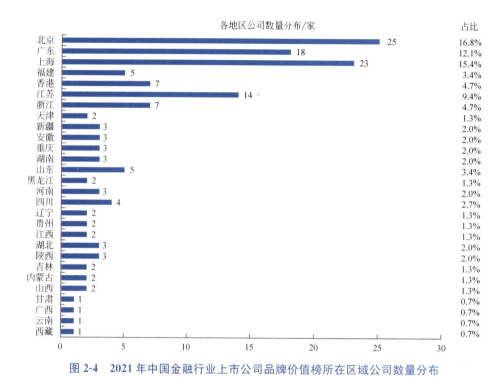

图 2-4　2021 年中国金融行业上市公司品牌价值榜所在区域公司数量分布

的公司有 25 家,品牌价值合计 19 782.73 亿元,占行业榜单总计品牌价值的 63.2%,排在第一位;2016—2020 年上市的公司有 68 家,品牌价值合计 4 190.67 亿元,占行业榜单总计品牌价值的 13.4%,排在第二位;2001—2005 年上市的公司有 7 家,品牌价值合计 2 575.67 亿元,占行业榜单总计品牌价值的 8.2%,排在第三位。此外,1996—2000 年上市的公司有 19 家,品牌价值合计 2 121.15 亿元;2011—2015 年上市的公司有 22 家,品牌价值合计 1 537.03 亿元;1996 年以前上市的公司有 8 家,品牌价值合计 1 091.73 亿元。

2.2.2　2021 年中国金融行业上市公司品牌价值榜单

序号	证券名称	品牌价值/亿元	增长率/%	地区	上市日期	证券代码
1	工商银行	3 340.02	−5.0	北京	2006-10-27	601398.SH
2	中国平安	3 310.86	12.9	广东	2007-03-01	601318.SH
3	建设银行	2 670.17	2.1	北京	2007-09-25	601939.SH
4	农业银行	2 334.46	−3.9	北京	2010-07-15	601288.SH
5	中国银行	2 129.43	−2.9	北京	2006-07-05	601988.SH
6	中国人寿	1 581.22	37.0	北京	2007-01-09	601628.SH
7	招商银行	1 114.91	6.1	广东	2002-04-09	600036.SH

续表

序号	证 券 名 称	品牌价值/亿元	增长率/%	地区	上市日期	证券代码
8	中国人保	911.98	1.4	北京	2018-11-16	601319.SH
9	交通银行	859.34	1.9	上海	2007-05-15	601328.SH
10	邮储银行	776.54	6.2	北京	2019-12-10	601658.SH
11	兴业银行	739.27	−0.5	福建	2007-02-05	601166.SH
12	中国太保	734.40	14.0	上海	2007-12-25	601601.SH
13	中国财险	689.67	5.3	北京	2003-11-06	2328.HK
14	浦发银行	677.42	−7.7	上海	1999-11-10	600000.SH
15	民生银行	599.70	−1.3	北京	2000-12-19	600016.SH
16	中信银行	570.30	−5.0	北京	2007-04-27	601998.SH
17	光大银行	499.02	11.0	北京	2010-08-18	601818.SH
18	中信股份	477.59	−13.1	北京	1986-02-26	0267.HK
19	平安银行	421.90	7.5	广东	1991-04-03	000001.SZ
20	新华保险	343.26	22.6	北京	2011-12-16	601336.SH
21	中国太平	331.00	6.7	香港	2000-06-29	0966.HK
22	中银香港	269.31	11.0	香港	2002-07-25	2388.HK
23	华夏银行	263.28	−2.2	北京	2003-09-12	600015.SH
24	北京银行	222.15	−0.8	北京	2007-09-19	601169.SH
25	中国再保险	200.68	5.0	北京	2015-10-26	1508.HK
26	陆金所控股(LUFAX)	199.49		上海	2020-10-30	LU.N
27	中信证券	185.47	−13.5	广东	2003-01-06	600030.SH
28	上海银行	185.15	2.6	上海	2016-11-16	601229.SH
29	徽商银行	165.70	27.5	安徽	2013-11-12	3698.HK
30	复星国际	158.17	17.5	上海	2007-07-16	0656.HK
31	江苏银行	156.04	19.9	江苏	2016-08-02	600919.SH
32	浙商银行	150.28	5.2	浙江	2019-11-26	601916.SH
33	宁波银行	149.62	17.3	浙江	2007-07-19	002142.SZ
34	南京银行	129.50	8.0	江苏	2007-07-19	601009.SH
35	渤海银行	127.94		天津	2020-07-16	9668.HK
36	中国华融	127.51	−34.1	北京	2015-10-30	2799.HK
37	海通证券	126.83	−7.5	上海	1994-02-24	600837.SH
38	国泰君安	125.63	−14.5	上海	2015-06-26	601211.SH

金融行业榜单

续表

序号	证 券 名 称	品牌价值/亿元	增长率/%	地区	上市日期	证券代码
39	华泰证券	112.78	0.7	江苏	2010-02-26	601688.SH
40	渝农商行	103.93	−9.8	重庆	2019-10-29	601077.SH
41	广发证券	96.46	−4.7	广东	1997-06-11	000776.SZ
42	中信建投	92.18	50.9	北京	2018-06-20	601066.SH
43	招商证券	88.32	28.5	广东	2009-11-17	600999.SH
44	广州农商银行	82.75	3.8	广东	2017-06-20	1551.HK
45	天津银行	79.97	37.2	天津	2016-03-30	1578.HK
46	杭州银行	79.46	44.9	浙江	2016-10-27	600926.SH
47	申万宏源	76.96	−10.1	新疆	2015-01-26	000166.SZ
48	中国银河	72.01	17.1	北京	2017-01-23	601881.SH
49	盛京银行	71.36	4.7	辽宁	2014-12-29	2066.HK
50	中油资本	71.12	50.0	新疆	1996-10-22	000617.SZ
51	国银租赁	66.34	7.6	广东	2016-07-11	1606.HK
52	国信证券	61.03	−26.1	广东	2014-12-29	002736.SZ
53	中金公司	59.83	50.1	北京	2020-11-02	601995.SH
54	哈尔滨银行	59.15	−6.8	黑龙江	2014-03-31	6138.HK
55	长沙银行	56.12	8.8	湖南	2018-09-26	601577.SH
56	贵阳银行	53.30	5.2	贵州	2016-08-16	601997.SH
57	中原银行	53.02	107.0	河南	2017-07-19	1216.HK
58	光大证券	51.27	43.5	上海	2009-08-18	601788.SH
59	中航资本	50.47	12.6	黑龙江	1996-05-16	600705.SH
60	成都银行	50.01	22.6	四川	2018-01-31	601838.SH
61	天茂集团	49.93	90.0	湖北	1996-11-12	000627.SZ
62	重庆银行	48.95	9.0	重庆	2013-11-06	1963.HK
63	远东宏信	48.73	−25.6	上海	2011-03-30	3360.HK
64	渤海租赁	47.74	−15.3	新疆	1996-07-16	000415.SZ
65	兴业证券	45.76	31.8	福建	2010-10-13	601377.SH
66	九江银行	43.62	14.0	江西	2018-07-10	6190.HK
67	贵州银行	43.47	40.4	贵州	2019-12-30	6199.HK
68	江西银行	42.96	−7.9	江西	2018-06-26	1916.HK
69	郑州银行	41.81	−10.9	河南	2018-09-19	002936.SZ

续表

序号	证券名称	品牌价值/亿元	增长率/%	地区	上市日期	证券代码
70	东方证券	40.70	8.3	上海	2015-03-23	600958.SH
71	五矿资本	40.37	21.0	湖南	2001-01-15	600390.SH
72	360 DIGITECH	39.71	−57.1	上海	2018-12-14	QFIN.O
73	中泰证券	31.57		山东	2020-06-03	600918.SH
74	青岛银行	31.05	−5.1	山东	2019-01-16	002948.SZ
75	中国信达	27.59	−32.6	北京	2013-12-12	1359.HK
76	*ST 西水	26.89	−63.6	内蒙古	2000-07-31	600291.SH
77	苏州银行	26.68	−3.9	江苏	2019-08-02	002966.SZ
78	方正证券	25.86	−5.2	湖南	2011-08-10	601901.SH
79	锦州银行	25.64	−48.8	辽宁	2015-12-07	0416.HK
80	越秀金控	25.49	129.6	广东	2000-07-18	000987.SZ
81	威海银行	25.30		山东	2020-10-12	9677.HK
82	长江证券	23.89	−8.3	湖北	1997-07-31	000783.SZ
83	中国宝安	23.76	48.4	广东	1991-06-25	000009.SZ
84	浙商证券	23.20	62.1	浙江	2017-06-26	601878.SH
85	青农商行	22.89	−22.9	山东	2019-03-26	002958.SZ
86	国金证券	22.86	41.1	四川	1997-08-07	600109.SH
87	西安银行	22.31	−19.7	陕西	2019-03-01	600928.SH
88	常熟银行	21.69	26.6	江苏	2016-09-30	601128.SH
89	环球医疗	21.67	−51.4	北京	2015-07-08	2666.HK
90	九台农商银行	21.28	−10.8	吉林	2017-01-12	6122.HK
91	浙江东方	20.80	49.8	浙江	1997-12-01	600120.SH
92	众安在线	20.54	223.5	上海	2017-09-28	6060.HK
93	财通证券	20.03	−0.7	浙江	2017-10-24	601108.SH
94	东吴证券	19.97	−5.4	江苏	2011-12-12	601555.SH
95	国投资本	19.27	−8.4	上海	1997-05-19	600061.SH
96	东北证券	18.04	−17.2	吉林	1997-02-27	000686.SZ
97	厦门银行	17.67		福建	2020-10-27	601187.SH
98	乐信	17.66	70.4	广东	2017-12-21	LX.O
99	东方财富	17.62	31.2	上海	2010-03-19	300059.SZ
100	趣店	17.18	−60.5	福建	2017-10-18	QD.N

金融行业榜单

序号	证券名称	品牌价值/亿元	增长率/%	地区	上市日期	证券代码
101	东兴证券	16.77	−5.3	北京	2015-02-26	601198.SH
102	信也科技	16.34	−14.2	上海	2017-11-10	FINV.N
103	华西证券	16.13	23.9	四川	2018-02-05	002926.SZ
104	晋商银行	15.86	19.4	山西	2019-07-18	2558.HK
105	海通恒信	15.74	−0.8	上海	2019-06-03	1905.HK
106	国元证券	15.34	−5.0	安徽	1997-06-16	000728.SZ
107	江苏租赁	13.96	24.7	江苏	2018-03-01	600901.SH
108	甘肃银行	13.86	−66.6	甘肃	2018-01-18	2139.HK
109	创兴银行	13.31	13.3	香港	1994-07-11	1111.HK
110	长城证券	13.03	20.4	广东	2018-10-26	002939.SZ
111	华安证券	12.90	43.7	安徽	2016-12-06	600909.SH
112	无锡银行	12.67	46.2	江苏	2016-09-23	600908.SH
113	西南证券	12.66	−17.5	重庆	2001-01-09	600369.SH
114	紫金银行	12.53	−18.7	江苏	2019-01-03	601860.SH
115	中银证券	12.32		上海	2020-02-26	601696.SH
116	西部证券	12.22	18.4	陕西	2012-05-03	002673.SZ
117	爱建集团	12.13	32.1	上海	1993-04-26	600643.SH
118	国海证券	12.11	12.9	广西	1997-07-09	000750.SZ
119	南华期货	11.82	−1.0	浙江	2019-08-30	603093.SH
120	中国船舶租赁	11.71	1.7	上海	2019-06-17	3877.HK
121	山西证券	11.57	−36.2	山西	2010-11-15	002500.SZ
122	红塔证券	11.15	124.3	云南	2019-07-05	601236.SH
123	天风证券	10.31	14.4	湖北	2018-10-19	601162.SH
124	泛海控股	10.16	−75.0	北京	1994-09-12	000046.SZ
125	苏农银行	9.71	21.8	江苏	2016-11-29	603323.SH
126	南京证券	9.33	56.2	江苏	2018-06-13	601990.SH
127	泸州银行	8.89	19.4	四川	2018-12-17	1983.HK
128	张家港行	8.81	30.6	江苏	2017-01-24	002839.SZ
129	江阴银行	8.34	31.1	江苏	2016-09-02	002807.SZ
130	国泰君安国际	8.31	−9.2	香港	2010-07-08	1788.HK
131	第一创业	7.80	10.1	广东	2016-05-11	002797.SZ

续表

序号	证 券 名 称	品牌价值/亿元	增长率/%	地区	上市日期	证券代码
132	诺亚财富	7.28	−21.3	上海	2010-11-10	NOAH.N
133	国联证券	7.14	−1.4	江苏	2020-07-31	601456.SH
134	恒投证券	7.13	6.6	内蒙古	2015-10-15	1476.HK
135	锦龙股份	7.06	28.1	广东	1997-04-15	000712.SZ
136	山东国信	6.44	−11.2	山东	2017-12-08	1697.HK
137	中原证券	6.19	−13.1	河南	2017-01-03	601375.SH
138	陕国投 A	6.06	31.0	陕西	1994-01-10	000563.SZ
139	CAPITALAND CHINA TRUST	5.96	9.3	上海	2006-12-08	AU8U.SG
140	泛华金控	5.92	−31.2	广东	2007-10-31	FANH.O
141	富途控股	5.85	174.0	广东	2019-03-08	FUTU.O
142	中国三迪	5.56	261.2	香港	1998-12-01	0910.HK
143	宜人金科	5.39	−74.1	北京	2015-12-18	YRD.N
144	交银国际	5.26	21.0	香港	2017-05-19	3329.HK
145	易鑫集团	5.15	−21.8	上海	2017-11-16	2858.HK
146	鼎丰集团控股	5.12	174.3	福建	2013-12-09	6878.HK
147	华林证券	5.11	25.3	西藏	2019-01-17	002945.SZ
148	尚乘国际	5.10	44.0	香港	2019-08-05	HKIB.N
149	泛华金融	4.30	−56.0	广东	2018-11-07	CNF.N

金融行业榜单

2.3 互联网行业品牌价值榜

在 2021 年中国上市公司品牌价值总榜的 3 000 家企业中：互联网行业的企业共计 135 家，比 2020 年减少了 1 家；品牌价值总计 23 735.63 亿元，比 2020 年增长了 25%。

2.3.1 2021 年中国互联网行业上市公司品牌价值榜分析

【行业集中度】 在 2021 年中国互联网行业上市公司品牌价值榜中：排在第 1 位的公司是腾讯控股，品牌价值 16 787.06 亿元，占行业榜单总计品牌价值的 70.7%；排在前 3 位的公司品牌价值合计 21 298.01 亿元，占行业榜单总计品牌价值的 89.7%；排在前 10 位的公司品牌价值合计 22 340.81 亿元，占行业榜单总计品牌价值的 94.1%。

【所在区域】 在 2021 年中国互联网行业上市公司品牌价值榜中，135 家公司来自 21 个地区。其中，来自广东、北京和浙江的公司共计 85 家，品牌价值合计 22 772.65 亿元，占行业榜单总计品牌价值的 95.9%，处于主导地位。其他地区企业的构成情况见图 2-5 和图 2-6。

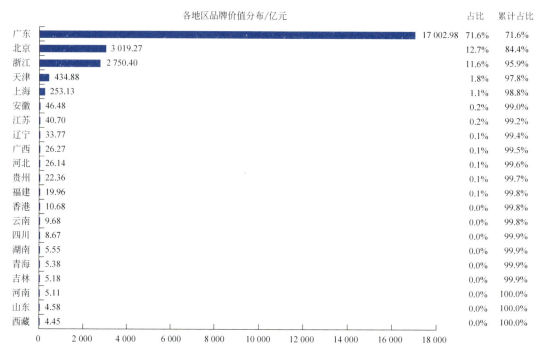

图 2-5　2021 年中国互联网行业上市公司品牌价值榜所在区域品牌价值分布

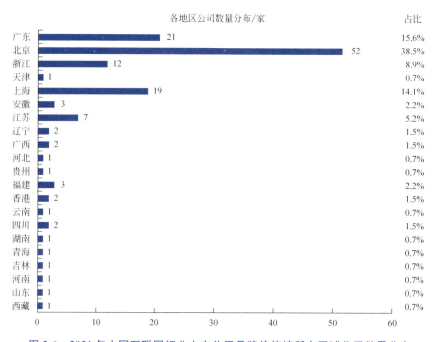

图 2-6　2021 年中国互联网行业上市公司品牌价值榜所在区域公司数量分布

【上市板块】　在 2021 年中国互联网行业上市公司品牌价值榜中：在港股上市的中资股公司有 13 家，品牌价值合计 19 657.91 亿元，占行业榜单总计品牌价值的 82.8%，排在第一位；在国外上市的中概股公司有 13 家，品牌价值合计 2 416.84 亿元，占行业榜单总计品牌价值的 10.2%，排在第二位；在沪市主板上市的公司有 25 家，品牌价值合计 803.78 亿元，占行业总计品牌价值的 3.4%，排在第三位。此外，在深市创业板上市的公司有 46 家，品牌价值合计 385.39 亿元；在深市中小企业板上市的公司有 28 家，品牌价值合计 338.96 亿元；在深市主板上市的公司有 5 家，品牌价值合计 94.26 亿元；在沪市科创板上市的公司有 5 家，品牌价值合计 38.48 亿元。

【上市时间】　在 2021 年中国互联网行业上市公司品牌价值榜中：2001—2005 年上市的公司有 13 家，品牌价值合计 18 916.55 亿元，占行业榜单总计品牌价值的 79.7%，排在第一位；2016—2020 年上市的公司有 38 家，品牌价值合计 3 149.44 亿元，占行业榜单总计品牌价值的 13.3%，排在第二位；2011—2015 年上市的公司有 33 家，品牌价值合计 994.09 亿元，占行业榜单总计品牌价值的 4.2%，排在第三位。此外，2006—2010 年上市的公司有 35 家，品牌价值合计 414.2 亿元；1996—2000 年上市的公司有 10 家，品牌价值合计 133.1 亿元；1996 年以前上市的公司有 6 家，品牌价值合计 128.25 亿元。

2.3.2　2021 年中国互联网行业上市公司品牌价值榜单

序号	证 券 名 称	品牌价值/亿元	增长率/%	地区	上市日期	证券代码
1	腾讯控股	16 787.06	48.3	广东	2004-06-16	0700.HK
2	网易-S	2 636.44	26.6	浙江	2020-06-11	9999.HK
3	百度	1 874.51	−29.6	北京	2005-08-05	BIDU.O
4	三六零	434.88	−24.4	天津	2012-01-16	601360.SH
5	汽车之家	313.49	−17.0	北京	2013-12-11	ATHM.N
6	搜狗	135.54	3.9	北京	2017-11-09	SOGO.N
7	中国软件国际	47.40	35.1	北京	2003-06-20	0354.HK
8	宝信软件	38.19	49.4	上海	1994-03-11	600845.SH
9	东华软件	37.32	5.8	北京	2006-08-23	002065.SZ
10	中国民航信息网络	35.98	−19.9	北京	2001-02-07	0696.HK
11	用友网络	35.49	19.9	北京	2001-05-18	600588.SH
12	国联股份	34.22	124.1	北京	2019-07-30	603613.SH
13	金山软件	33.11	19.3	北京	2007-10-09	3888.HK
14	科大讯飞	31.08	14.5	安徽	2008-05-12	002230.SZ
15	神州信息	30.71	10.0	广东	1994-04-08	000555.SZ

续表

序号	证 券 名 称	品牌价值/亿元	增长率/%	地区	上市日期	证券代码
16	千方科技	29.90	36.6	北京	2010-03-18	002373.SZ
17	宝尊电商-SW	29.35	5.0	上海	2020-09-29	9991.HK
18	光环新网	29.14	−11.0	北京	2014-01-29	300383.SZ
19	德赛西威	27.42	85.5	广东	2017-12-26	002920.SZ
20	电科数字	27.09	−1.7	上海	1994-03-24	600850.SH
21	常山北明	26.14	−26.3	河北	2000-07-24	000158.SZ
22	慧聪集团	25.67	58.2	北京	2003-12-17	2280.HK
23	东软集团	24.13	−9.7	辽宁	1996-06-18	600718.SH
24	恒生电子	23.02	23.2	浙江	2003-12-16	600570.SH
25	太极股份	22.60	−1.2	北京	2010-03-12	002368.SZ
26	高鸿股份	22.36	−19.4	贵州	1998-06-09	000851.SZ
27	拉卡拉	20.61	−7.8	北京	2019-04-25	300773.SZ
28	网宿科技	20.14	−38.2	上海	2009-10-30	300017.SZ
29	同花顺	19.95	−24.1	浙江	2009-12-25	300033.SZ
30	天下秀	19.33	8164.5	广西	2001-08-07	600556.SH
31	摩贝	19.28	−30.3	上海	2019-12-30	MKD.O
32	深信服	19.28	26.5	广东	2018-05-16	300454.SZ
33	万国数据-SW	18.99	124.4	上海	2020-11-02	9698.HK
34	金证股份	17.54	−5.4	广东	2003-12-24	600446.SH
35	广联达	17.41	14.3	北京	2010-05-25	002410.SZ
36	云赛智联	17.13	1.3	上海	1990-12-19	600602.SH
37	中国软件	17.00	−7.1	北京	2002-05-17	600536.SH
38	金山云	16.70		北京	2020-05-08	KC.O
39	华胜天成	16.25	−2.9	北京	2004-04-27	600410.SH
40	石基信息	14.58	−25.8	北京	2007-08-13	002153.SZ
41	佳都科技	14.57	0.7	广东	1996-07-16	600728.SH
42	世纪互联	14.48	28.2	北京	2011-04-21	VNET.O
43	* ST 数知	13.63	1.1	北京	2010-01-08	300038.SZ
44	易华录	13.43	−16.2	北京	2011-05-05	300212.SZ
45	汇量科技	13.42	28.2	广东	2018-12-12	1860.HK
46	二三四五	13.33	−2.6	上海	2007-12-12	002195.SZ

互联网行业榜单

续表

序号	证 券 名 称	品牌价值/亿元	增长率/%	地区	上市日期	证券代码
47	浙大网新	12.58	2.4	浙江	1997-04-18	600797.SH
48	博彦科技	12.21	26.1	北京	2012-01-06	002649.SZ
49	中科软	12.03	−32.9	北京	2019-09-09	603927.SH
50	金蝶国际	11.23	24.1	广东	2001-02-15	0268.HK
51	启明星辰	11.09	−10.5	北京	2010-06-23	002439.SZ
52	天源迪科	11.05	−7.7	广东	2010-01-20	300047.SZ
53	中控技术	10.97		浙江	2020-11-24	688777.SH
54	华宇软件	10.87	−17.0	北京	2011-10-26	300271.SZ
55	中电兴发	10.54	63.6	安徽	2009-09-29	002298.SZ
56	卫宁健康	10.44	12.5	上海	2011-08-18	300253.SZ
57	金山办公	10.12	40.6	北京	2019-11-18	688111.SH
58	金融壹账通	9.93	36.6	广东	2019-12-13	OCFT.N
59	旋极信息	9.91	−13.0	北京	2012-06-08	300324.SZ
60	中科创达	9.83	72.0	北京	2015-12-10	300496.SZ
61	南天信息	9.68	14.7	云南	1999-10-14	000948.SZ
62	梦网科技	9.64	8.6	辽宁	2007-03-28	002123.SZ
63	亚联发展	9.24	13.9	广东	2009-12-09	002316.SZ
64	浙江富润	9.09	62.1	浙江	1997-06-04	600070.SH
65	达实智能	9.08	−2.6	广东	2010-06-03	002421.SZ
66	天地在线	8.92		北京	2020-08-05	002995.SZ
67	东方国信	8.66	−16.1	北京	2011-01-25	300166.SZ
68	家乡互动	8.58	15.3	福建	2019-07-04	3798.HK
69	宇信科技	8.48	11.5	北京	2018-11-07	300674.SZ
70	吴通控股	8.25	−2.8	江苏	2012-02-29	300292.SZ
71	顺网科技	7.87	−41.0	浙江	2010-08-27	300113.SZ
72	奇安信-U	7.77		北京	2020-07-22	688561.SH
73	ST 中安	7.58	9.8	上海	1990-12-19	600654.SH
74	航天长峰	7.55	58.9	北京	1994-04-25	600855.SH
75	四维图新	7.54	−17.6	北京	2010-05-18	002405.SZ
76	汉得信息	7.52	−34.9	上海	2011-02-01	300170.SZ
77	创业慧康	7.26	50.6	浙江	2015-05-14	300451.SZ

互联网行业榜单

续表

序号	证券名称	品牌价值/亿元	增长率/%	地区	上市日期	证券代码
78	朗新科技	7.24	79.6	江苏	2017-08-01	300682.SZ
79	京北方	7.22		北京	2020-05-07	002987.SZ
80	神州泰岳	7.18	−18.8	北京	2009-10-30	300002.SZ
81	美亚柏科	7.07	−17.4	福建	2011-03-16	300188.SZ
82	新智认知	6.94	−19.2	广西	2015-03-26	603869.SH
83	仁东控股	6.80	30.5	浙江	2011-12-28	002647.SZ
84	灿谷	6.64	−26.0	上海	2018-07-26	CANG.N
85	先进数通	6.52	39.9	北京	2016-09-13	300541.SZ
86	远光软件	6.46	5.2	广东	2006-08-23	002063.SZ
87	万达信息	6.30	−39.4	上海	2011-01-25	300168.SZ
88	银江股份	6.25	−4.1	浙江	2009-10-30	300020.SZ
89	绿盟科技	6.24	−4.2	北京	2014-01-29	300369.SZ
90	猎豹移动	6.20	−60.1	北京	2014-05-08	CMCM.N
91	久其软件	6.18	12.0	北京	2009-08-11	002279.SZ
92	趣活科技（QUHUO）	6.14		北京	2020-07-10	QH.O
93	银信科技	6.13	31.0	北京	2011-06-15	300231.SZ
94	浪潮国际	6.08	10.6	香港	2004-04-29	0596.HK
95	壹网壹创	5.71	−32.7	浙江	2019-09-27	300792.SZ
96	泛微网络	5.68	49.6	上海	2017-01-13	603039.SH
97	超图软件	5.63	5.0	北京	2009-12-25	300036.SZ
98	天泽信息	5.55	151.0	湖南	2011-04-26	300209.SZ
99	豆神教育	5.55	19.8	北京	2009-10-30	300010.SZ
100	焦点科技	5.49	54.0	江苏	2009-12-09	002315.SZ
101	华软科技	5.45	30.6	江苏	2010-07-20	002453.SZ
102	法本信息	5.44		广东	2020-12-30	300925.SZ
103	高伟达	5.44	24.7	北京	2015-05-28	300465.SZ
104	ST 顺利	5.38	247.3	青海	1996-10-04	000606.SZ
105	鼎捷软件	5.26	14.9	上海	2014-01-27	300378.SZ
106	荣联科技	5.25	14.6	北京	2011-12-20	002642.SZ
107	数据港	5.23	59.3	上海	2017-02-08	603881.SH
108	启明信息	5.18	11.0	吉林	2008-05-09	002232.SZ

互联网行业榜单

续表

序号	证券名称	品牌价值/亿元	增长率/%	地区	上市日期	证券代码
109	优刻得-W	5.15		上海	2020-01-20	688158.SH
110	思维列控	5.11	0.3	河南	2015-12-24	603508.SH
111	金财互联	5.04	17.2	江苏	2010-12-31	002530.SZ
112	中远海科	5.00	47.2	上海	2010-05-06	002401.SZ
113	润和软件	4.98	−44.6	江苏	2012-07-18	300339.SZ
114	秦淮数据(CHINDATA)	4.86		北京	2020-09-30	CD.O
115	皖通科技	4.85	22.7	安徽	2010-01-06	002331.SZ
116	触宝	4.81	36.4	上海	2018-09-28	CTK.N
117	中国有赞	4.60	467.7	香港	2000-04-14	8083.HK
118	赛意信息	4.59	18.9	广东	2017-08-03	300687.SZ
119	浪潮软件	4.58	−28.2	山东	1996-09-23	600756.SH
120	长亮科技	4.57	8.4	广东	2012-08-17	300348.SZ
121	创意信息	4.55	23.5	四川	2014-01-27	300366.SZ
122	虹软科技	4.47	34.6	浙江	2019-07-22	688088.SH
123	拓尔思	4.46	3.3	北京	2011-06-15	300229.SZ
124	天阳科技	4.45		西藏	2020-08-24	300872.SZ
125	蓝盾股份	4.40	−49.3	广东	2012-03-15	300297.SZ
126	奥飞数据	4.36	95.6	广东	2018-01-19	300738.SZ
127	辰安科技	4.35	−3.6	北京	2016-07-26	300523.SZ
128	南威软件	4.31	13.1	福建	2014-12-30	603636.SH
129	荔枝	4.27		广东	2020-01-17	LIZI.O
130	多伦科技	4.26	4.2	江苏	2016-05-03	603528.SH
131	数字政通	4.25	−1.0	北京	2010-04-27	300075.SZ
132	高新兴	4.24	−64.0	广东	2010-07-28	300098.SZ
133	数码视讯	4.23	−54.5	北京	2010-04-30	300079.SZ
134	久远银海	4.12	2.3	四川	2015-12-31	002777.SZ
135	银之杰	4.11	−29.4	广东	2010-05-26	300085.SZ

互联网行业榜单

2.4 房地产行业品牌价值榜

在 2021 年中国上市公司品牌价值总榜的 3 000 家企业中:房地产行业的企业共计 198 家,比 2020 年增加了 7 家;品牌价值总计 21 956.43 亿元,比 2020 年增长了 15.3%。

2.4.1 2021 年中国房地产行业上市公司品牌价值榜分析

【行业集中度】 在 2021 年中国房地产行业上市公司品牌价值榜中：排在前 5 位的公司品牌价值合计 7 193.91 亿元,占行业榜单总计品牌价值的 32.8%；排在前 10 位的公司品牌价值合计 10 775.67 亿元,占行业榜单总计品牌价值的 49.1%；排在前 30 位的公司品牌价值合计 15 771.75 亿元,占行业榜单总计品牌价值的 71.8%。

【所在区域】 在 2021 年中国房地产行业上市公司品牌价值榜中,198 家公司来自 22 个地区。其中,来自广东、香港和上海的公司共计 109 家,品牌价值合计 16 968.1 亿元,占行业榜单总计品牌价值的 77.3%,处于主导地位。其他地区企业的构成情况见图 2-7 和图 2-8。

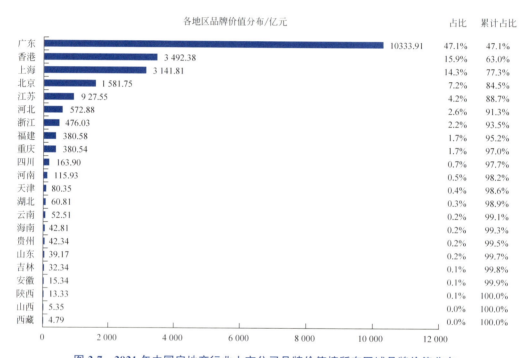

图 2-7 2021 年中国房地产行业上市公司品牌价值榜所在区域品牌价值分布

【上市板块】 在 2021 年中国房地产行业上市公司品牌价值榜中：在港股上市的中资股公司有 93 家,品牌价值合计 13 078.38 亿元,占行业榜单总计品牌价值的 59.6%,排在第一位；在沪市主板上市的公司有 58 家,品牌价值合计 4 591.42 亿元,占行业榜单总计品牌价值的 20.9%,排在第二位；在深市主板上市的公司有 31 家,品牌价值合计 3 615.14 亿元,占行业总计品牌价值的 16.5%,排在第三位。此外,在深市中小企业板上市的公司有 11 家,品牌价值合计 405.21 亿元；在国外上市的中概股公司有 5 家,品牌价值合计 266.28 亿元。

【上市时间】 在 2021 年中国房地产行业上市公司品牌价值榜中：2006—2010 年上

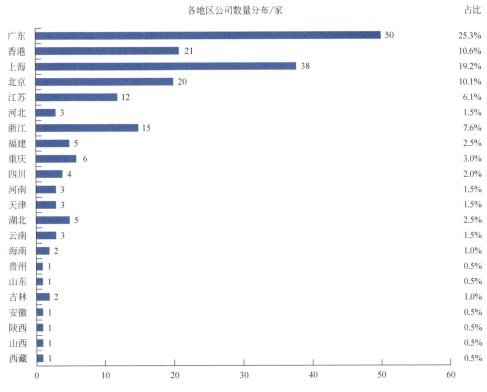

图 2-8　2021 年中国房地产行业上市公司品牌价值榜所在区域公司数量分布

市的公司有 33 家,品牌价值合计 8 128.99 亿元,占行业榜单总计品牌价值的 37%,排在第一位;1996 年以前上市的公司有 41 家,品牌价值合计 4 943.27 亿元,占行业榜单总计品牌价值的 22.5%,排在第二位;1996—2000 年上市的公司有 47 家,品牌价值合计 3 306.84 亿元,占行业榜单总计品牌价值的 15.1%,排在第三位。此外,2001—2005 年上市的公司有 20 家,品牌价值合计 2 083.9 亿元;2016—2020 年上市的公司有 41 家,品牌价值合计 1 778.22 亿元;2011—2015 年上市的公司有 16 家,品牌价值合计 1 715.21 亿元。

2.4.2　2021 年中国房地产行业上市公司品牌价值榜单

序号	证 券 名 称	品牌价值/亿元	增长率/%	地区	上市日期	证券代码
1	中国恒大	2 208.51	8.9	广东	2009-11-05	3333.HK
2	碧桂园	1 660.21	26.2	广东	2007-04-20	2007.HK
3	万科 A	1 426.01	1.9	广东	1991-01-29	000002.SZ
4	中国海外发展	974.21	2.6	香港	1992-08-20	0688.HK
5	绿地控股	924.98	17.9	上海	1992-03-27	600606.SH
6	保利地产	851.51	0.4	广东	2006-07-31	600048.SH

续表

序号	证券名称	品牌价值/亿元	增长率/%	地区	上市日期	证券代码
7	华润置地	733.45	−2.3	香港	1996-11-08	1109.HK
8	龙湖集团	726.36	34.4	北京	2009-11-19	0960.HK
9	世茂集团	636.06	42.3	香港	2006-07-05	0813.HK
10	华侨城 A	634.38	50.1	广东	1997-09-10	000069.SZ
11	富力地产	351.70	−1.7	广东	2005-07-14	2777.HK
12	招商蛇口	344.31	−24.2	广东	2015-12-30	001979.SZ
13	新城控股	339.75	43.0	江苏	2015-12-04	601155.SH
14	龙光集团	336.65	56.8	广东	2013-12-20	3380.HK
15	华夏幸福	328.85	−0.8	河北	2003-12-30	600340.SH
16	金地集团	326.89	22.6	广东	2001-04-12	600383.SH
17	雅居乐集团	325.48	0.5	广东	2005-12-15	3383.HK
18	中国奥园	251.64	82.7	广东	2007-10-09	3883.HK
19	荣盛发展	226.26	1.6	河北	2007-08-08	002146.SZ
20	旭辉控股集团	226.24	29.0	上海	2012-11-23	0884.HK
21	金科股份	225.36	62.8	重庆	1996-11-28	000656.SZ
22	越秀地产	210.72	50.8	香港	1992-12-15	0123.HK
23	佳兆业集团	201.61	109.0	广东	2009-12-09	1638.HK
24	中国金茂	193.41	−7.5	香港	2007-08-17	0817.HK
25	融信中国	192.88	23.3	上海	2016-01-13	3301.HK
26	中梁控股	187.76	−13.9	上海	2019-07-16	2772.HK
27	美的置业	186.15	31.2	广东	2018-10-11	3990.HK
28	时代中国控股	183.94	10.1	广东	2013-12-11	1233.HK
29	祥生控股集团	181.71		上海	2020-11-18	2599.HK
30	中南建设	174.76	61.2	江苏	2000-03-01	000961.SZ
31	阳光城	170.86	3.0	福建	1996-12-18	000671.SZ
32	中国海外宏洋集团	146.74	91.8	广东	1984-04-26	0081.HK
33	首开股份	146.38	0.1	北京	2001-03-12	600376.SH
34	仁恒置地	137.05	1.2	上海	2006-06-22	Z25.SG
35	正荣地产	136.50	−7.4	上海	2018-01-16	6158.HK
36	上海实业控股	135.21	18.5	上海	1996-05-30	0363.HK
37	禹洲集团	133.58	14.9	福建	2009-11-02	1628.HK

房地产行业榜单

续表

序号	证 券 名 称	品牌价值/亿元	增长率/%	地区	上市日期	证券代码
38	合生创展集团	132.41	113.2	香港	1998-05-27	0754.HK
39	保利置业集团	130.93	34.8	上海	1973-08-30	0119.HK
40	蓝光发展	127.44	15.7	四川	2001-02-12	600466.SH
41	金辉控股	125.22		北京	2020-10-29	9993.HK
42	华发股份	123.73	51.0	广东	2004-02-25	600325.SH
43	中骏集团控股	123.60	45.9	上海	2010-02-05	1966.HK
44	合景泰富集团	119.37	139.4	香港	2007-07-03	1813.HK
45	雅戈尔	115.58	3.8	浙江	1998-11-19	600177.SH
46	世茂股份	104.87	−4.6	上海	1994-02-04	600823.SH
47	建业地产	97.81	45.1	河南	2008-06-06	0832.HK
48	陆家嘴	91.17	19.9	上海	1993-06-28	600663.SH
49	香港置地	86.36	−14.3	香港	1990-10-01	H78.SG
50	花样年控股	84.82	50.4	广东	2009-11-25	1777.HK
51	金融街	83.09	−16.2	北京	1996-06-26	000402.SZ
52	弘阳地产	79.61	48.3	江苏	2018-07-12	1996.HK
53	绿地香港	75.49	26.8	上海	2006-10-10	0337.HK
54	上坤地产	71.51		上海	2020-11-17	6900.HK
55	深圳控股	71.13	−19.6	广东	1997-03-07	0604.HK
56	佳源国际控股	70.94	149.6	江苏	2016-03-08	2768.HK
57	大悦城	70.81	13.1	广东	1993-10-08	000031.SZ
58	招商局置地	70.53	7.6	香港	1997-10-16	0978.HK
59	信达地产	70.00	9.5	北京	1993-05-24	600657.SH
60	滨江集团	68.22	−3.2	浙江	2008-05-29	002244.SZ
61	首创置业	64.19	−7.5	北京	2003-06-19	2868.HK
62	广宇发展	63.15	4.2	天津	1993-12-10	000537.SZ
63	建发国际集团	61.81	36.4	香港	2012-12-14	1908.HK
64	明发集团	61.45	95.3	江苏	2009-11-13	0846.HK
65	新湖中宝	59.78	−11.5	浙江	1999-06-23	600208.SH
66	当代置业	52.68	33.1	北京	2013-07-12	1107.HK
67	德信中国	52.36	23.9	浙江	2019-02-26	2019.HK
68	大悦城地产	50.59	−10.7	香港	1973-03-06	0207.HK

房地产行业榜单

续表

序号	证券名称	品牌价值/亿元	增长率/%	地区	上市日期	证券代码
69	北辰实业	49.61	−9.6	北京	2006-10-16	601588.SH
70	金科服务	48.32		重庆	2020-11-17	9666.HK
71	城建发展	48.23	4.3	北京	1999-02-03	600266.SH
72	中交地产	48.20	94.6	重庆	1997-04-25	000736.SZ
73	光明地产	46.34	−40.9	上海	1996-06-06	600708.SH
74	绿景中国地产	45.35	12.8	江苏	2005-12-02	0095.HK
75	大名城	44.98	3.3	上海	1997-07-03	600094.SH
76	迪马股份	44.95	11.6	重庆	2002-07-23	600565.SH
77	恒大物业	43.87		广东	2020-12-02	6666.HK
78	中华企业	42.55	18.8	上海	1993-09-24	600675.SH
79	中天金融	42.34	−33.7	贵州	1994-02-02	000540.SZ
80	雅生活服务	41.71	112.6	广东	2018-02-09	3319.HK
81	华南城	40.89	32.1	香港	2009-09-30	1668.HK
82	小商品城	39.83	45.9	浙江	2002-05-09	600415.SH
83	黑牡丹	39.38	61.8	江苏	2002-06-18	600510.SH
84	鲁商发展	39.17	30.9	山东	2000-01-13	600223.SH
85	景瑞控股	39.11	−4.6	上海	2013-10-31	1862.HK
86	五矿地产	38.77	−21.5	香港	1991-12-20	0230.HK
87	*ST 基础	36.77	−7.4	海南	2002-08-06	600515.SH
88	绿城服务	35.90	39.6	浙江	2016-07-12	2869.HK
89	国瑞置业	34.49	−1.9	北京	2014-07-07	2329.HK
90	银城国际控股	33.42	21.9	江苏	2019-03-06	1902.HK
91	招商积余	33.26	8.3	广东	1994-09-28	001914.SZ
92	鑫苑置业	33.17	−31.1	北京	2007-12-12	XIN.N
93	天誉置业	32.42	41.2	广东	1993-11-16	0059.HK
94	上实城市开发	31.60	9.4	香港	1993-09-10	0563.HK
95	泰禾集团	31.27	−68.0	福建	1997-07-04	000732.SZ
96	格力地产	31.26	88.8	广东	1999-06-11	600185.SH
97	朗诗地产	31.03	−52.7	香港	1986-03-24	0106.HK
98	上实发展	29.63	−27.7	上海	1996-09-25	600748.SH
99	南京高科	27.53	9.8	江苏	1997-05-06	600064.SH

续表

序号	证券名称	品牌价值/亿元	增长率/%	地区	上市日期	证券代码
100	华润万象生活	25.61		广东	2020-12-09	1209.HK
101	保利物业	25.26	43.7	广东	2019-12-19	6049.HK
102	福星股份	24.88	−29.6	湖北	1999-06-18	000926.SZ
103	中海物业	24.39	55.4	香港	2015-10-23	2669.HK
104	中洲控股	24.34	−14.2	广东	1994-09-21	000042.SZ
105	新华联	24.00	−37.5	北京	1996-10-29	000620.SZ
106	中新集团	23.76	19.4	江苏	2019-12-20	601512.SH
107	华远地产	23.67	−24.1	北京	1996-09-09	600743.SH
108	汇景控股	23.44		广东	2020-01-16	9968.HK
109	上海临港	23.29	77.1	上海	1994-03-24	600848.SH
110	苏宁环球	23.20	5.1	吉林	1997-04-08	000718.SZ
111	冠城大通	22.66	14.5	福建	1997-05-08	600067.SH
112	阳光 100 中国	22.63	75.4	北京	2014-03-13	2608.HK
113	大唐集团控股	22.21		福建	2020-12-11	2117.HK
114	*ST 云城	22.09	−29.1	云南	1999-12-02	600239.SH
115	京投发展	21.88	−37.5	浙江	1993-10-25	600683.SH
116	苏州高新	21.66	−22.7	江苏	1996-08-15	600736.SH
117	南山控股	21.62	31.3	广东	2009-12-03	002314.SZ
118	SOHO 中国	21.55	45.2	北京	2007-10-08	0410.HK
119	华联控股	21.18	−19.7	广东	1994-06-17	000036.SZ
120	荣安地产	20.86	85.5	浙江	1993-08-06	000517.SZ
121	中国国贸	20.65	6.4	北京	1999-03-12	600007.SH
122	浦东金桥	20.31	19.0	上海	1993-03-26	600639.SH
123	世联行	19.56	−30.7	广东	2009-08-28	002285.SZ
124	北大资源	18.84	−63.2	香港	1991-10-07	0618.HK
125	ST 粤泰	18.54	34.5	广东	2001-03-19	600393.SH
126	天山发展控股	17.77	17.3	河北	2010-07-15	2118.HK
127	深物业 A	17.64	70.8	广东	1992-03-30	000011.SZ
128	光大嘉宝	17.58	12.4	上海	1992-12-03	600622.SH
129	宋都股份	17.50	19.9	浙江	1997-05-20	600077.SH
130	万业企业	17.16	−18.6	上海	1993-04-07	600641.SH

房地产行业榜单

序号	证 券 名 称	品牌价值/亿元	增长率/%	地区	上市日期	证券代码
131	我爱我家	17.04	33.9	云南	1994-02-02	000560.SZ
132	彩生活	17.01	10.3	广东	2014-06-30	1778.HK
133	城投控股	16.41	−62.3	上海	1993-05-18	600649.SH
134	珠光控股	15.91	−31.8	香港	1996-12-09	1176.HK
135	深振业A	15.72	12.5	广东	1992-04-27	000006.SZ
136	合肥城建	15.34	68.9	安徽	2008-01-28	002208.SZ
137	同济科技	15.27	24.6	上海	1994-03-11	600846.SH
138	世茂服务	14.96		上海	2020-10-30	0873.HK
139	合富辉煌	14.51	−16.3	广东	2004-07-15	0733.HK
140	广汇物流	13.89	14.0	四川	1992-01-13	600603.SH
141	美好置业	13.38	−11.9	云南	1996-12-05	000667.SZ
142	天地源	13.33	−12.7	陕西	1993-07-09	600665.SH
143	香江控股	13.27	−39.0	广东	1998-06-09	600162.SH
144	电子城	13.16	6.7	北京	1993-05-24	600658.SH
145	富森美	12.33	19.0	四川	2016-11-09	002818.SZ
146	世荣兆业	12.14	16.4	广东	2004-07-08	002016.SZ
147	港龙中国地产	12.03		上海	2020-07-15	6968.HK
148	新城悦服务	11.88	118.9	上海	2018-11-06	1755.HK
149	景业名邦集团	11.88	63.9	广东	2019-12-05	2231.HK
150	中电光谷	11.54	3.2	湖北	2014-03-28	0798.HK
151	天房发展	11.34	−5.2	天津	2001-09-10	600322.SH
152	张江高科	11.24	−12.6	上海	1996-04-22	600895.SH
153	珠江股份	11.20	−20.8	广东	1993-10-28	600684.SH
154	永升生活服务	11.13	150.6	上海	2018-12-17	1995.HK
155	万通发展	10.69	16.1	北京	2000-09-22	600246.SH
156	建业新生活	10.59		河南	2020-05-15	9983.HK
157	蓝光嘉宝服务	10.24	21.6	四川	2019-10-18	2606.HK
158	深深房A	10.03	−11.5	广东	1993-09-15	000029.SZ
159	华侨城（亚洲）	9.98	−49.6	香港	2005-11-02	3366.HK
160	栖霞建设	9.95	21.0	江苏	2002-03-28	600533.SH
161	海印股份	9.69	5.2	广东	1998-10-28	000861.SZ

续表

序号	证 券 名 称	品牌价值/亿元	增长率/%	地区	上市日期	证券代码
162	卓越商企服务	9.52		广东	2020-10-19	6989.HK
163	财信发展	9.51	34.0	重庆	1997-06-26	000838.SZ
164	南国置业	9.31	−13.2	湖北	2009-11-06	002305.SZ
165	顺发恒业	9.14	−53.6	吉林	1996-11-22	000631.SZ
166	众安集团	9.01	−23.6	浙江	2007-11-13	0672.HK
167	卧龙地产	8.73	−15.2	浙江	1999-04-15	600173.SH
168	粤港湾控股	8.48	−16.8	广东	2013-10-31	1396.HK
169	海宁皮城	8.33	−16.0	浙江	2010-01-26	002344.SZ
170	轻纺城	8.26	−5.7	浙江	1997-02-28	600790.SH
171	国创高新	7.90	35.3	湖北	2010-03-23	002377.SZ
172	三湘印象	7.82	84.1	上海	1997-09-25	000863.SZ
173	恒达集团控股	7.54	−10.8	河南	2018-11-12	3616.HK
174	粤海置地	7.35	138.4	香港	1997-08-08	0124.HK
175	中国地利	7.30	96.5	北京	2008-10-22	1387.HK
176	奥园美谷	7.19	−4.6	湖北	1996-10-16	000615.SZ
177	中国物流资产	6.97	106.9	上海	2016-07-15	1589.HK
178	中奥到家	6.83	78.2	广东	2015-11-25	1538.HK
179	市北高新	6.61	100.8	上海	1992-03-27	600604.SH
180	华丽家族	6.51	150.4	上海	2002-07-09	600503.SH
181	恒盛地产	6.10	−31.3	上海	2009-10-02	0845.HK
182	时代邻里	6.07	95.6	广东	2019-12-19	9928.HK
183	合景悠活	6.06		广东	2020-10-30	3913.HK
184	海蓝控股	6.04	−52.7	海南	2016-07-15	2278.HK
185	天保基建	5.86	−19.1	天津	2000-04-06	000965.SZ
186	深赛格	5.86	−8.6	广东	1996-12-26	000058.SZ
187	辰兴发展	5.35	−29.4	山西	2015-07-03	2286.HK
188	南都物业	5.25	32.2	浙江	2018-02-01	603506.SH
189	房多多	5.12	−25.9	广东	2019-11-01	DUO.O
190	新黄浦	5.02	−29.1	上海	1993-03-26	600638.SH
191	西藏城投	4.79	43.6	西藏	1996-11-08	600773.SH
192	金融街物业	4.70		北京	2020-07-06	1502.HK

房地产行业榜单

续表

序号	证券名称	品牌价值/亿元	增长率/%	地区	上市日期	证券代码
193	中渝置地	4.70	−48.5	香港	1999-04-30	1224.HK
194	锦和商业	4.61		上海	2020-04-21	603682.SH
195	元邦地产	4.58	45.3	广东	2007-05-09	BCD.SG
196	滨江服务	4.51	60.9	浙江	2019-03-15	3316.HK
197	正荣服务	4.43		上海	2020-07-10	6958.HK
198	新大正	4.19	10.5	重庆	2019-12-03	002968.SZ

2.5 饮料行业品牌价值榜

在 2021 年中国上市公司品牌价值总榜的 3 000 家企业中：饮料行业的企业共计 45 家，比 2020 年增加了 3 家；品牌价值总计 15 663.58 亿元，比 2020 年增长了 34.4%。

2.5.1 2021 年中国饮料行业上市公司品牌价值榜分析

【行业集中度】 在 2021 年中国饮料行业上市公司品牌价值榜中：排在第 1 位的公司是贵州茅台，品牌价值 4 815.62 亿元，占行业榜单总计品牌价值的 30.7%；排在前 3 位的公司品牌价值合计 8 456.94 亿元，占行业榜单总计品牌价值的 54%；排在前 10 位的公司品牌价值合计 12 860.31 亿元，占行业榜单总计品牌价值的 82.1%。

【所在区域】 在 2021 年中国饮料行业上市公司品牌价值榜中，45 家公司来自 22 个地区。其中，来自贵州、内蒙古和四川的公司共计 8 家，品牌价值合计 10 412.53 亿元，占行业榜单总计品牌价值的 66.5%，处于主导地位。其他地区企业的构成情况见图 2-9 和图 2-10。

【上市板块】 在 2021 年中国饮料行业上市公司品牌价值榜中：在沪市主板上市的公司有 26 家，品牌价值合计 8 892.76 亿元，占行业榜单总计品牌价值的 56.8%，排在第一位；在深市主板上市的公司有 9 家，品牌价值合计 3 514.11 亿元，占行业榜单总计品牌价值的 22.4%，排在第二位；在港股上市的中资股公司有 5 家，品牌价值合计 2 310.04 亿元，占行业总计品牌价值的 14.7%，排在第三位。此外，在深市中小企业板上市的公司有 5 家，品牌价值合计 946.68 亿元。

【上市时间】 在 2021 年中国饮料行业上市公司品牌价值榜中：2001—2005 年上市的公司有 8 家，品牌价值合计 6 585.69 亿元，占行业榜单总计品牌价值的 42%，排在第一位；1996—2000 年上市的公司有 16 家，品牌价值合计 4 859.4 亿元，占行业榜单总计品牌价值的 31%，排在第二位；1996 年以前上市的公司有 5 家，品牌价值合计 1 924.93 亿元，

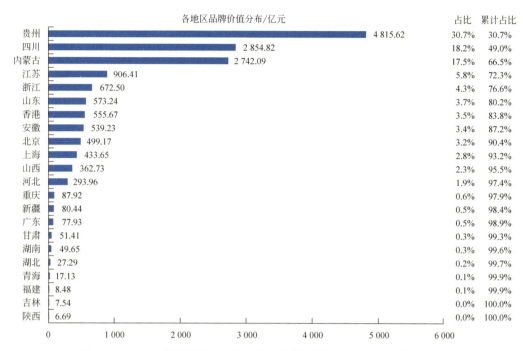

图 2-9　2021 年中国饮料行业上市公司品牌价值榜所在区域品牌价值分布

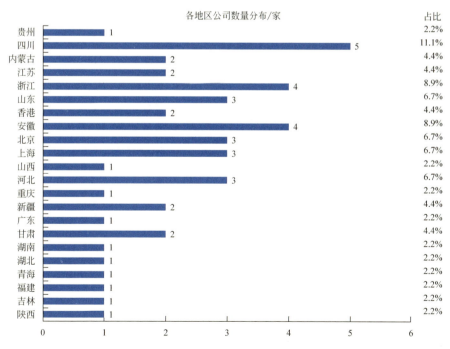

图 2-10　2021 年中国饮料行业上市公司品牌价值榜所在区域公司数量分布

占行业榜单总计品牌价值的 12.3%,排在第三位。此外,2016—2020 年上市的公司有 7 家,品牌价值合计 961.91 亿元;2006—2010 年上市的公司有 2 家,品牌价值合计 807.98

亿元；2011—2015 年上市的公司有 7 家，品牌价值合计 523.68 亿元。

2.5.2　2021 年中国饮料行业上市公司品牌价值榜单

序号	证券名称	品牌价值/亿元	增长率/%	地区	上市日期	证券代码
1	贵州茅台	4 815.62	39.6	贵州	2001-08-27	600519.SH
2	五粮液	2 092.68	52.8	四川	1998-04-27	000858.SZ
3	伊利股份	1 548.64	18.4	内蒙古	1996-03-12	600887.SH
4	蒙牛乳业	1 193.45	20.9	内蒙古	2004-06-10	2319.HK
5	洋河股份	730.05	−10.3	江苏	2009-11-06	002304.SZ
6	农夫山泉	554.23		浙江	2020-09-08	9633.HK
7	华润啤酒	543.30	−9.0	香港	1973-11-15	0291.HK
8	泸州老窖	538.05	35.9	四川	1994-05-09	000568.SZ
9	青岛啤酒	467.55	7.4	山东	1993-08-27	600600.SH
10	光明乳业	376.75	30.2	上海	2002-08-28	600597.SH
11	山西汾酒	362.73	77.0	山西	1994-01-06	600809.SH
12	古井贡酒	280.79	25.1	安徽	1996-09-27	000596.SZ
13	顺鑫农业	267.22	12.6	北京	1998-11-04	000860.SZ
14	养元饮品	189.38	−16.5	河北	2018-02-12	603156.SH
15	今世缘	176.37	41.1	江苏	2014-07-03	603369.SH
16	口子窖	140.50	−1.1	安徽	2015-06-29	603589.SH
17	燕京啤酒	138.71	−18.1	北京	1997-07-16	000729.SZ
18	迎驾贡酒	108.06	22.6	安徽	2015-05-28	603198.SH
19	张裕 A	98.60	−20.2	山东	2000-10-26	000869.SZ
20	三元股份	93.24	21.6	北京	2003-09-15	600429.SH
21	重庆啤酒	87.92	42.0	重庆	1997-10-30	600132.SH
22	水井坊	87.85	13.4	四川	1996-12-06	600779.SH
23	新乳业	77.98	11.0	四川	2019-01-25	002946.SZ
24	珠江啤酒	77.93	32.0	广东	2010-08-18	002461.SZ
25	老白干酒	61.56	43.0	河北	2002-10-29	600559.SH
26	香飘飘	59.91	16.8	浙江	2017-11-30	603711.SH
27	舍得酒业	58.27	79.1	四川	1996-05-24	600702.SH
28	伊力特	50.55	7.6	新疆	1999-09-16	600197.SH
29	酒鬼酒	49.65	80.3	湖南	1997-07-18	000799.SZ

饮料行业榜单

续表

序号	证券名称	品牌价值/亿元	增长率/%	地区	上市日期	证券代码
30	金徽酒	46.01	51.8	甘肃	2016-03-10	603919.SH
31	百润股份	43.59	51.0	上海	2011-03-25	002568.SZ
32	承德露露	43.02	−22.1	河北	1997-11-13	000848.SZ
33	古越龙山	32.70	13.2	浙江	1997-05-16	600059.SH
34	天润乳业	29.89	26.0	新疆	2001-06-28	600419.SH
35	均瑶健康	27.29		湖北	2020-08-18	605388.SH
36	会稽山	25.67	13.9	浙江	2014-08-25	601579.SH
37	青青稞酒	17.13	−23.2	青海	2011-12-22	002646.SZ
38	金枫酒业	13.30	25.6	上海	1992-09-29	600616.SH
39	西藏水资源	12.36	5.7	香港	2011-06-30	1115.HK
40	金种子酒	9.87	−39.4	安徽	1998-08-12	600199.SH
41	惠泉啤酒	8.48	14.6	福建	2003-02-26	600573.SH
42	泉阳泉	7.54	20.1	吉林	1998-10-07	600189.SH
43	ST 威龙	7.10	−16.7	山东	2016-05-16	603779.SH
44	海升果汁	6.69	−49.3	陕西	2005-11-04	0359.HK
45	兰州黄河	5.40	−21.4	甘肃	1999-06-23	000929.SZ

饮料行业榜单

2.6　汽车行业品牌价值榜

在 2021 年中国上市公司品牌价值总榜的 3 000 家企业中：汽车行业的企业共计 135 家，比 2020 年减少了 5 家；品牌价值总计 13 303.57 亿元，比 2020 年下降了 0.2%。

2.6.1　2021 年中国汽车行业上市公司品牌价值榜分析

【行业集中度】　在 2021 年中国汽车行业上市公司品牌价值榜中：排在第 1 位的公司是上汽集团，品牌价值 3 679.69 亿元，占行业榜单总计品牌价值的 27.7%；排在前 5 位的公司品牌价值合计 6 498.03 亿元，占行业榜单总计品牌价值的 48.8%；排在前 20 位的公司品牌价值合计 10 990.65 亿元，占行业榜单总计品牌价值的 82.6%。

【所在区域】　在 2021 年中国汽车行业上市公司品牌价值榜中，135 家公司来自 23 个地区。其中，来自上海、广东和山东的公司共计 36 家，品牌价值合计 6 925.07 亿元，占行业榜单总计品牌价值的 52.1%，处于主导地位。其他地区企业的构成情况见图 2-11 和图 2-12。

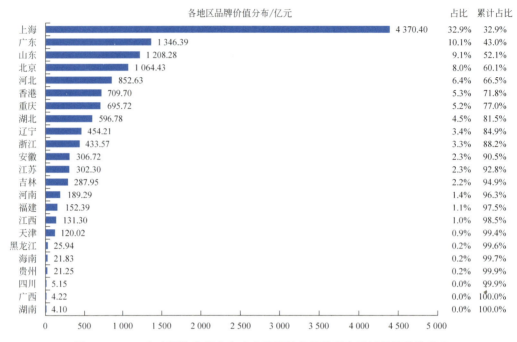

图 2-11　2021 年中国汽车行业上市公司品牌价值榜所在区域品牌价值分布

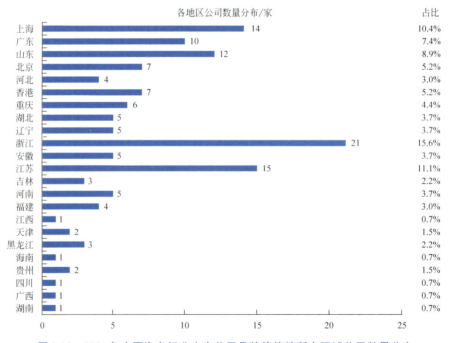

图 2-12　2021 年中国汽车行业上市公司品牌价值榜所在区域公司数量分布

　　【上市板块】　在 2021 年中国汽车行业上市公司品牌价值榜中：在沪市主板上市的公司有 64 家,品牌价值合计 7 610.46 亿元,占行业榜单总计品牌价值的 57.2%,排在第一位;在港股上市的中资股公司有 21 家,品牌价值合计 2 804.51 亿元,占行业榜单总计品牌价值的 21.1%,排在第二位;在深市主板上市的公司有 17 家,品牌价值合计 1 643.7 亿元,占行业总计品牌价值的 12.4%,排在第三位。此外,在深市中小企业板上市的公司有 25 家,品牌价值合计 1 101.54 亿元;在国外上市的中概股公司有 5 家,品牌价值合计 109.86 亿元;在深市创业板上市的公司有 3 家,品牌价值合计 33.5 亿元。

【上市时间】　在 2021 年中国汽车行业上市公司品牌价值榜中:1996—2000 年上市的公司有 26 家,品牌价值合计 5 979.84 亿元,占行业榜单总计品牌价值的 44.9%,排在第一位;2011—2015 年上市的公司有 27 家,品牌价值合计 3 259.51 亿元,占行业榜单总计品牌价值的 24.5%,排在第二位;2005—2010 年上市的公司有 20 家,品牌价值合计 1 222.81 亿元,占行业榜单总计品牌价值的 9.2%,排在第三位。此外,1996 年以前上市的公司有 14 家,品牌价值合计 1 206.14 亿元;2001—2005 年上市的公司有 14 家,品牌价值合计 1 057.42 亿元;2016—2020 年上市的公司有 34 家,品牌价值合计 577.85 亿元。

2.6.2　2021 年中国汽车行业上市公司品牌价值榜单

序号	证券名称	品牌价值/亿元	增长率/%	地区	上市日期	证券代码
1	上汽集团	3 679.69	−22.6	上海	1997-11-25	600104.SH
2	比亚迪	850.89	47.8	广东	2011-06-30	002594.SZ
3	北京汽车	714.91	−9.4	北京	2014-12-19	1958.HK
4	长城汽车	694.84	36.4	河北	2011-09-28	601633.SH
5	吉利汽车	557.69	15.4	香港	1973-02-23	0175.HK
6	潍柴动力	523.60	17.2	山东	2007-04-30	000338.SZ
7	长安汽车	503.41	31.4	重庆	1997-06-10	000625.SZ
8	东风集团股份	485.07	−17.0	湖北	2005-12-07	0489.HK
9	中国重汽	480.07	59.4	山东	2007-11-28	3808.HK
10	广汇汽车	403.10	−5.9	辽宁	2000-11-16	600297.SH
11	广汽集团	377.35	3.7	广东	2012-03-29	601238.SH
12	华域汽车	364.10	−8.6	上海	1996-08-26	600741.SH
13	江淮汽车	253.87	60.8	安徽	2001-08-24	600418.SH
14	福田汽车	245.84	37.7	北京	1998-06-02	600166.SH
15	一汽解放	215.57	84.9	吉林	1997-06-18	000800.SZ
16	宇通客车	159.10	−16.0	河南	1997-05-08	600066.SH
17	江铃汽车	131.30	−14.8	江西	1993-12-01	000550.SZ
18	均胜电子	127.33	49.5	浙江	1993-12-06	600699.SH

汽车行业榜单

续表

序号	证券名称	品牌价值/亿元	增长率/%	地区	上市日期	证券代码
19	国机汽车	115.80	−16.5	天津	2001-03-05	600335.SH
20	庞大集团	107.10	−0.7	河北	2011-04-28	601258.SH
21	广汇宝信	105.20	19.7	上海	2011-12-14	1293.HK
22	雅迪控股	81.75	37.8	江苏	2016-05-19	1585.HK
23	东风汽车	78.73	10.7	湖北	1999-07-27	600006.SH
24	福耀玻璃	77.45	2.7	福建	1993-06-10	600660.SH
25	小康股份	75.27	−14.4	重庆	2016-06-15	601127.SH
26	蔚来	65.84	156.2	上海	2018-09-12	NIO.N
27	美东汽车	64.59	60.8	广东	2013-12-05	1268.HK
28	金龙汽车	61.87	−19.7	福建	1993-11-08	600686.SH
29	五菱汽车	61.10	160.9	香港	1992-11-23	0305.HK
30	隆鑫通用	57.36	5.6	重庆	2012-08-10	603766.SH
31	玲珑轮胎	54.27	54.3	山东	2016-07-06	601966.SH
32	耐世特	47.59	−32.1	香港	2013-10-07	1316.HK
33	宁波华翔	44.13	29.6	浙江	2005-06-03	002048.SZ
34	威孚高科	44.12	23.5	江苏	1998-09-24	000581.SZ
35	一汽富维	42.07	37.3	吉林	1996-08-26	600742.SH
36	正通汽车	41.62	−62.0	北京	2010-12-10	1728.HK
37	赛轮轮胎	41.61	38.2	山东	2011-06-30	601058.SH
38	敏实集团	38.10	5.6	浙江	2005-12-01	0425.HK
39	凌云股份	30.57	68.8	河北	2003-08-15	600480.SH
40	富奥股份	30.32	54.9	吉林	1993-09-29	000030.SZ
41	大东方	30.23	13.3	江苏	2002-06-25	600327.SH
42	中通客车	29.55	−1.3	山东	2000-01-13	000957.SZ
43	庆铃汽车股份	29.54	−9.3	重庆	1994-08-17	1122.HK
44	北汽蓝谷	28.17	175.9	北京	1996-08-16	600733.SH
45	中鼎股份	25.78	−2.9	安徽	1998-12-03	000887.SZ
46	万丰奥威	25.72	−2.4	浙江	2006-11-28	002085.SZ
47	交运股份	25.23	28.0	上海	1993-09-28	600676.SH
48	万向钱潮	24.30	−5.0	浙江	1994-01-10	000559.SZ
49	三角轮胎	24.24	58.0	山东	2016-09-09	601163.SH

汽车行业榜单

续表

序号	证 券 名 称	品牌价值/亿元	增长率/%	地区	上市日期	证券代码
50	申达股份	23.91	3.2	上海	1993-01-07	600626.SH
51	星宇股份	23.86	40.9	江苏	2011-02-01	601799.SH
52	春风动力	23.70	101.9	浙江	2017-08-18	603129.SH
53	拓普集团	23.23	61.8	浙江	2015-03-19	601689.SH
54	骆驼股份	22.70	6.3	湖北	2011-06-02	601311.SH
55	新日股份	22.13	17.4	江苏	2017-04-27	603787.SH
56	海马汽车	21.83	−25.8	海南	1994-08-08	000572.SZ
57	立中集团	20.12	181.0	河北	2015-03-19	300428.SZ
58	钱江摩托	19.98	94.5	浙江	1999-05-14	000913.SZ
59	润东汽车	19.70	−20.0	上海	2014-08-12	1365.HK
60	申华控股	19.01	6.8	辽宁	1990-12-19	600653.SH
61	兴达国际	17.55	12.1	上海	2006-12-21	1899.HK
62	宗申动力	17.47	−45.9	重庆	1997-03-06	001696.SZ
63	亚普股份	16.77	4.2	江苏	2018-05-09	603013.SH
64	浦林成山	16.51	11.2	香港	2018-10-09	1809.HK
65	继峰股份	16.35	180.3	浙江	2015-03-02	603997.SH
66	BRILLIANCE CHI	16.01	−8.8	香港	1999-10-22	1114.HK
67	东风科技	16.01	−6.7	上海	1997-07-03	600081.SH
68	岱美股份	15.65	43.4	上海	2017-07-28	603730.SH
69	模塑科技	15.64	80.3	江苏	1997-02-28	000700.SZ
70	金杯汽车	15.25	−32.0	辽宁	1992-07-24	600609.SH
71	小鹏汽车(XPENG)	15.20		广东	2020-08-27	XPEV.N
72	银轮股份	15.19	26.7	浙江	2007-04-18	002126.SZ
73	万里扬	14.78	45.9	浙江	2010-06-18	002434.SZ
74	北巴传媒	14.59	9.5	北京	2001-02-16	600386.SH
75	森麒麟	14.50		山东	2020-09-11	002984.SZ
76	风神股份	13.71	7.5	河南	2003-10-21	600469.SH
77	贵州轮胎	13.62	9.3	贵州	1996-03-08	000589.SZ
78	中国汽研	12.68	67.1	重庆	2012-06-11	601965.SH
79	鑫达集团	12.55	−28.6	黑龙江	2009-11-27	CXDC.O
80	天润工业	11.82	75.6	山东	2009-08-21	002283.SZ

汽车行业榜单

序号	证券名称	品牌价值/亿元	增长率/%	地区	上市日期	证券代码
81	奥特佳	11.44	71.6	江苏	2008-05-22	002239.SZ
82	新泉股份	11.16	90.5	江苏	2017-03-17	603179.SH
83	小牛电动	10.93	37.9	北京	2018-10-19	NIU.O
84	安凯客车	10.79	−39.8	安徽	1997-07-25	000868.SZ
85	华达科技	10.75	41.5	江苏	2017-01-25	603358.SH
86	新朋股份	10.70	−4.9	上海	2009-12-30	002328.SZ
87	曙光股份	10.70	−0.3	辽宁	2000-12-26	600303.SH
88	亚星客车	10.58	−10.9	江苏	1999-08-31	600213.SH
89	广东鸿图	10.51	10.8	广东	2006-12-29	002101.SZ
90	伯特利	9.98	42.6	安徽	2018-04-27	603596.SH
91	爱柯迪	9.81	20.0	浙江	2017-11-17	600933.SH
92	科博达	9.77	−6.3	上海	2019-10-15	603786.SH
93	松芝股份	8.62	−8.8	上海	2010-07-20	002454.SZ
94	漳州发展	8.56	−4.7	福建	1997-06-26	000753.SZ
95	海联金汇	8.44	−2.5	山东	2011-01-10	002537.SZ
96	保隆科技	8.41	41.0	上海	2017-05-19	603197.SH
97	京威股份	8.37	−36.3	北京	2012-03-09	002662.SZ
98	青岛双星	7.87	6.3	山东	1996-04-30	000599.SZ
99	华阳集团	7.71	−0.3	广东	2017-10-13	002906.SZ
100	贵航股份	7.62	−8.3	贵州	2001-12-27	600523.SH
101	渤海汽车	7.60	41.4	山东	2004-04-07	600960.SH
102	长鹰信质	7.55	18.2	浙江	2012-03-16	002664.SZ
103	通用股份	7.33	19.7	江苏	2016-09-19	601500.SH
104	SST 佳通	7.29	−17.3	黑龙江	1999-05-07	600182.SH
105	双林股份	7.23	−28.7	浙江	2010-08-06	300100.SZ
106	常熟汽饰	6.69	51.2	江苏	2017-01-05	603035.SH
107	G.A.控股	6.41	105.0	香港	2002-06-17	8126.HK
108	亚太股份	6.36	6.3	浙江	2009-08-28	002284.SZ
109	旭升股份	6.18	59.7	浙江	2017-07-10	603305.SH
110	德尔股份	6.14	−2.0	辽宁	2015-06-12	300473.SZ
111	东安动力	6.10	152.6	黑龙江	1998-10-14	600178.SH

汽车行业榜单

续表

序号	证券名称	品牌价值/亿元	增长率/%	地区	上市日期	证券代码
112	远东传动	6.00	49.1	河南	2010-05-18	002406.SZ
113	世纪联合控股	5.98	32.9	广东	2019-10-18	1959.HK
114	飞龙股份	5.90	−1.5	河南	2011-01-11	002536.SZ
115	信邦控股	5.59	11.7	广东	2017-06-28	1571.HK
116	旷达科技	5.39	−10.3	江苏	2010-12-07	002516.SZ
117	中汽系统	5.33	−5.8	湖北	2004-08-24	CAAS.O
118	常青股份	5.31	69.9	安徽	2017-03-24	603768.SH
119	新晨动力	5.15	28.1	四川	2013-03-13	1148.HK
120	长源东谷	4.96		湖北	2020-05-26	603950.SH
121	今飞凯达	4.92	−16.7	浙江	2017-04-18	002863.SZ
122	金固股份	4.86	−21.2	浙江	2010-10-21	002488.SZ
123	金麒麟	4.72	23.5	山东	2017-04-06	603586.SH
124	万安科技	4.69	20.1	浙江	2011-06-10	002590.SZ
125	冠盛股份	4.60		浙江	2020-08-17	605088.SH
126	中原内配	4.59	9.1	河南	2010-07-16	002448.SZ
127	长华股份	4.54		浙江	2020-09-29	605018.SH
128	华懋科技	4.51	16.2	福建	2014-09-26	603306.SH
129	腾龙股份	4.46	55.4	江苏	2015-03-20	603158.SH
130	京西国际	4.38	−11.0	香港	2003-10-10	2339.HK
131	文灿股份	4.33	15.2	广东	2018-04-26	603348.SH
132	祥鑫科技	4.24	−8.8	广东	2019-10-25	002965.SZ
133	福达股份	4.22	64.8	广西	2014-11-27	603166.SH
134	天汽模	4.22	−16.2	天津	2010-11-25	002510.SZ
135	湘油泵	4.10	147.6	湖南	2016-11-30	603319.SH

汽车行业榜单

2.7 装备行业品牌价值榜

在 2021 年中国上市公司品牌价值总榜的 3 000 家企业中：装备行业的企业共计 354 家，比 2020 年减少了 9 家；品牌价值总计 11 821.83 亿元，比 2020 年增长了 17.3%。

2.7.1　2021 年中国装备行业上市公司品牌价值榜分析

【行业集中度】　在 2021 年中国装备行业上市公司品牌价值榜中：排在前 10 位的公司品牌价值合计 4 038.4 亿元，占行业榜单总计品牌价值的 34.2%；排在前 30 位的公司品牌价值合计 6 380.95 亿元，占行业榜单总计品牌价值的 54%；排在前 100 位的公司品牌价值合计 9 385.31 亿元，占行业榜单总计品牌价值的 79.4%。

【所在区域】　在 2021 年中国装备行业上市公司品牌价值榜中，354 家公司来自 28 个地区。其中，来自北京、江苏、上海和广东的公司共计 163 家，品牌价值合计 6 397.75 亿元，占行业榜单总计品牌价值的 54.1%，处于主导地位。其他地区企业的构成情况见图 2-13 和图 2-14。

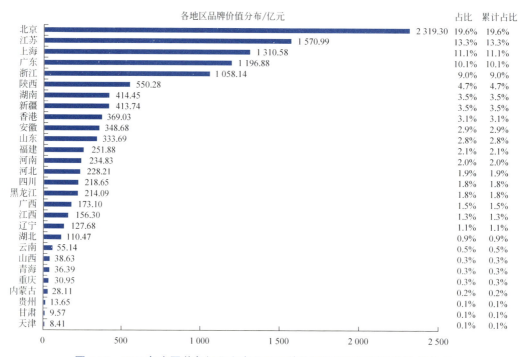

图 2-13　2021 年中国装备行业上市公司品牌价值榜所在区域品牌价值分布

【上市板块】　在 2021 年中国装备行业上市公司品牌价值榜中：在沪市主板上市的公司有 137 家，品牌价值合计 5 927.17 亿元，占行业榜单总计品牌价值的 50.1%，排在第一位；在深市主板上市的公司有 28 家，品牌价值合计 1 493.99 亿元，占行业榜单总计品牌价值的 12.6%，排在第二位；在港股上市的中资股公司有 30 家，品牌价值合计 1 401.37 亿元，占行业总计品牌价值的 11.9%，排在第三位。此外，在深市中小企业板上市的公司有 83 家，品牌价值合计 1 342.56 亿元；在深市创业板上市的公司有 60 家，品牌价值合计 901.71 亿元；在国外上市的中概股公司有 6 家，品牌价值合计 473.72 亿元；在沪市科创板上市的公司有 10 家，品牌价值合计 281.3 亿元。

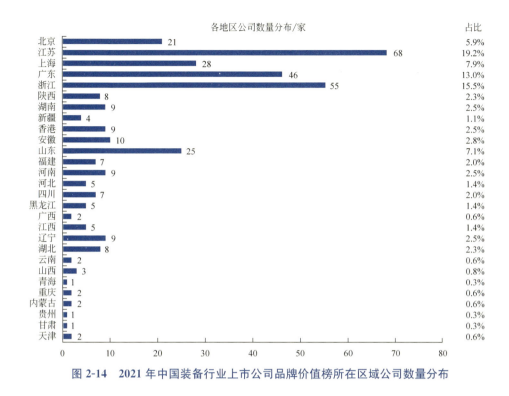

图 2-14 2021 年中国装备行业上市公司品牌价值榜所在区域公司数量分布

【上市时间】 在 2021 年中国装备行业上市公司品牌价值榜中：2006—2010 年上市的公司有 82 家，品牌价值合计 4 115.67 亿元，占行业榜单总计品牌价值的 34.8%，排在第一位；2001—2005 年上市的公司有 42 家，品牌价值合计 1 814.55 亿元，占行业榜单总计品牌价值的 15.3%，排在第二位；1996—2000 年上市的公司有 40 家，品牌价值合计 1 665.97 亿元，占行业榜单总计品牌价值的 14.1%，排在第三位。此外，2011—2015 年上市的公司有 85 家，品牌价值合计 1 553.4 亿元；2016—2020 年上市的公司有 83 家，品牌价值合计 1 360.06 亿元；1996 年以前上市的公司有 22 家，品牌价值合计 1 312.17 亿元。

2.7.2 2020 年中国装备行业上市公司品牌价值榜单

序号	证 券 名 称	品牌价值/亿元	增长率/%	地区	上市日期	证券代码
1	中国中车	1 000.02	−25.4	北京	2008-08-18	601766.SH
2	三一重工	640.02	141.1	北京	2003-07-03	600031.SH
3	上海电气	556.34	26.0	上海	2008-12-05	601727.SH
4	中集集团	451.13	22.0	广东	1994-04-08	000039.SZ
5	隆基股份	331.54	109.4	陕西	2012-04-11	601012.SH
6	徐工机械	277.66	89.7	江苏	1996-08-28	000425.SZ

续表

序号	证券名称	品牌价值/亿元	增长率/%	地区	上市日期	证券代码
7	中联重科	271.00	119.5	湖南	2000-10-12	000157.SZ
8	金风科技	199.11	2.9	新疆	2007-12-26	002202.SZ
9	东方电气	158.14	2.0	四川	1995-10-10	600875.SH
10	晶澳科技	153.44	38.2	河北	2010-08-10	002459.SZ
11	宁德时代	152.75	39.8	福建	2018-06-11	300750.SZ
12	中铁工业	141.71	−32.5	北京	2001-05-28	600528.SH
13	阿特斯太阳能	139.49	−10.4	江苏	2006-11-09	CSIQ.O
14	中集车辆	139.29	−1.8	广东	2019-07-11	1839.HK
15	保利协鑫能源	135.24	2.7	香港	2007-11-13	3800.HK
16	上海机电	133.78	2.8	上海	1994-02-24	600835.SH
17	扬子江	131.90	−4.0	江苏	2007-04-18	BS6.SG
18	天合光能	126.62		江苏	2020-06-10	688599.SH
19	天能动力	124.41	83.8	香港	2007-06-11	0819.HK
20	哈尔滨电气	120.44	−4.8	黑龙江	1994-12-16	1133.HK
21	中国船舶	115.29	26.3	上海	1998-05-20	600150.SH
22	信义光能	111.53	34.8	安徽	2013-12-12	0968.HK
23	特变电工	107.19	8.7	新疆	1997-06-18	600089.SH
24	中国通号	102.97	−15.5	北京	2019-07-22	688009.SH
25	正泰电器	95.79	28.6	浙江	2010-01-21	601877.SH
26	天地科技	94.78	−4.5	北京	2002-05-15	600582.SH
27	振华重工	94.11	−11.9	上海	2000-12-21	600320.SH
28	郑煤机	93.17	263.1	河南	2010-08-03	601717.SH
29	中航科工	91.09	16.9	北京	2003-10-30	2357.HK
30	晶科能源	91.02	59.6	江西	2010-05-14	JKS.N
31	柳工	86.59	42.7	广西	1993-11-18	000528.SZ
32	玉柴国际	86.51	10.8	广西	1994-12-16	CYD.N
33	海天国际	86.49	19.6	浙江	2006-12-22	1882.HK
34	国电南瑞	83.22	17.1	江苏	2003-10-16	600406.SH
35	明阳智能	78.46	123.3	广东	2019-01-23	601615.SH

续表

序号	证券名称	品牌价值/亿元	增长率/%	地区	上市日期	证券代码
36	新特能源	77.20	10.3	新疆	2015-12-30	1799.HK
37	东方日升	76.22	43.0	浙江	2010-09-02	300118.SZ
38	中国龙工	72.86	46.3	上海	2005-11-17	3339.HK
39	宝胜股份	70.24	51.3	江苏	2004-08-02	600973.SH
40	杭叉集团	66.92	132.9	浙江	2016-12-27	603298.SH
41	安徽合力	66.30	36.2	安徽	1996-10-09	600761.SH
42	中航西飞	66.02	16.3	陕西	1997-06-26	000768.SZ
43	中国重工	63.47	−22.2	北京	2009-12-16	601989.SH
44	恒立液压	62.90	148.0	江苏	2011-10-28	601100.SH
45	巨星科技	57.48	72.5	浙江	2010-07-13	002444.SZ
46	航发动力	56.75	24.8	陕西	1996-04-08	600893.SH
47	中国动力	54.16	16.6	河北	2004-07-14	600482.SH
48	爱旭股份	53.19	116.1	上海	1996-08-16	600732.SH
49	超威动力	51.66	−2.6	浙江	2010-07-07	0951.HK
50	龙净环保	51.02	1.1	福建	2000-12-29	600388.SH
51	中集安瑞科	50.17	−24.8	广东	2005-10-18	3899.HK
52	中国高速传动	47.10	−18.2	香港	2007-07-04	0658.HK
53	云内动力	46.22	99.2	云南	1999-04-15	000903.SZ
54	阳光电源	45.90	71.2	安徽	2011-11-02	300274.SZ
55	海立股份	45.68	−5.2	上海	1992-11-16	600619.SH
56	中国一重	43.74	76.0	黑龙江	2010-02-09	601106.SH
57	天顺风能	42.54	69.8	江苏	2010-12-31	002531.SZ
58	中车时代电气	42.39	−25.2	湖南	2006-12-20	3898.HK
59	中国西电	41.78	30.6	陕西	2010-01-28	601179.SH
60	先导智能	39.33	28.5	江苏	2015-05-18	300450.SZ
61	长虹华意	38.97	17.4	江西	1996-06-19	000404.SZ
62	国电科环	38.63	−31.0	北京	2011-12-30	1296.HK
63	中材科技	38.54	132.4	江苏	2006-11-20	002080.SZ
64	中航沈飞	36.85	156.1	山东	1996-10-11	600760.SH
65	陕鼓动力	36.76	42.3	陕西	2010-04-28	601369.SH

装备行业榜单

序号	证券名称	品牌价值/亿元	增长率/%	地区	上市日期	证券代码
66	山河智能	36.63	112.9	湖南	2006-12-22	002097.SZ
67	一拖股份	36.44	48.1	河南	2012-08-08	601038.SH
68	远东股份	36.39	18.2	青海	1995-02-06	600869.SH
69	卧龙电驱	36.35	14.1	浙江	2002-06-06	600580.SH
70	三一国际	34.82	118.8	辽宁	2009-11-25	0631.HK
71	国机重装	34.23		四川	2020-06-08	601399.SH
72	中船防务	34.21	9.3	广东	1993-10-28	600685.SH
73	汉马科技	32.52	38.0	安徽	2003-04-01	600375.SH
74	中直股份	32.45	16.6	黑龙江	2000-12-18	600038.SH
75	汇川技术	32.05	48.7	广东	2010-09-28	300124.SZ
76	大连重工	31.58	10.6	辽宁	2008-01-16	002204.SZ
77	浙江鼎力	31.14	108.9	浙江	2015-03-25	603338.SH
78	卓郎智能	30.25	−34.6	新疆	2003-12-03	600545.SH
79	经纬纺机	29.23	−35.5	北京	1996-12-10	000666.SZ
80	宏发股份	29.20	32.0	湖北	1996-02-05	600885.SH
81	许继电气	28.00	25.9	河南	1997-04-18	000400.SZ
82	江南集团	27.66	33.4	江苏	2012-04-20	1366.HK
83	太原重工	27.45	7.9	山西	1998-09-04	600169.SH
84	晶盛机电	27.17	38.9	浙江	2012-05-11	300316.SZ
85	山推股份	26.77	29.9	山东	1997-01-22	000680.SZ
86	中航机电	26.49	10.9	湖北	2004-07-05	002013.SZ
87	精达股份	26.08	23.3	安徽	2002-09-11	600577.SH
88	科达制造	25.88	19.9	广东	2002-10-10	600499.SH
89	克劳斯	25.39	5.8	山东	2002-08-09	600579.SH
90	康力电梯	25.23	3.5	江苏	2010-03-12	002367.SZ
91	杭锅股份	25.06	88.5	浙江	2011-01-10	002534.SZ
92	杭氧股份	24.55	232.8	浙江	2010-06-10	002430.SZ
93	创世纪	24.49	206.0	广东	2010-05-20	300083.SZ
94	运达股份	24.37	44.6	浙江	2019-04-26	300772.SZ
95	平高电气	23.93	0.7	河南	2001-02-21	600312.SH

装备行业榜单

续表

序号	证券名称	品牌价值/亿元	增长率/%	地区	上市日期	证券代码
96	阳光能源	23.83	99.6	香港	2008-03-31	0757.HK
97	内蒙一机	23.42	9.1	内蒙古	2004-05-18	600967.SH
98	航天电子	23.40	9.2	湖北	1995-11-15	600879.SH
99	三星医疗	22.96	44.8	浙江	2011-06-15	601567.SH
100	中信重工	22.51	−2.6	河南	2012-07-06	601608.SH
101	京运通	22.45	90.8	北京	2011-09-08	601908.SH
102	中来股份	22.38	93.4	江苏	2014-09-12	300393.SZ
103	今创集团	22.28	−4.7	江苏	2018-02-27	603680.SH
104	杰克股份	22.24	−1.4	浙江	2017-01-19	603337.SH
105	冰轮环境	21.97	11.9	山东	1998-05-28	000811.SZ
106	重庆机电	21.21	54.6	重庆	2008-06-13	2722.HK
107	中利集团	21.16	−46.5	江苏	2009-11-27	002309.SZ
108	福莱特	21.06	207.5	浙江	2019-02-15	601865.SH
109	国轩高科	20.67	44.0	安徽	2006-10-18	002074.SZ
110	中圣集团	20.28	63.7	湖南	2005-03-16	5GD.SG
111	上柴股份	20.04	43.9	上海	1994-03-11	600841.SH
112	思源电气	19.89	58.2	上海	2004-08-05	002028.SZ
113	中金环境	19.74	−15.2	浙江	2010-12-09	300145.SZ
114	起帆电缆	19.63		上海	2020-07-31	605222.SH
115	万马股份	19.59	37.4	浙江	2009-07-10	002276.SZ
116	顺风清洁能源	19.57	−58.3	江苏	2011-07-13	1165.HK
117	亿晶光电	19.27	8.0	浙江	2003-01-23	600537.SH
118	诺力股份	19.12	69.3	浙江	2015-01-28	603611.SH
119	汉缆股份	18.90	45.2	山东	2010-11-09	002498.SZ
120	中航电子	18.83	8.3	北京	2001-07-06	600372.SH
121	中国卫星	18.77	22.6	北京	1997-09-08	600118.SH
122	华光环能	18.76	−9.2	江苏	2003-07-21	600475.SH
123	豪迈科技	18.71	20.6	山东	2011-06-28	002595.SZ
124	艾迪精密	18.41	144.6	山东	2017-01-20	603638.SH
125	全柴动力	18.25	−7.9	安徽	1998-12-03	600218.SH

装备行业榜单

续表

装备行业榜单

序号	证券名称	品牌价值/亿元	增长率/%	地区	上市日期	证券代码
126	南都电源	17.27	0.8	浙江	2010-04-21	300068.SZ
127	天能重工	17.25	134.5	山东	2016-11-25	300569.SZ
128	广日股份	17.24	−41.2	广东	1996-03-28	600894.SH
129	赢合科技	16.99	43.6	广东	2015-05-14	300457.SZ
130	美亚光电	16.95	8.9	安徽	2012-07-31	002690.SZ
131	爱康科技	16.86	−18.0	江苏	2011-08-15	002610.SZ
132	上机数控	16.67	178.4	江苏	2018-12-28	603185.SH
133	东富龙	16.53	22.5	上海	2011-02-01	300171.SZ
134	力劲科技	16.45	6.3	香港	2006-10-16	0558.HK
135	拓斯达	16.37	162.1	广东	2017-02-09	300607.SZ
136	日月股份	15.90	174.3	浙江	2016-12-28	603218.SH
137	上工申贝	15.84	22.2	上海	1994-03-11	600843.SH
138	泰胜风能	15.65	77.0	上海	2010-10-19	300129.SZ
139	易事特	15.32	19.0	广东	2014-01-27	300376.SZ
140	理士国际	15.11	8.8	广东	2010-11-16	0842.HK
141	国网英大	15.01	−12.4	上海	2003-10-10	600517.SH
142	通裕重工	14.92	80.2	山东	2011-03-08	300185.SZ
143	威海广泰	14.91	26.0	山东	2007-01-26	002111.SZ
144	特锐德	14.86	−6.5	山东	2009-10-30	300001.SZ
145	东方精工	14.62	54.2	广东	2011-08-30	002611.SZ
146	天融信	14.53	16.1	广东	2008-02-01	002212.SZ
147	长园集团	14.39	1.5	广东	2002-12-02	600525.SH
148	顺钠股份	14.31	−45.0	广东	1994-01-03	000533.SZ
149	机器人	14.21	−27.2	辽宁	2009-10-30	300024.SZ
150	盾安环境	14.13	26.2	浙江	2004-07-05	002011.SZ
151	华宏科技	14.04	55.0	江苏	2011-12-20	002645.SZ
152	汉钟精机	13.96	54.7	上海	2007-08-17	002158.SZ
153	中际旭创	13.88	87.9	山东	2012-04-10	300308.SZ
154	航天机电	13.86	17.5	上海	1998-06-05	600151.SH
155	太阳电缆	13.70	78.1	福建	2009-10-21	002300.SZ

续表

序号	证 券 名 称	品牌价值/亿元	增长率/%	地区	上市日期	证券代码
156	华荣股份	13.69	256.8	上海	2017-05-24	603855.SH
157	开山股份	13.66	14.4	浙江	2011-08-19	300257.SZ
158	中航重机	13.65	56.0	贵州	1996-11-06	600765.SH
159	国茂股份	13.62	15.0	江苏	2019-06-14	603915.SH
160	天奇股份	13.56	0.0	江苏	2004-06-29	002009.SZ
161	航天晨光	13.52	30.7	江苏	2001-06-15	600501.SH
162	东方电缆	13.49	93.3	浙江	2014-10-15	603606.SH
163	大洋电机	13.47	2.6	广东	2008-06-19	002249.SZ
164	天通股份	13.41	61.3	浙江	2001-01-18	600330.SH
165	迈为股份	13.23	82.2	江苏	2018-11-09	300751.SZ
166	伊之密	13.03	39.4	广东	2015-01-23	300415.SZ
167	大金重工	12.97	486.2	辽宁	2010-10-15	002487.SZ
168	海容冷链	12.92	67.5	山东	2018-11-29	603187.SH
169	航天发展	12.83	51.0	福建	1993-11-30	000547.SZ
170	金杯电工	12.78	47.3	湖南	2010-12-31	002533.SZ
171	润邦股份	12.74	73.2	江苏	2010-09-29	002483.SZ
172	弘亚数控	12.69	52.8	广东	2016-12-28	002833.SZ
173	双良节能	12.66	−6.8	江苏	2003-04-22	600481.SH
174	大丰实业	12.61	15.1	浙江	2017-04-20	603081.SH
175	博实股份	12.52	77.2	黑龙江	2012-09-11	002698.SZ
176	科瑞技术	12.50	−23.0	广东	2019-07-26	002957.SZ
177	中兵红箭	12.35	52.7	湖南	1993-10-08	000519.SZ
178	杭可科技	12.28	4.2	浙江	2019-07-22	688006.SH
179	国电南自	12.19	3.1	江苏	1999-11-18	600268.SH
180	神州高铁	12.13	−18.0	北京	1992-05-07	000008.SZ
181	创力集团	11.86	16.3	上海	2015-03-20	603012.SH
182	银都股份	11.78	40.7	浙江	2017-09-11	603277.SH
183	林洋能源	11.64	2.2	江苏	2011-08-08	601222.SH
184	潍柴重机	11.44	32.8	山东	1998-04-02	000880.SZ
185	科华数据	11.42	64.7	福建	2010-01-13	002335.SZ

装备行业榜单

序号	证券名称	品牌价值/亿元	增长率/%	地区	上市日期	证券代码
186	凌霄泵业	11.29	43.5	广东	2017-07-11	002884.SZ
187	杭电股份	11.22	35.1	浙江	2015-02-17	603618.SH
188	易成新能	11.13	7.6	河南	2010-06-25	300080.SZ
189	中超控股	11.06	−20.1	江苏	2010-09-10	002471.SZ
190	宁波东力	10.98	−29.8	浙江	2007-08-23	002164.SZ
191	南兴股份	10.80	103.5	广东	2015-05-27	002757.SZ
192	中航高科	10.75	49.0	江苏	1994-05-20	600862.SH
193	泰豪科技	10.60	−7.8	江西	2002-07-03	600590.SH
194	苏常柴 A	10.22	8.3	江苏	1994-07-01	000570.SZ
195	四方股份	9.99	39.2	北京	2010-12-31	601126.SH
196	永创智能	9.95	33.5	浙江	2015-05-29	603901.SH
197	纽威股份	9.89	−42.8	江苏	2014-01-17	603699.SH
198	隆华科技	9.80	27.7	河南	2011-09-16	300263.SZ
199	英维克	9.77	79.7	广东	2016-12-29	002837.SZ
200	川仪股份	9.75	21.8	重庆	2014-08-05	603100.SH
201	博杰股份	9.64		广东	2020-02-05	002975.SZ
202	日发精机	9.58	9.8	浙江	2010-12-10	002520.SZ
203	兰石重装	9.57	9.1	甘肃	2014-10-09	603169.SH
204	软控股份	9.50	−21.0	山东	2006-10-18	002073.SZ
205	中国电研	9.42	−4.2	广东	2019-11-05	688128.SH
206	长城科技	9.37	−3.0	浙江	2018-04-10	603897.SH
207	良信股份	9.34	90.9	上海	2014-01-21	002706.SZ
208	冰山冷热	9.17	−4.5	辽宁	1993-12-08	000530.SZ
209	大元泵业	9.12	57.1	浙江	2017-07-11	603757.SH
210	赛腾股份	9.10	32.4	江苏	2017-12-25	603283.SH
211	洪都航空	8.97	69.1	江西	2000-12-15	600316.SH
212	铁建装备	8.92	−39.8	云南	2015-12-16	1786.HK
213	亚威股份	8.83	10.6	江苏	2011-03-03	002559.SZ
214	麦格米特	8.69	53.4	广东	2017-03-06	002851.SZ
215	永利股份	8.51	17.2	上海	2011-06-15	300230.SZ

续表

序号	证券名称	品牌价值/亿元	增长率/%	地区	上市日期	证券代码
216	科士达	8.47	18.2	广东	2010-12-07	002518.SZ
217	众合科技	8.46	172.7	浙江	1999-06-11	000925.SZ
218	楚天科技	8.45	8.7	湖南	2014-01-21	300358.SZ
219	鲍斯股份	8.13	55.7	浙江	2015-04-23	300441.SZ
220	山东矿机	8.09	49.4	山东	2010-12-17	002526.SZ
221	保变电气	8.03	62.7	河北	2001-02-28	600550.SH
222	蓝英装备	7.97	103.1	辽宁	2012-03-08	300293.SZ
223	中国鹏飞集团	7.89	194.8	江苏	2019-11-15	3348.HK
224	冀东装备	7.83	43.1	河北	1998-08-13	000856.SZ
225	京山轻机	7.80	−13.0	湖北	1998-06-26	000821.SZ
226	中国恒天立信国际	7.76	−26.2	香港	1990-10-12	0641.HK
227	东方电子	7.71	−4.8	山东	1997-01-21	000682.SZ
228	金龙羽	7.62	4.8	广东	2017-07-17	002882.SZ
229	捷昌驱动	7.51	67.6	浙江	2018-09-21	603583.SH
230	亿嘉和	7.50	71.1	江苏	2018-06-12	603666.SH
231	航发控制	7.43	26.7	江苏	1997-06-26	000738.SZ
232	四方科技	7.19	16.3	江苏	2016-05-19	603339.SH
233	五洋停车	7.17	59.4	江苏	2015-02-17	300420.SZ
234	海天精工	7.11	40.4	浙江	2016-11-07	601882.SH
235	佳士科技	7.10	14.6	广东	2011-03-22	300193.SZ
236	航天彩虹	7.08	48.7	浙江	2010-04-13	002389.SZ
237	航天动力	7.07	1.9	陕西	2003-04-08	600343.SH
238	金通灵	7.03	−9.5	江苏	2010-06-25	300091.SZ
239	帝尔激光	6.90	16.3	湖北	2019-05-17	300776.SZ
240	科达利	6.85	50.9	广东	2017-03-02	002850.SZ
241	航天工程	6.84	−32.7	北京	2015-01-28	603698.SH
242	智慧农业	6.81	14.7	江苏	1997-08-18	000816.SZ
243	华伍股份	6.74	84.2	江西	2010-07-28	300095.SZ
244	科大智能	6.69	−57.8	上海	2011-05-25	300222.SZ
245	昌红科技	6.67	327.4	广东	2010-12-22	300151.SZ

装备行业榜单

续表

序号	证券名称	品牌价值/亿元	增长率/%	地区	上市日期	证券代码
246	新时达	6.63	21.2	上海	2010-12-24	002527.SZ
247	金辰股份	6.63	59.1	辽宁	2017-10-18	603396.SH
248	法兰泰克	6.63	89.4	江苏	2017-01-25	603966.SH
249	*ST华昌	6.57	−51.0	湖北	2011-12-16	300278.SZ
250	双环传动	6.50	−4.5	浙江	2010-09-10	002472.SZ
251	恒润股份	6.49	141.9	江苏	2017-05-05	603985.SH
252	星徽股份	6.44	329.6	广东	2015-06-10	300464.SZ
253	晋亿实业	6.40	−3.6	浙江	2007-01-26	601002.SH
254	中恒电气	6.39	−1.6	浙江	2010-03-05	002364.SZ
255	天正电气	6.38		浙江	2020-08-07	605066.SH
256	至纯科技	6.37	108.6	上海	2017-01-13	603690.SH
257	天桥起重	6.28	−16.6	湖南	2010-12-10	002523.SZ
258	昇辉科技	6.27	85.1	山东	2015-02-17	300423.SZ
259	华西能源	6.24	−62.8	四川	2011-11-11	002630.SZ
260	江苏雷利	6.22	21.8	江苏	2017-06-02	300660.SZ
261	苏试试验	6.19	65.3	江苏	2015-01-22	300416.SZ
262	智光电气	6.18	10.5	广东	2007-09-19	002169.SZ
263	上海沪工	6.18	39.4	上海	2016-06-07	603131.SH
264	新能泰山	6.17	−43.8	山东	1997-05-09	000720.SZ
265	银宝山新	6.16	−5.8	广东	2015-12-23	002786.SZ
266	豪森股份	6.13		辽宁	2020-11-09	688529.SH
267	雄韬股份	6.12	−31.7	广东	2014-12-03	002733.SZ
268	利君股份	6.07	93.6	四川	2012-01-06	002651.SZ
269	雷赛智能	6.05		广东	2020-04-08	002979.SZ
270	北斗星通	6.05	44.1	北京	2007-08-13	002151.SZ
271	锦浪科技	6.04	61.1	浙江	2019-03-19	300763.SZ
272	晋西车轴	5.93	106.8	山西	2004-05-26	600495.SH
273	斯莱克	5.93	16.0	江苏	2014-01-29	300382.SZ
274	康尼机电	5.93	35.8	江苏	2014-08-01	603111.SH
275	彩虹新能源	5.88	−30.6	陕西	2004-12-20	0438.HK

装备行业榜单

续表

序号	证券名称	品牌价值/亿元	增长率/%	地区	上市日期	证券代码
276	鸣志电器	5.87	30.6	上海	2017-05-09	603728.SH
277	越剑智能	5.82		浙江	2020-04-15	603095.SH
278	禾望电气	5.81	34.3	广东	2017-07-28	603063.SH
279	海伦哲	5.79	−21.5	江苏	2011-04-07	300201.SZ
280	三丰智能	5.78	28.4	湖北	2011-11-15	300276.SZ
281	中信博	5.76		江苏	2020-08-28	688408.SH
282	亿和控股	5.76	−62.1	香港	2005-05-11	0838.HK
283	富瑞特装	5.71	3.5	江苏	2011-06-08	300228.SZ
284	哈工智能	5.69	10.2	江苏	1995-11-28	000584.SZ
285	快克股份	5.64	47.5	江苏	2016-11-08	603203.SH
286	八方股份	5.61	38.1	江苏	2019-11-11	603489.SH
287	风范股份	5.56	−28.9	江苏	2011-01-18	601700.SH
288	露笑科技	5.52	9.9	浙江	2011-09-20	002617.SZ
289	乐惠国际	5.52	14.4	浙江	2017-11-13	603076.SH
290	大叶股份	5.45		浙江	2020-09-01	300879.SZ
291	慈星股份	5.42	21.9	浙江	2012-03-29	300307.SZ
292	通达股份	5.42	42.6	河南	2011-03-03	002560.SZ
293	巨轮智能	5.36	64.8	广东	2004-08-16	002031.SZ
294	金雷股份	5.35	79.6	山东	2015-04-22	300443.SZ
295	柯力传感	5.34	−0.5	浙江	2019-08-06	603662.SH
296	红相股份	5.27	94.9	福建	2015-02-17	300427.SZ
297	华翔股份	5.26		山西	2020-09-17	603112.SH
298	四创电子	5.24	−42.9	安徽	2004-05-10	600990.SH
299	应流股份	5.23	55.0	安徽	2014-01-22	603308.SH
300	山东章鼓	5.20	33.7	山东	2011-07-07	002598.SZ
301	华铁股份	5.15	94.1	广东	2000-06-01	000976.SZ
302	ST远程	5.15	−11.6	江苏	2012-08-08	002692.SZ
303	中亚股份	5.14	−14.7	浙江	2016-05-26	300512.SZ
304	山东威达	5.07	49.4	山东	2004-07-27	002026.SZ
305	台海核电	5.02	−72.9	四川	2010-03-12	002366.SZ

装备行业榜单

续表

装备行业榜单

序号	证券名称	品牌价值/亿元	增长率/%	地区	上市日期	证券代码
306	威派格	5.01	−9.2	上海	2019-02-22	603956.SH
307	佳电股份	4.93	47.9	黑龙江	1999-06-18	000922.SZ
308	雪人股份	4.89	0.8	福建	2011-12-05	002639.SZ
309	白云电器	4.89	26.6	广东	2016-03-22	603861.SH
310	泰瑞机器	4.87	9.6	浙江	2017-10-31	603289.SH
311	航发科技	4.84	21.5	四川	2001-12-12	600391.SH
312	京城机电股份	4.82	19.0	北京	1993-08-06	0187.HK
313	国盛智科	4.78		江苏	2020-06-30	688558.SH
314	翼辰实业	4.74	2.9	河北	2016-12-21	1596.HK
315	音飞储存	4.74	48.6	江苏	2015-06-11	603066.SH
316	瑞松科技	4.73		广东	2020-02-17	688090.SH
317	华明装备	4.69	4.7	山东	2008-09-05	002270.SZ
318	中国海防	4.69	282.6	北京	1996-11-04	600764.SH
319	北方股份	4.68	26.2	内蒙古	2000-06-30	600262.SH
320	埃斯顿	4.66	74.2	江苏	2015-03-20	002747.SZ
321	信捷电气	4.65	148.6	江苏	2016-12-21	603416.SH
322	亿利达	4.64	−29.6	浙江	2012-07-03	002686.SZ
323	克来机电	4.64	38.3	上海	2017-03-14	603960.SH
324	佳力图	4.63	32.9	江苏	2017-11-01	603912.SH
325	兆威机电	4.58		广东	2020-12-04	003021.SZ
326	光明沃得	4.52	21.6	江苏	2006-04-27	B49.SG
327	达刚控股	4.49	275.0	陕西	2010-08-12	300103.SZ
328	联赢激光	4.47		广东	2020-06-22	688518.SH
329	北京科锐	4.45	7.4	北京	2010-02-03	002350.SZ
330	新强联	4.43		河南	2020-07-13	300850.SZ
331	亚玛顿	4.43	−24.9	江苏	2011-10-13	002623.SZ
332	华中数控	4.33	40.5	湖北	2011-01-13	300161.SZ
333	光宇国际集团科技	4.31	−21.7	香港	1999-11-17	1043.HK
334	君禾股份	4.30	14.9	浙江	2017-07-03	603617.SH
335	亚光科技	4.29	131.2	湖南	2010-09-28	300123.SZ

续表

序 号	证 券 名 称	品牌价值/亿元	增长率/%	地区	上市日期	证券代码
336	通润装备	4.29	36.7	江苏	2007-08-10	002150.SZ
337	百利电气	4.27	46.0	天津	2001-06-15	600468.SH
338	双一科技	4.26	98.0	山东	2017-08-08	300690.SZ
339	吉鑫科技	4.24	31.1	江苏	2011-05-06	601218.SH
340	凯迪股份	4.24		江苏	2020-06-01	605288.SH
341	北方导航	4.23	8.3	北京	2003-07-04	600435.SH
342	凯中精密	4.21	35.3	广东	2016-11-24	002823.SZ
343	远大智能	4.20	−40.3	辽宁	2012-07-17	002689.SZ
344	华丰股份	4.19		山东	2020-08-11	605100.SH
345	迦南科技	4.18	45.0	浙江	2014-12-31	300412.SZ
346	金轮股份	4.17	40.2	江苏	2014-01-28	002722.SZ
347	英威腾	4.17	−15.7	广东	2010-01-13	002334.SZ
348	嘉瑞国际	4.16	21.9	香港	2007-06-27	0822.HK
349	海得控制	4.15	8.9	上海	2007-11-16	002184.SZ
350	长荣股份	4.14	−45.3	天津	2011-03-29	300195.SZ
351	振江股份	4.14	60.9	江苏	2017-11-06	603507.SH
352	交控科技	4.14	43.3	北京	2019-07-22	688015.SH
353	国瑞科技	4.14	9.9	江苏	2017-01-25	300600.SZ
354	川润股份	4.11	60.7	四川	2008-09-19	002272.SZ

装备行业榜单

2.8　电信行业品牌价值榜

在 2021 年中国上市公司品牌价值总榜的 3 000 家企业中：电信行业的企业共计 14 家，比 2020 年增加了 1 家；品牌价值总计 9 072.96 亿元，比 2020 年增长了 11.8%。

2.8.1　2021 年中国电信行业上市公司品牌价值榜分析

【行业集中度】　在 2021 年中国电信行业上市公司品牌价值榜中：排在第 1 位的是中国移动，品牌价值 5 439.91 亿元，占行业榜单总计品牌价值的 60%；排在前 3 位的公司品牌价值合计 8 890 亿元，占行业榜单总计品牌价值的 98%。

【所在区域】　在 2021 年中国电信行业上市公司品牌价值榜中，14 家公司来自 7 个地区。其中,来自香港 4 家,品牌价值合计 5 525.19 亿元,占行业榜单总计品牌价值的 60.9%,处于主导地位。其他地区企业的构成情况见图 2-15 和图 2-16。

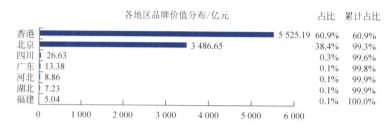

图 2-15　2021 年中国电信行业上市公司品牌价值榜所在区域品牌价值分布

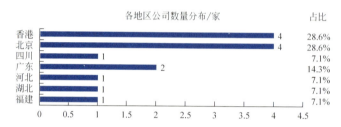

图 2-16　2021 年中国电信行业上市公司品牌价值榜所在区域公司数量分布

【上市板块】　在 2021 年中国电信行业上市公司品牌价值榜中:在港股上市的中资股公司有 5 家,品牌价值合计 7 575.75 亿元,占行业榜单总计品牌价值的 83.5%,排在第一位;在沪市主板上市的公司有 5 家,品牌价值合计 1 469.04 亿元,占行业榜单总计品牌价值的 16.2%,排在第二位;此外,在深市中小企业板上市的公司有 2 家,品牌价值合计 11.66 亿元;在深市主板上市的公司有 1 家,品牌价值 8.86 亿元;在深市创业板上市的公司有 1 家,品牌价值 7.65 亿元。

【上市时间】　在 2021 年中国电信行业上市公司品牌价值榜中:1996—2000 年上市的公司有 3 家,品牌价值合计 5 460.54 亿元,占行业榜单总计品牌价值的 60.2%,排在第一位;2001—2005 年上市的公司有 2 家,品牌价值合计 3 450.08 亿元,占行业榜单总计品牌价值的 38%,排在第二位;此外,2006—2010 年上市的公司有 4 家,品牌价值合计 85.16 亿元;2016—2020 年上市的公司有 3 家,品牌价值合计 42.89 亿元;1996 年以前上市的公司有 1 家,品牌价值 26.63 亿元;2011—2015 年上市的公司有 1 家,品牌价值 7.65 亿元。

2.8.2　2021 年中国电信行业上市公司品牌价值榜单

序号	证券名称	品牌价值/亿元	增长率/%	地区	上市日期	证券代码
1	中国移动	5 439.91	1.1	香港	1997-10-23	0941.HK
2	中国电信	2 050.56	−3.9	北京	2002-11-15	0728.HK

续表

序号	证券名称	品牌价值/亿元	增长率/%	地区	上市日期	证券代码
3	中国联通	1 399.52	5.5	北京	2002-10-09	600050.SH
4	中信国际电讯	63.11	−4.4	香港	2007-04-03	1883.HK
5	中国卫通	29.94	7.6	北京	2019-06-28	601698.SH
6	鹏博士	26.63	10.6	四川	1994-01-03	600804.SH
7	亚太卫星	11.77	115.7	香港	1996-12-18	1045.HK
8	中国全通	10.39	2.5	香港	2009-09-16	0633.HK
9	中嘉博创	8.86	−31.0	河北	1997-12-18	000889.SZ
10	宜通世纪	7.65	−9.1	广东	2012-04-25	300310.SZ
11	中贝通信	7.23	−19.9	湖北	2018-11-15	603220.SH
12	二六三	6.62	47.2	北京	2010-09-08	002467.SZ
13	超讯通信	5.73	10.4	广东	2016-07-28	603322.SH
14	国脉科技	5.04	−32.9	福建	2006-12-15	002093.SZ

电信行业榜单

2.9 建筑行业品牌价值榜

在 2021 年中国上市公司品牌价值总榜的 3 000 家企业中：建筑行业的企业共计 120 家，比 2020 年增加了 4 家；品牌价值总计 8 949.37 亿元，比 2020 年增长了 17.4%。

2.9.1 2021 年中国建筑行业上市公司品牌价值榜分析

【行业集中度】 在 2021 年中国建筑行业上市公司品牌价值榜中：排在第 1 位的公司是中国建筑，品牌价值 1 771.65 亿元，占行业榜单总计品牌价值的 19.8%；排在前 5 位的公司品牌价值合计 4 717.87 亿元，占行业榜单总计品牌价值的 52.7%；排在前 20 位的公司品牌价值合计 7 344.39 亿元，占行业榜单总计品牌价值的 82.1%。

【所在区域】 在 2021 年中国建筑行业上市公司品牌价值榜中，120 家公司来自 26 个地区。其中，来自北京的公司共计 26 家，品牌价值合计 6 369.07 亿元，占行业榜单总计品牌价值的 71.2%，处于主导地位。其他地区企业的构成情况见图 2-17 和图 2-18。

【上市板块】 在 2021 年中国建筑行业上市公司品牌价值榜中：在沪市主板上市的公司有 47 家，品牌价值合计 6 823.76 亿元，占行业榜单总计品牌价值的 76.2%，排在第一位；在港股上市的中资股公司有 24 家，品牌价值合计 1 364.44 亿元，占行业榜单总计品牌价值的 15.2%，排在第二位；在深市中小企业板上市的公司有 34 家，品牌价值合计 484.52 亿元，占行业总计品牌价值的 5.4%，排在第三位。此外，在深市主板上市的公司有 12 家，

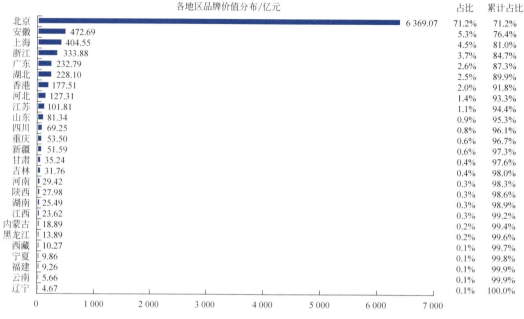

图 2-17　2021 年中国建筑行业上市公司品牌价值榜所在区域品牌价值分布

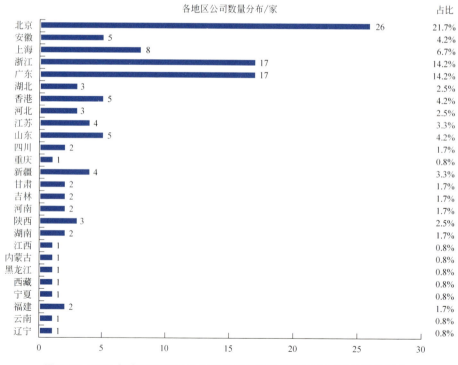

图 2-18　2021 年中国建筑行业上市公司品牌价值榜所在区域公司数量分布

品牌价值合计 258.48 亿元；在深市创业板上市的公司有 3 家，品牌价值合计 18.18 亿元。

【上市时间】　在 2021 年中国建筑行业上市公司品牌价值榜中：2006—2010 年上市

的公司有 31 家,品牌价值合计 5 041.05 亿元,占行业榜单总计品牌价值的 56.3%,排在第一位;2011—2015 年上市的公司有 24 家,品牌价值合计 1 755.13 亿元,占行业榜单总计品牌价值的 19.6%,排在第二位;2001—2005 年上市的公司有 18 家,品牌价值合计 763.53 亿元,占行业榜单总计品牌价值的 8.5%,排在第三位。此外,1996—2000 年上市的公司有 18 家,品牌价值合计 692.76 亿元;2016—2020 年上市的公司有 20 家,品牌价值合计 477.85 亿元;1996 年以前上市的公司有 9 家,品牌价值合计 219.06 亿元。

2.9.2　2021 年中国建筑行业上市公司品牌价值榜单

序号	证券名称	品牌价值/亿元	增长率/%	地区	上市日期	证券代码
1	中国建筑	1 771.65	10.4	北京	2009-07-29	601668.SH
2	中国铁建	974.06	8.4	北京	2008-03-10	601186.SH
3	中国中铁	953.87	9.5	北京	2007-12-03	601390.SH
4	中国交建	616.80	1.9	北京	2012-03-09	601800.SH
5	中国建材	401.48	41.3	北京	2006-03-23	3323.HK
6	海螺水泥	386.90	55.5	安徽	2002-02-07	600585.SH
7	中国中冶	375.03	31.9	北京	2009-09-21	601618.SH
8	中国电建	373.75	20.7	北京	2011-10-18	601669.SH
9	中国能源建设	279.33	−5.0	北京	2015-12-10	3996.HK
10	上海建工	239.55	17.0	上海	1998-06-23	600170.SH
11	葛洲坝	147.25	13.8	湖北	1997-05-26	600068.SH
12	中国铁塔	133.47	−26.7	北京	2018-08-08	0788.HK
13	金隅集团	114.65	37.9	北京	2011-03-01	601992.SH
14	中国化学	107.22	12.0	北京	2010-01-07	601117.SH
15	浙江建投	94.92		浙江	2015-06-10	002761.SZ
16	中国建筑国际	82.17	22.3	香港	2005-07-08	3311.HK
17	华润水泥控股	81.33	23.9	香港	2009-10-06	1313.HK
18	中国核建	73.43	53.3	上海	2016-06-06	601611.SH
19	华新水泥	68.95	37.3	湖北	1994-01-03	600801.SH
20	河北建设	68.58	13.0	河北	2017-12-15	1727.HK
21	四川路桥	63.33	35.2	四川	2003-03-25	600039.SH
22	中国联塑	57.68	37.1	广东	2010-06-23	2128.HK

建筑行业榜单

续表

序号	证券名称	品牌价值/亿元	增长率/%	地区	上市日期	证券代码
23	隧道股份	56.20	32.1	上海	1994-01-28	600820.SH
24	重庆建工	53.50	34.8	重庆	2017-02-21	600939.SH
25	冀东水泥	50.44	114.0	河北	1996-06-14	000401.SZ
26	安徽建工	48.79	71.0	安徽	2003-04-15	600502.SH
27	中石化炼化工程	47.38	−24.7	北京	2013-05-23	2386.HK
28	东方雨虹	40.68	81.9	北京	2008-09-10	002271.SZ
29	金螳螂	38.02	1.0	江苏	2006-11-20	002081.SZ
30	天健集团	36.20	86.5	广东	1999-07-21	000090.SZ
31	宝业集团	32.46	19.3	浙江	2003-06-30	2355.HK
32	北新建材	32.08	18.9	北京	1997-06-06	000786.SZ
33	山水水泥	31.96	51.6	山东	2008-07-04	0691.HK
34	中国机械工程	29.61	−17.7	北京	2012-12-21	1829.HK
35	中材国际	29.04	4.3	江苏	2005-04-12	600970.SH
36	中铝国际	28.23	−37.8	北京	2018-08-31	601068.SH
37	山东路桥	27.52	66.6	山东	1997-06-09	000498.SZ
38	龙元建设	26.61	16.3	浙江	2004-05-24	600491.SH
39	中国天瑞水泥	24.77	35.2	河南	2011-12-23	1252.HK
40	万年青	23.62	34.9	江西	1997-09-23	000789.SZ
41	中国巨石	23.60	4.9	浙江	1999-04-22	600176.SH
42	太极实业	23.55	−37.8	江苏	1993-07-28	600667.SH
43	宁波建工	23.39	30.6	浙江	2011-08-16	601789.SH
44	西部建设	21.61	23.1	新疆	2009-11-03	002302.SZ
45	江河集团	21.21	6.9	北京	2011-08-18	601886.SH
46	旗滨集团	20.99	51.7	湖南	2011-08-12	601636.SH
47	浙江交科	19.16	1.8	浙江	2006-08-16	002061.SZ
48	鸿路钢构	19.07	172.5	安徽	2011-01-18	002541.SZ
49	上峰水泥	19.06	91.5	甘肃	1996-12-18	000672.SZ
50	内蒙古能建	18.89	113.9	内蒙古	2017-07-18	1649.HK
51	亚泰集团	17.83	22.1	吉林	1995-11-15	600881.SH
52	南玻 A	16.73	26.3	广东	1992-02-28	000012.SZ

建筑行业榜单

续表

序号	证券名称	品牌价值/亿元	增长率/%	地区	上市日期	证券代码
53	祁连山	16.18	78.2	甘肃	1996-07-16	600720.SH
54	亚厦股份	15.65	26.7	浙江	2010-03-23	002375.SZ
55	天山股份	15.26	113.4	新疆	1999-01-07	000877.SZ
56	塔牌集团	14.96	24.5	广东	2008-05-16	002233.SZ
57	宏润建设	14.20	27.0	浙江	2006-08-16	002062.SZ
58	西部水泥	13.99	52.0	陕西	2010-08-23	2233.HK
59	中钢国际	13.93	25.7	吉林	1999-03-12	000928.SZ
60	龙建股份	13.89	39.4	黑龙江	1994-04-04	600853.SH
61	精工钢构	13.64	91.3	安徽	2002-06-05	600496.SH
62	广田集团	12.95	−18.8	广东	2010-09-29	002482.SZ
63	中工国际	12.60	−13.4	北京	2006-06-19	002051.SZ
64	尖峰集团	12.52	158.3	浙江	1993-07-28	600668.SH
65	北方国际	12.32	26.3	北京	1998-06-05	000065.SZ
66	东湖高新	11.90	21.2	湖北	1998-02-12	600133.SH
67	东鹏控股	11.86		广东	2020-10-19	003012.SZ
68	粤水电	11.39	21.6	广东	2006-08-10	002060.SZ
69	东南网架	11.32	36.4	浙江	2007-05-30	002135.SZ
70	天沃科技	11.20	233.7	江苏	2011-03-10	002564.SZ
71	杭萧钢构	10.69	53.1	浙江	2003-11-10	600477.SH
72	永高股份	10.67	57.4	浙江	2011-12-08	002641.SZ
73	城建设计	10.65	32.9	北京	2014-07-08	1599.HK
74	坚朗五金	10.53	112.1	广东	2016-03-29	002791.SZ
75	西藏天路	10.27	64.2	西藏	2001-01-16	600326.SH
76	宁夏建材	9.86	85.3	宁夏	2003-08-29	600449.SH
77	北新路桥	9.79	6.5	新疆	2009-11-11	002307.SZ
78	伟星新材	9.71	−10.5	浙江	2010-03-18	002372.SZ
79	东方铁塔	9.32	114.0	山东	2011-02-11	002545.SZ
80	浦东建设	9.22	22.9	上海	2004-03-16	600284.SH
81	巨匠建设	9.15	41.4	浙江	2016-01-12	1459.HK
82	科顺股份	8.49	93.7	广东	2018-01-25	300737.SZ

建筑行业榜单

续表

建筑行业榜单

序号	证 券 名 称	品牌价值/亿元	增长率/%	地区	上市日期	证券代码
83	中国天保集团	8.29	202.8	河北	2019-11-11	1427.HK
84	蒙娜丽莎	8.25	71.7	广东	2017-12-19	002918.SZ
85	城地香江	7.89	496.7	上海	2016-10-10	603887.SH
86	宝鹰股份	7.68	−21.7	广东	2005-05-31	002047.SZ
87	华电重工	7.54	19.7	北京	2014-12-11	601226.SH
88	兔宝宝	7.47	−31.0	浙江	2005-05-10	002043.SZ
89	全筑股份	7.46	21.8	上海	2015-03-20	603030.SH
90	岭南股份	7.38	−25.8	广东	2014-02-19	002717.SZ
91	金晶科技	7.20	53.9	山东	2002-08-15	600586.SH
92	建设机械	7.17	261.6	陕西	2004-07-07	600984.SH
93	海南发展	7.01	55.9	广东	2007-08-23	002163.SZ
94	陕西建工	6.82	26.1	陕西	2000-06-22	600248.SH
95	中装建设	6.71	47.6	广东	2016-11-29	002822.SZ
96	腾达建设	6.64	55.7	浙江	2002-12-26	600512.SH
97	方大集团	6.48	−25.3	广东	1996-04-15	000055.SZ
98	金诚信	5.97	14.1	北京	2015-06-30	603979.SH
99	北京利尔	5.92	80.9	北京	2010-04-23	002392.SZ
100	帝欧家居	5.92	130.0	四川	2016-05-25	002798.SZ
101	中国海诚	5.84	−2.9	上海	2007-02-15	002116.SZ
102	宁波富达	5.72	10.8	浙江	1996-07-16	600724.SH
103	云南建投混凝土	5.66	−0.1	云南	2019-10-31	1847.HK
104	美晨生态	5.35	−7.2	山东	2011-06-29	300237.SZ
105	华营建筑	5.13	−4.4	香港	2019-10-16	1582.HK
106	耀皮玻璃	4.96	53.0	上海	1994-01-28	600819.SH
107	新疆交建	4.94	−23.4	新疆	2018-11-28	002941.SZ
108	中国武夷	4.83	−5.1	福建	1997-07-15	000797.SZ
109	中国建筑兴业	4.71	30.9	香港	2010-03-30	0830.HK
110	中化岩土	4.69	51.4	北京	2011-01-28	002542.SZ
111	远大中国	4.67	0.6	辽宁	2011-05-17	2789.HK
112	濮耐股份	4.65	15.8	河南	2008-04-25	002225.SZ

续表

序号	证券名称	品牌价值/亿元	增长率/%	地区	上市日期	证券代码
113	远大住工	4.50	5.1	湖南	2019-11-06	2163.HK
114	森特股份	4.44	36.0	北京	2016-12-16	603098.SH
115	福建水泥	4.43	89.7	福建	1994-01-03	600802.SH
116	比优集团	4.41	−2.9	北京	2004-08-06	8053.HK
117	节能铁汉	4.34	−40.6	广东	2011-03-29	300197.SZ
118	东华科技	4.29	2.9	安徽	2007-07-12	002140.SZ
119	水发兴业能源	4.18	16.8	香港	2009-01-13	0750.HK
120	海鸥住工	4.14	82.8	广东	2006-11-24	002084.SZ

2.10 家电行业品牌价值榜

在 2021 年中国上市公司品牌价值总榜的 3 000 家企业中：家电行业的企业共计 49 家，比 2020 年增加了 1 家；品牌价值总计 8 749.37 亿元，比 2020 年增长了 1.6%。

2.10.1 2021 年中国家电行业上市公司品牌价值榜分析

【行业集中度】 在 2021 年中国家电行业上市公司品牌价值榜中：排在第 1 位的公司是美的集团，品牌价值 2 310.2 亿元，占行业榜单总计品牌价值的 26.4%；排在前 3 位的公司品牌价值合计 5 421.22 亿元，占行业榜单总计品牌价值的 62%；排在前 10 位的公司品牌价值合计 7 324.8 亿元，占行业榜单总计品牌价值的 83.7%。

【所在区域】 在 2021 年中国家电行业上市公司品牌价值榜中，49 家公司来自 9 个地区。其中，来自广东和山东的公司共计 22 家，品牌价值合计 6 636.91 亿元，占行业榜单总计品牌价值的 75.9%，处于主导地位。其他地区企业的构成情况见图 2-19 和图 2-20。

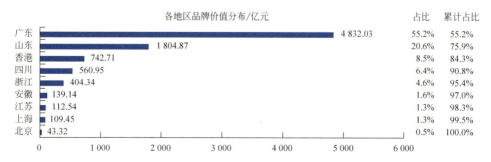

图 2-19 2021 年中国家电行业上市公司品牌价值榜所在区域品牌价值分布

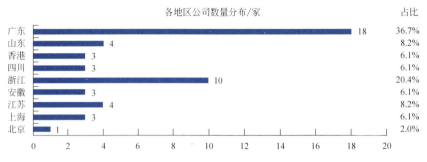

图 2-20   2021 年中国家电行业上市公司品牌价值榜所在区域公司数量分布

【上市板块】   在 2021 年中国家电行业上市公司品牌价值榜中：在深市主板上市的公司有 7 家，品牌价值合计 4 594.86 亿元，占行业榜单总计品牌价值的 52.5%，排在第一位；在沪市主板上市的公司有 14 家，品牌价值合计 2 548.22 亿元，占行业榜单总计品牌价值的 29.1%，排在第二位；在港股上市的中资股公司有 6 家，品牌价值合计 837.03 亿元，占行业总计品牌价值的 9.6%，排在第三位。此外，在深市中小企业板上市的公司有 15 家，品牌价值合计 674.33 亿元；在深市创业板上市的公司有 6 家，品牌价值合计 51.6 亿元；在沪市科创板上市的公司有 1 家，品牌价值 43.32 亿元。

【上市时间】   在 2021 年中国家电行业上市公司品牌价值榜中：1996—2000 年上市的公司有 8 家，品牌价值合计 2 859.83 亿元，占行业榜单总计品牌价值的 32.7%，排在第一位；2011—2015 年上市的公司有 10 家，品牌价值合计 2 598.8 亿元，占行业榜单总计品牌价值的 29.7%，排在第二位；1996 年以前上市的公司有 5 家，品牌价值合计 2 208.09 亿元，占行业榜单总计品牌价值的 25.2%，排在第三位。此外，2016—2020 年上市的公司有 16 家，品牌价值合计 558.89 亿元；2001—2005 年上市的公司有 5 家，品牌价值合计 283.97 亿元；2006—2010 年上市的公司有 5 家，品牌价值合计 239.79 亿元。

2.10.2   2021 年中国家电行业上市公司品牌价值榜单

序号	证 券 名 称	品牌价值/亿元	增长率/%	地区	上市日期	证券代码
1	美的集团	2310.20	6.0	广东	2013-09-18	000333.SZ
2	格力电器	1 679.22	−3.9	广东	1996-11-18	000651.SZ
3	海尔智家	1 431.80	12.6	山东	1993-11-19	600690.SH
4	四川长虹	496.00	12.3	四川	1994-03-11	600839.SH
5	TCL 电子	296.23	36.9	香港	1999-11-26	1070.HK
6	海信家电	268.66	31.8	广东	1999-07-13	000921.SZ
7	海信视像	236.97	21.2	山东	1997-04-22	600060.SH

家电行业榜单

续表

序号	证券名称	品牌价值/亿元	增长率/%	地区	上市日期	证券代码
8	创维集团	228.69	16.3	香港	2000-04-07	0751.HK
9	JS环球生活	217.80	40.8	香港	2019-12-18	1691.HK
10	深康佳A	159.23	−27.3	广东	1992-03-27	000016.SZ
11	苏泊尔	154.82	−6.4	浙江	2004-08-17	002032.SZ
12	新宝股份	102.88	65.0	广东	2014-01-21	002705.SZ
13	长虹美菱	89.85	14.3	安徽	1993-10-18	000521.SZ
14	九阳股份	85.56	10.0	山东	2008-05-28	002242.SZ
15	老板电器	82.72	9.5	浙江	2010-11-23	002508.SZ
16	欧普照明	59.52	−3.3	上海	2016-08-19	603515.SH
17	创维数字	56.49	8.7	四川	1998-06-02	000810.SZ
18	澳柯玛	50.54	99.5	山东	2000-12-29	600336.SH
19	莱克电气	46.15	36.7	江苏	2015-05-13	603355.SH
20	石头科技	43.32		北京	2020-02-21	688169.SH
21	万和电气	43.04	−12.1	广东	2011-01-28	002543.SZ
22	阳光照明	43.02	17.2	浙江	2000-07-20	600261.SH
23	飞科电器	42.37	2.1	上海	2016-04-18	603868.SH
24	志高控股	42.19	−13.6	广东	2009-07-13	0449.HK
25	三花智控	41.92	36.2	浙江	2005-06-07	002050.SZ
26	科沃斯	39.34	32.0	江苏	2018-05-28	603486.SH
27	华帝股份	37.94	−12.6	广东	2004-09-01	002035.SZ
28	奥马电器	37.39	10.4	广东	2012-04-16	002668.SZ
29	惠而浦	35.43	−4.6	安徽	2004-07-27	600983.SH
30	得邦照明	33.31	26.5	浙江	2017-03-30	603303.SH
31	佛山照明	31.21	−8.6	广东	1993-11-23	000541.SZ
32	思摩尔国际	30.66		广东	2020-07-10	6969.HK
33	小熊电器	27.05	40.7	广东	2019-08-23	002959.SZ
34	日出东方	21.93	40.9	江苏	2012-05-21	603366.SH
35	雷士国际	21.47	−36.0	广东	2010-05-20	2222.HK
36	浙江美大	18.72	22.2	浙江	2012-05-25	002677.SZ
37	三雄极光	15.72	6.1	广东	2017-03-17	300625.SZ
38	ST德豪	13.86	14.3	安徽	2004-06-25	002005.SZ

家电行业榜单

续表

序号	证券名称	品牌价值/亿元	增长率/%	地区	上市日期	证券代码
39	火星人	12.08		浙江	2020-12-31	300894.SZ
40	彩虹集团	8.45		四川	2020-12-11	003023.SZ
41	毅昌股份	7.85	−3.6	广东	2010-06-01	002420.SZ
42	帅丰电器	7.67		浙江	2020-10-19	605336.SH
43	开能健康	7.57	−10.0	上海	2011-11-02	300272.SZ
44	香山股份	6.32	−16.1	广东	2017-05-15	002870.SZ
45	亿田智能	5.92		浙江	2020-12-03	300911.SZ
46	金莱特	5.80	37.2	广东	2014-01-29	002723.SZ
47	北鼎股份	5.20		广东	2020-06-19	300824.SZ
48	东方电热	5.11	5.2	江苏	2011-05-18	300217.SZ
49	朗迪集团	4.15	−53.0	浙江	2016-04-21	603726.SH

家电行业榜单

2.11 医药行业品牌价值榜

在 2021 年中国上市公司品牌价值总榜的 3 000 家企业中：医药行业的企业共计 254 家，比 2020 年增加了 17 家；品牌价值总计 8 460.48 亿元，比 2020 年增长了 21.3%。

2.11.1 2021 年中国医药行业上市公司品牌价值榜分析

【行业集中度】 在 2021 年中国医药行业上市公司品牌价值榜中：排在前 3 位的公司品牌价值合计 2 012.02 亿元，占行业榜单总计品牌价值的 23.8%；排在前 20 位的公司品牌价值合计 4 332.33 亿元，占行业榜单总计品牌价值的 51.2%；排在前 50 位的公司品牌价值合计 5 906.26 亿元，占行业榜单总计品牌价值的 69.8%。

【所在区域】 在 2021 年中国医药行业上市公司品牌价值榜中，254 家公司来自 29 个地区。其中，来自上海、广东和北京的公司共计 83 家，品牌价值合计 4 259.62 亿元，占行业榜单总计品牌价值的 50.3%，处于主导地位。其他地区企业的构成情况见图 2-21 和图 2-22。

【上市板块】 在 2021 年中国医药行业上市公司品牌价值榜中：在沪市主板上市的公司有 76 家，品牌价值合计 3 255.62 亿元，占行业榜单总计品牌价值的 38.5%，排在第一位；在港股上市的中资股公司有 32 家，品牌价值合计 2 230.56 亿元，占行业榜单总计品牌价值的 26.4%，排在第二位；在深市主板上市的公司有 26 家，品牌价值合计 1 023.44 亿元，占行业总计品牌价值的 12.1%，排在第三位。此外，在深市中小企业板上市的公司有

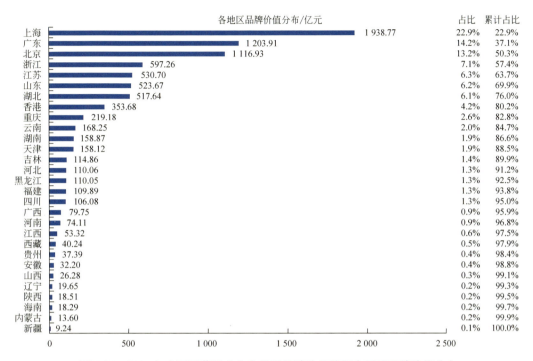

图 2-21　2021 年中国医药行业上市公司品牌价值榜所在区域品牌价值分布

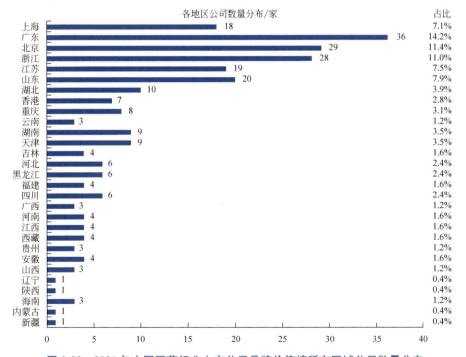

图 2-22　2021 年中国医药行业上市公司品牌价值榜所在区域公司数量分布

53 家,品牌价值合计 973.59 亿元;在深市创业板上市的公司有 51 家,品牌价值合计 830.3 亿元;在沪市科创板上市的公司有 14 家,品牌价值合计 136.23 亿元;在国外上市的中概股公司有 2 家,品牌价值合计 10.75 亿元。

【上市时间】 在 2021 年中国医药行业上市公司品牌价值榜中:2006—2010 年上市的公司有 38 家,品牌价值合计 2 123.93 亿元,占行业榜单总计品牌价值的 25.1%,排在第一位;1996—2000 年上市的公司有 45 家,品牌价值合计 1 780.45 亿元,占行业榜单总计品牌价值的 21%,排在第二位;2016—2020 年上市的公司有 70 家,品牌价值合计 1 481.17 亿元,占行业榜单总计品牌价值的 17.5%,排在第三位。此外,1996 年以前上市的公司有 15 家,品牌价值合计 1 230.23 亿元;2001—2005 年上市的公司有 35 家,品牌价值合计 1 151.85 亿元;2011—2015 年上市的公司有 51 家,品牌价值合计 692.85 亿元。

2.11.2　2021 年中国医药行业上市公司品牌价值榜单

序号	证券名称	品牌价值/亿元	增长率/%	地区	上市日期	证券代码
1	国药控股	1 058.46	5.8	上海	2009-09-23	1099.HK
2	上海医药	534.17	17.2	上海	1994-03-24	601607.SH
3	华润医药	419.39	−26.3	北京	2016-10-28	3320.HK
4	九州通	316.61	44.5	湖北	2010-11-02	600998.SH
5	白云山	191.94	45.6	广东	2001-02-06	600332.SH
6	国药一致	165.07	26.2	广东	1993-08-09	000028.SZ
7	恒瑞医药	157.49	45.6	江苏	2000-10-18	600276.SH
8	国药股份	145.46	70.3	北京	2002-11-27	600511.SH
9	复星医药	142.03	44.1	上海	1998-08-07	600196.SH
10	中国生物制药	137.43	37.8	香港	2000-09-29	1177.HK
11	云南白药	133.67	8.0	云南	1993-12-15	000538.SZ
12	海王生物	121.15	44.2	广东	1998-12-18	000078.SZ
13	中国医药	118.09	28.3	北京	1997-05-15	600056.SH
14	石药集团	111.70	44.2	香港	1994-06-21	1093.HK
15	迈瑞医疗	111.55	36.2	广东	2018-10-16	300760.SZ
16	华东医药	107.30	−1.6	浙江	2000-01-27	000963.SZ
17	南京医药	103.11	31.9	江苏	1996-07-01	600713.SH
18	人福医药	89.57	74.2	湖北	1997-06-06	600079.SH
19	智飞生物	85.18	330.3	重庆	2010-09-28	300122.SZ

医药行业榜单

续表

序号	证 券 名 称	品牌价值/亿元	增长率/%	地区	上市日期	证券代码
20	药明康德	82.97	50.5	江苏	2018-05-08	603259.SH
21	健康元	81.21	33.6	广东	2001-06-08	600380.SH
22	瑞康医药	77.06	4.5	山东	2011-06-10	002589.SZ
23	步长制药	74.67	24.8	山东	2016-11-18	603858.SH
24	威高股份	68.37	54.0	山东	2004-02-27	1066.HK
25	重药控股	65.90	99.5	重庆	1999-09-16	000950.SZ
26	长春高新	65.81	86.5	吉林	1996-12-18	000661.SZ
27	新和成	65.41	37.5	浙江	2004-06-25	002001.SZ
28	爱尔眼科	63.98	1.9	湖南	2009-10-30	300015.SZ
29	天士力	60.01	−7.1	天津	2002-08-23	600535.SH
30	华润三九	59.42	8.3	广东	2000-03-09	000999.SZ
31	同仁堂	57.45	−12.5	北京	1997-06-25	600085.SH
32	丽珠集团	56.76	29.0	广东	1993-10-28	000513.SZ
33	英科医疗	55.75	887.3	山东	2017-07-21	300677.SZ
34	中国中药	55.01	11.2	广东	1993-04-07	0570.HK
35	嘉事堂	54.09	16.1	北京	2010-08-18	002462.SZ
36	国药现代	52.26	35.4	上海	2004-06-16	600420.SH
37	柳药股份	49.13	36.9	广西	2014-12-04	603368.SH
38	科伦药业	48.92	−15.6	四川	2010-06-03	002422.SZ
39	片仔癀	43.08	56.2	福建	2003-06-16	600436.SH
40	以岭药业	41.67	110.4	河北	2011-07-28	002603.SZ
41	康哲药业	40.03	27.9	广东	2010-09-28	0867.HK
42	乐普医疗	39.87	15.4	北京	2009-10-30	300003.SZ
43	海正药业	39.13	31.2	浙江	2000-07-25	600267.SH
44	振德医疗	38.06	702.1	浙江	2018-04-12	603301.SH
45	华北制药	37.57	20.0	河北	1994-01-14	600812.SH
46	鹭燕医药	37.50	46.9	福建	2016-02-18	002788.SZ
47	华兰生物	37.17	51.6	河南	2004-06-25	002007.SZ
48	哈药股份	36.99	−14.8	黑龙江	1993-06-29	600664.SH
49	联邦制药	36.09	24.3	香港	2007-06-15	3933.HK
50	太极集团	35.55	33.9	重庆	1997-11-18	600129.SH

医药行业榜单

序号	证券名称	品牌价值/亿元	增长率/%	地区	上市日期	证券代码
51	华润双鹤	34.99	34.3	北京	1997-05-22	600062.SH
52	鱼跃医疗	34.01	71.4	江苏	2008-04-18	002223.SZ
53	普洛药业	33.87	33.6	浙江	1997-05-09	000739.SZ
54	新华医疗	33.82	10.0	山东	2002-09-27	600587.SH
55	华大基因	33.74	316.9	广东	2017-07-14	300676.SZ
56	亿帆医药	31.35	34.1	浙江	2004-07-13	002019.SZ
57	远大医药	30.90	50.4	香港	1995-12-19	0512.HK
58	华海药业	30.46	47.9	浙江	2003-03-04	600521.SH
59	*ST 康美	30.45	−53.5	广东	2001-03-19	600518.SH
60	圣湘生物	30.26		湖南	2020-08-28	688289.SH
61	东阳光药	29.98	78.3	湖北	2015-12-29	1558.HK
62	浙江医药	29.43	29.3	浙江	1999-10-21	600216.SH
63	济川药业	29.10	−15.6	湖北	2001-08-22	600566.SH
64	绿叶制药	27.90	7.1	山东	2014-07-09	2186.HK
65	天坛生物	27.31	67.8	北京	1998-06-16	600161.SH
66	人民同泰	27.01	14.3	黑龙江	1994-02-24	600829.SH
67	昆药集团	26.75	1.3	云南	2000-12-06	600422.SH
68	罗欣药业	26.41	345.1	浙江	2016-04-15	002793.SZ
69	润达医疗	25.68	2.0	上海	2015-05-27	603108.SH
70	吉林敖东	25.46	−14.1	吉林	1996-10-28	000623.SZ
71	红日药业	25.18	39.8	天津	2009-10-30	300026.SZ
72	康恩贝	23.44	−23.3	浙江	2004-04-12	600572.SH
73	蓝帆医疗	23.01	167.4	山东	2010-04-02	002382.SZ
74	甘李药业	22.88		北京	2020-06-29	603087.SH
75	信立泰	22.70	−30.7	广东	2009-09-10	002294.SZ
76	东阿阿胶	22.54	−47.6	山东	1996-07-29	000423.SZ
77	中新药业	22.48	−4.3	天津	2001-06-06	600329.SH
78	海普瑞	22.28	18.5	广东	2010-05-06	002399.SZ
79	先声药业	22.26		江苏	2020-10-27	2096.HK
80	泰格医药	21.73	33.3	浙江	2012-08-17	300347.SZ
81	安图生物	21.48	58.6	河南	2016-09-01	603658.SH

医药行业榜单

续表

序号	证券名称	品牌价值/亿元	增长率/%	地区	上市日期	证券代码
82	同仁堂科技	21.00	−18.0	北京	2000-10-31	1666.HK
83	中恒集团	20.87	28.1	广西	2000-11-30	600252.SH
84	新华制药	20.74	43.3	山东	1997-08-06	000756.SZ
85	康龙化成	20.74	51.3	北京	2019-01-28	300759.SZ
86	迈克生物	20.47	55.3	四川	2015-05-28	300463.SZ
87	东北制药	19.65	9.5	辽宁	1996-05-23	000597.SZ
88	达安基因	19.52	251.4	广东	2004-08-09	002030.SZ
89	仁和药业	19.43	−15.0	江西	1996-12-10	000650.SZ
90	中国同辐	19.22	10.3	北京	2018-07-06	1763.HK
91	健友股份	18.93	118.5	江苏	2017-07-19	603707.SH
92	延安必康	18.51	−41.3	陕西	2010-05-25	002411.SZ
93	凯莱英	18.32	64.5	天津	2016-11-18	002821.SZ
94	石四药集团	18.32	4.4	香港	2005-12-20	2005.HK
95	山东药玻	18.19	31.1	山东	2002-06-03	600529.SH
96	康弘药业	18.04	9.1	四川	2015-06-26	002773.SZ
97	奥赛康	17.81	−21.4	北京	2015-05-15	002755.SZ
98	通化东宝	17.61	4.1	吉林	1994-08-24	600867.SH
99	上海莱士	17.38	56.4	上海	2008-06-23	002252.SZ
100	仙琚制药	17.38	32.3	浙江	2010-01-12	002332.SZ
101	奥佳华	17.14	−3.6	福建	2011-09-09	002614.SZ
102	平安好医生	17.05	43.8	上海	2018-05-04	1833.HK
103	万孚生物	16.86	114.6	广东	2015-06-30	300482.SZ
104	新产业	16.83		广东	2020-05-12	300832.SZ
105	恩华药业	16.49	8.0	江苏	2008-07-23	002262.SZ
106	悦康药业	16.38		北京	2020-12-24	688658.SH
107	康缘药业	16.14	1.6	江苏	2002-09-18	600557.SH
108	海思科	16.05	4.8	西藏	2012-01-17	002653.SZ
109	四环医药	16.00	−5.9	北京	2010-10-28	0460.HK
110	九芝堂	15.66	−10.2	湖南	2000-06-28	000989.SZ
111	奥美医疗	15.45	56.0	湖北	2019-03-11	002950.SZ
112	科华生物	15.29	89.2	上海	2004-07-21	002022.SZ

医药行业榜单

续表

医药行业榜单

序号	证券名称	品牌价值/亿元	增长率/%	地区	上市日期	证券代码
113	葵花药业	15.17	−20.9	黑龙江	2014-12-30	002737.SZ
114	东诚药业	15.09	65.0	山东	2012-05-25	002675.SZ
115	信邦制药	15.09	−10.7	贵州	2010-04-16	002390.SZ
116	康泰生物	14.98	69.1	广东	2017-02-07	300601.SZ
117	健帆生物	14.96	70.2	广东	2016-08-02	300529.SZ
118	珍宝岛	14.74	1.3	黑龙江	2015-04-24	603567.SH
119	华熙生物	14.68	52.6	山东	2019-11-06	688363.SH
120	海翔药业	14.44	−19.9	浙江	2006-12-26	002099.SZ
121	天宇股份	14.24	125.0	浙江	2017-09-19	300702.SZ
122	辰欣药业	13.90	9.6	山东	2017-09-29	603367.SH
123	生物股份	13.60	−19.1	内蒙古	1999-01-15	600201.SH
124	长江健康	13.32	14.6	江苏	2010-06-18	002435.SZ
125	鲁抗医药	13.13	46.3	山东	1997-02-26	600789.SH
126	千金药业	13.07	11.9	湖南	2004-03-12	600479.SH
127	博雅生物	12.94	4.3	江西	2012-03-08	300294.SZ
128	京新药业	12.82	16.5	浙江	2004-07-15	002020.SZ
129	江中药业	12.39	24.2	江西	1996-09-23	600750.SH
130	众生药业	12.30	1.3	广东	2009-12-11	002317.SZ
131	振东制药	12.28	18.8	山西	2011-01-07	300158.SZ
132	大博医疗	12.17	70.4	福建	2017-09-22	002901.SZ
133	九洲药业	12.13	53.3	浙江	2014-10-10	603456.SH
134	贵州百灵	11.88	−12.9	贵州	2010-06-03	002424.SZ
135	马应龙	11.81	34.2	湖北	2004-05-17	600993.SH
136	金城医药	11.53	16.6	山东	2011-06-22	300233.SZ
137	康德莱	11.45	137.3	上海	2016-11-21	603987.SH
138	贝达药业	11.38	50.8	浙江	2016-11-07	300558.SZ
139	尔康制药	11.30	−26.2	湖南	2011-09-27	300267.SZ
140	华特达因	11.06	30.0	山东	1999-06-09	000915.SZ
141	丰原药业	11.04	2.7	安徽	2000-09-20	000153.SZ
142	创美药业	10.99	−16.5	广东	2015-12-14	2289.HK
143	羚锐制药	10.69	24.7	河南	2000-10-18	600285.SH

续表

序号	证券名称	品牌价值/亿元	增长率/%	地区	上市日期	证券代码
144	誉衡药业	10.60	−41.3	黑龙江	2010-06-23	002437.SZ
145	香雪制药	10.43	31.0	广东	2010-12-15	300147.SZ
146	益佰制药	10.42	6.5	贵州	2004-03-23	600594.SH
147	理邦仪器	10.34	247.5	广东	2011-04-21	300206.SZ
148	金陵药业	10.30	−15.4	江苏	1999-11-18	000919.SZ
149	凯赛生物	10.28		上海	2020-08-12	688065.SH
150	神威药业	10.19	−21.8	河北	2004-12-02	2877.HK
151	太安堂	10.05	−6.6	广东	2010-06-18	002433.SZ
152	天津发展	9.97	−22.6	香港	1997-12-10	0882.HK
153	浙江震元	9.93	33.9	浙江	1997-04-10	000705.SZ
154	三诺生物	9.80	51.5	湖南	2012-03-19	300298.SZ
155	天药股份	9.76	58.5	天津	2001-06-18	600488.SH
156	博腾股份	9.75	66.8	重庆	2014-01-29	300363.SZ
157	桂林三金	9.75	−6.9	广西	2009-07-10	002275.SZ
158	万泰生物	9.71		北京	2020-04-29	603392.SH
159	同仁堂国药	9.28	−9.3	香港	2013-05-07	3613.HK
160	德展健康	9.24	−61.1	新疆	1998-05-19	000813.SZ
161	亚宝药业	8.99	−10.4	山西	2002-09-26	600351.SH
162	康臣药业	8.84	−17.4	广东	2013-12-19	1681.HK
163	昊海生科	8.83	−22.5	上海	2019-10-30	688366.SH
164	尚荣医疗	8.67	24.4	广东	2011-02-25	002551.SZ
165	富祥药业	8.56	66.9	江西	2015-12-22	300497.SZ
166	奇正藏药	8.54	51.0	西藏	2009-08-28	002287.SZ
167	健民集团	8.49	25.9	湖北	2004-04-19	600976.SH
168	硕世生物	8.48	489.6	江苏	2019-12-05	688399.SH
169	西藏药业	8.32	81.1	西藏	1999-07-21	600211.SH
170	凯利泰	8.31	20.9	上海	2012-06-13	300326.SZ
171	荣泰健康	8.25	10.8	上海	2017-01-11	603579.SH
172	贝瑞基因	7.99	1.6	四川	1997-04-22	000710.SZ
173	美康生物	7.99	−20.5	浙江	2015-04-22	300439.SZ
174	福安药业	7.94	3.6	重庆	2011-03-22	300194.SZ

医药行业榜单

续表

序号	证券名称	品牌价值/亿元	增长率/%	地区	上市日期	证券代码
175	沃森生物	7.84	83.4	云南	2010-11-12	300142.SZ
176	双鹭药业	7.82	−40.5	北京	2004-09-09	002038.SZ
177	欧普康视	7.63	63.2	安徽	2017-01-17	300595.SZ
178	常山药业	7.58	20.6	河北	2011-08-19	300255.SZ
179	海南海药	7.55	−4.7	海南	1994-05-25	000566.SZ
180	东方生物	7.54		浙江	2020-02-05	688298.SH
181	司太立	7.53	81.1	浙江	2016-03-09	603520.SH
182	瑞普生物	7.35	39.7	天津	2010-09-17	300119.SZ
183	灵康药业	7.32	39.1	西藏	2015-05-28	603669.SH
184	赛升药业	7.30	9.5	北京	2015-06-26	300485.SZ
185	溢多利	7.18	83.2	广东	2014-01-28	300381.SZ
186	爱康医疗	7.14	83.0	北京	2017-12-20	1789.HK
187	安科生物	7.04	−5.5	安徽	2009-10-30	300009.SZ
188	海尔生物	6.98	55.8	山东	2019-10-25	688139.SH
189	千红制药	6.95	9.5	江苏	2011-02-18	002550.SZ
190	基蛋生物	6.89	64.8	江苏	2017-07-17	603387.SH
191	江苏吴中	6.76	45.7	江苏	1999-04-01	600200.SH
192	科前生物	6.72		湖北	2020-09-22	688526.SH
193	康泰医学	6.68		河北	2020-08-24	300869.SZ
194	神奇制药	6.59	−4.4	上海	1992-08-20	600613.SH
195	中关村	6.51	20.4	北京	1999-07-12	000931.SZ
196	立方制药	6.48		安徽	2020-12-15	003020.SZ
197	华检医疗	6.47	254.5	上海	2019-07-12	1931.HK
198	康辰药业	6.45	−13.3	北京	2018-08-27	603590.SH
199	康华生物	6.44		四川	2020-06-16	300841.SZ
200	一品红	6.37	1.4	广东	2017-11-16	300723.SZ
201	新诺威	6.36	−13.3	河北	2019-03-22	300765.SZ
202	宝莱特	6.36	145.0	广东	2011-07-19	300246.SZ
203	普利制药	6.25	62.1	海南	2017-03-28	300630.SZ
204	景峰医药	6.21	−38.4	湖南	1999-02-03	000908.SZ
205	上海凯宝	6.18	−21.9	上海	2010-01-08	300039.SZ

医药行业榜单

续表

序号	证 券 名 称	品牌价值/亿元	增长率/%	地区	上市日期	证券代码
206	北大医药	6.15	1.2	重庆	1997-06-16	000788.SZ
207	南微医学	6.10	22.0	江苏	2019-07-22	688029.SH
208	美诺华	6.04	61.7	浙江	2017-04-07	603538.SH
209	迪瑞医疗	5.97	23.5	吉林	2014-09-10	300396.SZ
210	联环药业	5.90	84.4	江苏	2003-03-19	600513.SH
211	百济神州	5.87	51.4	北京	2016-02-03	BGNE.O
212	九强生物	5.84	—8.2	北京	2014-10-30	300406.SZ
213	科兴制药	5.80		山东	2020-12-14	688136.SH
214	塞力医疗	5.72	31.9	湖北	2016-10-31	603716.SH
215	我武生物	5.71	12.1	浙江	2014-01-21	300357.SZ
216	三生国健	5.67		上海	2020-07-22	688336.SH
217	哈三联	5.54	—14.9	黑龙江	2017-09-22	002900.SZ
218	东瑞制药	5.53	—4.9	江苏	2003-07-11	2348.HK
219	春立医疗	5.50	94.1	北京	2015-03-11	1858.HK
220	力生制药	5.47	19.8	天津	2010-04-23	002393.SZ
221	凯普生物	5.45	87.9	广东	2017-04-12	300639.SZ
222	中智药业	5.32	36.0	广东	2015-07-13	3737.HK
223	爱美客	5.26		北京	2020-09-28	300896.SZ
224	卫光生物	5.26	34.3	广东	2017-06-16	002880.SZ
225	中源协和	5.22	20.0	天津	1993-05-04	600645.SH
226	昂利康	5.20	34.8	浙江	2018-10-23	002940.SZ
227	兄弟科技	5.19	219.5	浙江	2011-03-10	002562.SZ
228	派林生物	5.02	55.2	山西	1996-06-28	000403.SZ
229	万东医疗	4.98	49.2	北京	1997-05-19	600055.SH
230	科兴生物	4.88	7.8	北京	2004-12-08	SVA.O
231	昭衍新药	4.82	84.1	北京	2017-08-25	603127.SH
232	沃华医药	4.80	88.5	山东	2007-01-24	002107.SZ
233	普莱柯	4.77	48.1	河南	2015-05-18	603566.SH
234	金斯瑞生物科技	4.74	—21.1	江苏	2015-12-30	1548.HK
235	未名医药	4.64	19.6	山东	2011-05-20	002581.SZ
236	维力医疗	4.62	60.8	广东	2015-03-02	603309.SH

医药行业榜单

续表

序号	证 券 名 称	品牌价值/亿元	增长率/%	地区	上市日期	证券代码
237	海王英特龙	4.59	65.2	广东	2005-09-12	8329.HK
238	康基医疗	4.58		浙江	2020-06-29	9997.HK
239	ST 天圣	4.50	−40.4	重庆	2017-05-19	002872.SZ
240	葫芦娃	4.50		海南	2020-07-10	605199.SH
241	海欣股份	4.43	−41.7	上海	1994-04-04	600851.SH
242	润都股份	4.36	2.0	广东	2018-01-05	002923.SZ
243	东亚药业	4.35		浙江	2020-11-25	605177.SH
244	九安医疗	4.34	250.3	天津	2010-06-10	002432.SZ
245	药石科技	4.32	80.8	江苏	2017-11-10	300725.SZ
246	南新制药	4.30		湖南	2020-03-26	688189.SH
247	方盛制药	4.29	32.8	湖南	2014-12-05	603998.SH
248	花园生物	4.23	39.3	浙江	2014-10-09	300401.SZ
249	苑东生物	4.22		四川	2020-09-02	688513.SH
250	莱美药业	4.20	−7.8	重庆	2009-10-30	300006.SZ
251	先健科技	4.19	41.8	广东	2011-11-10	1302.HK
252	明德生物	4.19	225.5	湖北	2018-07-10	002932.SZ
253	北陆药业	4.17	29.5	北京	2009-10-30	300016.SZ
254	亿胜生物科技	4.12	−17.0	广东	2001-06-27	1061.HK

医药行业榜单

2.12 电子行业品牌价值榜

在 2021 年中国上市公司品牌价值总榜的 3 000 家企业中：电子行业的企业共计 208 家，比 2020 年增加了 3 家；品牌价值总计 7 312.83 亿元，比 2020 年增长了 15%。

2.12.1 2021 年中国电子行业上市公司品牌价值榜分析

【行业集中度】 在 2021 年中国电子行业上市公司品牌价值榜中：排在第 1 位的公司是联想集团，品牌价值 1 849.26 亿元，占行业榜单总计品牌价值的 25.3%；排在前 10 位的公司品牌价值合计 3 676.93 亿元，占行业榜单总计品牌价值的 50.3%；排在前 50 位的公司品牌价值合计 5 827.95 亿元，占行业榜单总计品牌价值的 79.7%。

【所在区域】 在 2021 年中国电子行业上市公司品牌价值榜中，208 家公司来自 21 个地区。其中，来自北京和广东的公司共计 90 家，品牌价值合计 4 435.09 亿元，占行业榜单总计品牌价值的 60.6%，处于主导地位。其他地区企业的构成情况见图 2-23 和图 2-24。

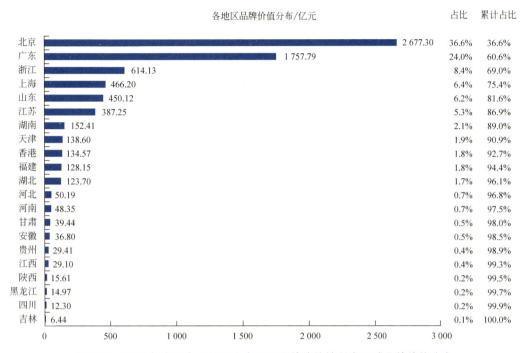

图 2-23　2021 年中国电子行业上市公司品牌价值榜所在区域品牌价值分布

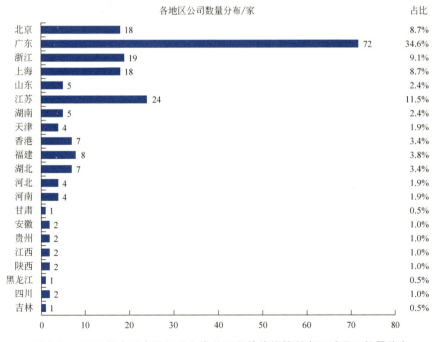

图 2-24　2021 年中国电子行业上市公司品牌价值榜所在区域公司数量分布

【上市板块】　在 2021 年中国电子行业上市公司品牌价值榜中：在港股上市的中资

股公司有 15 家,品牌价值合计 2 167.55 亿元,占行业榜单总计品牌价值的 29.6%,排在第一位;在深市中小企业板上市的公司有 69 家,品牌价值合计 2 030.5 亿元,占行业榜单总计品牌价值的 27.8%,排在第二位;在深市主板上市的公司有 14 家,品牌价值合计 1 192.48 亿元,占行业总计品牌价值的 16.3%,排在第三位。此外,在沪市主板上市的公司有 40 家,品牌价值合计 942.06 亿元;在深市创业板上市的公司有 54 家,品牌价值合计 733.22 亿元;在沪市科创板上市的公司有 14 家,品牌价值合计 215.46 亿元;在国外上市的中概股公司有 2 家,品牌价值合计 31.56 亿元。

【上市时间】 在 2021 年中国电子行业上市公司品牌价值榜中:1996 年以前上市的公司有 8 家,品牌价值合计 2 078.23 亿元,占行业榜单总计品牌价值的 28.4%,排在第一位;2006—2010 年上市的公司有 57 家,品牌价值合计 1 906.08 亿元,占行业榜单总计品牌价值的 26.1%,排在第二位;1996—2000 年上市的公司有 20 家,品牌价值合计 1 032.37 亿元,占行业榜单总计品牌价值的 14.1%,排在第三位。此外,2016—2020 年上市的公司有 67 家,品牌价值合计 884.06 亿元;2011—2015 年上市的公司有 42 家,品牌价值合计 800.02 亿元;2001—2005 年上市的公司有 14 家,品牌价值合计 612.07 亿元。

2.12.2　2021 年中国电子行业上市公司品牌价值榜单

序号	证 券 名 称	品牌价值/亿元	增长率/%	地区	上市日期	证券代码
1	联想集团	1 849.26	17.5	北京	1994-02-14	0992.HK
2	海康威视	289.14	2.9	浙江	2010-05-28	002415.SZ
3	浪潮信息	272.65	38.6	山东	2000-06-08	000977.SZ
4	紫光股份	265.53	32.1	北京	1999-11-04	000938.SZ
5	京东方 A	261.23	21.0	北京	2001-01-12	000725.SZ
6	立讯精密	226.28	47.9	广东	2010-09-15	002475.SZ
7	歌尔股份	151.57	70.3	山东	2008-05-22	002241.SZ
8	环旭电子	146.52	28.2	上海	2012-02-20	601231.SH
9	舜宇光学科技	108.07	60.4	浙江	2007-06-15	2382.HK
10	中国长城	106.68	−59.4	广东	1997-06-26	000066.SZ
11	蓝思科技	103.03	89.9	湖南	2015-03-18	300433.SZ
12	长电科技	100.27	18.4	江苏	2003-06-03	600584.SH
13	中芯国际	100.01	43.9	上海	2020-07-16	688981.SH
14	大华股份	97.65	15.9	浙江	2008-05-20	002236.SZ
15	欧菲光	96.86	59.1	广东	2010-08-03	002456.SZ
16	航天信息	90.45	−30.0	北京	2003-07-11	600271.SH

续表

序号	证券名称	品牌价值/亿元	增长率/%	地区	上市日期	证券代码
17	欣旺达	86.28	25.9	广东	2011-04-21	300207.SZ
18	鹏鼎控股	80.52	−37.0	广东	2018-09-18	002938.SZ
19	中环股份	73.99	16.1	天津	2007-04-20	002129.SZ
20	同方股份	70.52	−45.9	北京	1997-06-27	600100.SH
21	东山精密	64.08	50.5	江苏	2010-04-09	002384.SZ
22	三安光电	61.88	23.6	湖北	1996-05-28	600703.SH
23	纳思达	60.37	8.1	广东	2007-11-13	002180.SZ
24	德赛电池	57.76	27.3	广东	1995-03-20	000049.SZ
25	中科曙光	52.00	13.3	天津	2014-11-06	603019.SH
26	深天马A	51.90	35.0	广东	1995-03-15	000050.SZ
27	韦尔股份	49.48	237.0	上海	2017-05-04	603501.SH
28	汇顶科技	48.35	72.0	广东	2016-10-17	603160.SH
29	广电运通	47.68	4.7	广东	2007-08-13	002152.SZ
30	生益科技	47.06	15.4	广东	1998-10-28	600183.SH
31	视源股份	46.69	3.9	广东	2017-01-19	002841.SZ
32	木林森	43.56	16.5	广东	2015-02-17	002745.SZ
33	领益智造	43.21	−39.4	广东	2011-07-15	002600.SZ
34	深科技	43.03	3.9	广东	1994-02-02	000021.SZ
35	大族激光	42.30	−10.4	广东	2004-06-25	002008.SZ
36	合力泰	41.93	0.6	福建	2008-02-20	002217.SZ
37	华天科技	39.44	56.5	甘肃	2007-11-20	002185.SZ
38	亿纬锂能	39.27	102.7	广东	2009-10-30	300014.SZ
39	通富微电	38.70	70.1	江苏	2007-08-16	002156.SZ
40	信利国际	38.26	29.1	香港	1991-07-29	0732.HK
41	深南电路	37.58	68.1	广东	2017-12-13	002916.SZ
42	华虹半导体	34.37	13.0	上海	2014-10-15	1347.HK
43	新大陆	33.30	4.0	福建	2000-08-07	000997.SZ
44	中航光电	30.29	10.1	河南	2007-11-01	002179.SZ
45	安克创新	28.80		湖南	2020-08-24	300866.SZ
46	信维通信	28.75	17.8	广东	2010-11-05	300136.SZ
47	英唐智控	28.13	66.8	广东	2010-10-19	300131.SZ

电子行业榜单

续表

序号	证 券 名 称	品牌价值/亿元	增长率/%	地区	上市日期	证券代码
48	长信科技	25.97	5.5	安徽	2010-05-26	300088.SZ
49	百富环球	24.06	52.1	香港	2010-12-20	0327.HK
50	长盈精密	23.24	36.4	广东	2010-09-02	300115.SZ
51	沪电股份	22.33	43.3	江苏	2010-08-18	002463.SZ
52	大全新能源	22.15	71.3	上海	2010-10-07	DQ.N
53	华润微	22.07		江苏	2020-02-27	688396.SH
54	利亚德	22.05	−25.5	北京	2012-03-15	300296.SZ
55	华工科技	21.76	20.9	湖北	2000-06-08	000988.SZ
56	协鑫集成	21.72	−65.6	上海	2010-11-18	002506.SZ
57	兆易创新	20.99	89.9	北京	2016-08-18	603986.SH
58	景旺电子	20.80	13.2	广东	2017-01-06	603228.SH
59	北方华创	20.71	134.5	北京	2010-03-16	002371.SZ
60	通达集团	19.58	62.3	香港	2000-12-22	0698.HK
61	华显光电	19.25	−4.7	香港	1997-06-18	0334.HK
62	三环集团	17.59	−4.8	广东	2014-12-03	300408.SZ
63	东旭光电	17.44	−72.4	河北	1996-09-25	000413.SZ
64	ST 方科	17.18	−9.1	上海	1990-12-19	600601.SH
65	振华科技	17.17	−6.1	贵州	1997-07-03	000733.SZ
66	紫光国微	17.17	54.7	河北	2005-06-06	002049.SZ
67	联创电子	17.08	26.3	江西	2004-09-03	002036.SZ
68	捷佳伟创	16.53	88.4	广东	2018-08-10	300724.SZ
69	洲明科技	15.49	2.5	广东	2011-06-22	300232.SZ
70	同兴达	15.19	118.1	广东	2017-01-25	002845.SZ
71	澜起科技	15.01	18.7	上海	2019-07-22	688008.SH
72	超声电子	15.00	38.1	广东	1997-10-08	000823.SZ
73	航天科技	14.97	9.6	黑龙江	1999-04-01	000901.SZ
74	海兴电力	14.34	47.6	浙江	2016-11-10	603556.SH
75	风华高科	14.05	5.3	广东	1996-11-29	000636.SZ
76	卓胜微	14.00	242.4	江苏	2019-06-18	300782.SZ
77	锐信控股	13.83	−3.4	福建	2006-12-21	1399.HK
78	得润电子	13.61	17.2	广东	2006-07-25	002055.SZ

续表

序号	证 券 名 称	品牌价值/亿元	增长率/%	地区	上市日期	证券代码
79	国星光电	13.50	−9.2	广东	2010-07-16	002449.SZ
80	莱宝高科	13.43	73.0	广东	2007-01-12	002106.SZ
81	兴森科技	12.80	26.6	广东	2010-06-18	002436.SZ
82	胜宏科技	12.78	50.6	广东	2015-06-11	300476.SZ
83	高德红外	12.76	161.3	湖北	2010-07-16	002414.SZ
84	崇达技术	12.70	6.0	广东	2016-10-12	002815.SZ
85	威胜控股	12.58	−7.7	香港	2005-12-19	3393.HK
86	星星科技	12.44	57.1	浙江	2011-08-19	300256.SZ
87	龙腾光电	12.28		江苏	2020-08-17	688055.SH
88	航天电器	12.25	−41.0	贵州	2004-07-26	002025.SZ
89	联创光电	12.02	55.1	江西	2001-03-29	600363.SH
90	航天控股	12.00	17.5	香港	1981-08-25	0031.HK
91	新北洋	11.58	−30.7	山东	2010-03-23	002376.SZ
92	鹏辉能源	11.52	51.6	广东	2015-04-24	300438.SZ
93	沃尔核材	11.44	47.3	广东	2007-04-20	002130.SZ
94	万集科技	11.37	327.1	北京	2016-10-21	300552.SZ
95	鸿合科技	11.32	−34.0	北京	2019-05-23	002955.SZ
96	拓邦股份	11.25	55.9	广东	2007-06-29	002139.SZ
97	火炬电子	11.10	86.8	福建	2015-01-26	603678.SH
98	依顿电子	11.03	−10.5	广东	2014-07-01	603328.SH
99	青鸟消防	11.01	5.5	河北	2019-08-09	002960.SZ
100	春兴精工	10.84	3.2	江苏	2011-02-18	002547.SZ
101	凯盛科技	10.83	69.0	安徽	2002-11-08	600552.SH
102	聚飞光电	10.74	12.3	广东	2012-03-19	300303.SZ
103	彩虹股份	10.69	550.1	陕西	1996-05-20	600707.SH
104	扬杰科技	10.55	49.2	江苏	2014-01-23	300373.SZ
105	金溢科技	10.51	158.1	广东	2017-05-15	002869.SZ
106	士兰微	10.50	3.5	浙江	2003-03-11	600460.SH
107	顺络电子	10.40	15.6	广东	2007-06-13	002138.SZ
108	英飞拓	10.30	19.1	广东	2010-12-24	002528.SZ
109	和而泰	10.27	46.5	广东	2010-05-11	002402.SZ

电子行业榜单

续表

序号	证券名称	品牌价值/亿元	增长率/%	地区	上市日期	证券代码
110	水晶光电	10.17	24.4	浙江	2008-09-19	002273.SZ
111	光弘科技	10.06	22.8	广东	2017-12-29	300735.SZ
112	聚光科技	9.87	−32.1	浙江	2011-04-15	300203.SZ
113	法拉电子	9.55	24.4	福建	2002-12-10	600563.SH
114	研祥智能	9.41	3.8	广东	2003-10-10	2308.HK
115	和利时自动化	9.41	−61.4	北京	2008-08-01	HOLI.O
116	睿创微纳	9.36	167.3	山东	2019-07-22	688002.SH
117	大恒科技	9.32	1.3	北京	2000-11-29	600288.SH
118	京东方精电	8.83	47.8	香港	1991-07-01	0710.HK
119	世运电路	8.82	38.9	广东	2017-04-26	603920.SH
120	金安国纪	8.58	17.6	上海	2011-11-25	002636.SZ
121	晶晨股份	8.51	19.0	上海	2019-08-08	688099.SH
122	艾华集团	8.31	33.7	湖南	2015-05-15	603989.SH
123	卓翼科技	8.29	−25.8	广东	2010-03-16	002369.SZ
124	金卡智能	8.09	−9.3	浙江	2012-08-17	300349.SZ
125	锐科激光	8.03	−32.0	湖北	2018-06-25	300747.SZ
126	卫士通	7.94	−36.7	四川	2008-08-11	002268.SZ
127	新国都	7.93	−8.1	广东	2010-10-19	300130.SZ
128	华兴源创	7.87	−3.4	江苏	2019-07-22	688001.SH
129	苏州固锝	7.85	20.5	江苏	2006-11-16	002079.SZ
130	春秋电子	7.84	88.0	江苏	2017-12-12	603890.SH
131	奥士康	7.64	10.0	湖南	2017-12-01	002913.SZ
132	赛晶科技	7.62	80.3	北京	2010-10-13	0580.HK
133	精测电子	7.54	5.8	湖北	2016-11-22	300567.SZ
134	经纬辉开	7.53	167.4	天津	2010-09-17	300120.SZ
135	中微公司	7.42	100.6	上海	2019-07-22	688012.SH
136	江海股份	7.26	49.7	江苏	2010-09-29	002484.SZ
137	奥海科技	7.24		广东	2020-08-17	002993.SZ
138	飞荣达	7.22	48.3	广东	2017-01-26	300602.SZ
139	道通科技	6.87		广东	2020-02-13	688208.SH
140	苏州科达	6.83	−8.5	江苏	2016-12-01	603660.SH

电子行业榜单

续表

序号	证券名称	品牌价值/亿元	增长率/%	地区	上市日期	证券代码
141	电连技术	6.72	−4.8	广东	2017-07-31	300679.SZ
142	瑞芯微	6.67		福建	2020-02-07	603893.SH
143	宁水集团	6.66	36.7	浙江	2019-01-22	603700.SH
144	科森科技	6.60	30.0	江苏	2017-02-09	603626.SH
145	光峰科技	6.54	−14.3	广东	2019-07-22	688007.SH
146	捷捷微电	6.53	94.4	江苏	2017-03-14	300623.SZ
147	汉威科技	6.48	15.4	河南	2009-10-30	300007.SZ
148	华微电子	6.44	21.1	吉林	2001-03-16	600360.SH
149	博敏电子	6.31	37.0	广东	2015-12-09	603936.SH
150	海洋王	6.22	41.9	广东	2014-11-04	002724.SZ
151	欧陆通	6.19		广东	2020-08-24	300870.SZ
152	朗科科技	6.17	31.0	广东	2010-01-08	300042.SZ
153	达华智能	6.15	29.7	福建	2010-12-03	002512.SZ
154	大豪科技	6.15	19.9	北京	2015-04-22	603025.SH
155	恒宝股份	6.15	−14.5	江苏	2007-01-10	002104.SZ
156	圣邦股份	6.09	58.9	北京	2017-06-06	300661.SZ
157	天喻信息	6.05	−17.4	湖北	2011-04-21	300205.SZ
158	协创数据	5.98		广东	2020-07-27	300857.SZ
159	炬华科技	5.98	5.3	浙江	2014-01-21	300360.SZ
160	新天科技	5.91	1.5	河南	2011-08-31	300259.SZ
161	立昂微	5.89		浙江	2020-09-11	605358.SH
162	鸿远电子	5.89	58.8	北京	2019-05-15	603267.SH
163	意华股份	5.85	54.0	浙江	2017-09-07	002897.SZ
164	安洁科技	5.78	−62.8	江苏	2011-11-25	002635.SZ
165	华正新材	5.72	44.0	浙江	2017-01-03	603186.SH
166	天华超净	5.69	102.6	江苏	2014-07-31	300390.SZ
167	全志科技	5.68	22.9	广东	2015-05-15	300458.SZ
168	华灿光电	5.68	−37.9	湖北	2012-06-01	300323.SZ
169	中光学	5.67	32.0	河南	2007-12-03	002189.SZ
170	宝明科技	5.65		广东	2020-08-03	002992.SZ
171	硕贝德	5.65	−47.9	广东	2012-06-08	300322.SZ

电子行业榜单

续表

电子行业榜单

序号	证 券 名 称	品牌价值/亿元	增长率/%	地区	上市日期	证券代码
172	弘信电子	5.61	26.4	福建	2017-05-23	300657.SZ
173	柏楚电子	5.57	88.4	上海	2019-08-08	688188.SH
174	上海复旦	5.53	−8.3	上海	2000-08-04	1385.HK
175	晶方科技	5.46	73.9	江苏	2014-02-10	603005.SH
176	思创医惠	5.27	−8.5	浙江	2010-04-30	300078.SZ
177	中京电子	5.16	47.3	广东	2011-05-06	002579.SZ
178	鸿利智汇	5.12	−31.8	广东	2011-05-18	300219.SZ
179	锐明技术	5.11	−9.6	广东	2019-12-17	002970.SZ
180	恒银科技	5.09	−10.3	天津	2017-09-20	603106.SH
181	上海贝岭	5.08	84.5	上海	1998-09-24	600171.SH
182	大立科技	5.06	248.2	浙江	2008-02-18	002214.SZ
183	证通电子	5.04	−9.3	广东	2007-12-18	002197.SZ
184	捷顺科技	5.02	13.5	广东	2011-08-15	002609.SZ
185	华盛昌	5.00		广东	2020-04-15	002980.SZ
186	捷荣技术	4.97	9.8	广东	2017-03-21	002855.SZ
187	东软载波	4.96	−15.7	山东	2011-02-22	300183.SZ
188	中颖电子	4.93	44.3	上海	2012-06-13	300327.SZ
189	艾比森	4.93	−34.1	广东	2014-08-01	300389.SZ
190	中航电测	4.92	20.2	陕西	2010-08-27	300114.SZ
191	中电华大科技	4.89	30.4	北京	1997-07-25	0085.HK
192	易德龙	4.83	37.4	江苏	2017-06-22	603380.SH
193	华铭智能	4.83	137.8	上海	2015-05-27	300462.SZ
194	盛视科技	4.78		广东	2020-05-25	002990.SZ
195	智莱科技	4.71	−15.1	广东	2019-04-22	300771.SZ
196	南亚新材	4.70		上海	2020-08-18	688519.SH
197	洁美科技	4.70	12.0	浙江	2017-04-07	002859.SZ
198	固德威	4.65		江苏	2020-09-04	688390.SH
199	精研科技	4.64	10.3	江苏	2017-10-19	300709.SZ
200	宏达电子	4.63	52.5	湖南	2017-11-21	300726.SZ
201	沪硅产业-U	4.61		上海	2020-04-20	688126.SH
202	先河环保	4.57	2.5	河北	2010-11-05	300137.SZ

续表

序号	证 券 名 称	品牌价值/亿元	增长率/%	地区	上市日期	证券代码
203	新亚制程	4.57	108.8	广东	2010-04-13	002388.SZ
204	金龙机电	4.52	−20.8	浙江	2009-12-25	300032.SZ
205	雪迪龙	4.51	−7.2	北京	2012-03-09	002658.SZ
206	福蓉科技	4.36	24.8	四川	2019-05-23	603327.SH
207	晨丰科技	4.21	−35.5	浙江	2017-11-27	603685.SH
208	传艺科技	4.13	49.0	江苏	2017-04-26	002866.SZ

2.13　运输行业品牌价值榜

在 2021 年中国上市公司品牌价值总榜的 3 000 家企业中：运输行业的企业共计 110 家，比 2020 年减少了 1 家；品牌价值总计 6 446.13 亿元，比 2020 年增长了 4.6%。

2.13.1　2021 年中国运输行业上市公司品牌价值榜分析

【行业集中度】　在 2021 年中国运输行业上市公司品牌价值榜中：排在前 5 位的公司品牌价值合计 2 268.1 亿元，占行业榜单总计品牌价值的 35.2%；排在前 10 位的公司品牌价值合计 3 346.97 亿元，占行业榜单总计品牌价值的 51.9%；排在前 30 位的公司品牌价值合计 5 025.68 亿元，占行业榜单总计品牌价值的 78%。

【所在区域】　在 2021 年中国运输行业上市公司品牌价值榜中，110 家公司来自 25 个地区。其中，来自广东、上海和北京的公司共计 43 家，品牌价值合计 3 442.51 亿元，占行业榜单总计品牌价值的 53.4%，处于主导地位。其他地区企业的构成情况见图 2-25 和图 2-26。

【上市板块】　在 2021 年中国运输行业上市公司品牌价值榜中：在沪市主板上市的公司有 62 家，品牌价值合计 4 185.65 亿元，占行业榜单总计品牌价值的 64.9%，排在第一位；在深市中小企业板上市的公司有 12 家，品牌价值合计 1 166.94 亿元，占行业总计品牌价值的 18.1%，排在第二位；在港股上市的中资股公司有 21 家，品牌价值合计 765.73 亿元，占行业榜单总计品牌价值的 11.9%，排在第三位。此外，在深市主板上市的公司有 12 家，品牌价值合计 217.91 亿元；在国外上市的中概股公司有 1 家，品牌价值 90.24 亿元；在深市创业板上市的公司有 2 家，品牌价值合计 19.66 亿元。

【上市时间】　在 2021 年中国运输行业上市公司品牌价值榜中：2006—2010 年上市的公司有 22 家，品牌价值合计 2 718.04 亿元，占行业榜单总计品牌价值的 42.2%，排在第一位；2016—2020 年上市的公司有 25 家，品牌价值合计 1 362.05 亿元，占行业榜单总计品

电子行业榜单

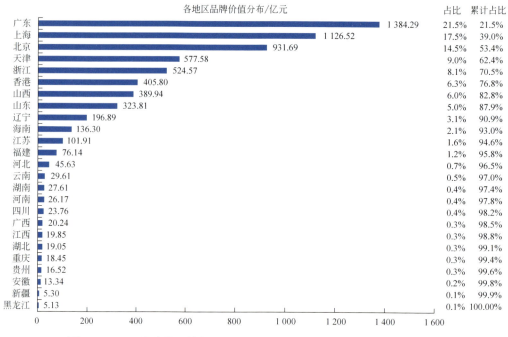

图 2-25　2021 年中国运输行业上市公司品牌价值榜所在区域品牌价值分布

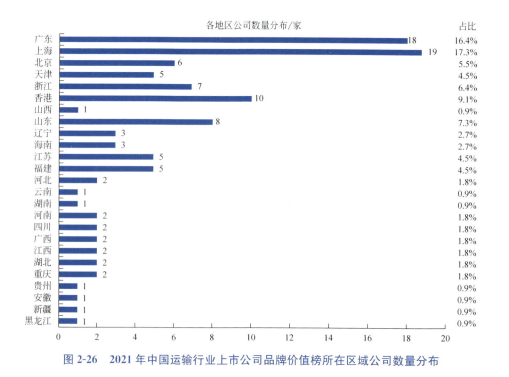

图 2-26　2021 年中国运输行业上市公司品牌价值榜所在区域公司数量分布

价值的 21.1%,排在第二位;1996—2000 年上市的公司有 26 家,品牌价值合计 1 013.45 亿元,占行业榜单总计品牌价值的 15.7%,排在第三位。此外,2001—2005 年上市的公司有

16家,品牌价值合计764.09亿元;1996年以前上市的公司有11家,品牌价值合计354.32亿元;2011—2015年上市的公司有10家,品牌价值合计234.18亿元。

2.13.2 2021年中国运输行业上市公司品牌价值榜单

序号	证券名称	品牌价值/亿元	增长率/%	地区	上市日期	证券代码
1	顺丰控股	724.11	63.0	广东	2010-02-05	002352.SZ
2	中远海控	478.69	86.7	天津	2007-06-26	601919.SH
3	大秦铁路	389.94	−8.3	山西	2006-08-01	601006.SH
4	中国外运	348.16	−15.7	北京	2019-01-18	601598.SH
5	南方航空	327.22	−27.3	广东	2003-07-25	600029.SH
6	中国国航	314.42	−38.3	北京	2006-08-18	601111.SH
7	中国东航	213.90	−40.5	上海	1997-11-05	600115.SH
8	京沪高铁	197.08		北京	2020-01-16	601816.SH
9	中通快递-SW	187.99	34.0	上海	2020-09-29	2057.HK
10	圆通速递	165.48	6.0	辽宁	2000-06-08	600233.SH
11	瑞茂通	160.43	7.5	山东	1998-07-03	600180.SH
12	韵达股份	149.43	41.8	浙江	2007-03-06	002120.SZ
13	东方海外国际	137.09	−3.7	香港	1992-07-31	0316.HK
14	上港集团	121.12	−22.4	上海	2006-10-26	600018.SH
15	*ST海航	119.40	−24.0	海南	1999-11-25	600221.SH
16	申通快递	92.46	−14.4	浙江	2010-09-08	002468.SZ
17	百世集团	90.24	24.4	浙江	2017-09-20	BEST.N
18	德邦股份	86.01	0.4	上海	2018-01-16	603056.SH
19	传化智联	82.84	58.8	浙江	2004-06-29	002010.SZ
20	中远海能	71.03	39.9	上海	2002-05-23	600026.SH
21	中银航空租赁	68.59	19.0	香港	2016-06-01	2588.HK
22	招商轮船	64.47	90.2	上海	2006-12-01	601872.SH
23	招商港口	61.46	302.6	广东	1993-05-05	001872.SZ
24	宁波港	58.69	−1.0	浙江	2010-09-28	601018.SH
25	海丰国际	56.93	30.5	香港	2010-10-06	1308.HK
26	中远海发	56.91	3.0	上海	2007-12-12	601866.SH
27	华贸物流	56.10	26.5	上海	2012-05-29	603128.SH
28	广深铁路	50.08	−21.4	广东	2006-12-22	601333.SH

运输行业榜单

序号	证 券 名 称	品牌价值/亿元	增长率/%	地区	上市日期	证券代码
29	山东高速	49.28	18.1	山东	2002-03-18	600350.SH
30	宁沪高速	46.14	−14.8	江苏	2001-01-16	600377.SH
31	春秋航空	45.93	−11.5	上海	2015-01-21	601021.SH
32	青岛港	43.02	−14.6	山东	2019-01-21	601298.SH
33	浙江沪杭甬	41.92	−19.5	浙江	1997-05-15	0576.HK
34	上海机场	41.27	−32.6	上海	1998-02-18	600009.SH
35	深圳国际	38.96	2.9	香港	1972-09-25	0152.HK
36	中谷物流	37.69		上海	2020-09-25	603565.SH
37	东方嘉盛	36.65	−19.7	广东	2017-07-31	002889.SZ
38	招商公路	36.39	−20.3	天津	2017-12-25	001965.SZ
39	吉祥航空	36.11	−33.1	上海	2015-05-27	603885.SH
40	天津港	31.98	−0.7	天津	1996-06-14	600717.SH
41	福然德	31.37		上海	2020-09-24	605050.SH
42	天津港发展	30.66	−9.4	香港	2006-05-24	3382.HK
43	易见股份	29.61	−8.2	云南	1997-06-26	600093.SH
44	唐山港	29.25	10.2	河北	2010-07-05	601000.SH
45	厦门港务	28.07	15.9	福建	2005-12-19	3378.HK
46	现代投资	27.61	−9.6	湖南	1999-01-28	000900.SZ
47	招商局港口	25.97	−4.7	香港	1992-07-15	0144.HK
48	深高速	25.18	−15.2	广东	2001-12-25	600548.SH
49	北京首都机场股份	24.85	−33.9	北京	2000-02-01	0694.HK
50	嘉友国际	24.67	−1.6	北京	2018-02-06	603871.SH
51	厦门港务	23.59	29.1	福建	1999-04-29	000905.SZ
52	中远海特	22.65	30.5	广东	2002-04-18	600428.SH
53	长久物流	22.52	5.8	北京	2016-08-10	603569.SH
54	中创物流	22.25	−14.5	山东	2019-04-29	603967.SH
55	广州港	21.88	29.3	广东	2017-03-29	601228.SH
56	白云机场	21.28	−28.5	广东	2003-04-28	600004.SH
57	中国飞机租赁	20.77	7.9	天津	2014-07-11	1848.HK
58	密尔克卫	19.76	89.1	上海	2018-07-13	603713.SH
59	恒通股份	19.72	65.9	山东	2015-06-30	603223.SH

运输行业榜单

续表

序号	证券名称	品牌价值/亿元	增长率/%	地区	上市日期	证券代码
60	普路通	19.67	−8.5	广东	2015-06-29	002769.SZ
61	中原高速	19.62	−9.1	河南	2003-08-08	600020.SH
62	蔚蓝锂芯	19.45	20.6	江苏	2008-06-05	002245.SZ
63	辽港股份	19.07	6.5	辽宁	2010-12-06	601880.SH
64	大众交通	19.00	12.8	上海	1992-08-07	600611.SH
65	四川成渝	18.91	−19.7	四川	2009-07-27	601107.SH
66	粤运交通	17.67	−24.2	广东	2005-10-26	3399.HK
67	中远海运港口	17.58	2.8	香港	1994-12-19	1199.HK
68	招商南油	16.65	19.9	江苏	2019-01-08	601975.SH
69	华夏航空	16.52	20.2	贵州	2018-03-02	002928.SZ
70	秦港股份	16.38	−6.2	河北	2017-08-16	601326.SH
71	强生控股	15.75	7.5	上海	1993-06-14	600662.SH
72	越秀交通基建	14.39	−18.3	香港	1997-01-30	1052.HK
73	北部湾港	14.11	34.7	广西	1995-11-02	000582.SZ
74	日照港	13.95	17.9	山东	2006-10-17	600017.SH
75	赣粤高速	13.85	−13.4	江西	2000-05-18	600269.SH
76	皖通高速	13.34	9.3	安徽	2003-01-07	600012.SH
77	飞力达	12.82	−6.7	江苏	2011-07-06	300240.SZ
78	粤高速A	12.34	−21.5	广东	1998-02-20	000429.SZ
79	锦州港	12.34	45.5	辽宁	1999-06-09	600190.SH
80	楚天高速	11.91	4.9	湖北	2004-03-10	600035.SH
81	福建高速	11.64	−8.1	福建	2001-02-09	600033.SH
82	东莞控股	11.38	13.7	广东	1997-06-17	000828.SZ
83	重庆港九	10.52	1.2	重庆	2000-07-31	600279.SH
84	锦江在线	10.38	16.9	上海	1993-06-07	600650.SH
85	美兰空港	10.20	29.9	海南	2002-11-18	0357.HK
86	深圳机场	9.84	−24.5	广东	1998-04-20	000089.SZ
87	滨海泰达物流	9.76	16.8	天津	2008-04-30	8348.HK
88	中远海运国际	9.36	−22.2	香港	1992-02-11	0517.HK
89	渤海轮渡	9.22	7.5	山东	2012-09-06	603167.SH
90	宁波海运	9.00	53.3	浙江	1997-04-23	600798.SH

运输行业榜单

续表

序号	证券名称	品牌价值/亿元	增长率/%	地区	上市日期	证券代码
91	嘉诚国际	8.25	40.9	广东	2017-08-08	603535.SH
92	长安民生物流	7.93	−16.2	重庆	2006-02-23	1292.HK
93	宜昌交运	7.15	11.5	湖北	2011-11-03	002627.SZ
94	畅联股份	7.08	14.2	上海	2017-09-13	603648.SH
95	海晨股份	6.84		江苏	2020-08-24	300873.SZ
96	海峡股份	6.70	19.8	海南	2009-12-16	002320.SZ
97	龙洲股份	6.69	−46.8	福建	2012-06-12	002682.SZ
98	城发环境	6.56	46.2	河南	1999-03-19	000885.SZ
99	珠江船务	6.27	−22.2	香港	1997-05-23	0560.HK
100	厦门空港	6.14	−21.9	福建	1996-05-31	600897.SH
101	五洲交通	6.13	36.7	广西	2000-12-21	600368.SH
102	江西长运	6.00	−7.7	江西	2002-07-16	600561.SH
103	齐鲁高速	5.93	−5.8	山东	2018-07-19	1576.HK
104	中信海直	5.60	5.0	广东	2000-07-31	000099.SZ
105	天顺股份	5.30	49.4	新疆	2016-05-30	002800.SZ
106	龙江交通	5.13	17.9	黑龙江	2010-03-19	601188.SH
107	成都高速	4.85	−38.4	四川	2019-01-15	1785.HK
108	长江投资	4.67	−19.4	上海	1998-01-15	600119.SH
109	珠海港	4.66	−7.0	广东	1993-03-26	000507.SZ
110	盐田港	4.37	−14.3	广东	1997-07-28	000088.SZ

运输行业榜单

2.14　通信行业品牌价值榜

在 2021 年中国上市公司品牌价值总榜的 3 000 家企业中：通信行业的企业共计 66 家，比 2020 年减少了 6 家；品牌价值总计 4 869.99 亿元，比 2020 年增长了 7.4%。

2.14.1　2021 年中国通信行业上市公司品牌价值榜分析

【行业集中度】　在 2021 年中国通信行业上市公司品牌价值榜中，排在第 1 位的公司是小米集团，品牌价值 1 455.69 亿元，占行业榜单总计品牌价值的 29.9%；排在前 5 位的公司品牌价值合计 3 284.51 亿元，占行业榜单总计品牌价值的 67.4%；排在前 20 位的公司品牌价值合计 4 412.04 亿元，占行业榜单总计品牌价值的 90.6%。

【所在区域】 在 2021 年中国通信行业上市公司品牌价值榜中,66 家公司来自 17 个地区。其中,来自北京和广东的公司共计 24 家,品牌价值合计 3 518.65 亿元,占行业榜单总计品牌价值的 72.3%,处于主导地位。其他地区企业的构成情况见图 2-27 和图 2-28。

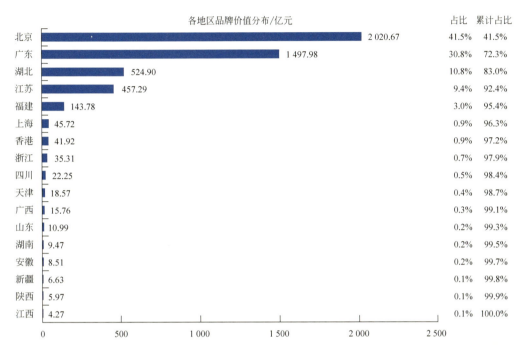

图 2-27 2021 年中国通信行业上市公司品牌价值榜所在区域品牌价值分布

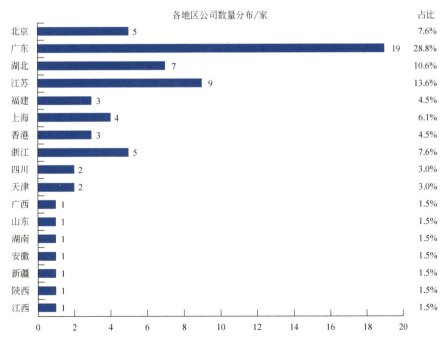

图 2-28 2021 年中国通信行业上市公司品牌价值榜所在区域公司数量分布

【上市板块】　在 2021 年中国通信行业上市公司品牌价值榜中：在港股上市的中资股公司有 9 家,品牌价值合计 2 079.06 亿元,占行业榜单总计品牌价值的 42.7%,排在第一位；在沪市主板上市的公司有 20 家,品牌价值合计 1 098.79 亿元,占行业总计品牌价值的 22.6%,排在第二位；在深市主板上市的公司有 5 家,品牌价值合计 1 082.97 亿元,占行业榜单总计品牌价值的 22.2%,排在第三位。此外,在深市中小企业板上市的公司有 14 家,品牌价值合计 244.15 亿元；在沪市科创板上市的公司有 4 家,品牌价值合计 231.65 亿元；在深市创业板上市的公司有 13 家,品牌价值合计 129.23 亿元；在国外上市的中概股公司有 1 家,品牌价值 4.14 亿元。

【上市时间】　在 2021 年中国通信行业上市公司品牌价值榜中：2016—2020 年上市的公司有 28 家,品牌价值合计 1 960.45 亿元,占行业榜单总计品牌价值的 40.3%,排在第一位；2001—2005 年上市的公司有 8 家,品牌价值合计 1 032.86 亿元,占行业榜单总计品牌价值的 21.2%,排在第二位；1996—2000 年上市的公司有 12 家,品牌价值合计 1 029.21 亿元,占行业榜单总计品牌价值的 21.1%,排在第三位。此外,2006—2010 年上市的公司有 11 家,品牌价值合计 710.86 亿元；2011—2015 年上市的公司有 6 家,品牌价值合计 130.64 亿元；1996 年以前上市的公司有 1 家,品牌价值 5.97 亿元。

2.14.2　2021 年中国通信行业上市公司品牌价值榜单

通信行业榜单

序号	证 券 名 称	品牌价值/亿元	增长率/%	地区	上市日期	证券代码
1	小米集团-W	1 455.69	53.5	北京	2018-07-09	1810.HK
2	中兴通讯	549.12	7.6	广东	1997-11-18	000063.SZ
3	中国通信服务	533.46	0.9	北京	2006-12-08	0552.HK
4	TCL 科技	497.69	−11.0	广东	2004-01-30	000100.SZ
5	闻泰科技	248.56	36.5	湖北	1996-08-28	600745.SH
6	传音控股	210.49	63.7	广东	2019-09-30	688036.SH
7	中天科技	205.60	40.9	江苏	2002-10-24	600522.SH
8	亨通光电	158.52	−2.9	江苏	2003-08-22	600487.SH
9	烽火通信	115.24	−0.1	湖北	2001-08-23	600498.SH
10	凯乐科技	64.78	−0.8	湖北	2000-07-06	600260.SH
11	福日电子	54.95	45.5	福建	1999-05-14	600203.SH
12	星网锐捷	52.83	5.5	福建	2010-06-23	002396.SZ
13	长飞光纤	47.18	−27.7	湖北	2018-07-20	601869.SH
14	共进股份	46.47	6.5	广东	2015-02-25	603118.SH
15	亿联网络	36.00	46.1	福建	2017-03-17	300628.SZ

续表

序号	证 券 名 称	品牌价值/亿元	增长率/%	地区	上市日期	证券代码
16	光迅科技	30.46	4.7	湖北	2009-08-21	002281.SZ
17	京信通信	29.27	0.0	香港	2003-07-15	2342.HK
18	海格通信	28.94	−15.0	广东	2010-08-31	002465.SZ
19	特发信息	23.56	−35.1	广东	2000-05-11	000070.SZ
20	海能达	23.24	−5.0	广东	2011-05-27	002583.SZ
21	杰赛科技	22.74	15.4	广东	2011-01-28	002544.SZ
22	移远通信	21.60	7.9	上海	2019-07-16	603236.SH
23	俊知集团	21.32	−12.0	江苏	2012-03-19	1300.HK
24	南京熊猫	21.27	−14.8	江苏	1996-11-18	600775.SH
25	永鼎股份	17.14	−13.8	江苏	1997-09-29	600105.SH
26	润建股份	15.76	−7.6	广西	2018-03-01	002929.SZ
27	日海智能	14.92	−15.5	广东	2009-12-03	002313.SZ
28	广和通	14.34	101.0	广东	2017-04-13	300638.SZ
29	剑桥科技	13.95	−16.5	上海	2017-11-10	603083.SH
30	酷派集团	13.90	59.3	广东	2004-12-09	2369.HK
31	通鼎互联	13.90	−48.3	江苏	2010-10-21	002491.SZ
32	东方通信	13.40	−27.3	浙江	1996-11-26	600776.SH
33	新易盛	13.35	119.7	四川	2016-03-03	300502.SZ
34	*ST大唐	13.07	−35.0	北京	1998-10-21	600198.SH
35	瑞斯康达	12.25	−7.2	北京	2017-04-20	603803.SH
36	七一二	11.93	36.1	天津	2018-02-26	603712.SH
37	鼎信通讯	10.99	−14.9	山东	2016-10-11	603421.SH
38	金信诺	10.68	−27.5	广东	2011-08-18	300252.SZ
39	三峡新材	10.16	−47.0	湖北	2000-09-19	600293.SH
40	威胜信息	9.47		湖南	2020-01-21	688100.SH
41	通宇通讯	9.43	−25.3	广东	2016-03-28	002792.SZ
42	天邑股份	8.90	−33.2	四川	2018-03-30	300504.SZ
43	武汉凡谷	8.54	−8.3	湖北	2007-12-07	002194.SZ
44	大富科技	8.51	−16.1	安徽	2010-10-26	300134.SZ
45	亨鑫科技	8.51	−13.9	江苏	2010-12-23	1085.HK
46	中新赛克	8.01	42.8	广东	2017-11-21	002912.SZ

通信行业榜单

续表

序号	证券名称	品牌价值/亿元	增长率/%	地区	上市日期	证券代码
47	晨讯科技	7.79	−29.4	香港	2005-06-30	2000.HK
48	富通信息	6.64	−25.1	天津	1997-09-29	000836.SZ
49	立昂技术	6.63	93.2	新疆	2017-01-26	300603.SZ
50	波导股份	6.58	10.8	浙江	2000-07-06	600130.SH
51	佳讯飞鸿	6.20	−28.7	北京	2011-05-05	300213.SZ
52	科思科技	6.03		广东	2020-10-22	688788.SH
53	兆龙互连	6.02		浙江	2020-12-07	300913.SZ
54	烽火电子	5.97	11.7	陕西	1994-05-09	000561.SZ
55	银河电子	5.86	2.8	江苏	2010-12-07	002519.SZ
56	恒玄科技	5.65		上海	2020-12-16	688608.SH
57	迪普科技	5.21	−11.6	浙江	2019-04-12	300768.SZ
58	华脉科技	5.19	29.1	江苏	2017-06-02	603042.SH
59	盛路通信	4.94	−43.0	广东	2010-07-13	002446.SZ
60	中国新电信	4.86	−52.6	香港	2002-08-06	8167.HK
61	太辰光	4.75	−22.2	广东	2016-12-06	300570.SZ
62	美格智能	4.60	−36.7	广东	2017-06-22	002881.SZ
63	移为通信	4.52	−6.6	上海	2017-01-11	300590.SZ
64	普天通信集团	4.27	−12.9	江西	2017-11-09	1720.HK
65	优克联新(UCLOUDLINK)	4.14		广东	2020-06-10	UCL.O
66	博创科技	4.11	103.3	浙江	2016-10-12	300548.SZ

2.15　食品行业品牌价值榜

在 2021 年中国上市公司品牌价值总榜的 3 000 家企业中：食品行业的企业共计 63 家,比 2020 年减少了 1 家;品牌价值总计 4 075.11 亿元,比 2020 年增长了 75.6%。

2.15.1　2021 年中国食品行业上市公司品牌价值榜分析

【行业集中度】　在 2021 年中国食品行业上市公司品牌价值榜中：排在第 1 位的公司是金龙鱼,品牌价值 1 302.98 亿元,占行业榜单总计品牌价值的 32%;排在前 3 位的公司品牌价值合计 2 280.88 亿元,占行业榜单总计品牌价值的 56%;排在前 10 位的公司品牌价值合计 2 940.81 亿元,占行业榜单总计品牌价值的 72.2%。

【所在区域】 在 2021 年中国食品行业上市公司品牌价值榜中,63 家公司来自 20 个地区。其中,来自上海、河南和广东的公司共计 21 家,品牌价值合计 2 699.34 亿元,占行业榜单总计品牌价值的 66.2%,处于主导地位。其他地区企业的构成情况见图 2-29 和图 2-30。

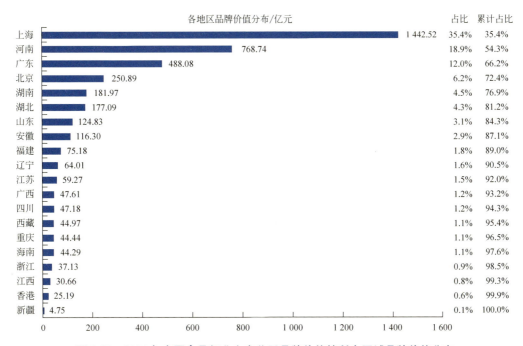

图 2-29 2021 年中国食品行业上市公司品牌价值榜所在区域品牌价值分布

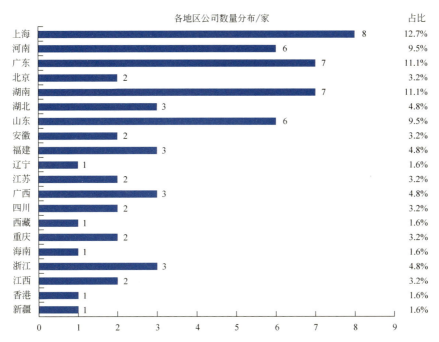

图 2-30 2021 年中国食品行业上市公司品牌价值榜所在区域公司数量分布

【上市板块】 在 2021 年中国食品行业上市公司品牌价值榜中：在深市创业板上市的公司有 8 家,品牌价值合计 1 437.48 亿元,占行业榜单总计品牌价值的 35.3%,排在第一位;在沪市主板上市的公司有 23 家,品牌价值合计 1 010.42 亿元,占行业榜单总计品牌价值的 24.8%,排在第二位;在深市主板上市的公司有 4 家,品牌价值合计 724.53 亿元,占行业榜单总计品牌价值的 17.8%,排在第三位。此外,在深市中小企业板上市的公司有 21 家,品牌价值合计 500.24 亿元;在港股上市的中资股公司有 7 家,品牌价值合计 402.44 亿元。

【上市时间】 在 2021 年中国食品行业上市公司品牌价值榜中：2016—2020 年上市的公司有 30 家,品牌价值合计 2 243.46 亿元,占行业榜单总计品牌价值的 55.1%,排在第一位;1996—2000 年上市的公司有 6 家,品牌价值合计 815.87 亿元,占行业榜单总计品牌价值的 20%,排在第二位;2011—2015 年上市的公司有 14 家,品牌价值合计 690.7 亿元,占行业榜单总计品牌价值的 16.9%,排在第三位。此外,2006—2010 年上市的公司有 7 家,品牌价值合计 165.05 亿元;1996 年以前上市的公司有 4 家,品牌价值合计 128.78 亿元;2001—2005 年上市的公司有 2 家,品牌价值合计 31.25 亿元。

2.15.2 2021 年中国食品行业上市公司品牌价值榜单

序号	证券名称	品牌价值/亿元	增长率/%	地区	上市日期	证券代码
1	金龙鱼	1 302.98		上海	2020-10-15	300999.SZ
2	双汇发展	623.52	28.4	河南	1998-12-10	000895.SZ
3	海天味业	354.37	43.8	广东	2014-02-11	603288.SH
4	中国飞鹤	244.83	93.2	北京	2019-11-13	6186.HK
5	安琪酵母	90.27	58.8	湖北	2000-08-18	600298.SH
6	颐海国际	71.71	128.9	上海	2016-07-13	1579.HK
7	三全食品	65.53	87.1	河南	2008-02-20	002216.SZ
8	桃李面包	64.01	31.1	辽宁	2015-12-22	603866.SH
9	绝味食品	63.58	40.7	湖南	2017-03-17	603517.SH
10	中炬高新	59.99	31.8	广东	1995-01-24	600872.SH
11	安井食品	59.95	68.8	福建	2017-02-22	603345.SH
12	洽洽食品	59.80	39.9	安徽	2011-03-02	002557.SZ
13	好想你	56.91	168.8	河南	2011-05-20	002582.SZ
14	三只松鼠	56.49	4.6	安徽	2019-07-12	300783.SZ
15	良品铺子	55.36		湖北	2020-02-24	603719.SH
16	华宝股份	44.97	8.1	西藏	2018-03-01	300741.SZ
17	京粮控股	44.29	59.7	海南	1992-12-21	000505.SZ

续表

序号	证 券 名 称	品牌价值/亿元	增长率/%	地区	上市日期	证券代码
18	道道全	34.38	54.7	湖南	2017-03-10	002852.SZ
19	广州酒家	34.19	28.2	广东	2017-06-27	603043.SH
20	ST 维维	34.09	40.8	江苏	2000-06-30	600300.SH
21	西王食品	33.79	15.7	山东	1996-11-26	000639.SZ
22	涪陵榨菜	32.37	28.8	重庆	2010-11-23	002507.SZ
23	周黑鸭	31.46	−5.6	湖北	2016-11-11	1458.HK
24	克明面业	30.99	55.8	湖南	2012-03-16	002661.SZ
25	仙坛股份	30.41	41.5	山东	2015-02-16	002746.SZ
26	天味食品	26.17	73.8	四川	2019-04-16	603317.SH
27	中烟香港	25.19	−27.7	香港	2019-06-12	6055.HK
28	恒顺醋业	25.19	28.4	江苏	2001-02-06	600305.SH
29	黑芝麻	22.92	8.0	广西	1997-04-18	000716.SZ
30	千禾味业	21.01	91.4	四川	2016-03-07	603027.SH
31	双塔食品	20.86	5.3	山东	2010-09-21	002481.SZ
32	煌上煌	20.57	83.1	江西	2012-09-05	002695.SZ
33	元祖股份	19.72	40.0	上海	2016-12-28	603886.SH
34	妙可蓝多	18.89	237.6	上海	1995-12-06	600882.SH
35	ST 加加	17.50	30.1	湖南	2012-01-06	002650.SZ
36	盐津铺子	17.42	140.7	湖南	2017-02-08	002847.SZ
37	一鸣食品	16.45		浙江	2020-12-28	605179.SH
38	中宠股份	15.84	72.3	山东	2017-08-21	002891.SZ
39	皇氏集团	15.41	64.9	广西	2010-01-06	002329.SZ
40	得利斯	15.35	65.7	山东	2010-01-06	002330.SZ
41	贝因美	15.10	4.6	浙江	2011-04-12	002570.SZ
42	有友食品	12.07	1.4	重庆	2019-05-08	603697.SH
43	嘉士利集团	12.01	25.0	广东	2014-09-25	1285.HK
44	莲花健康	11.28	28.6	河南	1998-08-25	600186.SH
45	燕塘乳业	11.14	28.9	广东	2014-12-05	002732.SZ
46	品渥食品	10.94		上海	2020-09-24	300892.SZ
47	雅士利国际	10.78	−22.1	广东	2010-11-01	1230.HK
48	雪天盐业	10.37	−18.4	湖南	2018-03-26	600929.SH

食品行业榜单

序号	证券名称	品牌价值/亿元	增长率/%	地区	上市日期	证券代码
49	甘源食品	10.10		江西	2020-07-31	002991.SZ
50	西麦食品	9.28	8.2	广西	2019-06-19	002956.SZ
51	巴比食品	8.88		上海	2020-10-12	605338.SH
52	海欣食品	8.76	53.2	福建	2012-10-11	002702.SZ
53	惠发食品	8.57	22.2	山东	2017-06-13	603536.SH
54	劲仔食品	7.74		湖南	2020-09-14	003000.SZ
55	仲景食品	6.71		河南	2020-11-23	300908.SZ
56	亲亲食品	6.47	9.5	福建	2016-07-08	1583.HK
57	国投中鲁	6.06	28.7	北京	2004-06-22	600962.SH
58	星湖科技	5.61	24.0	广东	1994-08-18	600866.SH
59	熊猫乳品	5.58		浙江	2020-10-16	300898.SZ
60	海融科技	5.05		上海	2020-12-02	300915.SZ
61	*ST科迪	4.78	−41.4	河南	2015-06-30	002770.SZ
62	西部牧业	4.75	37.0	新疆	2010-08-20	300106.SZ
63	爱普股份	4.34	41.6	上海	2015-03-25	603020.SH

2.16 休闲行业品牌价值榜

在 2021 年中国上市公司品牌价值总榜的 3 000 家企业中:休闲行业的企业共计 85 家,比 2020 年减少了 6 家;品牌价值总计 3 801.09 亿元,比 2020 年下降了 9.2%。

2.16.1 2021 年中国休闲行业上市公司品牌价值榜分析

【行业集中度】 在 2021 年中国休闲行业上市公司品牌价值榜中:排在前 5 位的公司品牌价值合计 1 373.17 亿元,占行业榜单总计品牌价值的 36.1%;排在前 10 位的公司品牌价值合计 2 030.16 亿元,占行业榜单总计品牌价值的 53.4%;排在前 30 位的公司品牌价值合计 3 125.67 亿元,占行业榜单总计品牌价值的 82.2%。

【所在区域】 在 2021 年中国休闲行业上市公司品牌价值榜中,85 家公司来自 18 个地区。其中,来自北京、广东和浙江的公司共计 48 家,品牌价值合计 2 518.64 亿元,占行业榜单总计品牌价值的 66.3%,处于主导地位。其他地区企业的构成情况见图 2-31 和图 2-32。

【上市板块】 在 2021 年中国休闲行业上市公司品牌价值榜中:在国外上市的中概

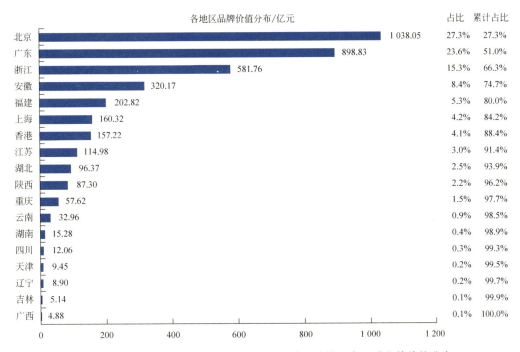

图 2-31　2021 年中国休闲行业上市公司品牌价值榜所在区域品牌价值分布

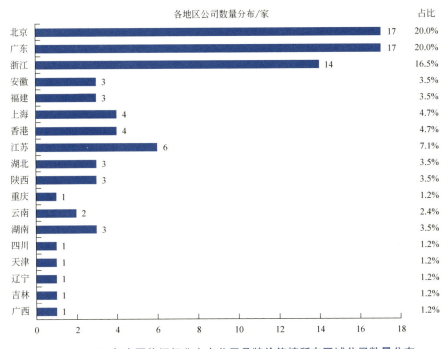

图 2-32　2021 年中国休闲行业上市公司品牌价值榜所在区域公司数量分布

股公司有 11 家,品牌价值合计 1 401.56 亿元,占行业榜单总计品牌价值的 36.9%,排在第一位;在深市中小企业板上市的公司有 17 家,品牌价值合计 1 086.51 亿元,占行业榜单总计品牌价值的 28.6%,排在第二位;在深市创业板上市的公司有 15 家,品牌价值合计 412 亿元,占行业总计品牌价值的 10.8%,排在第三位。此外,在沪市主板上市的公司有 17 家,品牌价值合计 386.99 亿元;在港股上市的中资股公司有 19 家,品牌价值合计 374.9 亿元;在深市主板上市的公司有 6 家,品牌价值合计 139.13 亿元。

【上市时间】 在 2021 年中国休闲行业上市公司品牌价值榜中:2011—2015 年上市的公司有 24 家,品牌价值合计 1 599.61 亿元,占行业榜单总计品牌价值的 42.1%,排在第一位;2016—2020 年上市的公司有 28 家,品牌价值合计 1 405.1 亿元,占行业榜单总计品牌价值的 37%,排在第二位;2006—2010 年上市的公司有 14 家,品牌价值合计 433.03 亿元,占行业榜单总计品牌价值的 11.4%,排在第三位。此外,1996—2000 年上市的公司有 12 家,品牌价值合计 215.19 亿元;1996 年以前上市的公司有 3 家,品牌价值合计 98.15 亿元;2001—2005 年上市的公司有 4 家,品牌价值合计 50.02 亿元。

2.16.2　2021 年中国休闲行业上市公司品牌价值榜单

序号	证券名称	品牌价值/亿元	增长率/%	地区	上市日期	证券代码
1	腾讯音乐	404.30	19.8	广东	2018-12-12	TME.N
2	三七互娱	286.96	8.8	安徽	2011-03-02	002555.SZ
3	爱奇艺(IQIYI)	243.25	9.2	北京	2018-03-29	IQ.O
4	欢聚	222.30	−5.7	广东	2012-11-21	YY.O
5	陌陌	216.36	−42.4	北京	2014-12-11	MOMO.O
6	完美世界	179.15	53.4	浙江	2011-10-28	002624.SZ
7	世纪华通	166.99	103.2	浙江	2011-07-28	002602.SZ
8	昆仑万维	110.84	76.5	北京	2015-01-21	300418.SZ
9	吉比特	104.54	89.3	福建	2017-01-04	603444.SH
10	哔哩哔哩	95.47	54.1	上海	2018-03-28	BILI.O
11	网龙	88.00	103.2	香港	2007-11-02	0777.HK
12	斗鱼	84.49	77.0	湖北	2019-07-17	DOYU.O
13	中国电影	83.67	−45.0	北京	2016-08-09	600977.SH
14	万达电影	83.45	−51.2	北京	2015-01-22	002739.SZ
15	虎牙直播	78.15	24.7	广东	2018-05-11	HUYA.N
16	游族网络	72.77	20.4	福建	2007-09-25	002174.SZ
17	凯撒旅业	66.33	−1.6	陕西	1997-07-03	000796.SZ
18	宋城演艺	64.12	−34.6	浙江	2010-12-09	300144.SZ
19	众信旅游	62.15	−35.4	北京	2014-01-23	002707.SZ

续表

序号	证 券 名 称	品牌价值/亿元	增长率/%	地区	上市日期	证券代码
20	巨人网络	57.62	3.8	重庆	2011-03-02	002558.SZ
21	姚记科技	45.93	384.5	上海	2011-08-05	002605.SZ
22	光线传媒	40.70	−29.0	北京	2011-08-03	300251.SZ
23	中青旅	39.72	−46.4	北京	1997-12-03	600138.SH
24	友谊时光	38.33	35.2	江苏	2019-10-08	6820.HK
25	华策影视	34.80	−53.3	浙江	2010-10-26	300133.SZ
26	岭南控股	34.67	25.7	广东	1993-11-18	000524.SZ
27	香港中旅	32.33	−48.2	香港	1992-11-11	0308.HK
28	阿里影业	31.14	57.2	北京	1994-05-12	1060.HK
29	星辉娱乐	29.83	−20.6	广东	2010-01-20	300043.SZ
30	宝通科技	27.32	72.9	江苏	2009-12-25	300031.SZ
31	平治信息	26.53	65.7	浙江	2016-12-13	300571.SZ
32	黄山旅游	25.54	−23.9	安徽	1997-05-06	600054.SH
33	恺英网络	25.51	−18.9	福建	2010-12-07	002517.SZ
34	保利文化	24.98	−31.2	北京	2014-03-06	3636.HK
35	电魂网络	23.38	133.3	浙江	2016-10-26	603258.SH
36	新濠影汇	22.98	−61.9	香港	2018-10-18	MSC.N
37	横店影视	22.42	−43.4	浙江	2017-10-12	603103.SH
38	祖龙娱乐	20.60		北京	2020-07-15	9990.HK
39	火岩控股	20.45	327.7	广东	2016-02-18	1909.HK
40	云南旅游	19.51	−52.5	云南	2006-08-10	002059.SZ
41	华谊兄弟	17.88	−70.9	浙江	2009-10-30	300027.SZ
42	掌趣科技	17.77	25.5	北京	2012-05-11	300315.SZ
43	猫眼娱乐	17.71	−60.1	北京	2019-02-04	1896.HK
44	星雅集团	17.46	−10.0	江苏	2004-02-20	S85.SG
45	华夏视听教育	17.31		北京	2020-07-15	1981.HK
46	凯撒文化	17.27	35.4	广东	2010-06-08	002425.SZ
47	视觉中国	15.38	−35.7	江苏	1997-01-21	000681.SZ
48	惠程科技	14.37	8.9	广东	2007-09-19	002168.SZ
49	博华太平洋	13.91	−72.3	香港	2002-02-11	1076.HK
50	金逸影视	13.90	−60.7	广东	2017-10-16	002905.SZ

休闲行业榜单

续表

序号	证券名称	品牌价值/亿元	增长率/%	地区	上市日期	证券代码
51	煜盛文化	13.61		北京	2020-03-13	1859.HK
52	丽江股份	13.45	−20.1	云南	2004-08-25	002033.SZ
53	百奥家庭互动	13.39	101.0	广东	2014-04-10	2100.HK
54	峨眉山A	12.06	−32.8	四川	1997-10-21	000888.SZ
55	美盛文化	11.89	3.5	浙江	2012-09-11	002699.SZ
56	曲江文旅	11.54	−0.7	陕西	1996-05-16	600706.SH
57	上海电影	10.24	−40.3	上海	2016-08-17	601595.SH
58	蓝城兄弟(BLUECITY)	10.23		北京	2020-07-08	BLCT.O
59	浙江广厦	9.76	26.4	浙江	1997-04-15	600052.SH
60	冰川网络	9.71	37.2	广东	2016-08-18	300533.SZ
61	慈文传媒	9.55	−31.5	浙江	2010-01-26	002343.SZ
62	中体产业	9.45	59.4	天津	1998-03-27	600158.SH
63	天目湖	9.06	1.0	江苏	2017-09-27	603136.SH
64	文投控股	8.90	−15.4	辽宁	1996-07-01	600715.SH
65	海昌海洋公园	8.68	−70.4	上海	2014-03-13	2255.HK
66	*ST腾邦	8.40	−76.7	广东	2011-02-15	300178.SZ
67	九华旅游	7.67	−3.4	安徽	2015-03-26	603199.SH
68	幸福蓝海	7.44	−46.1	江苏	2016-08-08	300528.SZ
69	指尖悦动	6.78	−64.5	广东	2018-07-12	6860.HK
70	迅雷	6.57	−39.6	广东	2014-06-24	XNET.O
71	西安旅游	6.43	−36.1	陕西	1996-09-26	000610.SZ
72	华夏文化科技	6.35	−29.6	广东	2015-03-12	1566.HK
73	博雅互动	6.35	−36.2	广东	2013-11-12	0434.HK
74	天舟文化	6.07	76.0	湖南	2010-12-15	300148.SZ
75	三特索道	6.04	−26.5	湖北	2007-08-17	002159.SZ
76	金马游乐	6.04	−26.4	广东	2018-12-28	300756.SZ
77	当代文体	5.83	−73.5	湖北	1998-03-03	600136.SH
78	天鸽互动	5.41	−67.1	浙江	2014-07-09	1980.HK
79	祥源文化	5.19	119.8	浙江	2003-02-20	600576.SH
80	长白山	5.14	−38.0	吉林	2014-08-22	603099.SH
81	中广天择	4.95	−4.9	湖南	2017-08-11	603721.SH

休闲行业榜单

续表

序号	证 券 名 称	品牌价值/亿元	增长率/%	地区	上市日期	证券代码
82	新娱科控股	4.88		广西	2020-07-15	6933.HK
83	飞扬集团	4.69	8.3	浙江	2019-06-28	1901.HK
84	华录百纳	4.56	−58.7	北京	2012-02-09	300291.SZ
85	张家界	4.26	−43.2	湖南	1996-08-29	000430.SZ

2.17 贸易行业品牌价值榜

在 2021 年中国上市公司品牌价值总榜的 3 000 家企业中：贸易行业的企业共计 62 家，比 2020 年增加了 11 家；品牌价值总计 3 545.84 亿元，比 2020 年增长了 43.5%。

2.17.1 2021 年中国贸易行业上市公司品牌价值榜分析

【行业集中度】 在 2021 年中国贸易行业上市公司品牌价值榜中：排在前 3 位的公司品牌价值合计 1 176.31 亿元，占行业榜单总计品牌价值的 33.2%；排在前 10 位的公司品牌价值合计 2 309.14 亿元，占行业榜单总计品牌价值的 65.1%；排在前 20 位的公司品牌价值合计 2 882.38 亿元，占行业榜单总计品牌价值的 81.3%。

【所在区域】 在 2021 年中国贸易行业上市公司品牌价值榜中，62 家公司来自 18 个地区。其中，来自福建、浙江和天津的公司共计 16 家，品牌价值合计 2 172.54 亿元，占行业榜单总计品牌价值的 61.3%，处于主导地位。其他地区企业的构成情况见图 2-33 和图 2-34。

【上市板块】 在 2021 年中国贸易行业上市公司品牌价值榜中：在沪市主板上市的公司有 28 家，品牌价值合计 2 453.27 亿元，占行业榜单总计品牌价值的 69.2%，排在第一位；在深市主板上市的公司有 12 家，品牌价值合计 474.88 亿元，占行业榜单总计品牌价值的 13.4%，排在第二位；在深市中小企业板上市的公司有 13 家，品牌价值合计 375.13 亿元，占行业总计品牌价值的 10.6%，排在第三位。此外，在港股上市的中资股公司有 7 家，品牌价值合计 134.23 亿元；在深市创业板上市的公司有 2 家，品牌价值为 108.34 亿元。

【上市时间】 在 2021 年中国贸易行业上市公司品牌价值榜中：1996—2000 年上市的公司有 27 家，品牌价值合计 2 681.71 亿元，占行业榜单总计品牌价值的 75.6%，排在第一位；2006—2010 年上市的公司有 13 家，品牌价值合计 369.44 亿元，占行业榜单总计品牌价值的 10.4%，排在第二位；1996 年以前上市的公司有 8 家，品牌价值合计 200.17 亿元，占行业榜单总计品牌价值的 5.6%，排在第三位。此外，2011—2015 年上市的公司有 6 家，品牌价值合计 172.23 亿元；2001—2005 年上市的公司有 6 家，品牌价值合计 100.08 亿元；2016—2020 年上市的公司有 2 家，品牌价值合计 22.23 亿元。

休闲行业榜单

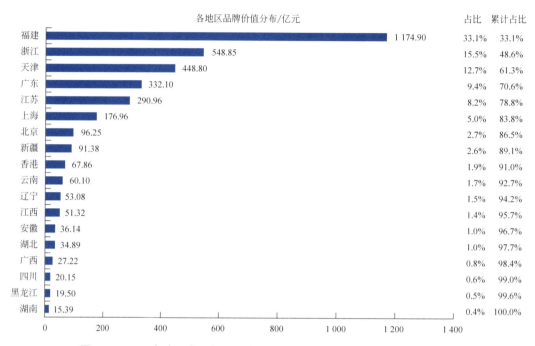

图 2-33   2021 年中国贸易行业上市公司品牌价值榜所在区域品牌价值分布

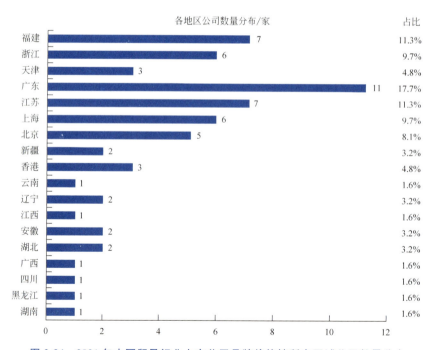

图 2-34   2021 年中国贸易行业上市公司品牌价值榜所在区域公司数量分布

2.17.2 2021 年中国贸易行业上市公司品牌价值榜单

序号	证 券 名 称	品牌价值/亿元	增长率/%	地区	上市日期	证券代码
1	物产中大	400.97	43.5	浙江	1996-06-06	600704.SH
2	建发股份	391.51	11.6	福建	1998-06-16	600153.SH
3	海航科技	383.83	3.0	天津	1996-09-09	600751.SH
4	厦门象屿	379.70	89.5	福建	1997-06-04	600057.SH
5	厦门国贸	287.26	50.0	福建	1996-10-03	600755.SH
6	苏美达	103.76	−1.7	江苏	1996-07-01	600710.SH
7	神州数码	101.85	80.5	广东	1994-05-09	000034.SZ
8	上海钢联	98.88	−37.9	上海	2011-06-08	300226.SZ
9	浙商中拓	88.26	62.9	浙江	1999-07-07	000906.SZ
10	爱施德	73.13	12.6	广东	2010-05-28	002416.SZ
11	远大控股	69.77	8.7	江苏	1996-11-28	000626.SZ
12	怡亚通	67.11	−9.4	广东	2007-11-13	002183.SZ
13	中泰化学	64.57	50.9	新疆	2006-12-08	002092.SZ
14	五矿发展	62.48	21.7	北京	1997-05-28	600058.SH
15	云天化	60.10	6.2	云南	1997-07-09	600096.SH
16	厦门信达	57.84	20.3	福建	1997-02-26	000701.SZ
17	江苏国泰	54.57	21.1	江苏	2006-12-08	002091.SZ
18	天音控股	51.32	26.8	江西	1997-12-02	000829.SZ
19	盛屯矿业	43.30	30.9	福建	1996-05-31	600711.SH
20	汇鸿集团	42.18	10.3	江苏	2004-06-30	600981.SH
21	长虹佳华	37.51	113.9	香港	2000-01-24	3991.HK
22	辽宁成大	35.08	39.9	辽宁	1996-08-19	600739.SH
23	中储股份	34.27	8.4	天津	1997-01-21	600787.SH
24	泰达股份	30.70	64.0	天津	1996-11-28	000652.SZ
25	英特集团	29.94	37.1	浙江	1996-07-16	000411.SZ
26	东方创业	29.68	42.2	上海	2000-07-12	600278.SH
27	桂东电力	27.22	414.5	广西	2001-02-28	600310.SH
28	中粮糖业	26.82	25.1	新疆	1996-07-31	600737.SH
29	卓尔智联	25.43	−46.7	湖北	2011-07-13	2098.HK
30	外高桥	24.82	−31.5	上海	1993-05-04	600648.SH

贸易行业榜单

续表

序号	证券名称	品牌价值/亿元	增长率/%	地区	上市日期	证券代码
31	中国食品	22.49	—7.3	香港	1988-10-07	0506.HK
32	辉隆股份	21.94	53.9	安徽	2011-03-02	002556.SZ
33	天原股份	20.15	67.9	四川	2010-04-09	002386.SZ
34	深圳华强	19.75	25.1	广东	1997-01-30	000062.SZ
35	东方集团	19.50	36.3	黑龙江	1994-01-06	600811.SH
36	H&H 国际控股	18.41	—80.9	广东	2010-12-17	1112.HK
37	铁龙物流	17.99	—52.7	辽宁	1998-05-11	600125.SH
38	宁波联合	16.64	159.7	浙江	1997-04-10	600051.SH
39	中粮家佳康	15.98	49.4	北京	2016-11-01	1610.HK
40	搜于特	15.64	—76.7	广东	2010-11-17	002503.SZ
41	鹏都农牧	15.39	—17.0	湖南	2010-11-18	002505.SZ
42	淮河能源	14.20	89.1	安徽	2003-03-28	600575.SH
43	上海物贸	13.14	—33.3	上海	1994-02-04	600822.SH
44	众业达	12.13	27.0	广东	2010-07-06	002441.SZ
45	华东重机	10.02	—70.9	江苏	2012-06-12	002685.SZ
46	力源信息	9.46	—59.9	湖北	2011-02-22	300184.SZ
47	ST 冠福	8.07	42.6	福建	2006-12-29	002102.SZ
48	宝新金融	7.86	70.6	香港	2010-12-15	1282.HK
49	三木集团	7.22	4.6	福建	1996-11-21	000632.SZ
50	深粮控股	6.70	158.8	广东	1992-10-12	000019.SZ
51	广宇集团	6.55	—46.8	浙江	2007-04-27	002133.SZ
52	宝新置地	6.55	303.0	北京	2004-04-30	0299.HK
53	ST 华鼎	6.49	92.1	浙江	2011-05-09	601113.SH
54	江苏舜天	6.34	—5.0	江苏	2000-09-01	600287.SH
55	中农立华	6.25	41.6	北京	2017-11-16	603970.SH
56	深桑达 A	6.18	14.1	广东	1993-10-28	000032.SZ
57	精艺股份	5.85	19.0	广东	2009-09-29	002295.SZ
58	兰生股份	5.50	—17.2	上海	1994-02-04	600826.SH
59	农产品	5.36	95.2	广东	1997-01-10	000061.SZ
60	农发种业	5.00	13.5	北京	2001-01-19	600313.SH
61	鹏欣资源	4.94	6.5	上海	2003-06-26	600490.SH
62	弘业股份	4.31	—5.7	江苏	1997-09-01	600128.SH

贸易行业榜单

2.18 有色金属行业品牌价值榜

在 2021 年中国上市公司品牌价值总榜的 3 000 家企业中：有色金属行业的企业共计 90 家，比 2020 年增加了 5 家；品牌价值总计 3 108.46 亿元，比 2020 年增长了 24.4%。

2.18.1 2021 年中国有色金属行业上市公司品牌价值榜分析

【行业集中度】 在 2021 年中国有色金属行业上市公司品牌价值榜中：排在前 3 位的公司品牌价值合计 878.48 亿元，占行业榜单总计品牌价值的 28.3%；排在前 10 位的公司品牌价值合计 1 676.69 亿元，占行业榜单总计品牌价值的 53.9%；排在前 40 位的公司品牌价值合计 2 649.82 亿元，占行业榜单总计品牌价值的 85.2%。

【所在区域】 在 2021 年中国有色金属行业上市公司品牌价值榜中，90 家公司来自 26 个地区。其中，来自山东、江西、北京、福建和浙江的公司共计 29 家，品牌价值合计 1 746.65 亿元，占行业榜单总计品牌价值的 56.2%，处于主导地位。其他地区企业的构成情况见图 2-35 和图 2-36。

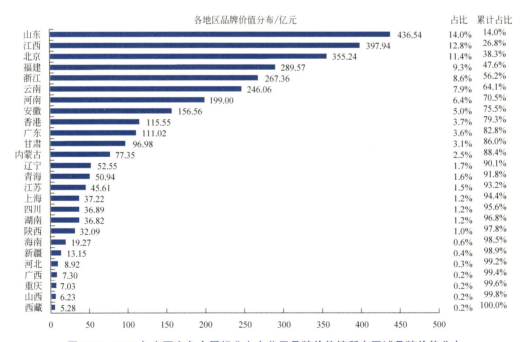

图 2-35 2021 年中国有色金属行业上市公司品牌价值榜所在区域品牌价值分布

【上市板块】 在 2021 年中国有色金属行业上市公司品牌价值榜中：在沪市主板上市的公司有 39 家，品牌价值合计 1 845.95 亿元，占行业榜单总计品牌价值的 59.4%，排在第一位；在深市主板上市的公司有 17 家，品牌价值合计 475.72 亿元，占行业榜单总计品牌价值的 15.3%，排在第二位；在港股上市的中资股公司有 14 家，品牌价值合计 447.4 亿

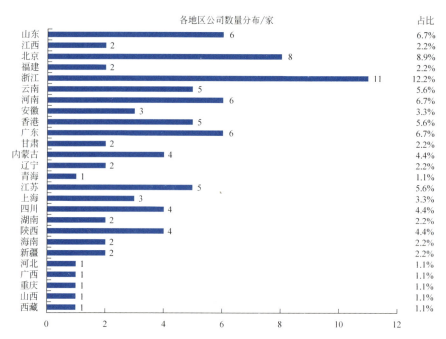

图 2-36　2021 年中国有色金属行业上市公司品牌价值榜所在区域公司数量分布

元,占行业总计品牌价值的 14.4%,排在第三位。此外,在深市中小企业板上市的公司有 17 家,品牌价值合计 323.9 亿元;在国外上市的中概股公司有 1 家,品牌价值 5.93 亿元;在深市创业板上市的公司有 1 家,品牌价值 5.41 亿元;在沪市科创板上市的公司有 1 家,品牌价值 4.16 亿元。

【上市时间】　在 2021 年中国有色金属行业上市公司品牌价值榜中:2006—2010 年上市的公司有 26 家,品牌价值合计 993.03 亿元,占行业榜单总计品牌价值的 31.9%,排在第一位;2001—2005 年上市的公司有 14 家,品牌价值合计 756.92 亿元,占行业榜单总计品牌价值的 24.4%,排在第二位;1996—2000 年上市的公司有 24 家,品牌价值合计 584.88 亿元,占行业榜单总计品牌价值的 18.8%,排在第三位。此外,2011—2015 年上市的公司有 11 家,品牌价值合计 458.92 亿元;2016—2020 年上市的公司有 12 家,品牌价值合计 213.97 亿元;1996 年以前上市的公司有 3 家,品牌价值合计 100.74 亿元。

2.18.2　2021 年中国有色金属行业上市公司品牌价值榜单

序号	证 券 名 称	品牌价值/亿元	增长率/%	地区	上市日期	证券代码
1	江西铜业	381.74	20.6	江西	2002-01-11	600362.SH
2	紫金矿业	262.68	48.8	福建	2008-04-25	601899.SH
3	中国铝业	234.06	9.5	北京	2007-04-30	601600.SH

续表

序号	证券名称	品牌价值/亿元	增长率/%	地区	上市日期	证券代码
4	中国宏桥	205.52	10.0	山东	2011-03-24	1378.HK
5	铜陵有色	125.00	1.8	安徽	1996-11-20	000630.SZ
6	山东黄金	120.09	27.7	山东	2003-08-28	600547.SH
7	洛阳钼业	106.78	147.5	河南	2012-10-09	603993.SH
8	云南铜业	99.87	29.7	云南	1998-06-02	000878.SZ
9	白银有色	76.54	17.3	甘肃	2017-02-15	601212.SH
10	金田铜业	64.40		浙江	2020-04-22	601609.SH
11	中金黄金	64.03	16.5	北京	2003-08-14	600489.SH
12	海亮股份	60.70	13.5	浙江	2008-01-16	002203.SZ
13	锡业股份	53.89	−5.6	云南	2000-02-21	000960.SZ
14	西部矿业	50.94	34.2	青海	2007-07-12	601168.SH
15	恒邦股份	44.86	20.5	山东	2008-05-20	002237.SZ
16	中国忠旺	43.21	−30.2	辽宁	2009-05-08	1333.HK
17	中国大冶有色金属	41.60	16.0	香港	1990-11-21	0661.HK
18	南山铝业	39.77	23.8	山东	1999-12-23	600219.SH
19	贵研铂业	36.82	52.1	云南	2003-05-16	600459.SH
20	华友钴业	36.06	80.5	浙江	2015-01-29	603799.SH
21	五矿资源	32.86	−29.1	香港	1994-12-15	1208.HK
22	中金岭南	32.26	8.7	广东	1997-01-23	000060.SZ
23	云铝股份	31.47	17.7	云南	1998-04-08	000807.SZ
24	中国有色矿业	28.01	8.0	香港	2012-06-29	1258.HK
25	北方稀土	27.61	79.8	内蒙古	1997-09-24	600111.SH
26	厦门钨业	26.89	18.4	福建	2002-11-07	600549.SH
27	楚江新材	26.81	57.9	安徽	2007-09-21	002171.SZ
28	东阳光	26.28	63.9	广东	1993-09-17	600673.SH
29	豫光金铅	26.26	32.3	河南	2002-07-30	600531.SH
30	露天煤业	25.34	240.6	内蒙古	2007-04-18	002128.SZ
31	神火股份	25.22	18.9	河南	1999-08-31	000933.SZ
32	明泰铝业	25.13	45.2	河南	2011-09-19	601677.SH
33	驰宏锌锗	24.01	−5.8	云南	2004-04-20	600497.SH
34	万邦德	23.61	44.7	浙江	2006-11-20	002082.SZ

有色金属行业榜单

续表

序号	证 券 名 称	品牌价值/亿元	增长率/%	地区	上市日期	证券代码
35	天山铝业	20.73	127.3	浙江	2010-12-31	002532.SZ
36	方大炭素	20.45	−32.7	甘肃	2002-08-30	600516.SH
37	兴发铝业	20.05	−2.5	广东	2008-03-31	0098.HK
38	格林美	19.65	−4.8	广东	2010-01-22	002340.SZ
39	湖南黄金	19.57	15.2	湖南	2007-08-16	002155.SZ
40	招金矿业	19.04	7.7	山东	2006-12-08	1818.HK
41	龙宇燃油	17.96	143.5	上海	2012-08-17	603003.SH
42	株冶集团	17.25	−7.1	湖南	2004-08-30	600961.SH
43	横店东磁	16.54	43.1	浙江	2006-08-02	002056.SZ
44	中色股份	16.40	−26.4	北京	1997-04-16	000758.SZ
45	赣锋锂业	16.20	21.3	江西	2010-08-10	002460.SZ
46	金钼股份	14.95	1.0	陕西	2008-04-17	601958.SH
47	银泰黄金	14.95	72.2	内蒙古	2000-06-08	000975.SZ
48	有研新材	14.56	114.3	北京	1999-03-19	600206.SH
49	鼎胜新材	14.46	4.2	江苏	2018-04-18	603876.SH
50	齐合环保	13.89	−8.7	浙江	2010-07-12	0976.HK
51	攀钢钒钛	13.35	−33.4	四川	1996-11-15	000629.SZ
52	璞泰来	12.94	47.5	上海	2017-11-03	603659.SH
53	博威合金	11.93	45.2	浙江	2011-01-27	601137.SH
54	中钨高新	10.94	23.4	海南	1996-12-05	000657.SZ
55	云海金属	10.40	55.9	江苏	2007-11-13	002182.SZ
56	天齐锂业	9.71	−57.4	四川	2010-08-31	002466.SZ
57	赤峰黄金	9.45	91.4	内蒙古	2004-04-14	600988.SH
58	锌业股份	9.34	10.2	辽宁	1997-06-26	000751.SZ
59	河钢资源	8.92	186.6	河北	1999-07-14	000923.SZ
60	怡球资源	8.71	51.6	江苏	2012-04-23	601388.SH
61	新疆众和	8.47	1.2	新疆	1996-02-15	600888.SH
62	广晟有色	8.33	82.6	海南	2000-05-25	600259.SH
63	盛和资源	8.20	46.6	四川	2003-05-29	600392.SH
64	灵宝黄金	8.00	14.5	河南	2006-01-12	3330.HK
65	中国白银集团	7.69	40.1	广东	2012-12-28	0815.HK

有色金属行业榜单

续表

序号	证券名称	品牌价值/亿元	增长率/%	地区	上市日期	证券代码
66	焦作万方	7.60	62.3	河南	1996-09-26	000612.SZ
67	宝钛股份	7.57	63.4	陕西	2002-04-12	600456.SH
68	中科三环	7.33	2.2	北京	2000-04-20	000970.SZ
69	南方锰业	7.30	15.9	广西	2010-11-18	1091.HK
70	索通发展	7.25	83.9	山东	2017-07-18	603612.SH
71	东睦股份	7.20	81.3	浙江	2004-05-11	600114.SH
72	兴业合金	7.15	−1.5	浙江	2007-12-27	0505.HK
73	顺博合金	7.03		重庆	2020-08-28	002996.SZ
74	金川国际	6.97	−13.0	香港	2001-07-09	2362.HK
75	安泰科技	6.77	8.8	北京	2000-05-29	000969.SZ
76	亚太科技	6.43	0.7	江苏	2011-01-18	002540.SZ
77	华峰铝业	6.32		上海	2020-09-07	601702.SH
78	英洛华	6.23	127.4	山西	1997-08-08	000795.SZ
79	盛达资源	6.16	−10.6	北京	1996-08-23	000603.SZ
80	中国黄金国际	6.11	−1.2	香港	2010-12-01	2099.HK
81	希尔威金属矿业	5.93	55.6	北京	2009-02-17	SVM.A
82	安宁股份	5.62		四川	2020-04-17	002978.SZ
83	常铝股份	5.60	26.2	江苏	2007-08-21	002160.SZ
84	美畅股份	5.41		陕西	2020-08-24	300861.SZ
85	西藏珠峰	5.28	−25.6	西藏	2000-12-27	600338.SH
86	宁波韵升	5.14	8.3	浙江	2000-10-30	600366.SH
87	豪美新材	5.08		广东	2020-05-18	002988.SZ
88	众源新材	4.74	28.7	安徽	2017-09-07	603527.SH
89	西部黄金	4.68	128.2	新疆	2015-01-22	601069.SH
90	西部超导	4.16	58.5	陕西	2019-07-22	688122.SH

有色金属行业榜单

2.19 石油行业品牌价值榜

在 2021 年中国上市公司品牌价值总榜的 3 000 家企业中：石油行业的企业共计 21 家，比 2020 年减少了 5 家；品牌价值总计 3 101.1 亿元，比 2020 年下降了 19.6%。

2.19.1 2021 年中国石油行业上市公司品牌价值榜分析

【行业集中度】 在 2021 年中国石油行业上市公司品牌价值榜中：排在第 1 位的公司是中国石化,品牌价值 1 395.06 亿元,占行业榜单总计品牌价值的 45％；排在前 2 位的公司品牌价值合计 2 540.1 亿元,占行业榜单总计品牌价值的 81.9％。

【所在区域】 在 2021 年中国石油行业上市公司品牌价值榜中,21 家公司来自 12 个地区。其中,来自北京的公司共计 6 家,品牌价值合计 2 835.99 亿元,占行业榜单总计品牌价值的 91.5％,处于主导地位。其他地区企业的构成情况见图 2-37 和图 2-38。

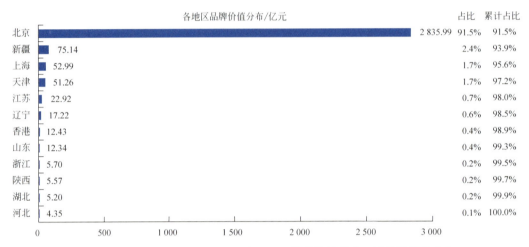

图 2-37 2021 年中国石油行业上市公司品牌价值榜所在区域品牌价值分布

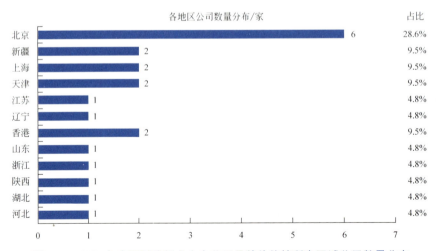

图 2-38 2021 年中国石油行业上市公司品牌价值榜所在区域公司数量分布

【上市板块】 在 2021 年中国石油行业上市公司品牌价值榜中：在沪市主板上市的公司有 10 家,品牌价值合计 2 813.44 亿元,占行业榜单总计品牌价值的 90.7％,排在第一位;在港股上市的中资股公司有 6 家,品牌价值合计 224.41 亿元,占行业榜单总计品牌价值的 7.2%,排在第二位;在深市中小企业板上市的公司有 3 家,品牌价值合计 40.84 亿元,占行业总计品牌价值的 1.3%,排在第三位。此外,在深市主板上市的公司有 2 家,品牌价值合计 22.42 亿元。

【上市时间】　在 2021 年中国石油行业上市公司品牌价值榜中:2001—2005 年上市的公司有 5 家,品牌价值合计 1 624 亿元,占行业榜单总计品牌价值的 52.4%,排在第一位;2006—2010 年上市的公司有 7 家,品牌价值合计 1 229.45 亿元,占行业榜单总计品牌价值的 39.6%,排在第二位;1996 年以前上市的公司有 2 家,品牌价值合计 107.51 亿元,占行业榜单总计品牌价值的 3.5%,排在第三位。此外,1996—2000 年上市的公司有 4 家,品牌价值合计 97.56 亿元;2016—2020 年上市的公司有 2 家,品牌价值合计 38.07 亿元;2011—2015 年上市的公司有 1 家,品牌价值 4.51 亿元。

2.19.2　2021 年中国石油行业上市公司品牌价值榜单

序号	证券名称	品牌价值/亿元	增长率/%	地区	上市日期	证券代码
1	中国石化	1 395.06	−17.9	北京	2001-08-08	600028.SH
2	中国石油	1 145.04	−18.5	北京	2007-11-05	601857.SH
3	中国海洋石油	198.68	−20.2	北京	2001-02-28	0883.HK
4	中油工程	66.42	−13.5	新疆	2000-12-25	600339.SH
5	石化油服	59.04	−5.1	北京	1995-04-11	600871.SH
6	上海石化	48.47	−20.4	上海	1993-11-08	600688.SH
7	海油发展	33.73	−20.8	北京	2019-06-26	600968.SH
8	中海油服	33.05	10.5	天津	2007-09-28	601808.SH
9	东华能源	22.92	−9.4	江苏	2008-03-06	002221.SZ
10	海油工程	18.21	−20.6	天津	2002-02-05	600583.SH
11	华锦股份	17.22	−6.6	辽宁	1997-01-30	000059.SZ
12	杰瑞股份	12.34	55.7	山东	2010-02-05	002353.SZ
13	广汇能源	8.73	2.6	新疆	2000-05-26	600256.SH
14	延长石油国际	6.35	24.2	香港	2001-04-19	0346.HK
15	海峡石油化工	6.08	12.4	香港	2009-01-12	0852.HK
16	ST 海越	5.70	−33.7	浙江	2004-02-18	600387.SH
17	陕天然气	5.57	−18.2	陕西	2008-08-13	002267.SZ
18	石化机械	5.20	42.5	湖北	1998-11-26	000852.SZ
19	惠生工程	4.51	−20.9	上海	2012-12-28	2236.HK

石油行业榜单

续表

序号	证券名称	品牌价值/亿元	增长率/%	地区	上市日期	证券代码
20	安东油田服务	4.45	17.9	北京	2007-12-14	3337.HK
21	达力普控股	4.35	−40.5	河北	2019-11-08	1921.HK

2.20 服饰行业品牌价值榜

在 2021 年中国上市公司品牌价值总榜的 3 000 家企业中：服饰行业的企业共计 68 家，比 2020 年减少了 7 家；品牌价值总计 2 816.71 亿元，比 2020 年下降了 6.8%。

2.20.1 2021 年中国服饰行业上市公司品牌价值榜分析

【行业集中度】 在 2021 年中国服饰行业上市公司品牌价值榜中：排在前 3 位的公司品牌价值合计 999.55 亿元，占行业榜单总计品牌价值的 35.5%；排在前 10 位的公司品牌价值合计 1 835.01 亿元，占行业榜单总计品牌价值的 65.1%；排在前 30 位的公司品牌价值合计 2 397.02 亿元，占行业榜单总计品牌价值的 85.1%。

【所在区域】 在 2021 年中国服饰行业上市公司品牌价值榜中，68 家公司来自 11 个地区。其中，来自上海、浙江和福建的公司共计 30 家，品牌价值合计 1 807.09 亿元，占行业榜单总计品牌价值的 64.2%，处于主导地位。其他地区企业的构成情况见图 2-39 和图 2-40。

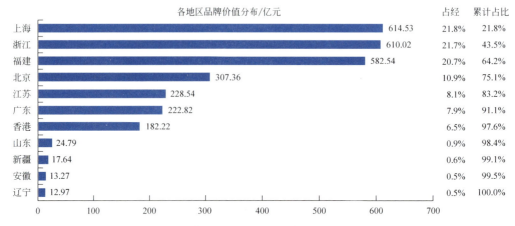

图 2-39 2021 年中国服饰行业上市公司品牌价值榜所在区域品牌价值分布

【上市板块】 在 2021 年中国服饰行业上市公司品牌价值榜中：在港股上市的中资股公司有 20 家，品牌价值合计 1 170.7 亿元，占行业榜单总计品牌价值的 41.6%，排在第一位；在沪市主板上市的公司有 21 家，品牌价值合计 1 117.96 亿元，占行业榜单总计品

石油行业榜单

图 2-40 2021 年中国服饰行业上市公司品牌价值榜所在区域公司数量分布

价值的 39.7%,排在第二位;在深市中小企业板上市的公司有 22 家,品牌价值合计 462.98 亿元,占行业总计品牌价值的 16.4%,排在第三位。此外,在深市主板上市的公司有 1 家,品牌价值 28.15 亿元;在深市创业板上市的公司有 3 家,品牌价值合计 27.6 亿元;在国外上市的中概股公司有 1 家,品牌价值 9.32 亿元。

【上市时间】 在 2021 年中国服饰行业上市公司品牌价值榜中:2006—2010 年上市的公司有 17 家,品牌价值合计 874.98 亿元,占行业榜单总计品牌价值的 31.1%,排在第一位;1996 年以前上市的公司有 5 家,品牌价值合计 596.3 亿元,占行业榜单总计品牌价值的 21.2%,排在第二位;2001—2005 年上市的公司有 7 家,品牌价值合计 456.49 亿元,占行业榜单总计品牌价值的 16.2%,排在第三位。此外,2011—2015 年上市的公司有 21 家,品牌价值合计 414.36 亿元;2016—2020 年上市的公司有 16 家,品牌价值合计 302.22 亿元;1996—2000 年上市的公司有 2 家,品牌价值合计 172.34 亿元。

2.20.2 2021 年中国服饰行业上市公司品牌价值榜单

序号	证 券 名 称	品牌价值/亿元	增长率/%	地区	上市日期	证券代码
1	安踏体育	383.74	46.3	福建	2007-07-10	2020.HK
2	老凤祥	362.90	15.7	上海	1992-08-14	600612.SH
3	申洲国际	252.91	7.7	浙江	2005-11-24	2313.HK
4	豫园股份	179.89	62.7	上海	1992-09-02	600655.SH
5	海澜之家	161.73	−27.1	江苏	2000-12-28	600398.SH
6	李宁	117.68	44.2	北京	2004-06-28	2331.HK
7	际华集团	111.99	15.5	北京	2010-08-16	601718.SH

续表

服饰行业榜单

序号	证券名称	品牌价值/亿元	增长率/%	地区	上市日期	证券代码
8	森马服饰	104.37	−27.1	浙江	2011-03-11	002563.SZ
9	波司登	101.10	14.9	香港	2007-10-11	3998.HK
10	太平鸟	58.69	5.1	浙江	2017-01-09	603877.SH
11	特步国际	56.93	−10.5	福建	2008-06-03	1368.HK
12	周大生	49.28	11.7	广东	2017-04-27	002867.SZ
13	361度	42.59	11.3	福建	2009-06-30	1361.HK
14	金一文化	34.49	−56.8	北京	2014-01-27	002721.SZ
15	江南布衣	30.47	16.6	浙江	2016-10-31	3306.HK
16	中国利郎	28.19	−22.5	福建	2009-09-25	1234.HK
17	飞亚达	28.15	31.6	广东	1993-06-03	000026.SZ
18	地素时尚	27.53	7.8	上海	2018-06-22	603587.SH
19	联泰控股	27.11	−19.4	香港	2004-07-15	0311.HK
20	美邦服饰	26.00	−20.7	上海	2008-08-28	002269.SZ
21	九牧王	25.90	−5.0	福建	2011-05-30	601566.SH
22	朗姿股份	22.63	51.2	北京	2011-08-30	002612.SZ
23	歌力思	21.30	9.5	广东	2015-04-22	603808.SH
24	七匹狼	21.08	−15.0	福建	2004-08-06	002029.SZ
25	安正时尚	20.97	49.6	浙江	2017-02-14	603839.SH
26	红豆股份	20.52	−10.5	江苏	2001-01-08	600400.SH
27	红蜻蜓	20.12	−8.5	浙江	2015-06-29	603116.SH
28	时计宝	20.09	−17.4	香港	2013-02-05	2033.HK
29	嘉欣丝绸	19.82	3.6	浙江	2010-05-11	002404.SZ
30	报喜鸟	18.83	18.6	浙江	2007-08-16	002154.SZ
31	明牌珠宝	18.54	−18.5	浙江	2011-04-22	002574.SZ
32	潮宏基	18.53	6.6	广东	2010-01-28	002345.SZ
33	比音勒芬	18.21	16.8	广东	2016-12-23	002832.SZ
34	拉夏贝尔	17.64	−57.5	新疆	2014-10-09	6116.HK
35	奥康国际	17.59	−22.3	浙江	2012-04-26	603001.SH
36	汇洁股份	17.13	0.3	广东	2015-06-10	002763.SZ
37	卡宾	16.85	12.7	广东	2013-10-28	2030.HK
38	欣贺股份	16.67		福建	2020-10-26	003016.SZ

续表

序号	证券名称	品牌价值/亿元	增长率/%	地区	上市日期	证券代码
39	天创时尚	16.15	16.5	广东	2016-02-18	603608.SH
40	开润股份	13.27	−8.3	安徽	2016-12-21	300577.SZ
41	冠城钟表珠宝	13.00	−29.8	香港	1991-12-10	0256.HK
42	萃华珠宝	12.97	−22.7	辽宁	2014-11-04	002731.SZ
43	星期六	12.92	47.3	广东	2009-09-03	002291.SZ
44	达芙妮国际	12.36	−40.9	上海	1995-11-03	0210.HK
45	健盛集团	11.83	54.3	浙江	2015-01-27	603558.SH
46	锦泓集团	11.59	−27.5	江苏	2014-12-03	603518.SH
47	中国动向	11.49	0.4	北京	2007-10-10	3818.HK
48	ST起步	11.43	5.3	浙江	2017-08-18	603557.SH
49	安莉芳控股	11.29	−26.8	香港	2006-12-18	1388.HK
50	新华锦	10.61	17.8	山东	1996-07-26	600735.SH
51	莱绅通灵	10.56	−26.2	江苏	2016-11-23	603900.SH
52	华鼎控股	9.62	−16.1	香港	2005-12-15	3398.HK
53	华瑞服装	9.32	−54.4	江苏	2008-07-16	EVK.O
54	探路者	9.08	−48.7	北京	2009-10-30	300005.SZ
55	希努尔	8.93	26.5	山东	2010-10-15	002485.SZ
56	都市丽人	8.64	−80.4	广东	2014-06-26	2298.HK
57	ST柏龙	8.57	−13.4	广东	2015-06-26	002776.SZ
58	乔治白	7.68	−1.9	浙江	2012-07-13	002687.SZ
59	伟星股份	7.55	−13.4	浙江	2004-06-25	002003.SZ
60	爱迪尔	7.44	−27.5	福建	2015-01-22	002740.SZ
61	安奈儿	7.08	−24.4	广东	2017-06-01	002875.SZ
62	日播时尚	5.85	−27.0	上海	2017-05-31	603196.SH
63	哈森股份	5.84	1.0	江苏	2016-06-29	603958.SH
64	酷特智能	5.26		山东	2020-07-08	300840.SZ
65	牧高笛	4.96	30.2	浙江	2017-03-07	603908.SH
66	千百度	4.73	−74.8	江苏	2011-09-23	1028.HK
67	棒杰股份	4.25	45.5	浙江	2011-12-05	002634.SZ
68	谭木匠	4.24	−15.8	江苏	2009-12-29	0837.HK

服饰行业榜单

2.21 农业品牌价值榜

在 2021 年中国上市公司品牌价值总榜的 3 000 家企业中：农业企业共计 62 家，比 2020 年增加了 8 家；品牌价值总计 2 624.72 亿元，比 2020 年增长了 40.1%。

2.21.1 2021 年中国农业上市公司品牌价值榜分析

【行业集中度】 在 2021 年中国农业上市公司品牌价值榜中：排在前 3 位的公司品牌价值合计 921.87 亿元，占行业榜单总计品牌价值的 35.1%；排在前 10 位的公司品牌价值合计 1 794.87 亿元，占行业榜单总计品牌价值的 68.4%；排在前 20 位的公司品牌价值合计 2 203.12 亿元，占行业榜单总计品牌价值的 83.9%。

【所在区域】 在 2021 年中国农业上市公司品牌价值榜中，62 家公司来自 22 个地区。其中，来自四川、广东和河南的公司共 9 家，品牌价值合计 1 374.35 亿元，占行业榜单总计品牌价值的 52.4%，处于主导地位。其他地区企业的构成情况见图 2-41 和图 2-42。

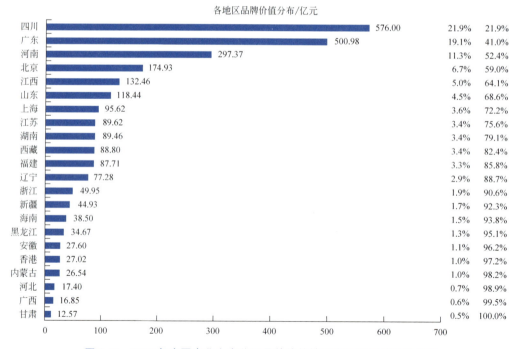

图 2-41 2021 年中国农业上市公司品牌价值榜所在区域品牌价值分布

【上市板块】 在 2021 年中国农业上市公司品牌价值榜中：在深市中小企业板上市的公司有 21 家，品牌价值合计 1 026.72 亿元，占行业总计品牌价值的 39.1%，排在第一位；在沪市主板上市的公司有 19 家，品牌价值合计 723.51 亿元，占行业榜单总计品牌价

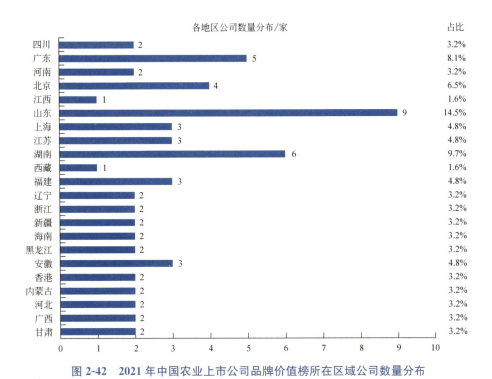

图 2-42 2021 年中国农业上市公司品牌价值榜所在区域公司数量分布

值的 27.6%，排在第二位；在深市主板上市的公司有 6 家，品牌价值合计 401.18 亿元，占行业榜单总计品牌价值的 15.3%，排在第三位。此外，在深市创业板上市的公司有 7 家，品牌价值合计 336.75 亿元；在港股上市的中资股公司有 9 家，品牌价值合计 136.55 亿元。

【上市时间】 在 2021 年中国农业上市公司品牌价值榜中：2011—2015 年上市的公司有 14 家，品牌价值合计 841.09 亿元，占行业榜单总计品牌价值的 32%，排在第一位；2006—2010 年上市的公司有 17 家，品牌价值合计 636.94 亿元，占行业榜单总计品牌价值的 24.3%，排在第二位；1996—2000 年上市的公司有 11 家，品牌价值合计 579.71 亿元，占行业榜单总计品牌价值的 22.1%，排在第三位。此外，2001—2005 年上市的公司有 9 家，品牌价值合计 324.43 亿元；2016—2020 年上市的公司有 9 家，品牌价值合计 141.75 亿元；1996 年以前上市的公司有 2 家，品牌价值合计 100.79 亿元。

2.21.2 2021 年中国农业上市公司品牌价值榜单

序号	证券名称	品牌价值/亿元	增长率/%	地区	上市日期	证券代码
1	新希望	356.84	16.7	四川	1998-03-11	000876.SZ
2	牧原股份	288.40	328.1	河南	2014-01-28	002714.SZ
3	温氏股份	276.64	−17.0	广东	2015-11-02	300498.SZ

续表

序号	证 券 名 称	品牌价值/亿元	增长率/%	地区	上市日期	证券代码
4	通威股份	219.16	87.6	四川	2004-03-02	600438.SH
5	海大集团	195.11	24.7	广东	2009-11-27	002311.SZ
6	正邦科技	132.46	44.2	江西	2007-08-17	002157.SZ
7	梅花生物	88.80	−4.5	西藏	1995-02-17	600873.SH
8	大北农	85.06	16.6	北京	2010-04-09	002385.SZ
9	上海梅林	79.97	18.3	上海	1997-07-04	600073.SH
10	禾丰股份	72.44	32.1	辽宁	2014-08-08	603609.SH
11	安迪苏	62.13	−29.5	北京	2000-04-20	600299.SH
12	圣农发展	55.75	12.5	福建	2009-10-21	002299.SZ
13	龙大肉食	53.95	116.9	山东	2014-06-26	002726.SZ
14	唐人神	47.23	−26.0	湖南	2011-03-25	002567.SZ
15	雨润食品	37.19	−10.9	江苏	2005-10-03	1068.HK
16	天康生物	35.21	45.9	新疆	2006-12-26	002100.SZ
17	海南橡胶	32.53	27.7	海南	2011-01-07	601118.SH
18	苏垦农发	30.59	70.8	江苏	2017-05-15	601952.SH
19	天邦股份	28.73	82.8	浙江	2007-04-03	002124.SZ
20	北大荒	24.92	46.1	黑龙江	2002-03-29	600598.SH
21	傲农生物	23.33	20.0	福建	2017-09-26	603363.SH
22	立华股份	21.83	−35.4	江苏	2019-02-18	300761.SZ
23	中牧股份	21.45	0.0	北京	1999-01-07	600195.SH
24	华统股份	21.22	35.8	浙江	2017-01-10	002840.SZ
25	中国圣牧	19.34	113.1	内蒙古	2014-07-15	1432.HK
26	中国淀粉	17.01	−1.7	香港	2007-09-27	3838.HK
27	现代牧业	16.41	35.2	安徽	2010-11-26	1117.HK
28	凤祥股份	15.99		山东	2020-07-16	9977.HK
29	晨光生物	12.32	51.0	河北	2010-11-05	300138.SZ
30	京基智农	11.99	22.0	广东	1994-11-01	000048.SZ
31	金健米业	11.35	48.2	湖南	1998-05-06	600127.SH
32	益生股份	11.17	134.7	山东	2010-08-10	002458.SZ
33	南宁糖业	10.62	58.1	广西	1999-05-27	000911.SZ
34	金新农	10.12	1.1	广东	2011-02-18	002548.SZ

续表

序号	证 券 名 称	品牌价值/亿元	增长率/%	地区	上市日期	证券代码
35	大成生化科技	10.01	0.3	香港	2001-03-16	0809.HK
36	原生态牧业	9.76	107.3	黑龙江	2013-11-26	1431.HK
37	冠农股份	9.72	54.4	新疆	2003-06-09	600251.SH
38	隆平高科	9.40	−41.3	湖南	2000-12-11	000998.SZ
39	民和股份	9.38	63.0	山东	2008-05-16	002234.SZ
40	*ST华英	8.98	−18.9	河南	2009-12-16	002321.SZ
41	天马科技	8.63	122.4	福建	2017-01-17	603668.SH
42	保龄宝	7.99	100.5	山东	2009-08-28	002286.SZ
43	开创国际	7.83	274.1	上海	1997-06-19	600097.SH
44	雪榕生物	7.82	41.7	上海	2016-05-04	300511.SZ
45	亚盛集团	7.78	6.8	甘肃	1997-08-18	600108.SH
46	湘佳股份	7.66		湖南	2020-04-24	002982.SZ
47	新五丰	7.64	0.7	湖南	2004-06-09	600975.SH
48	金河生物	7.20	20.3	内蒙古	2012-07-13	002688.SZ
49	国联水产	7.12	−15.1	广东	2010-07-08	300094.SZ
50	丰乐种业	6.36	2.4	安徽	1997-04-22	000713.SZ
51	中地乳业	6.29	102.7	北京	2015-12-02	1492.HK
52	百洋股份	6.23	−16.2	广西	2012-09-05	002696.SZ
53	佳沃股份	6.17	252.4	湖南	2011-09-27	300268.SZ
54	罗牛山	5.98	50.8	海南	1997-06-11	000735.SZ
55	好当家	5.47	−17.9	山东	2004-04-05	600467.SH
56	登海种业	5.24	−16.7	山东	2005-04-18	002041.SZ
57	福成股份	5.08	−14.2	河北	2004-07-13	600965.SH
58	獐子岛	4.84	−31.2	辽宁	2006-09-28	002069.SZ
59	荃银高科	4.84	50.0	安徽	2010-05-26	300087.SZ
60	众兴菌业	4.79	31.0	甘肃	2015-06-26	002772.SZ
61	德利股份	4.67	−46.3	山东	2020-09-18	605198.SH
62	康大食品	4.56	128.4	山东	2008-12-22	0834.HK

农业榜单

2.22 钢铁行业品牌价值榜

在 2021 年中国上市公司品牌价值总榜的 3 000 家企业中：钢铁行业的企业共计 44 家，比 2020 年增加了 1 家；品牌价值总计 2 522.46 亿元，比 2020 年增长了 9.8%。

2.22.1 2021 年中国钢铁行业上市公司品牌价值榜分析

【行业集中度】 在 2021 年中国钢铁行业上市公司品牌价值榜中：排在前 5 位的公司品牌价值合计 962.86 亿元，占行业榜单总计品牌价值的 38.2%；排在前 10 位的公司品牌价值合计 1 433.23 亿元，占行业榜单总计品牌价值的 56.8%；排在前 20 位的公司品牌价值合计 2 087.46 亿元，占行业榜单总计品牌价值的 82.8%。

【所在区域】 在 2021 年中国钢铁行业上市公司品牌价值榜中，44 家公司来自 22 个地区。其中，来自上海、辽宁、河北、北京、江苏和湖南的公司共计 17 家，品牌价值合计 1 346.16 亿元，占行业榜单总计品牌价值的 53.4%，处于主导地位。其他地区企业构成的情况见图 2-43 和图 2-44。

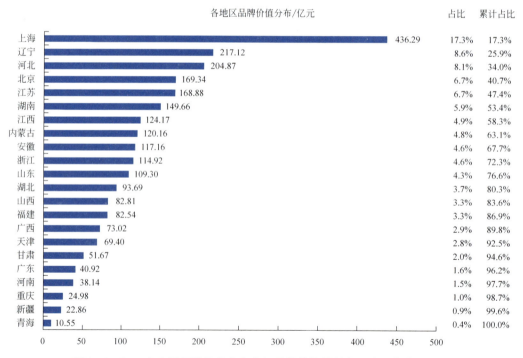

各地区品牌价值分布/亿元	占比	累计占比
上海 436.29	17.3%	17.3%
辽宁 217.12	8.6%	25.9%
河北 204.87	8.1%	34.0%
北京 169.34	6.7%	40.7%
江苏 168.88	6.7%	47.4%
湖南 149.66	5.9%	53.4%
江西 124.17	4.9%	58.3%
内蒙古 120.16	4.8%	63.1%
安徽 117.16	4.6%	67.7%
浙江 114.92	4.6%	72.3%
山东 109.30	4.3%	76.6%
湖北 93.69	3.7%	80.3%
山西 82.81	3.3%	83.6%
福建 82.54	3.3%	86.9%
广西 73.02	2.9%	89.8%
天津 69.40	2.8%	92.5%
甘肃 51.67	2.0%	94.6%
广东 40.92	1.6%	96.2%
河南 38.14	1.5%	97.7%
重庆 24.98	1.0%	98.7%
新疆 22.86	0.9%	99.6%
青海 10.55	0.4%	100.0%

图 2-43 2021 年中国钢铁行业上市公司品牌价值榜所在区域品牌价值分布

【上市板块】 在 2021 年中国钢铁行业上市公司品牌价值榜中：在沪市主板上市的公司有 22 家，品牌价值合计 1 382.73 亿元，占行业榜单总计品牌价值的 54.8%，排在第一位；在深市主板上市的公司有 9 家，品牌价值合计 847.36 亿元，占行业榜单总计品牌价值

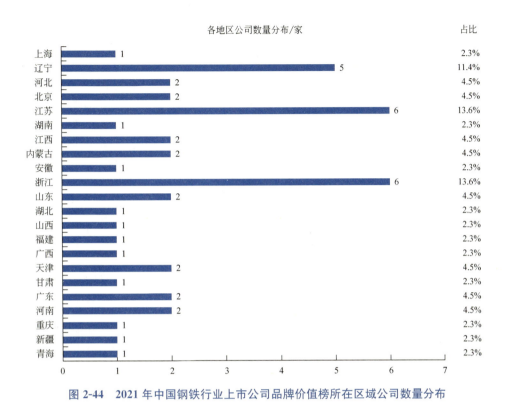

图 2-44　2021 年中国钢铁行业上市公司品牌价值榜所在区域公司数量分布

的 33.6%,排在第二位;在深市中小企业板上市的公司有 7 家,品牌价值合计 151.6 亿元,占行业总计品牌价值的 6%,排在第三位。此外,在港股上市的中资股公司有 6 家,品牌价值合计 140.76 亿元。

【上市时间】　在 2021 年中国钢铁行业上市公司品牌价值榜中:1996—2000 年上市的公司有 17 家,品牌价值合计 1 599.68 亿元,占行业榜单总计品牌价值的 63.4%,排在第一位;2001—2005 年上市的公司有 7 家,品牌价值合计 366.97 亿元,占行业榜单总计品牌价值的 14.5%,排在第二位;2006—2010 年上市的公司有 10 家,品牌价值合计 294.43 亿元,占行业榜单总计品牌价值的 11.7%,排在第三位。此外,1996 年以前上市的公司有 1 家,品牌价值 117.16 亿元;2016—2020 年上市的公司有 5 家,品牌价值合计 109.19 亿元;2011—2015 年上市的公司有 4 家,品牌价值合计 35.02 亿元。

2.22.2　2021 年中国钢铁行业上市公司品牌价值榜单

序号	证 券 名 称	品牌价值/亿元	增长率/%	地区	上市日期	证券代码
1	宝钢股份	436.29	−10.8	上海	2000-12-12	600019.SH
2	华菱钢铁	149.66	27.6	湖南	1999-08-03	000932.SZ
3	河钢股份	142.49	4.6	河北	1997-04-16	000709.SZ

续表

序号	证券名称	品牌价值/亿元	增长率/%	地区	上市日期	证券代码
4	鞍钢股份	117.26	−15.8	辽宁	1997-12-25	000898.SZ
5	马钢股份	117.16	8.8	安徽	1994-01-06	600808.SH
6	首钢股份	108.25	53.5	北京	1999-12-16	000959.SZ
7	山东钢铁	95.28	38.7	山东	2004-06-29	600022.SH
8	中信特钢	93.69	383.4	湖北	1997-03-26	000708.SZ
9	新钢股份	90.33	15.2	江西	1996-12-25	600782.SH
10	太钢不锈	82.81	−26.5	山西	1998-10-21	000825.SZ
11	三钢闽光	82.54	28.6	福建	2007-01-26	002110.SZ
12	包钢股份	80.34	15.5	内蒙古	2001-03-09	600010.SH
13	柳钢股份	73.02	−2.6	广西	2007-02-27	601003.SH
14	南钢股份	71.28	16.0	江苏	2000-09-19	600282.SH
15	友发集团	65.12		天津	2020-12-04	601686.SH
16	新兴铸管	62.38	−3.2	河北	1997-06-06	000778.SZ
17	中国东方集团	61.08	−9.2	北京	2004-03-02	0581.HK
18	本钢板材	54.01	0.9	辽宁	1998-01-15	000761.SZ
19	杭钢股份	52.78	79.0	浙江	1998-03-11	600126.SH
20	酒钢宏兴	51.67	−13.0	甘肃	2000-12-20	600307.SH
21	大明国际	42.83	33.9	江苏	2010-12-01	1090.HK
22	鄂尔多斯	39.82	24.1	内蒙古	2001-04-26	600295.SH
23	韶钢松山	36.81	17.2	广东	1997-05-08	000717.SZ
24	方大特钢	33.84	1.4	江西	2003-09-30	600507.SH
25	安阳钢铁	33.75	−17.9	河南	2001-08-20	600569.SH
26	沙钢股份	30.53	28.5	江苏	2006-10-25	002075.SZ
27	凌钢股份	28.00	0.8	辽宁	2000-05-11	600231.SH
28	甬金股份	26.10	−7.5	浙江	2019-12-24	603995.SH
29	重庆钢铁	24.98	27.5	重庆	2007-02-28	601005.SH
30	八一钢铁	22.86	5.2	新疆	2002-08-16	600581.SH
31	西王特钢	14.02	−33.6	山东	2012-02-23	1266.HK
32	天工国际	12.27	17.0	江苏	2007-07-26	0826.HK
33	抚顺特钢	11.41	147.0	辽宁	2000-12-29	600399.SH
34	西宁特钢	10.55	27.6	青海	1997-10-15	600117.SH

续表

序号	证券名称	品牌价值/亿元	增长率/%	地区	上市日期	证券代码
35	永兴材料	10.27	35.0	浙江	2015-05-15	002756.SZ
36	华达新材	9.19		浙江	2020-08-05	605158.SH
37	久立特材	8.80	33.9	浙江	2009-12-11	002318.SZ
38	金洲管道	7.78	33.7	浙江	2010-07-06	002443.SZ
39	常宝股份	7.28	0.7	江苏	2010-09-21	002478.SZ
40	中国罕王	6.45	137.5	辽宁	2011-09-30	3788.HK
41	武进不锈	4.68	87.8	江苏	2016-12-19	603878.SH
42	恒星科技	4.39	28.8	河南	2007-04-27	002132.SZ
43	银龙股份	4.28	49.9	天津	2015-02-27	603969.SH
44	华津国际控股	4.11	—6.0	广东	2016-04-15	2738.HK

2.23　教育行业品牌价值榜

在 2021 年中国上市公司品牌价值总榜的 3 000 家企业中：教育行业的企业共计 53 家,比 2020 年增加了 3 家;品牌价值总计 2 311.75 亿元,比 2020 年下降了 31%。

2.23.1　2021 年中国教育行业上市公司品牌价值榜分析

【行业集中度】　在 2021 年中国教育行业上市公司品牌价值榜中：排在前 3 位的公司品牌价值合计 1 155.55 亿元,占行业榜单总计品牌价值的 50%;排在前 10 位的公司品牌价值合计 1 581.38 亿元,占行业榜单总计品牌价值的 68.4%;排在前 20 位的公司品牌价值合计 1 905.12 亿元,占行业榜单总计品牌价值的 82.4%。

【所在区域】　在 2021 年中国教育行业上市公司品牌价值榜中,53 家公司来自 15 个地区。其中,来自北京和安徽的公司共计 19 家,品牌价值合计 1 478.73 亿元,占行业榜单总计品牌价值的 64%,处于主导地位。其他地区企业的构成情况见图 2-45 和图 2-46。

【上市板块】　在 2021 年中国教育行业上市公司品牌价值榜中：在港股上市的中资股公司有 23 家,品牌价值合计 1 157.64 亿元,占行业榜单总计品牌价值的 50.1%,排在第一位;在国外上市的中概股公司有 17 家,品牌价值合计 725.38 亿元,占行业榜单总计品牌价值的 31.4%,排在第二位;在深市中小企业板上市的公司有 4 家,品牌价值合计 264.63 亿元,占行业总计品牌价值的 11.4%,排在第三位。此外,在沪市主板上市的公司有 4 家,品牌价值合计 72.47 亿元;在深市主板上市的公司有 1 家,品牌价值 49.31 亿元;在深市创业板上市的公司有 4 家,品牌价值合计 42.32 亿元。

钢铁行业榜单

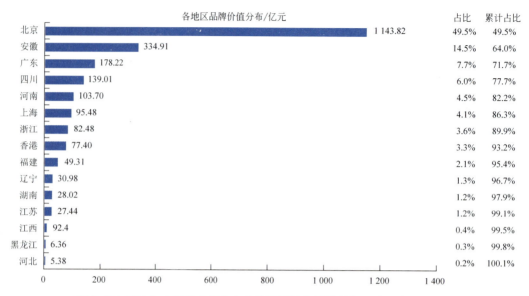

图 2-45　2021 年中国教育行业上市公司品牌价值榜所在区域品牌价值分布

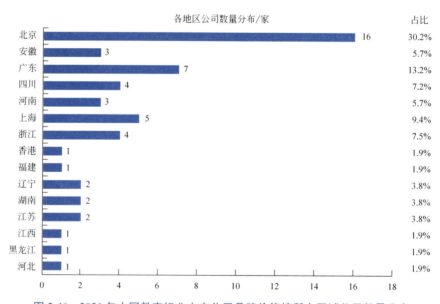

图 2-46　2021 年中国教育行业上市公司品牌价值榜所在区域公司数量分布

【上市时间】　在 2021 年中国教育行业上市公司品牌价值榜中：2016—2020 年上市的公司有 37 家,品牌价值合计 1 424.5 亿元,占行业榜单总计品牌价值的 61.6％,排在第一位;2006—2010 年上市的公司有 3 家,品牌价值合计 468.79 亿元,占行业榜单总计品牌价值的 20.3％,排在第二位;2011—2015 年上市的公司有 9 家,品牌价值合计 323.55 亿元,占行业榜单总计品牌价值的 14％,排在第三位。此外,1996 年以前上市的公司有 3 家,品牌价值合计 87.06 亿元;1996—2000 年上市的公司有 1 家,品牌价值 7.85 亿元。

2.23.2　2021 年中国教育行业上市公司品牌价值榜单

序号	证 券 名 称	品牌价值 /亿元	增长率/%	地区	上市日期	证券代码
1	新东方-S	475.30	35.9	北京	2020-11-09	9901.HK
2	好未来	445.03	53.4	北京	2010-10-20	TAL.N
3	中公教育	235.23	24.3	安徽	2011-08-10	002607.SZ
4	中国东方教育	83.40	−5.1	安徽	2019-06-12	0667.HK
5	中教控股	77.40	109.6	香港	2017-12-15	0839.HK
6	宇华教育	77.04	116.0	河南	2017-02-28	6169.HK
7	希望教育	56.92	79.4	四川	2018-08-03	1765.HK
8	学大教育	49.31	−14.6	福建	1993-11-01	000526.SZ
9	成实外教育	43.96	237.9	四川	2016-01-15	1565.HK
10	睿见教育	37.81	18.8	广东	2017-01-26	6068.HK
11	博实乐	37.40	109.5	广东	2017-05-18	BEDU.N
12	中国科培	36.01	40.9	广东	2019-01-25	1890.HK
13	精锐教育	35.48	−18.6	上海	2018-03-28	ONE.N
14	朴新教育	34.71	−3.8	北京	2018-06-15	NEW.N
15	新高教集团	34.69	76.3	北京	2017-04-19	2001.HK
16	天立教育	33.33	80.7	四川	2018-07-12	1773.HK
17	无忧英语(51TALK)	29.95	184.0	北京	2016-06-10	COE.N
18	有道	28.56	122.0	浙江	2019-10-25	DAO.N
19	东方时尚	26.87	−19.5	北京	2016-02-05	603377.SH
20	海亮教育	26.74	2.7	浙江	2015-07-07	HLG.O
21	华立大学集团	26.55	16.1	广东	2019-11-25	1756.HK
22	民生教育	24.71	34.8	北京	2017-03-22	1569.HK
23	东软教育	24.34		辽宁	2020-09-29	9616.HK
24	嘉宏教育	22.45	103.7	浙江	2019-06-18	1935.HK
25	昂立教育	22.15	−19.0	上海	1993-06-14	600661.SH
26	中国春来	21.10	13.0	河南	2018-09-13	1969.HK
27	思考乐教育	18.93	48.0	广东	2019-06-21	1769.HK
28	拓维信息	18.64	32.3	湖南	2008-07-23	002261.SZ
29	科德教育	18.53	171.4	江苏	2011-03-22	300192.SZ
30	中国新华教育	16.28	17.9	安徽	2018-03-26	2779.HK

教育行业榜单

续表

序号	证券名称	品牌价值/亿元	增长率/%	地区	上市日期	证券代码
31	建桥教育	16.07		上海	2020-01-16	1525.HK
32	国新文化	15.61	347.8	上海	1993-03-16	600636.SH
33	尚德机构	14.19	−14.4	北京	2018-03-23	STG.N
34	一起教育科技(17 EDUCATION & TECHNOLOGY)	13.87		北京	2020-12-04	YQ.O
35	美联国际教育	12.98		广东	2020-03-31	METX.O
36	开元教育	9.38	−23.8	湖南	2012-07-26	300338.SZ
37	辰林教育	9.24	−2.2	江西	2019-12-13	1593.HK
38	王道	8.91		江苏	2020-07-23	EDTK.O
39	全通教育	8.53	−6.3	广东	2014-01-21	300359.SZ
40	达内教育	8.50	−34.8	北京	2014-04-03	TEDU.O
41	中国高科	7.85	−37.6	北京	1996-07-26	600730.SH
42	瑞思学科英语	7.59	−37.9	北京	2017-10-20	REDU.O
43	美吉姆	6.64	61.2	辽宁	2011-09-29	002621.SZ
44	立德教育	6.36		黑龙江	2020-08-06	1449.HK
45	流利说	6.18	−67.7	上海	2018-09-27	LAIX.N
46	三盛教育	5.87	−57.9	北京	2011-12-29	300282.SZ
47	大山教育	5.56		河南	2020-07-15	9986.HK
48	洪恩教育(IHUMAN)	5.45		北京	2020-10-09	IH.N
49	21世纪教育	5.38	15.6	河北	2018-05-29	1598.HK
50	安博教育	5.13	13.3	北京	2010-08-05	AMBO.A
51	银杏教育	4.80	18.0	四川	2019-01-18	1851.HK
52	丽翔教育(LIXIANG EDUCATION)	4.73		浙江	2020-10-01	LXEH.O
53	凯文教育	4.12	−25.8	北京	2012-03-09	002659.SZ

2.24 媒体行业品牌价值榜

在2021年中国上市公司品牌价值总榜的3 000家企业中：媒体行业的企业共计81家，比2020年减少了7家；品牌价值总计2 203.56亿元，比2020年增长了2.1%。

2.24.1　2021 年中国媒体行业上市公司品牌价值榜分析

【行业集中度】　在 2021 年中国媒体行业上市公司品牌价值榜中：排在前 10 位的公司品牌价值合计 849.59 亿元,占行业榜单总计品牌价值的 38.6％;排在前 20 位的公司品牌价值合计 1 343.64 亿元,占行业榜单总计品牌价值的 61％;排在前 30 位的公司品牌价值合计 1 651.08 亿元,占行业榜单总计品牌价值的 74.9％。

【所在区域】　在 2021 年中国媒体行业上市公司品牌价值榜中,81 家公司来自 21 个地区。其中,来自北京、广东和浙江的公司共计 46 家,品牌价值合计 1 171.38 亿元,占行业榜单总计品牌价值的 53.2％,处于主导地位。其他地区企业的构成情况见图 2-47 和图 2-48。

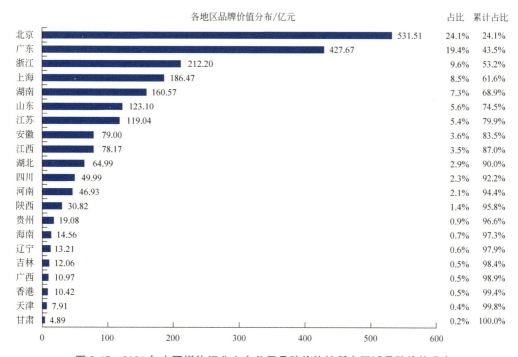

图 2-47　2021 年中国媒体行业上市公司品牌价值榜所在区域品牌价值分布

【上市板块】　在 2021 年中国媒体行业上市公司品牌价值榜中：在沪市主板上市的公司有 33 家,品牌价值合计 1 039.72 亿元,占行业榜单总计品牌价值的 47.2％,排在第一位;在深市创业板上市的公司有 15 家,品牌价值合计 354.21 亿元,占行业榜单总计品牌价值的 16.1％,排在第二位;在深市中小企业板上市的公司有 9 家,品牌价值合计 352.78 亿元,占行业总计品牌价值的 16％,排在第三位。此外,在深市主板上市的公司有 9 家,品牌价值合计 221.52 亿元;在国外上市的中概股公司有 6 家,品牌价值合计 133 亿元;在港股上市的中资股公司有 9 家,品牌价值合计 102.33 亿元。

【上市时间】　在 2021 年中国媒体行业上市公司品牌价值榜中：2006—2010 年上市

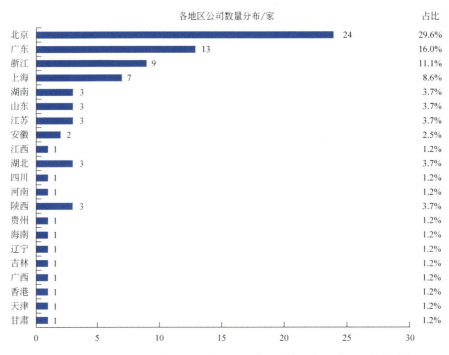

图 2-48 2021 年中国媒体行业上市公司品牌价值榜所在区域公司数量分布

的公司有 13 家,品牌价值合计 537.46 亿元,占行业榜单总计品牌价值的 24.4%,排在第一位;2016—2020 年上市的公司有 24 家,品牌价值合计 454.76 亿元,占行业榜单总计品牌价值的 20.6%,排在第二位;2011—2015 年上市的公司有 20 家,品牌价值合计 400.84 亿元,占行业榜单总计品牌价值的 18.2%,排在第三位。此外,1996—2000 年上市的公司有 12 家,品牌价值合计 315.31 亿元;2001—2005 年上市的公司有 5 家,品牌价值合计 304.21 亿元;1996 年以前上市的公司有 7 家,品牌价值合计 190.98 亿元。

2.24.2 2021 年中国媒体行业上市公司品牌价值榜单

序号	证券名称	品牌价值/亿元	增长率/%	地区	上市日期	证券代码
1	蓝色光标	131.20	41.5	北京	2010-02-26	300058.SZ
2	分众传媒	115.56	−22.8	广东	2004-08-04	002027.SZ
3	东方明珠	101.01	0.4	上海	1993-03-16	600637.SH
4	利欧股份	86.26	119.4	浙江	2007-04-27	002131.SZ
5	中文传媒	78.17	20.3	江西	2002-03-04	600373.SH
6	省广集团	76.83	54.1	广东	2010-05-06	002400.SZ
7	凤凰传媒	72.81	−3.2	江苏	2011-11-30	601928.SH

续表

序号	证 券 名 称	品牌价值/亿元	增长率/%	地区	上市日期	证券代码
8	中南传媒	68.36	−7.9	湖南	2010-10-28	601098.SH
9	芒果超媒	60.63	107.2	湖南	2015-01-21	300413.SZ
10	微博	58.76	−17.0	北京	2014-04-17	WB.O
11	华扬联众	58.08	37.1	北京	2017-08-02	603825.SH
12	浙文互联	56.62	2.5	山东	2004-04-26	600986.SH
13	山东出版	51.57	−6.0	山东	2017-11-22	601019.SH
14	新华文轩	49.99	17.7	四川	2016-08-08	601811.SH
15	天龙集团	49.09	88.6	广东	2010-03-26	300063.SZ
16	智度股份	47.54	91.6	广东	1996-12-24	000676.SZ
17	皖新传媒	47.13	12.4	安徽	2010-01-18	601801.SH
18	长江传媒	47.10	−28.9	湖北	1996-10-03	600757.SH
19	中原传媒	46.93	6.3	河南	1997-03-31	000719.SZ
20	江苏有线	39.99	4.1	江苏	2015-04-28	600959.SH
21	南方传媒	38.93	32.2	广东	2016-02-15	601900.SH
22	搜狐	34.66	11.4	北京	2000-07-12	SOHU.O
23	阅文集团	32.61	77.9	上海	2017-11-08	0772.HK
24	中国出版	32.04	7.9	北京	2017-08-21	601949.SH
25	时代出版	31.87	−4.2	安徽	2002-09-05	600551.SH
26	电广传媒	31.58	−30.5	湖南	1999-03-25	000917.SZ
27	浙数文化	29.82	37.1	浙江	1993-03-04	600633.SH
28	华数传媒	26.45	6.6	浙江	2000-09-06	000156.SZ
29	佳云科技	25.42	78.7	广东	2011-07-12	300242.SZ
30	三维通信	24.06	144.0	浙江	2007-02-15	002115.SZ
31	歌华有线	22.00	12.6	北京	2001-02-08	600037.SH
32	贵广网络	19.08	16.3	贵州	2016-12-26	600996.SH
33	中信国安	18.87	−8.9	北京	1997-10-31	000839.SZ
34	映客	18.26	−26.7	北京	2018-07-12	3700.HK
35	引力传媒	18.03	57.6	北京	2015-05-27	603598.SH
36	号百控股	17.97	−47.6	上海	1993-04-07	600640.SH
37	乐居	17.65	38.3	北京	2014-04-17	LEJU.N
38	中国科传	16.36	7.9	北京	2017-01-18	601858.SH

媒体行业榜单

续表

序号	证 券 名 称	品牌价值/亿元	增长率/%	地区	上市日期	证券代码
39	城市传媒	14.91	5.0	山东	2000-03-09	600229.SH
40	华闻集团	14.56	22.2	海南	1997-07-29	000793.SZ
41	电声股份	14.53	−15.8	广东	2019-11-21	300805.SZ
42	思美传媒	13.90	−32.0	浙江	2014-01-23	002712.SZ
43	广弘控股	13.30	−26.5	广东	1993-11-18	000529.SZ
44	出版传媒	13.21	50.3	辽宁	2007-12-21	601999.SH
45	三人行	13.04		陕西	2020-05-28	605168.SH
46	广电网络	13.04	−22.6	陕西	1994-02-24	600831.SH
47	湖北广电	13.00	−15.7	湖北	1996-12-10	000665.SZ
48	捷成股份	12.61	−49.5	北京	2011-02-22	300182.SZ
49	人民网	12.60	−29.7	北京	2012-04-27	603000.SH
50	吉视传媒	12.06	−18.3	吉林	2012-02-23	601929.SH
51	风语筑	11.94	−39.6	上海	2017-10-20	603466.SH
52	掌阅科技	11.81	103.6	北京	2017-09-21	603533.SH
53	天威视讯	11.24	−8.1	广东	2008-05-26	002238.SZ
54	广西广电	10.97	−4.7	广西	2016-08-15	600936.SH
55	趣头条	10.97	−60.4	上海	2018-09-14	QTT.O
56	万润科技	10.89	15.2	广东	2012-02-17	002654.SZ
57	凤凰卫视	10.42	−37.6	香港	2000-06-30	2008.HK
58	新华网	10.04	−14.5	北京	2016-10-28	603888.SH
59	新媒股份	9.77	55.3	广东	2019-04-19	300770.SZ
60	疯狂体育	9.47	45.6	北京	1991-10-25	0082.HK
61	广博股份	9.29	−59.8	浙江	2007-01-10	002103.SZ
62	华媒控股	9.29	−5.0	浙江	1996-08-30	000607.SZ
63	中信出版	9.20	−19.4	北京	2019-07-05	300788.SZ
64	新经典	7.91	−19.9	天津	2017-04-25	603096.SH
65	太平洋网络	7.64	33.1	广东	2007-12-18	0543.HK
66	*ST 嘉信	7.54	−25.4	北京	2010-04-21	300071.SZ
67	兑吧	7.12	−41.2	浙江	2019-05-07	1753.HK
68	ST 联建	6.92	−31.9	广东	2011-10-12	300269.SZ
69	新华传媒	6.37	−14.1	上海	1994-02-04	600825.SH

媒体行业榜单

续表

序号	证 券 名 称	品牌价值/亿元	增长率/%	地区	上市日期	证券代码
70	紫天科技	6.24	204.5	江苏	2011-12-29	300280.SZ
71	人人网	6.23	28.1	北京	2011-05-04	RENN.N
72	金科文化	6.01	−26.9	浙江	2015-05-15	300459.SZ
73	万咖壹联	5.75	−36.5	北京	2018-12-21	1762.HK
74	中视金桥	5.61	−33.5	上海	2008-07-08	0623.HK
75	腾信股份	5.56	−13.5	北京	2014-09-10	300392.SZ
76	乐享互动	5.46		北京	2020-09-23	6988.HK
77	读者传媒	4.89	25.5	甘肃	2015-12-10	603999.SH
78	盛天网络	4.89	50.7	湖北	2015-12-31	300494.SZ
79	环球印务	4.75	382.8	陕西	2016-06-08	002799.SZ
80	凤凰新媒体	4.73	−32.7	北京	2011-05-12	FENG.N
81	值得买	4.58	−6.6	北京	2019-07-15	300785.SZ

2.25 化工行业品牌价值榜

在 2021 年中国上市公司品牌价值总榜的 3 000 家企业中：化工行业的企业共计 110 家，比 2020 年减少了 4 家；品牌价值总计 2 023.49 亿元，比 2020 年下降了 5.9%。

2.25.1 2021 年中国化工行业上市公司品牌价值榜分析

【行业集中度】 在 2021 年中国化工行业上市公司品牌价值榜中：排在前 10 位的公司品牌价值合计 722.03 亿元，占行业榜单总计品牌价值的 35.7%；排在前 20 位的公司品牌价值合计 1 063.22 亿元，占行业榜单总计品牌价值的 52.5%；排在前 30 位的公司品牌价值合计 1 312.07 亿元，占行业榜单总计品牌价值的 64.8%。

【所在区域】 在 2021 年中国化工行业上市公司品牌价值榜中，110 家公司来自 27 个地区。其中，来自浙江、山东、江苏、辽宁和湖北的公司共计 56 家，品牌价值合计 1 122.31 亿元，占行业榜单总计品牌价值的 55.5%，处于主导地位。其他地区企业的构成情况见图 2-49 和图 2-50。

【上市板块】 在 2021 年中国化工行业上市公司品牌价值榜中：在沪市主板上市的公司有 43 家，品牌价值合计 937.02 亿元，占行业榜单总计品牌价值的 46.3%，排在第一位；在深市中小企业板上市的公司有 35 家，品牌价值合计 508.49 亿元，占行业总计品牌价值的 25.1%，排在第二位；在深市主板上市的公司有 16 家，品牌价值合计 305.4 亿元，

媒体行业榜单

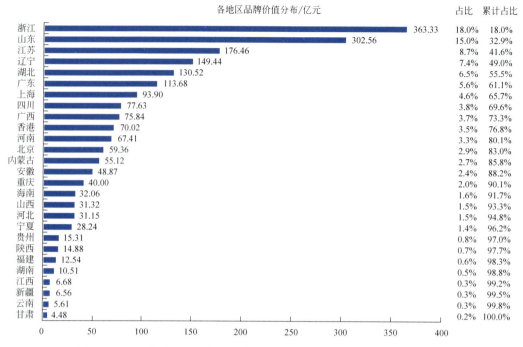

图 2-49　2021 年中国化工行业上市公司品牌价值榜所在区域品牌价值分布

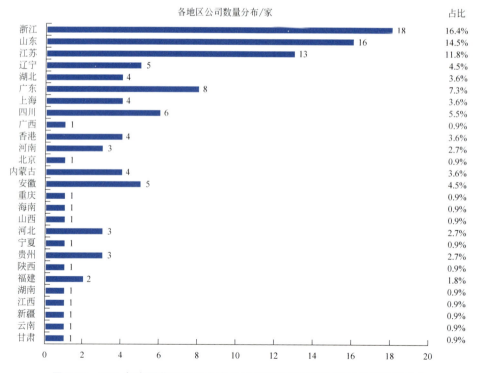

图 2-50　2021 年中国化工行业上市公司品牌价值榜所在区域公司数量分布

占行业榜单总计品牌价值的 15.1%,排在第三位。此外,在港股上市的中资股公司有 11家,品牌价值合计 244.37 亿元;在深市创业板上市的公司有 5 家,品牌价值合计 28.21亿元。

【上市时间】 在 2021 年中国化工行业上市公司品牌价值榜中:2001—2005 年上市的公司有 16 家,品牌价值合计 569.86 亿元,占行业榜单总计品牌价值的 28.2%,排在第一位;1996—2000 年上市的公司有 25 家,品牌价值合计 446.25 亿元,占行业榜单总计品牌价值的 22.1%,排在第二位;2006—2010 年上市的公司有 22 家,品牌价值合计 379.15亿元,占行业榜单总计品牌价值的 18.7%,排在第三位。此外,2011—2015 年上市的公司有 21 家,品牌价值合计 273.93 亿元;2016—2020 年上市的公司有 18 家,品牌价值合计197.54 亿元;1996 年以前上市的公司有 8 家,品牌价值合计 156.76 亿元。

2.25.2 2021 年中国化工行业上市公司品牌价值榜单

序号	证 券 名 称	品牌价值/亿元	增长率/%	地区	上市日期	证券代码
1	恒力石化	123.53	192.5	辽宁	2001-08-20	600346.SH
2	荣盛石化	116.14	62.7	浙江	2010-11-02	002493.SZ
3	万华化学	110.95	25.1	山东	2001-01-05	600309.SH
4	恒逸石化	75.84	11.7	广西	1997-03-28	000703.SZ
5	中化化肥	59.36	9.4	北京	1996-09-30	0297.HK
6	中化国际	53.54	17.4	上海	2000-03-01	600500.SH
7	安道麦 A	49.65	−35.5	湖北	1993-12-03	000553.SZ
8	扬农化工	44.82	83.3	江苏	2002-04-25	600486.SH
9	桐昆股份	44.11	24.5	浙江	2011-05-18	601233.SH
10	金发科技	44.09	82.9	广东	2004-06-23	600143.SH
11	信义玻璃	40.62	−18.1	香港	2005-02-03	0868.HK
12	华邦健康	40.00	17.5	重庆	2004-06-25	002004.SZ
13	新洋丰	38.80	−5.0	湖北	1999-04-08	000902.SZ
14	华鲁恒升	36.68	−5.5	山东	2002-06-20	600426.SH
15	中国心连心化肥	33.11	−3.7	河南	2009-12-08	1866.HK
16	中海石油化学	32.06	−26.9	海南	2006-09-29	3983.HK
17	阳煤化工	31.32	−17.3	山西	1993-11-19	600691.SH
18	浙江龙盛	31.14	−69.3	浙江	2003-08-01	600352.SH
19	云图控股	29.22	101.4	四川	2011-01-18	002539.SZ
20	宝丰能源	28.24	−1.4	宁夏	2019-05-16	600989.SH

化工行业榜单

续表

序号	证券名称	品牌价值/亿元	增长率/%	地区	上市日期	证券代码
21	天禾股份	27.97		广东	2020-09-03	002999.SZ
22	华谊集团	27.66	−21.5	上海	1992-12-04	600623.SH
23	齐翔腾达	27.42	20.1	山东	2010-05-18	002408.SZ
24	新凤鸣	27.36	12.7	浙江	2017-04-18	603225.SH
25	君正集团	26.68	114.4	内蒙古	2011-02-22	601216.SH
26	湖北宜化	24.10	25.7	湖北	1996-08-15	000422.SZ
27	龙蟒佰利	23.89	63.1	河南	2011-07-15	002601.SZ
28	东方盛虹	23.04	6.0	江苏	2000-05-29	000301.SZ
29	新安股份	21.09	−38.1	浙江	2001-09-06	600596.SH
30	史丹利	19.64	−0.1	山东	2011-06-10	002588.SZ
31	江山股份	18.21	18.8	江苏	2001-01-10	600389.SH
32	三友化工	18.04	−6.2	河北	2003-06-18	600409.SH
33	兴发集团	17.97	9.1	湖北	1999-06-16	600141.SH
34	利尔化学	17.86	16.6	四川	2008-07-08	002258.SZ
35	阜丰集团	17.37	19.3	山东	2007-02-08	0546.HK
36	广信股份	16.58	47.0	安徽	2015-05-13	603599.SH
37	华昌化工	15.89	163.3	江苏	2008-09-25	002274.SZ
38	巨化股份	15.77	3.7	浙江	1998-06-26	600160.SH
39	鲁西化工	15.55	−80.6	山东	1998-08-07	000830.SZ
40	北元集团	14.88		陕西	2020-10-20	601568.SH
41	东岳集团	14.56	−13.6	山东	2007-12-10	0189.HK
42	利民股份	14.34	145.7	江苏	2015-01-27	002734.SZ
43	诺普信	12.62	5.6	广东	2008-02-18	002215.SZ
44	福斯特	12.43	−70.7	浙江	2014-09-05	603806.SH
45	亿利洁能	12.39	−2.7	内蒙古	2000-07-25	600277.SH
46	海利尔	12.32	49.7	山东	2017-01-12	603639.SH
47	长青股份	12.08	10.1	江苏	2010-04-16	002391.SZ
48	泸天化	11.84	45.9	四川	1999-06-03	000912.SZ
49	合盛硅业	11.55	4.1	浙江	2017-10-30	603260.SH
50	卫星石化	11.43	25.7	浙江	2011-12-28	002648.SZ
51	华峰化学	11.42	133.3	浙江	2006-08-23	002064.SZ

化工行业榜单

续表

序号	证券名称	品牌价值/亿元	增长率/%	地区	上市日期	证券代码
52	中国三江化工	10.69	18.7	浙江	2010-09-16	2198.HK
53	华宝国际	10.65	29.9	香港	1992-01-22	0336.HK
54	时代新材	10.51	−4.5	湖南	2002-12-19	600458.SH
55	ST 红太阳	10.45	−44.7	江苏	1993-10-28	000525.SZ
56	神马股份	10.40	−56.0	河南	1994-01-06	600810.SH
57	中粮科技	10.17	64.0	安徽	1999-07-12	000930.SZ
58	杉杉股份	9.91	5.5	浙江	1996-01-30	600884.SH
59	叶氏化工集团	9.79	11.7	香港	1991-08-22	0408.HK
60	沈阳化工	9.43	24.5	辽宁	1997-02-20	000698.SZ
61	司尔特	9.32	−11.7	安徽	2011-01-18	002538.SZ
62	嘉化能源	9.21	−4.8	浙江	2003-06-27	600273.SH
63	世纪阳光	8.97	−39.5	香港	2004-02-17	0509.HK
64	苏利股份	8.56	14.8	江苏	2016-12-14	603585.SH
65	中盐化工	8.10	127.9	内蒙古	2000-12-22	600328.SH
66	三棵树	8.01	87.7	福建	2016-06-03	603737.SH
67	闰土股份	7.98	−25.7	浙江	2010-07-06	002440.SZ
68	远兴能源	7.95	−20.9	内蒙古	1997-01-31	000683.SZ
69	赞宇科技	7.84	46.9	浙江	2011-11-25	002637.SZ
70	鸿达兴业	7.72	−18.6	江苏	2004-06-25	002002.SZ
71	宏大爆破	7.63	44.5	广东	2012-06-12	002683.SZ
72	滨化股份	7.48	−16.8	山东	2010-02-23	601678.SH
73	四川美丰	7.36	−0.1	四川	1997-06-17	000731.SZ
74	国恩股份	7.30	129.5	山东	2015-06-30	002768.SZ
75	东光化工	7.19	−12.3	河北	2017-07-11	1702.HK
76	先达股份	7.02	8.1	山东	2017-05-11	603086.SH
77	中旗股份	6.93	15.3	江苏	2016-12-20	300575.SZ
78	氯碱化工	6.85	12.2	上海	1992-11-13	600618.SH
79	诚志股份	6.68	−20.3	江西	2000-07-06	000990.SZ
80	新疆天业	6.56	78.4	新疆	1997-06-17	600075.SH
81	金禾实业	6.54	3.2	安徽	2011-07-07	002597.SZ
82	奥克股份	6.48	14.7	辽宁	2010-05-20	300082.SZ

化工行业榜单

续表

序号	证 券 名 称	品牌价值/亿元	增长率/%	地区	上市日期	证券代码
83	芭田股份	6.32	−4.5	广东	2007-09-19	002170.SZ
84	皖维高新	6.27	41.3	安徽	1997-05-28	600063.SH
85	联泓新科	6.17		山东	2020-12-08	003022.SZ
86	天赐材料	6.03	111.6	广东	2014-01-23	002709.SZ
87	乐凯胶片	5.91	−2.9	河北	1998-01-22	600135.SH
88	普利特	5.86	41.7	上海	2009-12-18	002324.SZ
89	中伟股份	5.85		贵州	2020-12-23	300919.SZ
90	国光股份	5.74	26.4	四川	2015-03-20	002749.SZ
91	恩捷股份	5.61	96.0	云南	2016-09-14	002812.SZ
92	和邦生物	5.61	−13.3	四川	2012-07-31	603077.SH
93	石大胜华	5.56	9.2	山东	2015-05-29	603026.SH
94	联化科技	5.51	9.0	浙江	2008-06-19	002250.SZ
95	道恩股份	5.33	276.7	山东	2017-01-06	002838.SZ
96	丰山集团	5.29	10.4	江苏	2018-09-17	603810.SH
97	航锦科技	5.27	28.1	辽宁	1997-10-17	000818.SZ
98	圣济堂	5.18	−5.9	贵州	2000-02-21	600227.SH
99	三美股份	4.95	−45.7	浙江	2019-04-02	603379.SH
100	永太科技	4.81	50.6	浙江	2009-12-22	002326.SZ
101	双星新材	4.81	46.0	江苏	2011-06-02	002585.SZ
102	万润股份	4.76	36.9	山东	2011-12-20	002643.SZ
103	中广核技	4.73	70.5	辽宁	1998-09-02	000881.SZ
104	亚钾国际	4.54	−29.3	广东	1998-12-24	000893.SZ
105	垒知集团	4.53	60.0	福建	2010-05-06	002398.SZ
106	新宙邦	4.48	46.7	广东	2010-01-08	300037.SZ
107	中核钛白	4.48	48.6	甘肃	2007-08-03	002145.SZ
108	国瓷材料	4.47	42.1	山东	2012-01-13	300285.SZ
109	苏博特	4.31	105.2	江苏	2017-11-10	603916.SH
110	保利联合	4.28	−0.1	贵州	2004-09-08	002037.SZ

化工行业榜单

2.26 日用行业品牌价值榜

在 2021 年中国上市公司品牌价值总榜的 3 000 家企业中：日用行业的企业共计 49 家，比 2020 年减少了 2 家；品牌价值总计 1 555.98 亿元，比 2020 年增长了 35.4%。

2.26.1　2021 年中国日用行业上市公司品牌价值榜分析

【行业集中度】　在 2021 年中国日用行业上市公司品牌价值榜中：排在前 3 位的公司品牌价值合计 494.85 亿元，占行业榜单总计品牌价值的 31.8%；排在前 10 位的公司品牌价值合计 979.06 亿元，占行业榜单总计品牌价值的 62.9%；排在前 20 位的公司品牌价值合计 1 272.94 亿元，占行业榜单总计品牌价值的 81.8%。

【所在区域】　在 2021 年中国日用行业上市公司品牌价值榜中，49 家公司来自 14 个地区。其中，来自广东、福建和浙江的公司共计 30 家，品牌价值合计 1 038.34 亿元，占行业榜单总计品牌价值的 66.7%，处于主导地位。其他地区企业的构成情况见图 2-51 和图 2-52。

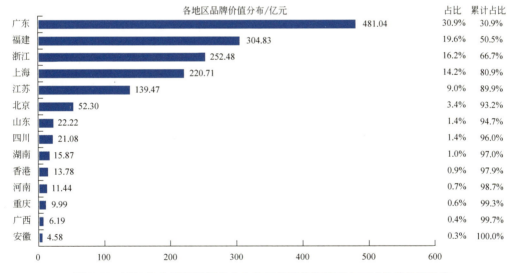

各地区品牌价值分布/亿元

地区	品牌价值/亿元	占比	累计占比
广东	481.04	30.9%	30.9%
福建	304.83	19.6%	50.5%
浙江	252.48	16.2%	66.7%
上海	220.71	14.2%	80.9%
江苏	139.47	9.0%	89.9%
北京	52.30	3.4%	93.2%
山东	22.22	1.4%	94.7%
四川	21.08	1.4%	96.0%
湖南	15.87	1.0%	97.0%
香港	13.78	0.9%	97.9%
河南	11.44	0.7%	98.7%
重庆	9.99	0.6%	99.3%
广西	6.19	0.4%	99.7%
安徽	4.58	0.3%	100.0%

图 2-51　2021 年中国日用行业上市公司品牌价值榜所在区域品牌价值分布

【上市板块】　在 2021 年中国日用行业上市公司品牌价值榜中：在港股上市的中资股公司有 8 家，品牌价值合计 491.17 亿元，占行业榜单总计品牌价值的 31.6%，排在第一位；在深市中小企业板上市的公司有 18 家，品牌价值合计 463.39 亿元，占行业总计品牌价值的 29.8%，排在第二位；在沪市主板上市的公司有 17 家，品牌价值合计 462.85 亿元，占行业榜单总计品牌价值的 29.7%，排在第三位。此外，在深市主板上市的公司有 2 家，品牌价值合计 72.47 亿元；在深市创业板上市的公司有 3 家，品牌价值合计 34.19 亿元；在

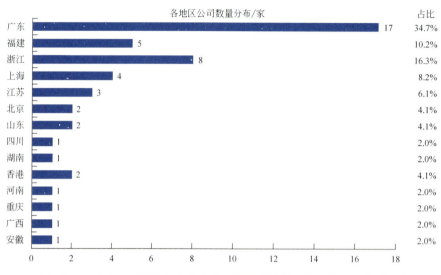

图 2-52　2021 年中国日用行业上市公司品牌价值榜所在区域公司数量分布

沪市科创板上市的公司有 1 家,品牌价值 31.9 亿元。

【上市时间】 在 2021 年中国日用行业上市公司品牌价值榜中:2016—2020 年上市的公司有 22 家,品牌价值合计 501.18 亿元,占行业榜单总计品牌价值的 32.2%,排在第一位;2006—2010 年上市的公司有 10 家,品牌价值合计 356.56 亿元,占行业榜单总计品牌价值的 22.9%,排在第二位;1996—2000 年上市的公司有 3 家,品牌价值合计 277.32 亿元,占行业榜单总计品牌价值的 17.8%,排在第三位。此外,2011—2015 年上市的公司有 7 家,品牌价值合计 248.84 亿元;2001—2005 年上市的公司有 4 家,品牌价值合计 106.96 亿元;1996 年以前上市的公司有 3 家,品牌价值合计 65.13 亿元。

2.26.2　2021 年中国日用行业上市公司品牌价值榜单

序号	证 券 名 称	品牌价值/亿元	增长率/%	地区	上市日期	证券代码
1	恒安国际	247.58	11.0	福建	1998-12-08	1044.HK
2	兆驰股份	136.99	91.2	广东	2010-06-10	002429.SZ
3	丘钛科技	110.28	173.1	江苏	2014-12-02	1478.HK
4	公牛集团	109.34		浙江	2020-02-06	603195.SH
5	晨光文具	101.51	32.1	上海	2015-01-27	603899.SH
6	上海家化	64.07	—7.4	上海	2001-03-15	600315.SH
7	中顺洁柔	63.37	46.6	广东	2010-11-25	002511.SZ
8	*ST 浪奇	51.40	—16.8	广东	1993-11-08	000523.SZ
9	蓝月亮集团	48.02		广东	2020-12-16	6993.HK

续表

序号	证券名称	品牌价值/亿元	增长率/%	地区	上市日期	证券代码
10	荣威国际	46.51	22.3	上海	2017-11-16	3358.HK
11	齐心集团	46.09	333.3	广东	2009-10-21	002301.SZ
12	浙江永强	36.52	50.7	浙江	2010-10-21	002489.SZ
13	盈趣科技	34.28	154.2	福建	2018-01-15	002925.SZ
14	九号公司-WD	31.90		北京	2020-10-29	689009.SH
15	珀莱雅	31.83	33.2	浙江	2017-11-15	603605.SH
16	国光电器	25.25	43.8	广东	2005-05-23	002045.SZ
17	豪悦护理	24.09		浙江	2020-09-11	605009.SH
18	永安行	22.44	17.1	江苏	2017-08-17	603776.SH
19	四川九洲	21.08	7.4	四川	1998-05-06	000801.SZ
20	泡泡玛特	20.40		北京	2020-12-11	9992.HK
21	丸美股份	19.51	−0.4	广东	2019-07-25	603983.SH
22	爱仕达	18.79	−2.9	浙江	2010-05-11	002403.SZ
23	青岛金王	17.52	−11.2	山东	2006-12-15	002094.SZ
24	水羊股份	15.87	31.1	湖南	2018-02-08	300740.SZ
25	奥普家居	15.20		浙江	2020-01-15	603551.SH
26	漫步者	14.29	58.7	广东	2010-02-05	002351.SZ
27	奥飞娱乐	14.27	−43.4	广东	2009-09-10	002292.SZ
28	珠江钢琴	13.79	3.1	广东	2012-05-30	002678.SZ
29	舒华体育	12.13		福建	2020-12-15	605299.SH
30	佳禾智能	11.51	6.4	广东	2019-10-18	300793.SZ
31	瑞贝卡	11.44	−16.8	河南	2003-07-10	600439.SH
32	好太太	10.76	−3.1	广东	2017-12-01	603848.SH
33	百亚股份	9.99		重庆	2020-09-21	003006.SZ
34	哈尔斯	9.89	−3.6	浙江	2011-09-09	002615.SZ
35	建溢集团	8.67	−1.6	香港	1997-05-01	0638.HK
36	上海凤凰	8.62	138.0	上海	1993-10-08	600679.SH
37	拉芳家化	8.56	3.4	广东	2017-03-13	603630.SH
38	创源股份	6.81	24.8	浙江	2017-09-19	300703.SZ
39	倍加洁	6.75	5.6	江苏	2018-03-02	603059.SH
40	茶花股份	6.23	4.8	福建	2017-02-13	603615.SH

日用行业榜单

续表

序号	证 券 名 称	品牌价值/亿元	增长率/%	地区	上市日期	证券代码
41	两面针	6.19	22.8	广西	2004-01-30	600249.SH
42	HERALD HOLD	5.11	2.5	香港	1970-03-12	0114.HK
43	英派斯	4.71	−26.6	山东	2017-09-15	002899.SZ
44	未来发展控股	4.61	83.9	福建	2011-07-15	1259.HK
45	德力股份	4.58	13.9	安徽	2011-04-12	002571.SZ
46	高乐股份	4.48	−39.0	广东	2010-02-03	002348.SZ
47	名臣健康	4.34	2.4	广东	2017-12-18	002919.SZ
48	信隆健康	4.24	−28.9	广东	2007-01-12	002105.SZ
49	邦宝益智	4.18	23.5	广东	2015-12-09	603398.SH

2.27 公用事业品牌价值榜

在 2021 年中国上市公司品牌价值总榜的 3 000 家企业中：公用事业企业共计 69 家，比 2020 年增加了 1 家；品牌价值总计 1 506.1 亿元，比 2020 年下降了 7.9%。

2.27.1 2021 年中国公用事业上市公司品牌价值榜分析

【行业集中度】 在 2021 年中国公用事业上市公司品牌价值榜中：排在前 5 位的公司品牌价值合计 432.28 亿元，占行业榜单总计品牌价值的 28.7%；排在前 10 位的公司品牌价值合计 721.96 亿元，占行业榜单总计品牌价值的 47.9%；排在前 20 位的公司品牌价值合计 1 057.03 亿元，占行业榜单总计品牌价值的 70.2%。

【所在区域】 在 2021 年中国公用事业上市公司品牌价值榜中，69 家公司来自 23 个地区。其中，来自北京、香港和广东的公司共计 29 家，品牌价值合计 940.35 亿元，占行业榜单总计品牌价值的 62.4%，处于主导地位。其他地区企业的构成情况见图 2-53 和图 2-54。

【上市板块】 在 2021 年中国公用事业上市公司品牌价值榜中：在沪市主板上市的公司有 31 家，品牌价值合计 781.68 亿元，占行业榜单总计品牌价值的 51.9%，排在第一位；在港股上市的中资股公司有 18 家，品牌价值合计 488.91 亿元，占行业榜单总计品牌价值的 32.5%，排在第二位；在深市主板上市的公司有 16 家，品牌价值合计 141.89 亿元，占行业总计品牌价值的 9.4%，排在第三位。此外，在深市中小企业板上市的公司有 3 家，品牌价值合计 89.31 亿元；在国外上市的中概股公司有 1 家，品牌价值 4.32 亿元。

【上市时间】 在 2021 年中国公用事业上市公司品牌价值榜中：2001—2005 年上市的公司有 13 家，品牌价值合计 485.66 亿元，占行业榜单总计品牌价值的 32.2%，排在第

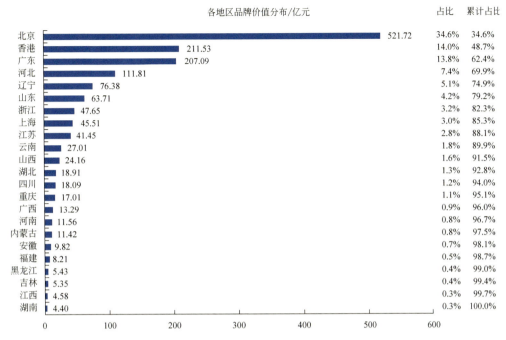

图 2-53　2021 年中国公用事业上市公司品牌价值榜所在区域品牌价值分布

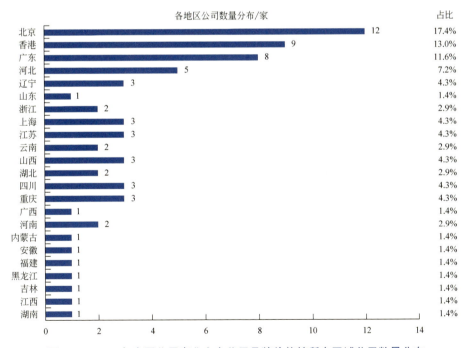

图 2-54　2021 年中国公用事业上市公司品牌价值榜所在区域公司数量分布

一位;1996 年以前上市的公司有 16 家,品牌价值合计 329.21 亿元,占行业榜单总计品牌价值的 21.9％,排在第二位;1996—2000 年上市的公司有 23 家,品牌价值合计 328.92 亿元,占行业榜单总计品牌价值的 21.8%,排在第三位。此外,2006—2010 年上市的公司有 6 家,品牌价值合计 127.71 亿元;2011—2015 年上市的公司有 6 家,品牌价值合计 125.37 亿元;2016—2020 年上市的公司有 5 家,品牌价值合计 109.22 亿元。

2.27.2　2021 年中国公用事业上市公司品牌价值榜单

序号	证 券 名 称	品牌价值 /亿元	增长率/%	地区	上市日期	证券代码
1	华能国际	111.28	−7.6	北京	2001-12-06	600011.SH
2	长江电力	96.98	13.7	北京	2003-11-18	600900.SH
3	昆仑能源	93.08	13.3	香港	1973-03-13	0135.HK
4	国电电力	65.86	32.3	辽宁	1997-03-18	600795.SH
5	中国广核	65.08	−4.0	广东	2019-08-26	003816.SZ
6	华润电力	63.80	−9.2	广东	2003-11-12	0836.HK
7	华电国际	63.71	−4.7	山东	2005-02-03	600027.SH
8	新奥能源	59.87	19.4	河北	2002-06-03	2688.HK
9	大唐发电	53.01	4.9	北京	2006-12-20	601991.SH
10	国投电力	49.29	−0.5	北京	1996-01-18	600886.SH
11	华润燃气	46.03	14.5	香港	1994-11-07	1193.HK
12	中国核电	45.52	19.7	北京	2015-06-10	601985.SH
13	浙能电力	43.34	−4.6	浙江	2013-12-19	600023.SH
14	北京控股	37.66	−5.8	北京	1997-05-29	0392.HK
15	龙源电力	37.38	21.0	北京	2009-12-10	0916.HK
16	中国电力	28.14	19.6	北京	2004-10-15	2380.HK
17	北控水务集团	26.79	22.3	北京	1993-04-19	0371.HK
18	粤海投资	24.96	22.0	香港	1993-01-08	0270.HK
19	申能股份	22.84	−19.3	上海	1993-04-16	600642.SH
20	新奥股份	22.43	−51.0	河北	1994-01-03	600803.SH
21	华能水电	22.04	24.1	云南	2017-12-15	600025.SH
22	粤电力 A	20.13	−8.8	广东	1993-11-26	000539.SZ
23	广州发展	20.05	27.5	广东	1997-07-18	600098.SH
24	上海电力	18.50	23.4	上海	2003-10-29	600021.SH
25	南京公用	17.23	746.6	江苏	1996-08-06	000421.SZ
26	江苏国信	17.15	20.1	江苏	2011-08-10	002608.SZ
27	深圳能源	15.88	15.3	广东	1993-09-03	000027.SZ

公用事业榜单

续表

序号	证 券 名 称	品牌价值 /亿元	增长率/%	地区	上市日期	证券代码
28	湖北能源	14.45	32.1	湖北	1998-05-19	000883.SZ
29	京能电力	13.76	21.9	北京	2002-05-10	600578.SH
30	永泰能源	13.37	24.6	山西	1998-05-13	600157.SH
31	桂冠电力	13.29	0.1	广西	2000-03-23	600236.SH
32	大唐新能源	12.62	22.1	北京	2010-12-17	1798.HK
33	新天绿能	11.67	34.4	河北	2020-06-29	600956.SH
34	内蒙华电	11.42	5.2	内蒙古	1994-05-20	600863.SH
35	深圳燃气	11.35	15.5	广东	2009-12-25	601139.SH
36	中国水务	10.44	14.3	香港	1999-10-11	0855.HK
37	中广核新能源	10.00	21.3	香港	2014-10-03	1811.HK
38	建投能源	9.83	17.9	河北	1996-06-06	000600.SZ
39	皖能电力	9.82	−5.7	安徽	1993-12-20	000543.SZ
40	首创股份	9.30	36.9	北京	2000-04-27	600008.SH
41	珠海控股投资	8.61	55.4	香港	1998-05-26	0908.HK
42	川投能源	8.60	−4.1	四川	1993-09-24	600674.SH
43	福能股份	8.21	−6.7	福建	2004-05-31	600483.SH
44	东方能源	8.02	264.9	河北	1999-12-23	000958.SZ
45	重庆水务	7.20	14.7	重庆	2010-03-29	601158.SH
46	协鑫能科	7.07	4.8	江苏	2004-07-08	002015.SZ
47	协鑫新能源	6.76	1.9	香港	1992-03-25	0451.HK
48	天伦燃气	6.15	18.8	河南	2010-11-10	1600.HK
49	联美控股	6.11	−6.5	辽宁	1999-01-28	600167.SH
50	中国光大绿色环保	6.11	10.8	香港	2017-05-08	1257.HK
51	晋控电力	5.62	3.5	山西	1997-06-09	000767.SZ
52	东旭蓝天	5.59	−55.0	广东	1994-08-08	000040.SZ
53	中油燃气	5.56	12.4	香港	1993-05-28	0603.HK
54	华电能源	5.43	32.6	黑龙江	1996-07-01	600726.SH
55	豫能控股	5.40	99.0	河南	1998-01-22	001896.SZ
56	太阳能	5.40	35.9	重庆	1996-02-08	000591.SZ
57	兴蓉环境	5.36	16.3	四川	1996-05-29	000598.SZ
58	吉电股份	5.35	83.3	吉林	2002-09-26	000875.SZ

公用事业榜单

续表

序号	证券名称	品牌价值/亿元	增长率/%	地区	上市日期	证券代码
59	宝新能源	5.20	36.3	广东	1997-01-28	000690.SZ
60	国新能源	5.17	−4.6	山西	1992-10-13	600617.SH
61	云南水务	4.96	9.4	云南	2015-05-27	6839.HK
62	洪城环境	4.58	59.3	江西	2004-06-01	600461.SH
63	长源电力	4.46	−14.6	湖北	2000-03-16	000966.SZ
64	金山股份	4.41	55.5	辽宁	2001-03-28	600396.SH
65	华银电力	4.40	25.4	湖南	1996-09-05	600744.SH
66	重庆燃气	4.40	4.7	重庆	2014-09-30	600917.SH
67	浙能锦江环境	4.32	5.1	浙江	2016-08-01	BWM.SG
68	大众公用	4.17	−6.5	上海	1993-03-04	600635.SH
69	川能动力	4.14	121.9	四川	2000-09-26	000155.SZ

公用事业榜单

2.28 煤炭行业品牌价值榜

在 2021 年中国上市公司品牌价值总榜的 3 000 家企业中：煤炭行业的企业共计 25 家，比 2020 年减少了 6 家；品牌价值总计 824 亿元，比 2020 年增长了 11.4%。

2.28.1 2021 年中国煤炭行业上市公司品牌价值榜分析

【行业集中度】 在 2021 年中国煤炭行业上市公司品牌价值榜中：排在第 1 位的公司是中国神华，品牌价值 267.25 亿元，占行业榜单总计品牌价值的 32.4%；排在前 5 位的公司品牌价值合计 570.37 亿元，占行业榜单总计品牌价值的 69.2%；排在前 10 位的公司品牌价值合计 683.91 亿元，占行业榜单总计品牌价值的 83%。

【所在区域】 在 2021 年中国煤炭行业上市公司品牌价值榜中，25 家公司来自 10 个地区。其中，来自北京和山西的公司共计 12 家，品牌价值合计 509.72 亿元，占行业榜单总计品牌价值的 61.9%，处于主导地位。其他地区企业的构成情况见图 2-55 和图 2-56。

【上市板块】 在 2021 年中国煤炭行业上市公司品牌价值榜中：在沪市主板上市的公司有 18 家，品牌价值合计 728.68 亿元，占行业榜单总计品牌价值的 88.4%，排在第一位；在港股上市的中资股公司有 4 家，品牌价值合计 53.33 亿元，占行业榜单总计品牌价值的 6.5%，排在第二位；在深市主板上市的公司有 3 家，品牌价值合计 42 亿元，占行业总计品牌价值的 5.1%，排在第三位。

【上市时间】 在 2021 年中国煤炭行业上市公司品牌价值榜中：2006—2010 年上市

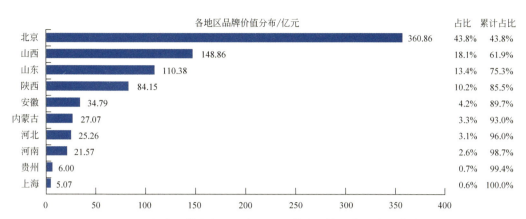

图 2-55 2021 年中国煤炭行业上市公司品牌价值榜所在区域品牌价值分布

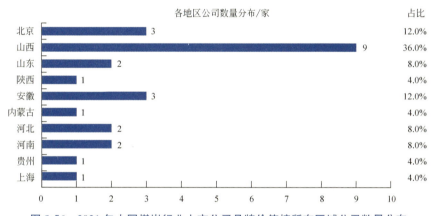

图 2-56 2021 年中国煤炭行业上市公司品牌价值榜所在区域公司数量分布

的公司有 6 家,品牌价值合计 394.38 亿元,占行业榜单总计品牌价值的 47.9%,排在第一位;1996—2000 年上市的公司有 5 家,品牌价值合计 170.47 亿元,占行业榜单总计品牌价值的 20.7%,排在第二位;2001—2005 年上市的公司有 8 家,品牌价值合计 115.46 亿元,占行业榜单总计品牌价值的 14%,排在第三位。此外,2011—2015 年上市的公司有 2 家,品牌价值合计 111.22 亿元;2016—2020 年上市的公司有 3 家,品牌价值合计 27.78 亿元;1996 年以前上市的公司有 1 家,品牌价值 4.69 亿元。

2.28.2　2021 年中国煤炭行业上市公司品牌价值榜单

序号	证 券 名 称	品牌价值/亿元	增长率/%	地区	上市日期	证券代码
1	中国神华	267.25	−3.2	北京	2007-10-09	601088.SH
2	兖州煤业	104.17	30.3	山东	1998-07-01	600188.SH
3	陕西煤业	84.15	52.7	陕西	2014-01-28	601225.SH

续表

序号	证券名称	品牌价值/亿元	增长率/%	地区	上市日期	证券代码
4	中煤能源	78.37	42.0	北京	2008-02-01	601898.SH
5	山煤国际	36.43	35.4	山西	2003-07-31	600546.SH
6	伊泰煤炭	27.07	−13.1	内蒙古	2012-07-12	3948.HK
7	兰花科创	24.31	4.8	山西	1998-12-17	600123.SH
8	淮北矿业	22.30	148.3	安徽	2004-04-28	600985.SH
9	华阳股份	20.34	12.3	山西	2003-08-21	600348.SH
10	山西焦煤	19.53	17.1	山西	2000-07-26	000983.SZ
11	潞安环能	16.65	2.2	山西	2006-09-22	601699.SH
12	中国旭阳集团	15.24	−10.5	北京	2019-03-15	1907.HK
13	平煤股份	15.23	52.1	河南	2006-11-23	601666.SH
14	冀中能源	12.93	24.9	河北	1999-09-09	000937.SZ
15	开滦股份	12.33	23.2	河北	2004-06-02	600997.SH
16	美锦能源	9.53	−17.7	山西	1997-05-15	000723.SZ
17	晋控煤业	8.77	53.2	山西	2006-06-23	601001.SH
18	ST 安泰	8.62	62.9	山西	2003-02-12	600408.SH
19	新集能源	8.12	122.0	安徽	2007-12-19	601918.SH
20	金马能源	6.33	17.8	河南	2017-10-10	6885.HK
21	金能科技	6.21	44.6	山东	2017-05-11	603113.SH
22	盘江股份	6.00	47.8	贵州	2001-05-31	600395.SH
23	上海能源	5.07	24.7	上海	2001-08-29	600508.SH
24	首钢资源	4.69	53.2	山西	1990-10-02	0639.HK
25	恒源煤电	4.38	28.7	安徽	2004-08-17	600971.SH

煤炭行业榜单

2.29 环保行业品牌价值榜

在 2021 年中国上市公司品牌价值总榜的 3 000 家企业中：环保行业的企业共计 40 家，比 2020 年减少了 3 家；品牌价值总计 736.39 亿元，比 2020 年增长了 14.5%。

2.29.1 2021 年中国环保行业上市公司品牌价值榜分析

【行业集中度】 在 2021 年中国环保行业上市公司品牌价值榜中：排在前 5 位的公司品牌价值合计 269.5 亿元，占行业榜单总计品牌价值的 36.6%；排在前 10 位的公司品牌价值合计 395.54 亿元,占行业榜单总计品牌价值的 53.7%;排在前 20 位的公司品牌价值合计 572.27 亿元,占行业榜单总计品牌价值的 77.7%。

【所在区域】 在 2021 年中国环保行业上市公司品牌价值榜中,40 家公司来自 16 个地区。其中,来自香港、北京和浙江的公司共计 15 家,品牌价值合计 376.89 亿元,占行业榜单总计品牌价值的 51.2%,处于主导地位。其他地区企业的构成情况见图 2-57 和图 2-58。

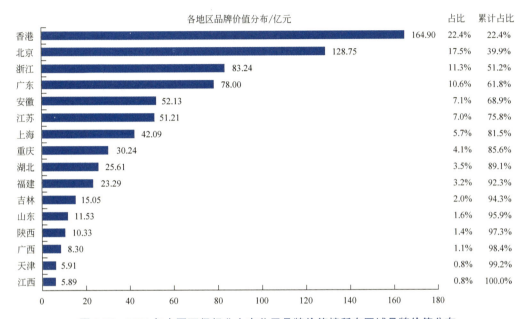

图 2-57 2021 年中国环保行业上市公司品牌价值榜所在区域品牌价值分布

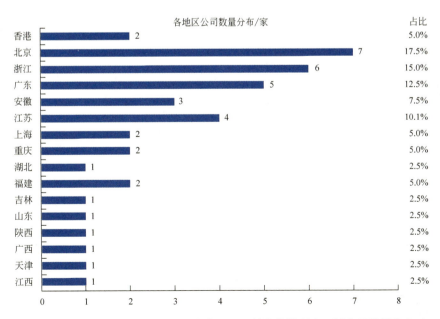

图 2-58 2021 年中国环保行业上市公司品牌价值榜所在区域公司数量分布

【上市板块】 在 2021 年中国环保行业上市公司品牌价值榜中：在港股上市的中资股公司有 6 家,品牌价值合计 251.97 亿元,占行业榜单总计品牌价值的 34.2%,排在第一位;在沪市主板上市的公司有 13 家,品牌价值合计 184.09 亿元,占行业总计品牌价值的 25%,排在第二位;在深市主板上市的公司有 5 家,品牌价值合计 113.63 亿元,占行业榜单总计品牌价值的 15.4%,排在第三位。此外,在深市创业板上市的公司有 9 家,品牌价值合计 109.92 亿元;在深市中小企业板上市的公司有 6 家,品牌价值合计 70.96 亿元;在沪市科创板上市的公司有 1 家,品牌价值 5.83 亿元。

【上市时间】 在 2021 年中国环保行业上市公司品牌价值榜中：1996—2000 年上市的公司有 6 家,品牌价值合计 258.89 亿元,占行业榜单总计品牌价值的 35.2%,排在第一位;2016—2020 年上市的公司有 13 家,品牌价值合计 161.14 亿元,占行业榜单总计品牌价值的 21.9%,排在第二位;2011—2015 年上市的公司有 11 家,品牌价值合计 142.13 亿元,占行业榜单总计品牌价值的 19.3%,排在第三位。此外,2006—2010 年上市的公司有 5 家,品牌价值合计 107.26 亿元;1996 年以前上市的公司有 3 家,品牌价值合计 52.73 亿元;2001—2005 年上市的公司有 2 家,品牌价值合计 14.24 亿元。

2.29.2　2021 年中国环保行业上市公司品牌价值榜单

序号	证券名称	品牌价值/亿元	增长率/%	地区	上市日期	证券代码
1	光大环境	146.22	47.3	香港	1997-02-28	0257.HK
2	盈峰环境	35.29	56.5	浙江	2000-03-30	000967.SZ
3	瀚蓝环境	30.42	40.2	广东	2000-12-25	600323.SH
4	碧水源	30.21	−19.4	北京	2010-04-21	300070.SZ
5	海螺创业	27.37	75.4	安徽	2013-12-19	0586.HK
6	中国天楹	27.15	281.7	江苏	1994-04-08	000035.SZ
7	上海实业环境	25.61	5.6	上海	2018-03-23	0807.HK
8	启迪环境	25.61	−19.3	湖北	1998-02-25	000826.SZ
9	东方园林	23.89	−26.3	北京	2009-11-27	002310.SZ
10	三聚环保	23.78	−41.2	北京	2010-04-27	300072.SZ
11	高能环境	21.16	130.3	北京	2014-12-29	603588.SH
12	三峰环境	19.20		重庆	2020-06-05	601827.SH
13	中国光大水务	19.15	−18.2	广东	2019-05-08	1857.HK
14	伟明环保	18.90	86.5	浙江	2015-05-28	603568.SH
15	首创环境	18.68	27.0	香港	2006-07-13	3989.HK
16	龙马环卫	18.07	95.3	福建	2015-01-26	603686.SH

续表

序号	证 券 名 称	品牌价值/亿元	增长率/%	地区	上市日期	证券代码
17	上海环境	16.47	37.5	上海	2017-03-31	601200.SH
18	玉禾田	15.09		安徽	2020-01-23	300815.SZ
19	金圆股份	15.05	−0.7	吉林	1993-12-15	000546.SZ
20	大唐环境	14.95	−48.4	北京	2016-11-15	1272.HK
21	景津环保	11.53	−43.1	山东	2019-07-29	603279.SH
22	远达环保	11.04	18.3	重庆	2000-11-01	600292.SH
23	东江环保	11.01	−15.7	广东	2012-04-26	002672.SZ
24	浙富控股	10.69	35.7	浙江	2008-08-06	002266.SZ
25	创元科技	10.53	48.5	江苏	1994-01-06	000551.SZ
26	中再资环	10.33	22.9	陕西	1999-12-16	600217.SH
27	清新环境	9.97	−32.9	北京	2011-04-22	002573.SZ
28	节能国祯	9.67	−10.5	安徽	2014-08-01	300388.SZ
29	侨银股份	9.26		广东	2020-01-06	002973.SZ
30	博世科	8.30	27.9	广西	2015-02-17	300422.SZ
31	绿色动力	8.17	52.2	广东	2018-06-11	601330.SH
32	菲达环保	8.11	17.5	浙江	2002-07-22	600526.SH
33	维尔利	7.66	−3.4	江苏	2011-03-16	300190.SZ
34	旺能环境	6.13	110.7	浙江	2004-08-26	002034.SZ
35	中材节能	5.91	50.2	天津	2014-07-31	603126.SH
36	鹏鹞环保	5.87	62.7	江苏	2018-01-05	300664.SZ
37	金达莱	5.83		江西	2020-11-11	688057.SH
38	圣元环保	5.22		福建	2020-08-24	300867.SZ
39	博天环境	4.78	−16.9	北京	2017-02-17	603603.SH
40	兴源环境	4.11	15.1	浙江	2011-09-27	300266.SZ

环保行业榜单

2.30 餐饮行业品牌价值榜

在 2021 年中国上市公司品牌价值总榜的 3 000 家企业中：餐饮行业的企业共计 8 家，比 2020 年增加了 2 家；品牌价值总计 624.89 亿元，比 2020 年增长了 15.7%。

2.30.1　2021 年中国餐饮行业上市公司品牌价值榜分析

【行业集中度】　在 2021 年中国餐饮行业上市公司品牌价值榜中：排在第 1 位的公司是海底捞，品牌价值为 458.03 亿元，占行业榜单总计品牌价值的 73.3%；其余 7 家公司品牌价值合计 166.87 亿元，占行业榜单总计品牌价值的 26.7%。

【所在区域】　在 2021 年中国餐饮行业上市公司品牌价值榜中，8 家公司来自 6 个地区。其中，来自北京的公司有 2 家，品牌价值合计 477.02 亿元，占行业榜单总计品牌价值的 76.3%，处于绝对主导地位。其他公司所在区域情况见榜单。

【上市板块】　在 2021 年中国餐饮行业上市公司品牌价值榜中：在港股上市的中资股公司有 5 家，品牌价值合计 568.68 亿元，占行业榜单总计品牌价值的 91%，排在第一位；此外，在沪市主板上市的公司有 1 家，品牌价值 31.38 亿元；在深市中小企业板上市的公司有 1 家，品牌价值 19 亿元；在深市主板上市的公司有 1 家，品牌价值 5.84 亿元。

【上市时间】　在 2021 年中国餐饮行业上市公司品牌价值榜中：2016—2020 年上市的公司有 3 家，品牌价值 527.13 亿元，占行业榜单总计品牌价值的 84.4%，排在第一位；此外，2006—2010 年上市的公司有 2 家，品牌价值合计 54.83 亿元；2011—2015 年上市的公司有 2 家，品牌价值合计 37.09 亿元；1996—2000 年上市的公司有 1 家，品牌价值 5.84 亿元。

2.30.2　2021 年中国餐饮行业上市公司品牌价值榜单

序号	证 券 名 称	品牌价值/亿元	增长率/%	地区	上市日期	证券代码
1	海底捞	458.03	14.3	北京	2018-09-26	6862.HK
2	九毛九	37.72		广东	2020-01-15	9922.HK
3	味千(中国)	35.83	−30.3	上海	2007-03-30	0538.HK
4	同庆楼	31.38		安徽	2020-07-16	605108.SH
5	唐宫中国	22.55	−24.0	香港	2011-04-19	1181.HK
6	全聚德	19.00	−39.7	北京	2007-11-20	002186.SZ
7	国际天食	14.54	−28.3	上海	2012-07-04	3666.HK
8	西安饮食	5.84	−7.9	陕西	1997-04-30	000721.SZ

2.31　酒店行业品牌价值榜

在 2021 年中国上市公司品牌价值总榜的 3 000 家企业中：酒店行业的企业共计 9 家，比 2020 年减少了 4 家；品牌价值总计 605.51 亿元，比 2020 年下降了 26.2%。

2.31.1 2021 年中国酒店行业上市公司品牌价值榜分析

【行业集中度】 在 2021 年中国酒店行业上市公司品牌价值榜中：排在第 1 位的公司是锦江酒店，品牌价值 151.76 亿元，占行业榜单总计品牌价值的 25.1%；排在前 3 位的公司品牌价值合计 407.26 亿元，占行业榜单总计品牌价值的 67.3%；排在前 5 位的公司品牌价值合计 560.46 亿元，占行业榜单总计品牌价值的 92.6%。

【所在区域】 在 2021 年中国酒店行业上市公司品牌价值榜中，9 家公司来自 5 个地区。其中，来自上海的公司共计 5 家，品牌价值合计 521.76 亿元，占行业榜单总计品牌价值的 86.2%，处于绝对主导地位。其他公司所在区域情况见榜单。

【上市板块】 在 2021 年中国酒店行业上市公司品牌价值榜中：在港股上市的中资股公司有 3 家，品牌价值合计 262.26 亿元，占行业榜单总计品牌价值的 43.3%，排在第一位；在沪市主板上市的公司有 3 家，品牌价值合计 222.03 亿元，占行业榜单总计品牌价值的 36.7%，排在第二位；在国外上市的中概股公司有 2 家，品牌价值合计 114.5 亿元，占行业总计品牌价值的 18.9%，排在第三位。此外，在深市主板上市的公司有 1 家，品牌价值 6.73 亿元。

【上市时间】 在 2021 年中国酒店行业上市公司品牌价值榜中：2006—2010 年上市的公司有 3 家，品牌价值合计 256.29 亿元，占行业榜单总计品牌价值的 42.3%，排在第一位；1996—2000 年上市的公司有 3 家，品牌价值合计 216.45 亿元，占行业榜单总计品牌价值的 35.7%，排在第二位；2016—2020 年上市的公司有 2 家，品牌价值合计 126.01 亿元，占行业榜单总计品牌价值的 20.8%，排在第三位。此外 2001—2005 年上市的公司有 1 家，品牌价值 6.76 亿元。

2.31.2 2021 年中国酒店行业上市公司品牌价值榜单

序号	证券名称	品牌价值/亿元	增长率/%	行业	地区	上市日期	证券代码
1	锦江酒店	151.76	−10.1	酒店	上海	1996-10-11	600754.SH
2	锦江资本	148.74	−19.4	酒店	上海	2006-12-15	2006.HK
3	复星旅游文化	106.76	−20.6	酒店	上海	2018-12-14	1992.HK
4	华住	95.24	−25.9	酒店	上海	2010-03-26	HTHT.O
5	首旅酒店	57.96	8.3	酒店	北京	2000-06-01	600258.SH
6	格林酒店	19.25	−4.9	酒店	上海	2018-03-27	GHG.N
7	金陵饭店	12.31	13.4	酒店	江苏	2007-04-06	601007.SH
8	万达酒店发展	6.76	−32.4	酒店	香港	2002-06-04	0169.HK
9	华天酒店	6.73	1.5	酒店	湖南	1996-08-08	000428.SZ

2.32　纺织行业品牌价值榜

在 2021 年中国上市公司品牌价值总榜的 3 000 家企业中：纺织行业的企业共计 31 家，比 2020 年减少了 2 家；品牌价值总计 575.58 亿元，比 2020 年增长了 2%。

2.32.1　2021 年中国纺织行业上市公司品牌价值榜分析

【行业集中度】　在 2021 年中国纺织行业上市公司品牌价值榜中：排在前 3 位的公司品牌价值合计 181.99 亿元，占行业榜单总计品牌价值的 31.6%；排在前 5 位的公司品牌价值合计 251.55 亿元，占行业榜单总计品牌价值的 43.7%；排在前 10 位的公司品牌价值合计 371.69 亿元，占行业榜单总计品牌价值的 64.6%。

【所在区域】　在 2021 年中国纺织行业上市公司品牌价值榜中，31 家公司来自 11 个地区。其中，来自广东、山东和上海的公司共计 13 家，品牌价值合计 337.98 亿元，占行业榜单总计品牌价值的 58.7%，处于主导地位。其他地区企业的构成情况见图 2-59 和图 2-60。

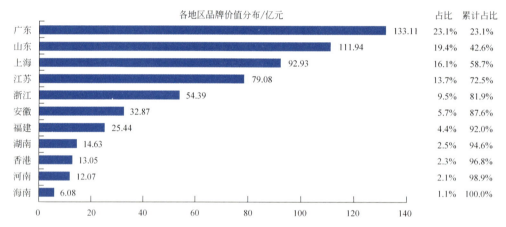

图 2-59　2021 年中国纺织行业上市公司品牌价值榜所在区域品牌价值分布

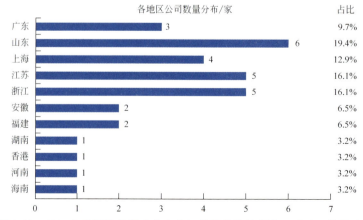

图 2-60　2021 年中国纺织行业上市公司品牌价值榜所在区域公司数量分布

【上市板块】　在 2021 年中国纺织行业上市公司品牌价值榜中：在深市中小企业板上市的公司有 8 家,品牌价值合计 168.41 亿元,占行业总计品牌价值的 29.3%,排在第一位;在沪市主板上市的公司有 12 家,品牌价值合计 141.98 亿元,占行业榜单总计品牌价值的 24.7%,排在第二位;在深市创业板上市的公司有 3 家,品牌价值合计 121.3 亿元,占行业榜单总计品牌价值的 21.1%,排在第三位。此外,在港股上市的中资股公司有 5 家,品牌价值合计 115.44 亿元;在深市主板上市的公司有 3 家,品牌价值合计 28.45 亿元。

【上市时间】　在 2021 年中国纺织行业上市公司品牌价值榜中:2016—2020 年上市的公司有 6 家,品牌价值合计 150.27 亿元,占行业榜单总计品牌价值的 26.1%,排在第一位;2001—2005 年上市的公司有 6 家,品牌价值合计 143.28 亿元,占行业榜单总计品牌价值的 24.9%,排在第二位;2006—2010 年上市的公司有 7 家,品牌价值合计 142.23 亿元,占行业榜单总计品牌价值的 24.7%,排在第三位。此外,2011—2015 年上市的公司有 5 家,品牌价值合计 51.59 亿元;1996—2000 年上市的公司有 4 家,品牌价值合计 44.35 亿元;1996 年以前上市的公司有 3 家,品牌价值合计 43.85 亿元。

2.32.2　2021 年中国纺织行业上市公司品牌价值榜单

序号	证 券 名 称	品牌价值/亿元	增长率/%	地区	上市日期	证券代码
1	稳健医疗	102.34		广东	2020-09-17	300888.SZ
2	天虹纺织	42.45	−10.3	上海	2004-12-09	2678.HK
3	罗莱生活	37.20	−7.9	江苏	2009-09-10	002293.SZ
4	孚日股份	36.73	−8.9	山东	2006-11-24	002083.SZ
5	魏桥纺织	32.83	−9.9	山东	2003-09-24	2698.HK
6	华孚时尚	26.18	−5.1	安徽	2005-04-27	002042.SZ
7	航民股份	25.48	−5.0	浙江	2004-08-09	600987.SH
8	富安娜	24.18	−22.2	广东	2009-12-30	002327.SZ
9	龙头股份	23.78	0.2	上海	1993-02-09	600630.SH
10	百宏实业	20.52	−4.2	福建	2011-05-18	2299.HK
11	水星家纺	19.68	7.9	上海	2017-11-20	603365.SH
12	江苏阳光	15.90	3.6	江苏	1999-09-27	600220.SH
13	鲁泰 A	15.68	−74.7	山东	2000-12-25	000726.SZ
14	梦洁股份	14.63	8.9	湖南	2010-04-29	002397.SZ
15	百隆东方	14.52	−8.3	浙江	2012-06-12	601339.SH
16	南山智尚	14.04		山东	2020-12-22	300918.SZ
17	福田实业	13.05	−16.4	香港	1988-04-20	0420.HK

纺织行业榜单

续表

序号	证券名称	品牌价值/亿元	增长率/%	地区	上市日期	证券代码
18	新野纺织	12.07	17.3	河南	2006-11-30	002087.SZ
19	联发股份	11.50	−0.6	江苏	2010-04-23	002394.SZ
20	三房巷	9.60	300.4	江苏	2003-03-06	600370.SH
21	上海三毛	7.02	−3.4	上海	1993-11-08	600689.SH
22	华纺股份	6.74	7.1	山东	2001-09-03	600448.SH
23	华茂股份	6.69	7.2	安徽	1998-10-07	000850.SZ
24	超盈国际控股	6.59	23.8	广东	2014-05-23	2111.HK
25	欣龙控股	6.08	63.2	海南	1999-12-09	000955.SZ
26	如意集团	5.93	−8.5	山东	2007-12-07	002193.SZ
27	诺邦股份	5.16	167.9	浙江	2017-02-22	603238.SH
28	新澳股份	5.09	−4.8	浙江	2014-12-31	603889.SH
29	延江股份	4.92	112.2	福建	2017-06-02	300658.SZ
30	浙文影业	4.87	−38.3	江苏	2011-05-27	601599.SH
31	康隆达	4.14	114.1	浙江	2017-03-13	603665.SH

纺织行业榜单

2.33 家居行业品牌价值榜

在 2021 年中国上市公司品牌价值总榜的 3 000 家企业中：家居行业的企业共计 27 家，比 2020 年增加了 5 家；品牌价值总计 421.01 亿元，比 2020 年增长了 51.4%。

2.33.1 2021 年中国家居行业上市公司品牌价值榜分析

【行业集中度】 在 2021 年中国家居行业上市公司品牌价值榜中：排在前 3 位的公司品牌价值合计 143.43 亿元，占行业榜单总计品牌价值的 34.1%；排在前 5 位的公司品牌价值合计 190.31 亿元，占行业榜单总计品牌价值的 45.2%；排在前 10 位的公司品牌价值合计 273.05 亿元，占行业榜单总计品牌价值的 64.9%。

【所在区域】 在 2021 年中国家居行业上市公司品牌价值榜中，27 家公司来自 9 个地区。其中，来自浙江和广东的公司共计 14 家，品牌价值合计 252.59 亿元，占行业榜单总计品牌价值的 60%，处于主导地位。其他地区企业的构成情况见图 2-61 和图 2-62。

【上市板块】 在 2021 年中国家居行业上市公司品牌价值榜中：在沪市主板上市的公司有 18 家，品牌价值合计 301.04 亿元，占行业榜单总计品牌价值的 71.5%，排在第一位；在深市中小企业板上市的公司有 4 家，品牌价值合计 46.24 亿元，占行业总计品牌价

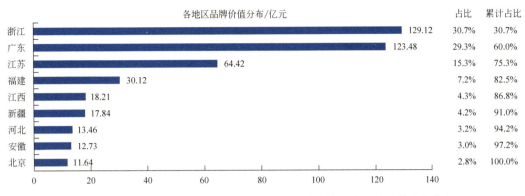

图 2-61　2021 年中国家居行业上市公司品牌价值榜所在区域品牌价值分布

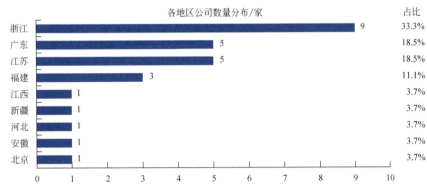

图 2-62　2021 年中国家居行业上市公司品牌价值榜所在区域公司数量分布

值的 11%,排在第二位;在深市主板上市的公司有 1 家,品牌价值 26.05 亿元,占行业榜单总计品牌价值的 6.2%,排在第三位。此外,在港股上市的中资股公司有 2 家,品牌价值合计 24.78 亿元;在深市创业板上市的公司有 2 家,品牌价值合计 22.89 亿元。

【上市时间】　在 2021 年中国家居行业上市公司品牌价值榜中:2016—2020 年上市的公司有 18 家,品牌价值合计 287.24 亿元,占行业榜单总计品牌价值的 68.2%,排在第一位;2011—2015 年上市的公司有 6 家,品牌价值合计 83.31 亿元,占行业榜单总计品牌价值的 19.8%,排在第二位;1996—2000 年上市的公司有 2 家,品牌价值合计 43.89 亿元,占行业榜单总计品牌价值的 10.4%,排在第三位。此外,2001—2005 年上市的公司有 1 家,品牌价值 6.57 亿元。

2.33.2　2021 年中国家居行业上市公司品牌价值榜单

序 号	证 券 名 称	品牌价值/亿元	增长率/%	地区	上市日期	证券代码
1	欧派家居	62.17	36.0	广东	2017-03-28	603833.SH
2	顾家家居	50.52	52.2	浙江	2016-10-14	603816.SH

序号	证 券 名 称	品牌价值/亿元	增长率/%	地区	上市日期	证券代码
3	索菲亚	30.75	16.1	广东	2011-04-12	002572.SZ
4	大亚圣象	26.05	11.3	江苏	1999-06-30	000910.SZ
5	梦百合	20.83	11.9	江苏	2016-10-13	603313.SH
6	汇森家居	18.21		江西	2020-12-29	2127.HK
7	美克家居	17.84	2.4	新疆	2000-11-27	600337.SH
8	尚品宅配	16.95	−30.6	广东	2017-03-07	300616.SZ
9	喜临门	14.93	46.6	浙江	2012-07-17	603008.SH
10	建霖家居	14.80		福建	2020-07-30	603408.SH
11	恒林股份	14.08	76.6	浙江	2017-11-21	603661.SH
12	惠达卫浴	13.46	52.5	河北	2017-04-05	603385.SH
13	志邦家居	12.73	65.7	安徽	2017-06-30	603801.SH
14	江山欧派	12.30	153.9	浙江	2017-02-10	603208.SH
15	曲美家居	11.64	65.9	北京	2015-04-22	603818.SH
16	永艺股份	11.41	92.7	浙江	2015-01-23	603600.SH
17	好莱客	8.73	7.0	广东	2015-02-17	603898.SH
18	麒盛科技	8.59	−15.3	浙江	2019-10-29	603610.SH
19	松霖科技	7.68	−54.9	福建	2019-08-26	603992.SH
20	金牌厨柜	7.64	44.3	福建	2017-05-12	603180.SH
21	卡森国际	6.57	−40.9	浙江	2005-10-20	0496.HK
22	我乐家居	6.15	71.1	江苏	2017-06-16	603326.SH
23	乐歌股份	5.94	111.5	浙江	2017-12-01	300729.SZ
24	德尔未来	5.84	−0.3	江苏	2011-11-11	002631.SZ
25	爱丽家居	5.55		江苏	2020-03-23	603221.SH
26	皮阿诺	4.88	55.7	广东	2017-03-10	002853.SZ
27	海象新材	4.77		浙江	2020-09-30	003011.SZ

家居行业榜单

2.34 保健行业品牌价值榜

在 2021 年中国上市公司品牌价值总榜的 3 000 家企业中：保健行业的企业共计 17 家，比 2020 年减少了 3 家；品牌价值总计 333.48 亿元，比 2020 年下降了 31.8%。

2.34.1 2021 年中国保健行业上市公司品牌价值榜分析

【行业集中度】 在 2021 年中国保健行业上市公司品牌价值榜中：排在前 3 位的公司品牌价值合计 140.55 亿元,占行业榜单总计品牌价值的 42.1%;排在前 5 位的公司品牌价值合计 206.53 亿元,占行业榜单总计品牌价值的 61.9%;排在前 10 位的公司品牌价值合计 286.46 亿元,占行业榜单总计品牌价值的 85.9%。

【所在区域】 在 2021 年中国保健行业上市公司品牌价值榜中,17 家公司来自 9 个地区。其中,来自广东和浙江的公司共计 8 家,品牌价值合计 194.17 亿元,占行业榜单总计品牌价值的 58.2%,处于主导地位。其他地区企业的构成情况见图 2-63 和图 2-64。

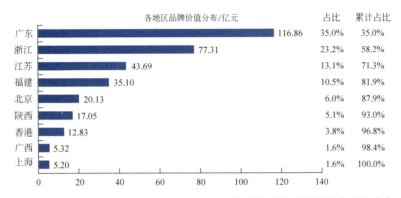

图 2-63 2021 年中国保健行业上市公司品牌价值榜所在区域品牌价值分布

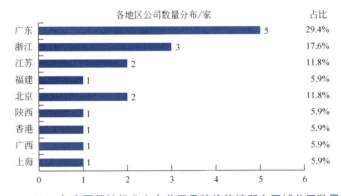

图 2-64 2021 年中国保健行业上市公司品牌价值榜所在区域公司数量分布

【上市板块】 在 2021 年中国保健行业上市公司品牌价值榜中:在深市创业板上市的公司有 3 家,品牌价值合计 106.33 亿元,占行业总计品牌价值的 31.9%,排在第一位;在深市中小企业板上市的公司有 3 家,品牌价值合计 78.78 亿元,占行业榜单总计品牌价值的 23.6%,排在第二位;在沪市主板上市的公司有 2 家,品牌价值合计 71.47 亿元,占行业榜单总计品牌价值的 21.4%,排在第三位。此外,在港股上市的中资股公司有 6 家,品牌价值合计 45.74 亿元;在深市主板上市的公司有 2 家,品牌价值合计 22.99 亿元;在国外上市的中概股公司有 1 家,品牌价值 8.16 亿元。

【上市时间】 在 2021 年中国保健行业上市公司品牌价值榜中:2011—2015 年上市的公司有 4 家,品牌价值合计 102.76 亿元,占行业榜单总计品牌价值的 30.8%,排在第一位;2016—2020 年上市的公司有 4 家,品牌价值合计 76.95 亿元,占行业榜单总计品牌价值的 23.1%,排在第二位;2006—2010 年上市的公司有 4 家,品牌价值合计 65.43 亿元,占行业榜单总计品牌价值的 19.6%,排在第三位。此外,2001—2005 年上市的公司有 2 家,品牌价值合计 43.72 亿元;1996—2000 年上市的公司有 2 家,品牌价值合计 27.58 亿元;1996 年以前上市的公司有 1 家,品牌价值 17.05 亿元。

2.34.2　2021 年中国保健行业上市公司品牌价值榜单

序号	证券名称	品牌价值/亿元	增长率/%	地区	上市日期	证券代码
1	迪安诊断	51.55	63.6	浙江	2011-07-19	300244.SZ
2	金域医学	49.84	87.4	广东	2017-09-08	603882.SH
3	汤臣倍健	39.15	1.6	广东	2010-12-15	300146.SZ
4	金达威	35.10	146.2	福建	2011-10-28	002626.SZ
5	美年健康	30.88	−34.1	江苏	2005-05-18	002044.SZ
6	通策医疗	21.63	41.4	浙江	1996-10-30	600763.SH
7	国际医学	17.05	−42.5	陕西	1993-08-09	000516.SZ
8	仙乐健康	15.62	23.8	广东	2019-09-25	300791.SZ
9	中国波顿	12.83	707.4	香港	2005-12-09	3318.HK
10	澳洋健康	12.80	−28.6	江苏	2007-09-21	002172.SZ
11	华润医疗	11.97	−13.6	北京	2013-11-29	1515.HK
12	国际脐带血库	8.16	10.0	北京	2009-11-19	CO.N
13	康华医疗	6.29	−28.9	广东	2016-11-08	3689.HK
14	宜华健康	5.95	−16.1	广东	2000-08-07	000150.SZ
15	神冠控股	5.32	−29.2	广西	2009-10-13	0829.HK
16	瑞慈医疗	5.20	13.2	上海	2016-10-06	1526.HK
17	康宁医院	4.13	−4.4	浙江	2015-11-20	2120.HK

2.35　造纸行业品牌价值榜

在 2021 年中国上市公司品牌价值总榜的 3 000 家企业中:造纸行业的企业共计 14 家,比 2020 年增加了 2 家;品牌价值总计 276.49 亿元,比 2020 年增长了 15.6%。

2.35.1　2021 年中国造纸行业上市公司品牌价值榜分析

【行业集中度】　在 2021 年中国造纸行业上市公司品牌价值榜中：排在第 1 位的公司是晨鸣纸业，品牌价值 56.9 亿元，占行业榜单总计品牌价值的 20.6%；排在前 3 位的公司品牌价值合计 157.52 亿元，占行业榜单总计品牌价值的 57%；排在前 5 位的公司品牌价值合计 213.24 亿元，占行业榜单总计品牌价值的 77.1%。

【所在区域】　在 2021 年中国造纸行业上市公司品牌价值榜中，14 家公司来自 6 个地区。其中，来自山东的公司共计 5 家，品牌价值合计 173.66 亿元，占行业榜单总计品牌价值的 62.8%，处于主导地位。其他地区企业的构成情况见图 2-65 和图 2-66。

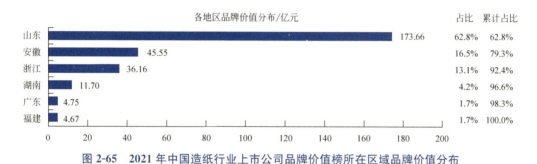

图 2-65　2021 年中国造纸行业上市公司品牌价值榜所在区域品牌价值分布

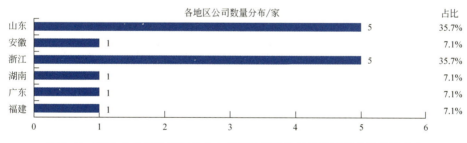

图 2-66　2021 年中国造纸行业上市公司品牌价值榜所在区域公司数量分布

【上市板块】　在 2021 年中国造纸行业上市公司品牌价值榜中：在沪市主板上市的公司有 10 家，品牌价值合计 149.25 亿元，占行业榜单总计品牌价值的 54%，排在第一位；在深市中小企业板上市的公司有 3 家，品牌价值合计 70.35 亿元，占行业榜单总计品牌价值的 25.4%，排在第二位；在深市主板上市的公司有 1 家，品牌价值 56.9 亿元，占行业总计品牌价值的 20.6%，排在第三位。

【上市时间】　在 2021 年中国造纸行业上市公司品牌价值榜中：2001—2005 年上市的公司有 4 家，品牌价值合计 91.13 亿元，占行业榜单总计品牌价值的 33%，排在第一位；1996—2000 年上市的公司有 3 家，品牌价值合计 88.15 亿元，占行业榜单总计品牌价值的 31.9%，排在第二位；2006—2010 年上市的公司有 3 家，品牌价值合计 70.35 亿元，占行业榜单总计品牌价值的 25.4%，排在第三位。此外，2016—2020 年上市的公司有 4 家，品牌价值合计 26.86 亿元。

2.35.2　2021 年中国造纸行业上市公司品牌价值榜单

序号	证 券 名 称	品牌价值/亿元	增长率/%	地区	上市日期	证券代码
1	晨鸣纸业	56.90	−6.3	山东	2000-11-20	000488.SZ
2	太阳纸业	55.07	12.3	山东	2006-11-16	002078.SZ
3	山鹰国际	45.55	1.9	安徽	2001-12-18	600567.SH
4	博汇纸业	29.14	82.2	山东	2004-06-08	600966.SH
5	华泰股份	26.58	8.4	山东	2000-09-28	600308.SH
6	岳阳林纸	11.70	31.3	湖南	2004-05-25	600963.SH
7	仙鹤股份	11.13	38.2	浙江	2018-04-20	603733.SH
8	景兴纸业	9.30	−2.7	浙江	2006-09-15	002067.SZ
9	五洲特纸	6.24		浙江	2020-11-10	605007.SH
10	齐峰新材	5.98	−6.3	山东	2010-12-10	002521.SZ
11	森林包装	4.78		浙江	2020-12-22	605500.SH
12	冠豪高新	4.75	28.7	广东	2003-06-19	600433.SH
13	荣晟环保	4.71	60.6	浙江	2017-01-17	603165.SH
14	青山纸业	4.67	8.2	福建	1997-07-03	600103.SH

2.36　商业服务行业品牌价值榜

在 2021 年中国上市公司品牌价值总榜的 3 000 家企业中：商业服务行业的企业共计 28 家，比 2020 年减少了 2 家；品牌价值总计 242.59 亿元，比 2020 年下降了 18%。

2.36.1　2021 年中国商业服务行业上市公司品牌价值榜分析

【行业集中度】 在 2021 年中国商业服务行业上市公司品牌价值榜中：排在前 3 位的公司品牌价值合计 56.58 亿元，占行业榜单总计品牌价值的 23.3%；排在前 5 位的公司品牌价值合计 89.41 亿元，占行业榜单总计品牌价值的 36.9%；排在前 10 位的公司品牌价值合计 144.77 亿元，占行业榜单总计品牌价值的 59.7%。

【所在区域】 在 2021 年中国商业服务行业上市公司品牌价值榜中，28 家公司来自 12 个地区。其中，来自广东、上海和江苏的公司共计 12 家，品牌价值合计 145.22 亿元，占行业榜单总计品牌价值的 59.9%，处于主导地位。其他地区企业的构成情况见图 2-67 和

图 2-68。

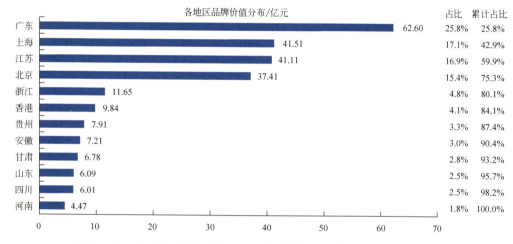

图 2-67 2021 年中国商业服务行业上市公司品牌价值榜所在区域品牌价值分布

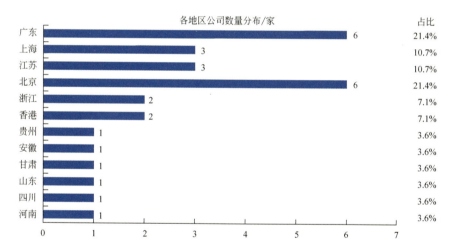

图 2-68 2021 年中国商业服务行业上市公司品牌价值榜所在区域公司数量分布

【上市板块】 在 2021 年中国商业服务行业上市公司品牌价值榜中：在沪市主板上市的公司有 8 家，品牌价值合计 85.51 亿元，占行业榜单总计品牌价值的 35.3%，排在第一位；在深市创业板上市的公司有 6 家，品牌价值合计 58.27 亿元，占行业榜单总计品牌价值的 24%，排在第二位；在深市中小企业板上市的公司有 7 家，品牌价值合计 49.07 亿元，占行业总计品牌价值的 20.2%，排在第三位。此外，在国外上市的中概股公司有 2 家，品牌价值合计 22.18 亿元；在港股上市的中资股公司有 4 家，品牌价值合计 20.77 亿元；在深市主板上市的公司有 1 家，品牌价值 6.78 亿元。

【上市时间】 在 2021 年中国商业服务行业上市公司品牌价值榜中：2011—2015 年上市的公司有 8 家，品牌价值合计 76.45 亿元，占行业榜单总计品牌价值的 31.5%，排在第一位；2016—2020 年上市的公司有 12 家，品牌价值合计 72.91 亿元，占行业榜单总计品牌价值的 30.1%，排在第二位；2006—2010 年上市的公司有 5 家，品牌价值合计 51.07 亿元，占行业榜单总计品牌价值的 21.1%，排在第三位。此外，1996 年以前上市的公司有 1 家，品牌价值 19.33 亿元；2001—2005 年上市的公司有 1 家，品牌价值 16.05 亿元；1996—2000 年上市的公司有 1 家，品牌价值 6.78 亿元。

2.36.2　2021 年中国商业服务行业上市公司品牌价值榜单

序号	证券名称	品牌价值/亿元	增长率/%	地区	上市日期	证券代码
1	华建集团	19.33	50.2	上海	1993-02-09	600629.SH
2	劲嘉股份	19.21	−13.0	广东	2007-12-05	002191.SZ
3	苏交科	18.04	−19.7	江苏	2012-01-10	300284.SZ
4	华设集团	16.78	36.8	江苏	2014-10-13	603018.SH
5	前程无忧	16.05	−14.0	上海	2004-09-29	JOBS.O
6	东风股份	14.93	−26.1	广东	2012-02-16	601515.SH
7	华测检测	14.71	23.9	广东	2009-10-30	300012.SZ
8	科锐国际	10.51	68.3	北京	2017-06-08	300662.SZ
9	勘设股份	7.91	34.1	贵州	2017-08-09	603458.SH
10	华铁应急	7.30	177.0	浙江	2015-05-29	603300.SH
11	设计总院	7.21	7.8	安徽	2017-08-01	603357.SH
12	甘咨询	6.78	143.2	甘肃	1997-05-28	000779.SZ
13	中衡设计	6.28	16.3	江苏	2014-12-31	603017.SH
14	多维科技	6.14	54.5	上海	2007-08-02	CZ4.SG
15	元隆雅图	6.10	8.3	北京	2017-06-06	002878.SZ
16	东港股份	6.09	−16.5	山东	2007-03-02	002117.SZ
17	人瑞人才	6.01	14.6	四川	2019-12-13	6919.HK
18	锋尚文化	6.00		北京	2020-08-24	300860.SZ
19	国检集团	5.78	45.3	北京	2016-11-09	603060.SH
20	庄臣控股	5.56	53.3	香港	2019-10-16	1955.HK
21	明辉国际	4.92	−7.0	广东	2007-11-02	3828.HK
22	广电计量	4.69	−7.0	广东	2019-11-08	002967.SZ
23	谱尼测试	4.54		北京	2020-09-16	300887.SZ
24	盛通股份	4.49	30.0	北京	2011-07-15	002599.SZ
25	设研院	4.47	11.6	河南	2017-12-12	300732.SZ

续表

序号	证 券 名 称	品牌价值/亿元	增长率/%	地区	上市日期	证券代码
26	浙农股份	4.35	−7.9	浙江	2015-05-27	002758.SZ
27	同方泰德	4.28	−15.2	香港	2011-10-27	1206.HK
28	华阳国际	4.14	−5.8	广东	2019-02-26	002949.SZ

2.37 包装行业品牌价值榜

在 2021 年中国上市公司品牌价值总榜的 3 000 家企业中：包装行业的企业共计 15 家，比 2020 年减少了 4 家；品牌价值总计 179.32 亿元，比 2020 年增长了 1.3%。

2.37.1 2021 年中国包装行业上市公司品牌价值榜分析

【行业集中度】 在 2021 年中国包装行业上市公司品牌价值榜中：排在第 1 位的公司是裕同科技，品牌价值 25.76 亿元，占行业榜单总计品牌价值的 14.4%。排在前 3 位的公司品牌价值合计 68.91 亿元，占行业榜单总计品牌价值的 38.4%；排在前 5 位的公司品牌价值合计 102.06 亿元，占行业榜单总计品牌价值的 56.9%。

【所在区域】 在 2021 年中国包装行业上市公司品牌价值榜中，15 家公司来自 7 个地区。其中，来自广东、上海和福建的公司共计 10 家，品牌价值合计 119.32 亿元，占行业榜单总计品牌价值的 66.5%，处于主导地位。其他地区企业的构成情况见图 2-69 和图 2-70。

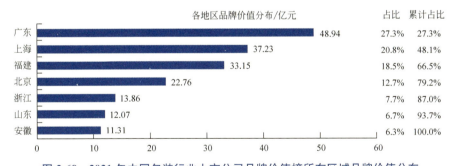

图 2-69 2021 年中国包装行业上市公司品牌价值榜所在区域品牌价值分布

【上市板块】 在 2021 年中国包装行业上市公司品牌价值榜中：在深市中小企业板上市的公司有 8 家，品牌价值合计 104.71 亿元，占行业总计品牌价值的 58.4%，排在第一位；在港股上市的中资股公司有 4 家，品牌价值合计 35.4 亿元，占行业榜单总计品牌价值的 19.7%，排在第二位；在沪市主板上市的公司有 2 家，品牌价值合计 32.14 亿元，占行业榜单总计品牌价值的 17.9%，排在第三位。此外，在深市创业板上市的公司有 1 家，品牌价值 7.08 亿元。

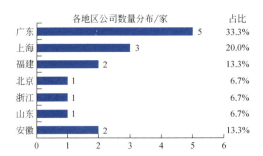

图 2-70　2021 年中国包装行业上市公司品牌价值榜所在区域公司数量分布

【上市时间】　在 2021 年中国包装行业上市公司品牌价值榜中：2006—2010 年上市的公司有 6 家，品牌价值合计 62.09 亿元，占行业榜单总计品牌价值的 34.6%，排在第一位；2016—2020 年上市的公司有 4 家，品牌价值合计 51.21 亿元，占行业榜单总计品牌价值的 28.6%，排在第二位；2011—2015 年上市的公司有 3 家，品牌价值合计 38.87 亿元，占行业榜单总计品牌价值的 21.7%，排在第三位。此外，1996—2000 年上市的公司有 1 家，品牌价值 20.39 亿元；2001—2005 年上市的公司有 1 家，品牌价值 6.76 亿元。

2.37.2　2021 年中国包装行业上市公司品牌价值榜单

序号	证券名称	品牌价值/亿元	增长率/%	地区	上市日期	证券代码
1	裕同科技	25.76	29.5	广东	2016-12-16	002831.SZ
2	奥瑞金	22.76	8.1	北京	2012-10-11	002701.SZ
3	紫江企业	20.39	18.8	上海	1999-08-24	600210.SH
4	合兴包装	17.35	−4.2	福建	2008-05-08	002228.SZ
5	吉宏股份	15.80	237.9	福建	2016-07-12	002803.SZ
6	中粮包装	13.86	12.0	浙江	2009-11-16	0906.HK
7	阳光纸业	12.07	2.9	山东	2007-12-12	2002.HK
8	宝钢包装	11.74	70.5	上海	2015-06-11	601968.SH
9	美盈森	7.37	0.3	广东	2009-11-03	002303.SZ
10	万顺新材	7.08	18.1	广东	2010-02-26	300057.SZ
11	永新股份	6.76	19.2	安徽	2004-07-08	002014.SZ
12	济丰包装	5.10	8.1	上海	2018-12-21	1820.HK
13	嘉美包装	4.56	−33.7	安徽	2019-12-02	002969.SZ
14	正业国际	4.37	−26.2	广东	2011-06-03	3363.HK
15	力合科创	4.36	37.9	广东	2008-05-28	002243.SZ

包装行业榜单

第 3 篇

中国上市公司品牌价值区域榜

3.1 北京品牌价值榜

在 2021 年中国上市公司品牌价值总榜的 3 000 家企业中：北京的企业共计 361 家，比 2020 年减少了 11 家；品牌价值总计 61 012.13 亿元，比 2020 年增长了 6%。

3.1.1 2021 年北京上市公司品牌价值榜分析

【区域集中度】 在 2021 年北京上市公司品牌价值榜中：排在前 10 位的公司品牌价值合计 25 346.75 亿元，占北京榜单总计品牌价值的 41.5%；排在前 30 位的公司品牌价值合计 43 032.1 亿元，占北京榜单总计品牌价值的 70.5%；排在前 100 位的公司品牌价值合计 56 298.81 亿元，占北京榜单总计品牌价值的 92.3%。

【所在行业】 在 2021 年北京上市公司品牌价值榜中，361 家公司来自 35 个行业。其中，金融、零售和建筑三个行业共计包括 67 家公司，品牌价值合计 33 598.37 亿元，占北京榜单总计品牌价值的 55.1%，处于主导地位。其他行业的情况见图 3-1 和图 3-2。

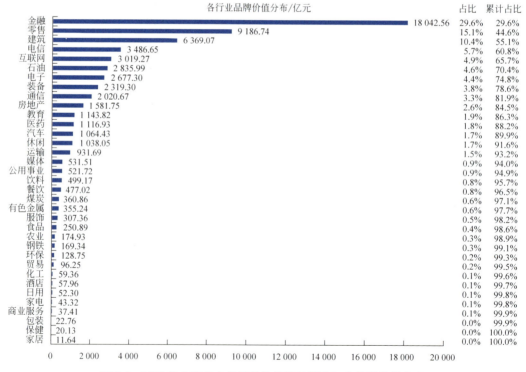

图 3-1　2021 年北京上市公司品牌价值榜所在行业品牌价值分布

【上市板块】 在 2021 年北京上市公司品牌价值榜中：在沪市主板上市的公司有 131 家，品牌价值合计 32 943.49 亿元，占北京榜单总计品牌价值的 54%，排在第一位；在港股

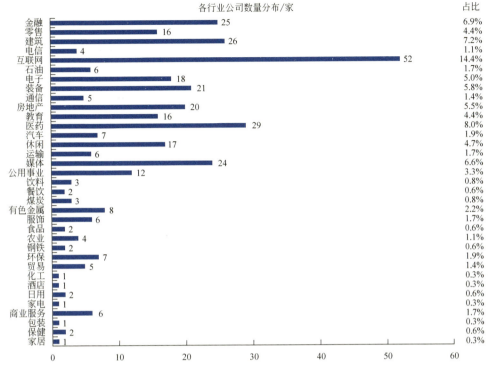

图 3-2　2021 年北京上市公司品牌价值榜所在行业公司数量分布

上市的中资股公司有 83 家,品牌价值合计 21 005.27 亿元,占北京榜单总计品牌价值的 34.4%,排在第二位;在国外上市的中概股公司有 36 家,品牌价值合计 4 020.8 亿元,占北京榜单总计品牌价值的 6.6%,排在第三位。此外,在深市主板上市的公司有 19 家,品牌价值合计 1 314 亿元;在深市中小板上市的公司有 38 家,品牌价值合计 763.98 亿元;在深市创业板上市的公司有 47 家,品牌价值合计 748 亿元;在沪市科创板上市的公司有 7 家,品牌价值合计 216.6 亿元。

【上市时间】 在 2021 年北京上市公司品牌价值榜中:2006—2010 年上市的公司有 77 家,品牌价值合计 24 473.02 亿元,占北京榜单总计品牌价值的 40.1%,排在第一位;2016—2020 年上市的公司有 98 家,品牌价值合计 15 319.11 亿元,占北京榜单总计品牌价值的 25.1%,排在第二位;2001—2005 年上市的公司有 41 家,品牌价值合计 10 468.27 亿元,占北京榜单总计品牌价值的 17.2%,排在第三位。此外,2011—2015 年上市的公司有 81 家,品牌价值合计 4 684.15 亿元;1996 年以前上市的公司有 15 家,品牌价值合计 3 136.03 亿元;1996—2000 年上市的公司有 49 家,品牌价值合计 2 931.56 亿元。

3.1.2　2021 年北京上市公司品牌价值榜单

序号	证 券 名 称	品牌价值/亿元	增长率/%	行业	上市日期	证券代码
1	京东集团-SW	4 790.46	86.7	零售	2020-06-18	9618.HK
2	工商银行	3 340.02	−5.0	金融	2006-10-27	601398.SH
3	建设银行	2 670.17	2.1	金融	2007-09-25	601939.SH
4	美团-W	2 536.22	41.6	零售	2018-09-20	3690.HK
5	农业银行	2 334.46	−3.9	金融	2010-07-15	601288.SH
6	中国银行	2 129.43	−2.9	金融	2006-07-05	601988.SH
7	中国电信	2 050.56	−3.9	电信	2002-11-15	0728.HK
8	百度	1 874.51	−29.6	互联网	2005-08-05	BIDU.O
9	联想集团	1 849.26	17.5	电子	1994-02-14	0992.HK
10	中国建筑	1 771.65	10.4	建筑	2009-07-29	601668.SH
11	中国人寿	1 581.22	37.0	金融	2007-01-09	601628.SH
12	小米集团-W	1 455.69	53.5	通信	2018-07-09	1810.HK
13	中国联通	1 399.52	5.5	电信	2002-10-09	600050.SH
14	中国石化	1 395.06	−17.9	石油	2001-08-08	600028.SH
15	中国石油	1 145.04	−18.5	石油	2007-11-05	601857.SH
16	中国中车	1 000.02	−25.4	装备	2008-08-18	601766.SH
17	中国铁建	974.06	8.4	建筑	2008-03-10	601186.SH
18	中国中铁	953.87	9.5	建筑	2007-12-03	601390.SH
19	中国人保	911.98	1.4	金融	2018-11-16	601319.SH
20	邮储银行	776.54	6.2	金融	2019-12-10	601658.SH
21	龙湖集团	726.36	34.4	房地产	2009-11-19	0960.HK
22	北京汽车	714.91	−9.4	汽车	2014-12-19	1958.HK
23	中国财险	689.67	5.3	金融	2003-11-06	2328.HK
24	三一重工	640.02	141.1	装备	2003-07-03	600031.SH
25	中国交建	616.80	1.9	建筑	2012-03-09	601800.SH
26	民生银行	599.70	−1.3	金融	2000-12-19	600016.SH
27	中信银行	570.30	−5.0	金融	2007-04-27	601998.SH
28	中国通信服务	533.46	0.9	通信	2006-12-08	0552.HK
29	中国中免	502.11	43.3	零售	2009-10-15	601888.SH
30	光大银行	499.02	11.0	金融	2010-08-18	601818.SH

续表

序号	证 券 名 称	品牌价值/亿元	增长率/%	行业	上市日期	证券代码
31	中信股份	477.59	−13.1	金融	1986-02-26	0267.HK
32	新东方-S	475.30	35.9	教育	2020-11-09	9901.HK
33	海底捞	458.03	14.3	餐饮	2018-09-26	6862.HK
34	好未来	445.03	53.4	教育	2010-10-20	TAL.N
35	华润医药	419.39	−26.3	医药	2016-10-28	3320.HK
36	国美零售	402.67	8.1	零售	1992-04-15	0493.HK
37	中国建材	401.48	41.3	建筑	2006-03-23	3323.HK
38	中国中冶	375.03	31.9	建筑	2009-09-21	601618.SH
39	中国电建	373.75	20.7	建筑	2011-10-18	601669.SH
40	贝壳(KE)	373.63		零售	2020-08-13	BEKE.N
41	中国外运	348.16	−15.7	运输	2019-01-18	601598.SH
42	新华保险	343.26	22.6	金融	2011-12-16	601336.SH
43	中国国航	314.42	−38.3	运输	2006-08-18	601111.SH
44	汽车之家	313.49	−17.0	互联网	2013-12-11	ATHM.N
45	中国能源建设	279.33	−5.0	建筑	2015-12-10	3996.HK
46	中国神华	267.25	−3.2	煤炭	2007-10-09	601088.SH
47	顺鑫农业	267.22	12.6	饮料	1998-11-04	000860.SZ
48	紫光股份	265.53	32.1	电子	1999-11-04	000938.SZ
49	华夏银行	263.28	−2.2	金融	2003-09-12	600015.SH
50	京东方 A	261.23	21.0	电子	2001-01-12	000725.SZ
51	福田汽车	245.84	37.7	汽车	1998-06-02	600166.SH
52	中国飞鹤	244.83	93.2	食品	2019-11-13	6186.HK
53	爱奇艺(IQIYI)	243.25	9.2	休闲	2018-03-29	IQ.O
54	中国铝业	234.06	9.5	有色金属	2007-04-30	601600.SH
55	北京银行	222.15	−0.8	金融	2007-09-19	601169.SH
56	陌陌	216.36	−42.4	休闲	2014-12-11	MOMO.O
57	中国再保险	200.68	5.0	金融	2015-10-26	1508.HK
58	中国海洋石油	198.68	−20.2	石油	2001-02-28	0883.HK
59	京沪高铁	197.08		运输	2020-01-16	601816.SH
60	王府井	148.27	−11.7	零售	1994-05-06	600859.SH
61	首开股份	146.38	0.1	房地产	2001-03-12	600376.SH

北京榜单

续表

序号	证 券 名 称	品牌价值/亿元	增长率/%	行业	上市日期	证券代码
62	国药股份	145.46	70.3	医药	2002-11-27	600511.SH
63	中铁工业	141.71	−32.5	装备	2001-05-28	600528.SH
64	燕京啤酒	138.71	−18.1	饮料	1997-07-16	000729.SZ
65	京东健康	135.61		零售	2020-12-08	6618.HK
66	搜狗	135.54	3.9	互联网	2017-11-09	SOGO.N
67	中国铁塔	133.47	−26.7	建筑	2018-08-08	0788.HK
68	蓝色光标	131.20	41.5	媒体	2010-02-26	300058.SZ
69	中国华融	127.51	−34.1	金融	2015-10-30	2799.HK
70	金辉控股	125.22		房地产	2020-10-29	9993.HK
71	中国医药	118.09	28.3	医药	1997-05-15	600056.SH
72	李宁	117.68	44.2	服饰	2004-06-28	2331.HK
73	金隅集团	114.65	37.9	建筑	2011-03-01	601992.SH
74	际华集团	111.99	15.5	服饰	2010-08-16	601718.SH
75	华能国际	111.28	−7.6	公用事业	2001-12-06	600011.SH
76	昆仑万维	110.84	76.5	休闲	2015-01-21	300418.SZ
77	首钢股份	108.25	53.5	钢铁	1999-12-16	000959.SZ
78	中国化学	107.22	12.0	建筑	2010-01-07	601117.SH
79	中国通号	102.97	−15.5	装备	2019-07-22	688009.SH
80	长江电力	96.98	13.7	公用事业	2003-11-18	600900.SH
81	天地科技	94.78	−4.5	装备	2002-05-15	600582.SH
82	三元股份	93.24	21.6	饮料	2003-09-15	600429.SH
83	中信建投	92.18	50.9	金融	2018-06-20	601066.SH
84	中航科工	91.09	16.9	装备	2003-10-30	2357.HK
85	航天信息	90.45	−30.0	电子	2003-07-11	600271.SH
86	大北农	85.06	16.6	农业	2010-04-09	002385.SZ
87	中国电影	83.67	−45.0	休闲	2016-08-09	600977.SH
88	万达电影	83.45	−51.2	休闲	2015-01-22	002739.SZ
89	金融街	83.09	−16.2	房地产	1996-06-26	000402.SZ
90	中煤能源	78.37	42.0	煤炭	2008-02-01	601898.SH
91	中国银河	72.01	17.1	金融	2017-01-23	601881.SH
92	同方股份	70.52	−45.9	电子	1997-06-27	600100.SH

续表

序号	证 券 名 称	品牌价值/亿元	增长率/%	行业	上市日期	证券代码
93	信达地产	70.00	9.5	房地产	1993-05-24	600657.SH
94	首创置业	64.19	−7.5	房地产	2003-06-19	2868.HK
95	中金黄金	64.03	16.5	有色金属	2003-08-14	600489.SH
96	中国重工	63.47	−22.2	装备	2009-12-16	601989.SH
97	华联综超	63.36	−2.0	零售	2001-11-29	600361.SH
98	五矿发展	62.48	21.7	贸易	1997-05-28	600058.SH
99	众信旅游	62.15	−35.4	休闲	2014-01-23	002707.SZ
100	安迪苏	62.13	−29.5	农业	2000-04-20	600299.SH
101	中国东方集团	61.08	−9.2	钢铁	2004-03-02	0581.HK
102	中金公司	59.83	50.1	金融	2020-11-02	601995.SH
103	中化化肥	59.36	9.4	化工	1996-09-30	0297.HK
104	石化油服	59.04	−5.1	石油	1995-04-11	600871.SH
105	微博	58.76	−17.0	媒体	2014-04-17	WB.O
106	华扬联众	58.08	37.1	媒体	2017-08-02	603825.SH
107	首旅酒店	57.96	8.3	酒店	2000-06-01	600258.SH
108	首商股份	57.79	−15.9	零售	1996-07-16	600723.SH
109	同仁堂	57.45	−12.5	医药	1997-06-25	600085.SH
110	嘉事堂	54.09	16.1	医药	2010-08-18	002462.SZ
111	大唐发电	53.01	4.9	公用事业	2006-12-20	601991.SH
112	当代置业	52.68	33.1	房地产	2013-07-12	1107.HK
113	迪信通	52.03	−18.4	零售	2014-07-08	6188.HK
114	北辰实业	49.61	−9.6	房地产	2006-10-16	601588.SH
115	国投电力	49.29	−0.5	公用事业	1996-01-18	600886.SH
116	城建发展	48.23	4.3	房地产	1999-02-03	600266.SH
117	中国软件国际	47.40	35.1	互联网	2003-06-20	0354.HK
118	中石化炼化工程	47.38	−24.7	建筑	2013-05-23	2386.HK
119	中国核电	45.52	19.7	公用事业	2015-06-10	601985.SH
120	石头科技	43.32		家电	2020-02-21	688169.SH
121	北京京客隆	41.79	23.4	零售	2006-09-25	0814.HK
122	正通汽车	41.62	−62.0	汽车	2010-12-10	1728.HK
123	光线传媒	40.70	−29.0	休闲	2011-08-03	300251.SZ

北京榜单

续表

序号	证 券 名 称	品牌价值/亿元	增长率/%	行业	上市日期	证券代码
124	东方雨虹	40.68	81.9	建筑	2008-09-10	002271.SZ
125	乐普医疗	39.87	15.4	医药	2009-10-30	300003.SZ
126	中青旅	39.72	−46.4	休闲	1997-12-03	600138.SH
127	国电科环	38.63	−31.0	装备	2011-12-30	1296.HK
128	北京控股	37.66	−5.8	公用事业	1997-05-29	0392.HK
129	龙源电力	37.38	21.0	公用事业	2009-12-10	0916.HK
130	东华软件	37.32	5.8	互联网	2006-08-23	002065.SZ
131	中国民航信息网络	35.98	−19.9	互联网	2001-02-07	0696.HK
132	用友网络	35.49	19.9	互联网	2001-05-18	600588.SH
133	华润双鹤	34.99	34.3	医药	1997-05-22	600062.SH
134	朴新教育	34.71	−3.8	教育	2018-06-15	NEW.N
135	新高教集团	34.69	76.3	教育	2017-04-19	2001.HK
136	搜狐	34.66	11.4	媒体	2000-07-12	SOHU.O
137	金一文化	34.49	−56.8	服饰	2014-01-27	002721.SZ
138	国瑞置业	34.49	−1.9	房地产	2014-07-07	2329.HK
139	国联股份	34.22	124.1	互联网	2019-07-30	603613.SH
140	海油发展	33.73	−20.8	石油	2019-06-26	600968.SH
141	鑫苑置业	33.17	−31.1	房地产	2007-12-12	XIN.N
142	金山软件	33.11	19.3	互联网	2007-10-09	3888.HK
143	北新建材	32.08	18.9	建筑	1997-06-06	000786.SZ
144	中国出版	32.04	7.9	媒体	2017-08-21	601949.SH
145	九号公司-WD	31.90		日用	2020-10-29	689009.SH
146	阿里影业	31.14	57.2	休闲	1994-05-12	1060.HK
147	碧水源	30.21	−19.4	环保	2010-04-21	300070.SZ
148	无忧英语(51TALK)	29.95	184.0	教育	2016-06-10	COE.N
149	中国卫通	29.94	7.6	电信	2019-06-28	601698.SH
150	千方科技	29.90	36.6	互联网	2010-03-18	002373.SZ
151	中国机械工程	29.61	−17.7	建筑	2012-12-21	1829.HK
152	经纬纺机	29.23	−35.5	装备	1996-12-10	000666.SZ
153	光环新网	29.14	−11.0	互联网	2014-01-29	300383.SZ
154	中铝国际	28.23	−37.8	建筑	2018-08-31	601068.SH

北京榜单

续表

序号	证券名称	品牌价值/亿元	增长率/%	行业	上市日期	证券代码
155	北汽蓝谷	28.17	175.9	汽车	1996-08-16	600733.SH
156	中国电力	28.14	19.6	公用事业	2004-10-15	2380.HK
157	中国信达	27.59	−32.6	金融	2013-12-12	1359.HK
158	天坛生物	27.31	67.8	医药	1998-06-16	600161.SH
159	东方时尚	26.87	−19.5	教育	2016-02-05	603377.SH
160	北控水务集团	26.79	22.3	公用事业	1993-04-19	0371.HK
161	慧聪集团	25.67	58.2	互联网	2003-12-17	2280.HK
162	翠微股份	25.54	−20.0	零售	2012-05-03	603123.SH
163	保利文化	24.98	−31.2	休闲	2014-03-06	3636.HK
164	北京首都机场股份	24.85	−33.9	运输	2000-02-01	0694.HK
165	民生教育	24.71	34.8	教育	2017-03-22	1569.HK
166	嘉友国际	24.67	−1.6	运输	2018-02-06	603871.SH
167	新华联	24.00	−37.5	房地产	1996-10-29	000620.SZ
168	东方园林	23.89	−26.3	环保	2009-11-27	002310.SZ
169	三聚环保	23.78	−41.2	环保	2010-04-27	300072.SZ
170	华远地产	23.67	−24.1	房地产	1996-09-09	600743.SH
171	甘李药业	22.88		医药	2020-06-29	603087.SH
172	奥瑞金	22.76	8.1	包装	2012-10-11	002701.SZ
173	阳光100中国	22.63	75.4	房地产	2014-03-13	2608.HK
174	朗姿股份	22.63	51.2	服饰	2011-08-30	002612.SZ
175	太极股份	22.60	−1.2	互联网	2010-03-12	002368.SZ
176	长久物流	22.52	5.8	运输	2016-08-10	603569.SH
177	京运通	22.45	90.8	装备	2011-09-08	601908.SH
178	利亚德	22.05	−25.5	电子	2012-03-15	300296.SZ
179	歌华有线	22.00	12.6	媒体	2001-02-08	600037.SH
180	环球医疗	21.67	−51.4	金融	2015-07-08	2666.HK
181	寺库	21.65	−24.9	零售	2017-09-22	SECO.O
182	SOHO中国	21.55	45.2	房地产	2007-10-08	0410.HK
183	中牧股份	21.45	0.0	农业	1999-01-07	600195.SH
184	江河集团	21.21	6.9	建筑	2011-08-18	601886.SH
185	高能环境	21.16	130.3	环保	2014-12-29	603588.SH

北京榜单

续表

序号	证 券 名 称	品牌价值/亿元	增长率/%	行业	上市日期	证券代码
186	同仁堂科技	21.00	−18.0	医药	2000-10-31	1666.HK
187	兆易创新	20.99	89.9	电子	2016-08-18	603986.SH
188	康龙化成	20.74	51.3	医药	2019-01-28	300759.SZ
189	北方华创	20.71	134.5	电子	2010-03-16	002371.SZ
190	中国国贸	20.65	6.4	房地产	1999-03-12	600007.SH
191	拉卡拉	20.61	−7.8	互联网	2019-04-25	300773.SZ
192	祖龙娱乐	20.60		休闲	2020-07-15	9990.HK
193	泡泡玛特	20.40		日用	2020-12-11	9992.HK
194	中国同辐	19.22	10.3	医药	2018-07-06	1763.HK
195	全聚德	19.00	−39.7	餐饮	2007-11-20	002186.SZ
196	中信国安	18.87	−8.9	媒体	1997-10-31	000839.SZ
197	中航电子	18.83	8.3	装备	2001-07-06	600372.SH
198	中国卫星	18.77	22.6	装备	1997-09-08	600118.SH
199	映客	18.26	−26.7	媒体	2018-07-12	3700.HK
200	引力传媒	18.03	57.6	媒体	2015-05-27	603598.SH
201	奥赛康	17.81	−21.4	医药	2015-05-15	002755.SZ
202	掌趣科技	17.77	25.5	休闲	2012-05-11	300315.SZ
203	猫眼娱乐	17.71	−60.1	休闲	2019-02-04	1896.HK
204	乐居	17.65	38.3	媒体	2014-04-17	LEJU.N
205	广联达	17.41	14.3	互联网	2010-05-25	002410.SZ
206	华夏视听教育	17.31		休闲	2020-07-15	1981.HK
207	中国软件	17.00	−7.1	互联网	2002-05-17	600536.SH
208	东兴证券	16.77	−5.3	金融	2015-02-26	601198.SH
209	金山云	16.70		互联网	2020-05-08	KC.O
210	中色股份	16.40	−26.4	有色金属	1997-04-16	000758.SZ
211	悦康药业	16.38		医药	2020-12-24	688658.SH
212	中国科传	16.36	7.9	媒体	2017-01-18	601858.SH
213	华胜天成	16.25	−2.9	互联网	2004-04-27	600410.SH
214	四环医药	16.00	−5.9	医药	2010-10-28	0460.HK
215	中粮家佳康	15.98	49.4	贸易	2016-11-01	1610.HK
216	中国旭阳集团	15.24	−10.5	煤炭	2019-03-15	1907.HK

续表

序号	证券名称	品牌价值/亿元	增长率/%	行业	上市日期	证券代码
217	大唐环境	14.95	−48.4	环保	2016-11-15	1272.HK
218	北巴传媒	14.59	9.5	汽车	2001-02-16	600386.SH
219	石基信息	14.58	−25.8	互联网	2007-08-13	002153.SZ
220	有研新材	14.56	114.3	有色金属	1999-03-19	600206.SH
221	世纪互联	14.48	28.2	互联网	2011-04-21	VNET.O
222	尚德机构	14.19	−14.4	教育	2018-03-23	STG.N
223	北京城乡	14.00	4.5	零售	1994-05-20	600861.SH
224	一起教育科技（17 EDUCATION & TECHNOLOGY）	13.87		教育	2020-12-04	YQ.O
225	京能电力	13.76	21.9	公用事业	2002-05-10	600578.SH
226	*ST 数知	13.63	1.1	互联网	2010-01-08	300038.SZ
227	煜盛文化	13.61		休闲	2020-03-13	1859.HK
228	兰亭集势	13.59	33.8	零售	2013-06-06	LITB.N
229	易华录	13.43	−16.2	互联网	2011-05-05	300212.SZ
230	电子城	13.16	6.7	房地产	1993-05-24	600658.SH
231	*ST 大唐	13.07	−35.0	通信	1998-10-21	600198.SH
232	大唐新能源	12.62	22.1	公用事业	2010-12-17	1798.HK
233	捷成股份	12.61	−49.5	媒体	2011-02-22	300182.SZ
234	中工国际	12.60	−13.4	建筑	2006-06-19	002051.SZ
235	人民网	12.60	−29.7	媒体	2012-04-27	603000.SH
236	北方国际	12.32	26.3	建筑	1998-06-05	000065.SZ
237	瑞斯康达	12.25	−7.2	通信	2017-04-20	603803.SH
238	博彦科技	12.21	26.1	互联网	2012-01-06	002649.SZ
239	神州高铁	12.13	−18.0	装备	1992-05-07	000008.SZ
240	中科软	12.03	−32.9	互联网	2019-09-09	603927.SH
241	华润医疗	11.97	−13.6	保健	2013-11-29	1515.HK
242	掌阅科技	11.81	103.6	媒体	2017-09-21	603533.SH
243	曲美家居	11.64	65.9	家居	2015-04-22	603818.SH
244	中国动向	11.49	0.4	服饰	2007-10-10	3818.HK
245	万集科技	11.37	327.1	电子	2016-10-21	300552.SZ
246	鸿合科技	11.32	−34.0	电子	2019-05-23	002955.SZ

北京榜单

序号	证 券 名 称	品牌价值/亿元	增长率/%	行业	上市日期	证券代码
247	启明星辰	11.09	−10.5	互联网	2010-06-23	002439.SZ
248	小牛电动	10.93	37.9	汽车	2018-10-19	NIU.O
249	华宇软件	10.87	−17.0	互联网	2011-10-26	300271.SZ
250	万通发展	10.69	16.1	房地产	2000-09-22	600246.SH
251	城建设计	10.65	32.9	建筑	2014-07-08	1599.HK
252	科锐国际	10.51	68.3	商业服务	2017-06-08	300662.SZ
253	蓝城兄弟(BLUECITY)	10.23		休闲	2020-07-08	BLCT.O
254	泛海控股	10.16	−75.0	金融	1994-09-12	000046.SZ
255	金山办公	10.12	40.6	互联网	2019-11-18	688111.SH
256	新华网	10.04	−14.5	媒体	2016-10-28	603888.SH
257	四方股份	9.99	39.2	装备	2010-12-31	601126.SH
258	清新环境	9.97	−32.9	环保	2011-04-22	002573.SZ
259	旋极信息	9.91	−13.0	互联网	2012-06-08	300324.SZ
260	中科创达	9.83	72.0	互联网	2015-12-10	300496.SZ
261	万泰生物	9.71		医药	2020-04-29	603392.SH
262	疯狂体育	9.47	45.6	媒体	1991-10-25	0082.HK
263	和利时自动化	9.41	−61.4	电子	2008-08-01	HOLI.O
264	大恒科技	9.32	1.3	电子	2000-11-29	600288.SH
265	首创股份	9.30	36.9	公用事业	2000-04-27	600008.SH
266	中信出版	9.20	−19.4	媒体	2019-07-05	300788.SZ
267	探路者	9.08	−48.7	服饰	2009-10-30	300005.SZ
268	天地在线	8.92		互联网	2020-08-05	002995.SZ
269	东方国信	8.66	−16.1	互联网	2011-01-25	300166.SZ
270	达内教育	8.50	−34.8	教育	2014-04-03	TEDU.O
271	宇信科技	8.48	11.5	互联网	2018-11-07	300674.SZ
272	京威股份	8.37	−36.3	汽车	2012-03-09	002662.SZ
273	国际脐带血库	8.16	10.0	保健	2009-11-19	CO.N
274	华联股份	8.02	−22.6	零售	1998-06-16	000882.SZ
275	中国高科	7.85	−37.6	教育	1996-07-26	600730.SH
276	双鹭药业	7.82	−40.5	医药	2004-09-09	002038.SZ
277	奇安信-U	7.77		互联网	2020-07-22	688561.SH

北京榜单

续表

序号	证券名称	品牌价值/亿元	增长率/%	行业	上市日期	证券代码
278	赛晶科技	7.62	80.3	电子	2010-10-13	0580.HK
279	瑞思学科英语	7.59	−37.9	教育	2017-10-20	REDU.O
280	航天长峰	7.55	58.9	互联网	1994-04-25	600855.SH
281	*ST嘉信	7.54	−25.4	媒体	2010-04-21	300071.SZ
282	华电重工	7.54	19.7	建筑	2014-12-11	601226.SH
283	四维图新	7.54	−17.6	互联网	2010-05-18	002405.SZ
284	中科三环	7.33	2.2	有色金属	2000-04-20	000970.SZ
285	中国地利	7.30	96.5	房地产	2008-10-22	1387.HK
286	赛升药业	7.30	9.5	医药	2015-06-26	300485.SZ
287	京北方	7.22		互联网	2020-05-07	002987.SZ
288	神州泰岳	7.18	−18.8	互联网	2009-10-30	300002.SZ
289	爱康医疗	7.14	83.0	医药	2017-12-20	1789.HK
290	航天工程	6.84	−32.7	装备	2015-01-28	603698.SH
291	安泰科技	6.77	8.8	有色金属	2000-05-29	000969.SZ
292	二六三	6.62	47.2	电信	2010-09-08	002467.SZ
293	宝新置地	6.55	303.0	贸易	2004-04-30	0299.HK
294	先进数通	6.52	39.9	互联网	2016-09-13	300541.SZ
295	中关村	6.51	20.4	医药	1999-07-12	000931.SZ
296	康辰药业	6.45	−13.3	医药	2018-08-27	603590.SH
297	中地乳业	6.29	102.7	农业	2015-12-02	1492.HK
298	中农立华	6.25	41.6	贸易	2017-11-16	603970.SH
299	绿盟科技	6.24	−4.2	互联网	2014-01-29	300369.SZ
300	人人网	6.23	28.1	媒体	2011-05-04	RENN.N
301	佳讯飞鸿	6.20	−28.7	通信	2011-05-05	300213.SZ
302	猎豹移动	6.20	−60.1	互联网	2014-05-08	CMCM.N
303	久其软件	6.18	12.0	互联网	2009-08-11	002279.SZ
304	盛达资源	6.16	−10.6	有色金属	1996-08-23	000603.SZ
305	大豪科技	6.15	19.9	电子	2015-04-22	603025.SH
306	趣活科技（QUHUO）	6.14		互联网	2020-07-10	QH.O
307	银信科技	6.13	31.0	互联网	2011-06-15	300231.SZ
308	元隆雅图	6.10	8.3	商业服务	2017-06-06	002878.SZ

北京榜单

续表

序号	证 券 名 称	品牌价值/亿元	增长率/%	行业	上市日期	证券代码
309	圣邦股份	6.09	58.9	电子	2017-06-06	300661.SZ
310	国投中鲁	6.06	28.7	食品	2004-06-22	600962.SH
311	北斗星通	6.05	44.1	装备	2007-08-13	002151.SZ
312	锋尚文化	6.00		商业服务	2020-08-24	300860.SZ
313	金诚信	5.97	14.1	建筑	2015-06-30	603979.SH
314	希尔威金属矿业	5.93	55.6	有色金属	2009-02-17	SVM.A
315	北京利尔	5.92	80.9	建筑	2010-04-23	002392.SZ
316	鸿远电子	5.89	58.8	电子	2019-05-15	603267.SH
317	百济神州	5.87	51.4	医药	2016-02-03	BGNE.O
318	三盛教育	5.87	−57.9	教育	2011-12-29	300282.SZ
319	九强生物	5.84	−8.2	医药	2014-10-30	300406.SZ
320	国检集团	5.78	45.3	商业服务	2016-11-09	603060.SH
321	万咖壹联	5.75	−36.5	媒体	2018-12-21	1762.HK
322	超图软件	5.63	5.0	互联网	2009-12-25	300036.SZ
323	腾信股份	5.56	−13.5	媒体	2014-09-10	300392.SZ
324	豆神教育	5.55	19.8	互联网	2009-10-30	300010.SZ
325	春立医疗	5.50	94.1	医药	2015-03-11	1858.HK
326	乐享互动	5.46		媒体	2020-09-23	6988.HK
327	洪恩教育(IHUMAN)	5.45		教育	2020-10-09	IH.N
328	高伟达	5.44	24.7	互联网	2015-05-28	300465.SZ
329	宜人金科	5.39	−74.1	金融	2015-12-18	YRD.N
330	爱美客	5.26		医药	2020-09-28	300896.SZ
331	荣联科技	5.25	14.6	互联网	2011-12-20	002642.SZ
332	安博教育	5.13	13.3	教育	2010-08-05	AMBO.A
333	农发种业	5.00	13.5	贸易	2001-01-19	600313.SH
334	万东医疗	4.98	49.2	医药	1997-05-19	600055.SH
335	中电华大科技	4.89	30.4	电子	1997-07-25	0085.HK
336	科兴生物	4.88	7.8	医药	2004-12-08	SVA.O
337	秦淮数据(CHINDATA)	4.86		互联网	2020-09-30	CD.O
338	京城机电股份	4.82	19.0	装备	1993-08-06	0187.HK
339	昭衍新药	4.82	84.1	医药	2017-08-25	603127.SH

续表

序号	证券名称	品牌价值/亿元	增长率/%	行业	上市日期	证券代码
340	博天环境	4.78	−16.9	环保	2017-02-17	603603.SH
341	凤凰新媒体	4.73	−32.7	媒体	2011-05-12	FENG.N
342	金融街物业	4.70		房地产	2020-07-06	1502.HK
343	中化岩土	4.69	51.4	建筑	2011-01-28	002542.SZ
344	中国海防	4.69	282.6	装备	1996-11-04	600764.SH
345	值得买	4.58	−6.6	媒体	2019-07-15	300785.SZ
346	华录百纳	4.56	−58.7	休闲	2012-02-09	300291.SZ
347	谱尼测试	4.54		商业服务	2020-09-16	300887.SZ
348	雪迪龙	4.51	−7.2	电子	2012-03-09	002658.SZ
349	盛通股份	4.49	30.0	商业服务	2011-07-15	002599.SZ
350	拓尔思	4.46	3.3	互联网	2011-06-15	300229.SZ
351	北京科锐	4.45	7.4	装备	2010-02-03	002350.SZ
352	安东油田服务	4.45	17.9	石油	2007-12-14	3337.HK
353	森特股份	4.44	36.0	建筑	2016-12-16	603098.SH
354	比优集团	4.41	−2.9	建筑	2004-08-06	8053.HK
355	辰安科技	4.35	−3.6	互联网	2016-07-26	300523.SZ
356	数字政通	4.25	−1.0	互联网	2010-04-27	300075.SZ
357	北方导航	4.23	8.3	装备	2003-07-04	600435.SH
358	数码视讯	4.23	−54.5	互联网	2010-04-30	300079.SZ
359	北陆药业	4.17	29.5	医药	2009-10-30	300016.SZ
360	交控科技	4.14	43.3	装备	2019-07-22	688015.SH
361	凯文教育	4.12	−25.8	教育	2012-03-09	002659.SZ

北京榜单

3.2 广东品牌价值榜

在 2021 年中国上市公司品牌价值总榜的 3 000 家企业中：广东的企业共计 481 家，比 2020 年减少了 1 家；品牌价值总计 52 216.91 亿元，比 2020 年增长了 21.3%。

3.2.1 2021 年广东上市公司品牌价值榜分析

【区域集中度】 在 2021 年广东上市公司品牌价值榜中：排在前 10 位的公司品牌价值合计 32 199.38 亿元，占广东榜单总计品牌价值的 61.7%；排在前 30 位的公司品牌价值合计 40 496.89 亿元,占广东榜单总计品牌价值的 77.6%;排在前 100 位的公司品牌价值合计 46 897.81 亿元,占广东榜单总计品牌价值的 89.8%。

【所在行业】 在 2021 年广东上市公司品牌价值榜中,481 家公司来自 34 个行业。其中,互联网、房地产和金融三个行业共计包括 89 家公司,品牌价值合计 32 875.79 亿元,占广东榜单总计品牌价值的 63%,处于主导地位。其他行业的情况见图 3-3 和图 3-4。

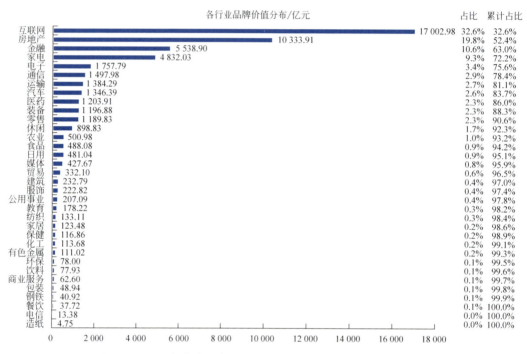

图 3-3　2021 年广东上市公司品牌价值榜所在行业品牌价值分布

【上市板块】 在 2021 年广东上市公司品牌价值榜中:在港股上市的中资股公司有 79 家,品牌价值合计 24 325.07 亿元,占广东榜单总计品牌价值的 46.6%,排在第一位;在深市主板上市的公司有 68 家,品牌价值合计 10 521.23 亿元,占广东榜单总计品牌价值的 20.2%,排在第二位;在沪市主板上市的公司有 64 家,品牌价值合计 8 617.53 亿元,占广东榜单总计品牌价值的 16.5%,排在第三位。此外,在深市中小板上市的公司有 162 家,品牌价值合计 5 205.16 亿元;在国外上市的中概股公司有 19 家,品牌价值合计 1 737.45 亿元;在深市创业板上市的公司有 82 家,品牌价值合计 1 561.92 亿元;在沪市科创板上市的公司有 7 家,品牌价值合计 248.54 亿元。

【上市时间】 在 2021 年广东上市公司品牌价值榜中:2001—2005 年上市的公司有 38 家,品牌价值合计 20 993.23 亿元,占广东榜单总计品牌价值的 40.2%,排在第一位;2006—2010 年上市的公司有 114 家,品牌价值合计 12 072.19 亿元,占广东榜单总计品牌价值的 23.1%,排在第二位;2011—2015 年上市的公司有 93 家,品牌价值合计 7 393.06 亿元,占广东榜单总计品牌价值的 14.2%,排在第三位。此外,1996—2000 年上市的公司

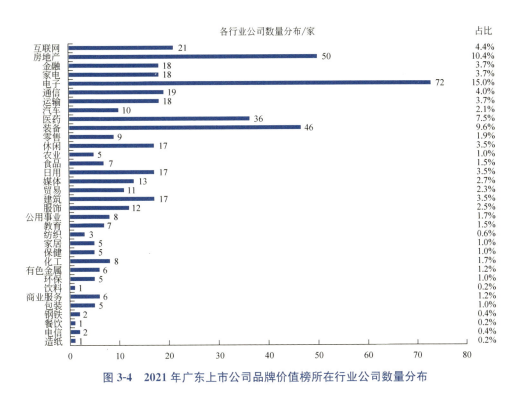

图 3-4　2021 年广东上市公司品牌价值榜所在行业公司数量分布

有 39 家,品牌价值合计 4 109.59 亿元;1996 年以前上市的公司有 42 家,品牌价值合计 3 875.9 亿元;2016—2020 年上市的公司有 155 家,品牌价值合计 3 772.94 亿元。

3.2.2　2021 年广东上市公司品牌价值榜单

序号	证券名称	品牌价值/亿元	增长率/%	行业	上市日期	证券代码
1	腾讯控股	16 787.06	48.3	互联网	2004-06-16	0700.HK
2	中国平安	3 310.86	12.9	金融	2007-03-01	601318.SH
3	美的集团	2 310.20	6.0	家电	2013-09-18	000333.SZ
4	中国恒大	2 208.51	8.9	房地产	2009-11-05	3333.HK
5	格力电器	1 679.22	−3.9	家电	1996-11-18	000651.SZ
6	碧桂园	1 660.21	26.2	房地产	2007-04-20	2007.HK
7	万科 A	1 426.01	1.9	房地产	1991-01-29	000002.SZ
8	招商银行	1 114.91	6.1	金融	2002-04-09	600036.SH
9	保利地产	851.51	0.4	房地产	2006-07-31	600048.SH
10	比亚迪	850.89	47.8	汽车	2011-06-30	002594.SZ
11	唯品会	847.70	34.6	零售	2012-03-23	VIPS.N

续表

序号	证券名称	品牌价值/亿元	增长率/%	行业	上市日期	证券代码
12	顺丰控股	724.11	63.0	运输	2010-02-05	002352.SZ
13	华侨城 A	634.38	50.1	房地产	1997-09-10	000069.SZ
14	中兴通讯	549.12	7.6	通信	1997-11-18	000063.SZ
15	TCL 科技	497.69	−11.0	通信	2004-01-30	000100.SZ
16	中集集团	451.13	22.0	装备	1994-04-08	000039.SZ
17	平安银行	421.90	7.5	金融	1991-04-03	000001.SZ
18	腾讯音乐	404.30	19.8	休闲	2018-12-12	TME.N
19	广汽集团	377.35	3.7	汽车	2012-03-29	601238.SH
20	海天味业	354.37	43.8	食品	2014-02-11	603288.SH
21	富力地产	351.70	−1.7	房地产	2005-07-14	2777.HK
22	招商蛇口	344.31	−24.2	房地产	2015-12-30	001979.SZ
23	龙光集团	336.65	56.8	房地产	2013-12-20	3380.HK
24	南方航空	327.22	−27.3	运输	2003-07-25	600029.SH
25	金地集团	326.89	22.6	房地产	2001-04-12	600383.SH
26	雅居乐集团	325.48	0.5	房地产	2005-12-15	3383.HK
27	温氏股份	276.64	−17.0	农业	2015-11-02	300498.SZ
28	海信家电	268.66	31.8	家电	1999-07-13	000921.SZ
29	中国奥园	251.64	82.7	房地产	2007-10-09	3883.HK
30	立讯精密	226.28	47.9	电子	2010-09-15	002475.SZ
31	欢聚	222.30	−5.7	休闲	2012-11-21	YY.O
32	传音控股	210.49	63.7	通信	2019-09-30	688036.SH
33	佳兆业集团	201.61	109.0	房地产	2009-12-09	1638.HK
34	海大集团	195.11	24.7	农业	2009-11-27	002311.SZ
35	白云山	191.94	45.6	医药	2001-02-06	600332.SH
36	美的置业	186.15	31.2	房地产	2018-10-11	3990.HK
37	中信证券	185.47	−13.5	金融	2003-01-06	600030.SH
38	时代中国控股	183.94	10.1	房地产	2013-12-11	1233.HK
39	国药一致	165.07	26.2	医药	1993-08-09	000028.SZ
40	深康佳 A	159.23	−27.3	家电	1992-03-27	000016.SZ
41	中国海外宏洋集团	146.74	91.8	房地产	1984-04-26	0081.HK
42	中集车辆	139.29	−1.8	装备	2019-07-11	1839.HK

广东榜单

续表

序号	证券名称	品牌价值/亿元	增长率/%	行业	上市日期	证券代码
43	兆驰股份	136.99	91.2	日用	2010-06-10	002429.SZ
44	华发股份	123.73	51.0	房地产	2004-02-25	600325.SH
45	海王生物	121.15	44.2	医药	1998-12-18	000078.SZ
46	分众传媒	115.56	−22.8	媒体	2004-08-04	002027.SZ
47	大参林	113.23	56.7	零售	2017-07-31	603233.SH
48	迈瑞医疗	111.55	36.2	医药	2018-10-16	300760.SZ
49	中国长城	106.68	−59.4	电子	1997-06-26	000066.SZ
50	新宝股份	102.88	65.0	家电	2014-01-21	002705.SZ
51	稳健医疗	102.34		纺织	2020-09-17	300888.SZ
52	神州数码	101.85	80.5	贸易	1994-05-09	000034.SZ
53	天虹股份	98.27	−37.5	零售	2010-06-01	002419.SZ
54	欧菲光	96.86	59.1	电子	2010-08-03	002456.SZ
55	广发证券	96.46	−4.7	金融	1997-06-11	000776.SZ
56	招商证券	88.32	28.5	金融	2009-11-17	600999.SH
57	欣旺达	86.28	25.9	电子	2011-04-21	300207.SZ
58	花样年控股	84.82	50.4	房地产	2009-11-25	1777.HK
59	广州农商银行	82.75	3.8	金融	2017-06-20	1551.HK
60	健康元	81.21	33.6	医药	2001-06-08	600380.SH
61	鹏鼎控股	80.52	−37.0	电子	2018-09-18	002938.SZ
62	明阳智能	78.46	123.3	装备	2019-01-23	601615.SH
63	虎牙直播	78.15	24.7	休闲	2018-05-11	HUYA.N
64	珠江啤酒	77.93	32.0	饮料	2010-08-18	002461.SZ
65	省广集团	76.83	54.1	媒体	2010-05-06	002400.SZ
66	爱施德	73.13	12.6	贸易	2010-05-28	002416.SZ
67	深圳控股	71.13	−19.6	房地产	1997-03-07	0604.HK
68	大悦城	70.81	13.1	房地产	1993-10-08	000031.SZ
69	怡亚通	67.11	−9.4	贸易	2007-11-13	002183.SZ
70	国银租赁	66.34	7.6	金融	2016-07-11	1606.HK
71	中国广核	65.08	−4.0	公用事业	2019-08-26	003816.SZ
72	美东汽车	64.59	60.8	汽车	2013-12-05	1268.HK
73	华润电力	63.80	−9.2	公用事业	2003-11-12	0836.HK

广东榜单

续表

序号	证 券 名 称	品牌价值/亿元	增长率/%	行业	上市日期	证券代码
74	中顺洁柔	63.37	46.6	日用	2010-11-25	002511.SZ
75	欧派家居	62.17	36.0	家居	2017-03-28	603833.SH
76	招商港口	61.46	302.6	运输	1993-05-05	001872.SZ
77	国信证券	61.03	−26.1	金融	2014-12-29	002736.SZ
78	纳思达	60.37	8.1	电子	2007-11-13	002180.SZ
79	中炬高新	59.99	31.8	食品	1995-01-24	600872.SH
80	华润三九	59.42	8.3	医药	2000-03-09	000999.SZ
81	德赛电池	57.76	27.3	电子	1995-03-20	000049.SZ
82	中国联塑	57.68	37.1	建筑	2010-06-23	2128.HK
83	丽珠集团	56.76	29.0	医药	1993-10-28	000513.SZ
84	中国中药	55.01	11.2	医药	1993-04-07	0570.HK
85	深天马A	51.90	35.0	电子	1995-03-15	000050.SZ
86	*ST浪奇	51.40	−16.8	日用	1993-11-08	000523.SZ
87	中集安瑞科	50.17	−24.8	装备	2005-10-18	3899.HK
88	广深铁路	50.08	−21.4	运输	2006-12-22	601333.SH
89	金域医学	49.84	87.4	保健	2017-09-08	603882.SH
90	周大生	49.28	11.7	服饰	2017-04-27	002867.SZ
91	天龙集团	49.09	88.6	媒体	2010-03-26	300063.SZ
92	汇顶科技	48.35	72.0	电子	2016-10-17	603160.SH
93	蓝月亮集团	48.02		日用	2020-12-16	6993.HK
94	广电运通	47.68	4.7	电子	2007-08-13	002152.SZ
95	智度股份	47.54	91.6	媒体	1996-12-24	000676.SZ
96	生益科技	47.06	15.4	电子	1998-10-28	600183.SH
97	视源股份	46.69	3.9	电子	2017-01-19	002841.SZ
98	共进股份	46.47	6.5	通信	2015-02-25	603118.SH
99	齐心集团	46.09	333.3	日用	2009-10-21	002301.SZ
100	金发科技	44.09	82.9	化工	2004-06-23	600143.SH
101	恒大物业	43.87		房地产	2020-12-02	6666.HK
102	木林森	43.56	16.5	电子	2015-02-17	002745.SZ
103	领益智造	43.21	−39.4	电子	2011-07-15	002600.SZ
104	万和电气	43.04	−12.1	家电	2011-01-28	002543.SZ

广东榜单

续表

序号	证 券 名 称	品牌价值/亿元	增长率/%	行业	上市日期	证券代码
105	深科技	43.03	3.9	电子	1994-02-02	000021.SZ
106	大族激光	42.30	−10.4	电子	2004-06-25	002008.SZ
107	志高控股	42.19	−13.6	家电	2009-07-13	0449.HK
108	雅生活服务	41.71	112.6	房地产	2018-02-09	3319.HK
109	康哲药业	40.03	27.9	医药	2010-09-28	0867.HK
110	亿纬锂能	39.27	102.7	电子	2009-10-30	300014.SZ
111	汤臣倍健	39.15	1.6	保健	2010-12-15	300146.SZ
112	南方传媒	38.93	32.2	媒体	2016-02-15	601900.SH
113	广百股份	37.97	−14.1	零售	2007-11-22	002187.SZ
114	华帝股份	37.94	−12.6	家电	2004-09-01	002035.SZ
115	睿见教育	37.81	18.8	教育	2017-01-26	6068.HK
116	九毛九	37.72		餐饮	2020-01-15	9922.HK
117	深南电路	37.58	68.1	电子	2017-12-13	002916.SZ
118	博实乐	37.40	109.5	教育	2017-05-18	BEDU.N
119	奥马电器	37.39	10.4	家电	2012-04-16	002668.SZ
120	韶钢松山	36.81	17.2	钢铁	1997-05-08	000717.SZ
121	东方嘉盛	36.65	−19.7	运输	2017-07-31	002889.SZ
122	天健集团	36.20	86.5	建筑	1999-07-21	000090.SZ
123	中国科培	36.01	40.9	教育	2019-01-25	1890.HK
124	岭南控股	34.67	25.7	休闲	1993-11-18	000524.SZ
125	中船防务	34.21	9.3	装备	1993-10-28	600685.SH
126	广州酒家	34.19	28.2	食品	2017-06-27	603043.SH
127	华大基因	33.74	316.9	医药	2017-07-14	300676.SZ
128	招商积余	33.26	8.3	房地产	1994-09-28	001914.SZ
129	天誉置业	32.42	41.2	房地产	1993-11-16	0059.HK
130	中金岭南	32.26	8.7	有色金属	1997-01-23	000060.SZ
131	汇川技术	32.05	48.7	装备	2010-09-28	300124.SZ
132	格力地产	31.26	88.8	房地产	1999-06-11	600185.SH
133	佛山照明	31.21	−8.6	家电	1993-11-23	000541.SZ
134	索菲亚	30.75	16.1	家居	2011-04-12	002572.SZ
135	神州信息	30.71	10.0	互联网	1994-04-08	000555.SZ

广东榜单

续表

序号	证 券 名 称	品牌价值 /亿元	增长率/%	行业	上市日期	证券代码
136	思摩尔国际	30.66		家电	2020-07-10	6969.HK
137	*ST康美	30.45	−53.5	医药	2001-03-19	600518.SH
138	瀚蓝环境	30.42	40.2	环保	2000-12-25	600323.SH
139	人人乐	30.38	−40.0	零售	2010-01-13	002336.SZ
140	星辉娱乐	29.83	−20.6	休闲	2010-01-20	300043.SZ
141	海格通信	28.94	−15.0	通信	2010-08-31	002465.SZ
142	信维通信	28.75	17.8	电子	2010-11-05	300136.SZ
143	飞亚达	28.15	31.6	服饰	1993-06-03	000026.SZ
144	英唐智控	28.13	66.8	电子	2010-10-19	300131.SZ
145	天禾股份	27.97		化工	2020-09-03	002999.SZ
146	德赛西威	27.42	85.5	互联网	2017-12-26	002920.SZ
147	小熊电器	27.05	40.7	家电	2019-08-23	002959.SZ
148	华立大学集团	26.55	16.1	教育	2019-11-25	1756.HK
149	东阳光	26.28	63.9	有色金属	1993-09-17	600673.SH
150	科达制造	25.88	19.9	装备	2002-10-10	600499.SH
151	裕同科技	25.76	29.5	包装	2016-12-16	002831.SZ
152	云米科技	25.68	−16.1	零售	2018-09-25	VIOT.O
153	华润万象生活	25.61		房地产	2020-12-09	1209.HK
154	越秀金控	25.49	129.6	金融	2000-07-18	000987.SZ
155	佳云科技	25.42	78.7	媒体	2011-07-12	300242.SZ
156	逸仙电商(YATSEN)	25.40		零售	2020-11-19	YSG.N
157	保利物业	25.26	43.7	房地产	2019-12-19	6049.HK
158	国光电器	25.25	43.8	日用	2005-05-23	002045.SZ
159	深高速	25.18	−15.2	运输	2001-12-25	600548.SH
160	创世纪	24.49	206.0	装备	2010-05-20	300083.SZ
161	中洲控股	24.34	−14.2	房地产	1994-09-21	000042.SZ
162	富安娜	24.18	−22.2	纺织	2009-12-30	002327.SZ
163	中国宝安	23.76	48.4	金融	1991-06-25	000009.SZ
164	特发信息	23.56	−35.1	通信	2000-05-11	000070.SZ
165	汇景控股	23.44		房地产	2020-01-16	9968.HK
166	海能达	23.24	−5.0	通信	2011-05-27	002583.SZ

广东榜单

续表

序号	证 券 名 称	品牌价值/亿元	增长率/%	行业	上市日期	证券代码
167	长盈精密	23.24	36.4	电子	2010-09-02	300115.SZ
168	杰赛科技	22.74	15.4	通信	2011-01-28	002544.SZ
169	信立泰	22.70	−30.7	医药	2009-09-10	002294.SZ
170	中远海特	22.65	30.5	运输	2002-04-18	600428.SH
171	海普瑞	22.28	18.5	医药	2010-05-06	002399.SZ
172	广州港	21.88	29.3	运输	2017-03-29	601228.SH
173	南山控股	21.62	31.3	房地产	2009-12-03	002314.SZ
174	雷士国际	21.47	−36.0	家电	2010-05-20	2222.HK
175	歌力思	21.30	9.5	服饰	2015-04-22	603808.SH
176	白云机场	21.28	−28.5	运输	2003-04-28	600004.SH
177	华联控股	21.18	−19.7	房地产	1994-06-17	000036.SZ
178	景旺电子	20.80	13.2	电子	2017-01-06	603228.SH
179	火岩控股	20.45	327.7	休闲	2016-02-18	1909.HK
180	粤电力 A	20.13	−8.8	公用事业	1993-11-26	000539.SZ
181	广州发展	20.05	27.5	公用事业	1997-07-18	600098.SH
182	兴发铝业	20.05	−2.5	有色金属	2008-03-31	0098.HK
183	深圳华强	19.75	25.1	贸易	1997-01-30	000062.SZ
184	普路通	19.67	−8.5	运输	2015-06-29	002769.SZ
185	格林美	19.65	−4.8	有色金属	2010-01-22	002340.SZ
186	世联行	19.56	−30.7	房地产	2009-08-28	002285.SZ
187	达安基因	19.52	251.4	医药	2004-08-09	002030.SZ
188	丸美股份	19.51	−0.4	日用	2019-07-25	603983.SH
189	深信服	19.28	26.5	互联网	2018-05-16	300454.SZ
190	劲嘉股份	19.21	−13.0	商业服务	2007-12-05	002191.SZ
191	中国光大水务	19.15	−18.2	环保	2019-05-08	1857.HK
192	思考乐教育	18.93	48.0	教育	2019-06-21	1769.HK
193	ST 粤泰	18.54	34.5	房地产	2001-03-19	600393.SH
194	潮宏基	18.53	6.6	服饰	2010-01-28	002345.SZ
195	H&H 国际控股	18.41	−80.9	贸易	2010-12-17	1112.HK
196	比音勒芬	18.21	16.8	服饰	2016-12-23	002832.SZ
197	粤运交通	17.67	−24.2	运输	2005-10-26	3399.HK

广东榜单

序号	证 券 名 称	品牌价值/亿元	增长率/%	行业	上市日期	证券代码
198	乐信	17.66	70.4	金融	2017-12-21	LX.O
199	深物业 A	17.64	70.8	房地产	1992-03-30	000011.SZ
200	三环集团	17.59	−4.8	电子	2014-12-03	300408.SZ
201	金证股份	17.54	−5.4	互联网	2003-12-24	600446.SH
202	凯撒文化	17.27	35.4	休闲	2010-06-08	002425.SZ
203	广日股份	17.24	−41.2	装备	1996-03-28	600894.SH
204	汇洁股份	17.13	0.3	服饰	2015-06-10	002763.SZ
205	彩生活	17.01	10.3	房地产	2014-06-30	1778.HK
206	赢合科技	16.99	43.6	装备	2015-05-14	300457.SZ
207	尚品宅配	16.95	−30.6	家居	2017-03-07	300616.SZ
208	万孚生物	16.86	114.6	医药	2015-06-30	300482.SZ
209	卡宾	16.85	12.7	服饰	2013-10-28	2030.HK
210	新产业	16.83		医药	2020-05-12	300832.SZ
211	南玻 A	16.73	26.3	建筑	1992-02-28	000012.SZ
212	捷佳伟创	16.53	88.4	电子	2018-08-10	300724.SZ
213	拓斯达	16.37	162.1	装备	2017-02-09	300607.SZ
214	天创时尚	16.15	16.5	服饰	2016-02-18	603608.SH
215	深圳能源	15.88	15.3	公用事业	1993-09-03	000027.SZ
216	三雄极光	15.72	6.1	家电	2017-03-17	300625.SZ
217	深振业 A	15.72	12.5	房地产	1992-04-27	000006.SZ
218	搜于特	15.64	−76.7	贸易	2010-11-17	002503.SZ
219	仙乐健康	15.62	23.8	保健	2019-09-25	300791.SZ
220	洲明科技	15.49	2.5	电子	2011-06-22	300232.SZ
221	易事特	15.32	19.0	装备	2014-01-27	300376.SZ
222	小鹏汽车(XPENG)	15.20		汽车	2020-08-27	XPEV.N
223	同兴达	15.19	118.1	电子	2017-01-25	002845.SZ
224	理士国际	15.11	8.8	装备	2010-11-16	0842.HK
225	超声电子	15.00	38.1	电子	1997-10-08	000823.SZ
226	康泰生物	14.98	69.1	医药	2017-02-07	300601.SZ
227	健帆生物	14.96	70.2	医药	2016-08-02	300529.SZ
228	塔牌集团	14.96	24.5	建筑	2008-05-16	002233.SZ

广东榜单

续表

序号	证券名称	品牌价值/亿元	增长率/%	行业	上市日期	证券代码
229	东风股份	14.93	−26.1	商业服务	2012-02-16	601515.SH
230	日海智能	14.92	−15.5	通信	2009-12-03	002313.SZ
231	华测检测	14.71	23.9	商业服务	2009-10-30	300012.SZ
232	东方精工	14.62	54.2	装备	2011-08-30	002611.SZ
233	佳都科技	14.57	0.7	互联网	1996-07-16	600728.SH
234	天融信	14.53	16.1	装备	2008-02-01	002212.SZ
235	电声股份	14.53	−15.8	媒体	2019-11-21	300805.SZ
236	合富辉煌	14.51	−16.3	房地产	2004-07-15	0733.HK
237	长园集团	14.39	1.5	装备	2002-12-02	600525.SH
238	惠程科技	14.37	8.9	休闲	2007-09-19	002168.SZ
239	广和通	14.34	101.0	通信	2017-04-13	300638.SZ
240	顺钠股份	14.31	−45.0	装备	1994-01-03	000533.SZ
241	漫步者	14.29	58.7	日用	2010-02-05	002351.SZ
242	奥飞娱乐	14.27	−43.4	日用	2009-09-10	002292.SZ
243	风华高科	14.05	5.3	电子	1996-11-29	000636.SZ
244	酷派集团	13.90	59.3	通信	2004-12-09	2369.HK
245	金逸影视	13.90	−60.7	休闲	2017-10-16	002905.SZ
246	珠江钢琴	13.79	3.1	日用	2012-05-30	002678.SZ
247	得润电子	13.61	17.2	电子	2006-07-25	002055.SZ
248	国星光电	13.50	−9.2	电子	2010-07-16	002449.SZ
249	大洋电机	13.47	2.6	装备	2008-06-19	002249.SZ
250	莱宝高科	13.43	73.0	电子	2007-01-12	002106.SZ
251	汇量科技	13.42	28.2	互联网	2018-12-12	1860.HK
252	百奥家庭互动	13.39	101.0	休闲	2014-04-10	2100.HK
253	广弘控股	13.30	−26.5	媒体	1993-11-18	000529.SZ
254	香江控股	13.27	−39.0	房地产	1998-06-09	600162.SH
255	伊之密	13.03	39.4	装备	2015-01-23	300415.SZ
256	长城证券	13.03	20.4	金融	2018-10-26	002939.SZ
257	美联国际教育	12.98		教育	2020-03-31	METX.O
258	广田集团	12.95	−18.8	建筑	2010-09-29	002482.SZ
259	星期六	12.92	47.3	服饰	2009-09-03	002291.SZ

广东榜单

续表

序号	证券名称	品牌价值/亿元	增长率/%	行业	上市日期	证券代码
260	兴森科技	12.80	26.6	电子	2010-06-18	002436.SZ
261	胜宏科技	12.78	50.6	电子	2015-06-11	300476.SZ
262	崇达技术	12.70	6.0	电子	2016-10-12	002815.SZ
263	弘亚数控	12.69	52.8	装备	2016-12-28	002833.SZ
264	诺普信	12.62	5.6	化工	2008-02-18	002215.SZ
265	科瑞技术	12.50	−23.0	装备	2019-07-26	002957.SZ
266	粤高速 A	12.34	−21.5	运输	1998-02-20	000429.SZ
267	众生药业	12.30	1.3	医药	2009-12-11	002317.SZ
268	世荣兆业	12.14	16.4	房地产	2004-07-08	002016.SZ
269	众业达	12.13	27.0	贸易	2010-07-06	002441.SZ
270	嘉士利集团	12.01	25.0	食品	2014-09-25	1285.HK
271	京基智农	11.99	22.0	农业	1994-11-01	000048.SZ
272	景业名邦集团	11.88	63.9	房地产	2019-12-05	2231.HK
273	东鹏控股	11.86		建筑	2020-10-19	003012.SZ
274	鹏辉能源	11.52	51.6	电子	2015-04-24	300438.SZ
275	佳禾智能	11.51	6.4	日用	2019-10-18	300793.SZ
276	沃尔核材	11.44	47.3	电子	2007-04-20	002130.SZ
277	粤水电	11.39	21.6	建筑	2006-08-10	002060.SZ
278	东莞控股	11.38	13.7	运输	1997-06-17	000828.SZ
279	深圳燃气	11.35	15.5	公用事业	2009-12-25	601139.SH
280	凌霄泵业	11.29	43.5	装备	2017-07-11	002884.SZ
281	拓邦股份	11.25	55.9	电子	2007-06-29	002139.SZ
282	天威视讯	11.24	−8.1	媒体	2008-05-26	002238.SZ
283	金蝶国际	11.23	24.1	互联网	2001-02-15	0268.HK
284	珠江股份	11.20	−20.8	房地产	1993-10-28	600684.SH
285	燕塘乳业	11.14	28.9	食品	2014-12-05	002732.SZ
286	天源迪科	11.05	−7.7	互联网	2010-01-20	300047.SZ
287	依顿电子	11.03	−10.5	电子	2014-07-01	603328.SH
288	东江环保	11.01	−15.7	环保	2012-04-26	002672.SZ
289	创美药业	10.99	−16.5	医药	2015-12-14	2289.HK
290	万润科技	10.89	15.2	媒体	2012-02-17	002654.SZ

广东榜单

续表

序号	证券名称	品牌价值/亿元	增长率/%	行业	上市日期	证券代码
291	南兴股份	10.80	103.5	装备	2015-05-27	002757.SZ
292	雅士利国际	10.78	−22.1	食品	2010-11-01	1230.HK
293	好太太	10.76	−3.1	日用	2017-12-01	603848.SH
294	聚飞光电	10.74	12.3	电子	2012-03-19	300303.SZ
295	金信诺	10.68	−27.5	通信	2011-08-18	300252.SZ
296	坚朗五金	10.53	112.1	建筑	2016-03-29	002791.SZ
297	金溢科技	10.51	158.1	电子	2017-05-15	002869.SZ
298	广东鸿图	10.51	10.8	汽车	2006-12-29	002101.SZ
299	香雪制药	10.43	31.0	医药	2010-12-15	300147.SZ
300	顺络电子	10.40	15.6	电子	2007-06-13	002138.SZ
301	理邦仪器	10.34	247.5	医药	2011-04-21	300206.SZ
302	英飞拓	10.30	19.1	电子	2010-12-24	002528.SZ
303	和而泰	10.27	46.5	电子	2010-05-11	002402.SZ
304	金新农	10.12	1.1	农业	2011-02-18	002548.SZ
305	光弘科技	10.06	22.8	电子	2017-12-29	300735.SZ
306	太安堂	10.05	−6.6	医药	2010-06-18	002433.SZ
307	深深房A	10.03	−11.5	房地产	1993-09-15	000029.SZ
308	金融壹账通	9.93	36.6	互联网	2019-12-13	OCFT.N
309	深圳机场	9.84	−24.5	运输	1998-04-20	000089.SZ
310	新媒股份	9.77	55.3	媒体	2019-04-19	300770.SZ
311	英维克	9.77	79.7	装备	2016-12-29	002837.SZ
312	冰川网络	9.71	37.2	休闲	2016-08-18	300533.SZ
313	海印股份	9.69	5.2	房地产	1998-10-28	000861.SZ
314	博杰股份	9.64		装备	2020-02-05	002975.SZ
315	卓越商企服务	9.52		房地产	2020-10-19	6989.HK
316	通宇通讯	9.43	−25.3	通信	2016-03-28	002792.SZ
317	中国电研	9.42	−4.2	装备	2019-11-05	688128.SH
318	研祥智能	9.41	3.8	电子	2003-10-10	2308.HK
319	侨银股份	9.26		环保	2020-01-06	002973.SZ
320	亚联发展	9.24	13.9	互联网	2009-12-09	002316.SZ
321	达实智能	9.08	−2.6	互联网	2010-06-03	002421.SZ

广东榜单

续表

序号	证券名称	品牌价值/亿元	增长率/%	行业	上市日期	证券代码
322	康臣药业	8.84	−17.4	医药	2013-12-19	1681.HK
323	世运电路	8.82	38.9	电子	2017-04-26	603920.SH
324	好莱客	8.73	7.0	家居	2015-02-17	603898.SH
325	麦格米特	8.69	53.4	装备	2017-03-06	002851.SZ
326	尚荣医疗	8.67	24.4	医药	2011-02-25	002551.SZ
327	都市丽人	8.64	−80.4	服饰	2014-06-26	2298.HK
328	ST柏龙	8.57	−13.4	服饰	2015-06-26	002776.SZ
329	拉芳家化	8.56	3.4	日用	2017-03-13	603630.SH
330	全通教育	8.53	−6.3	教育	2014-01-21	300359.SZ
331	科顺股份	8.49	93.7	建筑	2018-01-25	300737.SZ
332	粤港湾控股	8.48	−16.8	房地产	2013-10-31	1396.HK
333	科士达	8.47	18.2	装备	2010-12-07	002518.SZ
334	*ST腾邦	8.40	−76.7	休闲	2011-02-15	300178.SZ
335	卓翼科技	8.29	−25.8	电子	2010-03-16	002369.SZ
336	蒙娜丽莎	8.25	71.7	建筑	2017-12-19	002918.SZ
337	嘉诚国际	8.25	40.9	运输	2017-08-08	603535.SH
338	绿色动力	8.17	52.2	环保	2018-06-11	601330.SH
339	中新赛克	8.01	42.8	通信	2017-11-21	002912.SZ
340	新国都	7.93	−8.1	电子	2010-10-19	300130.SZ
341	毅昌股份	7.85	−3.6	家电	2010-06-01	002420.SZ
342	第一创业	7.80	10.1	金融	2016-05-11	002797.SZ
343	华阳集团	7.71	−0.3	汽车	2017-10-13	002906.SZ
344	中国白银集团	7.69	40.1	有色金属	2012-12-28	0815.HK
345	宝鹰股份	7.68	−21.7	建筑	2005-05-31	002047.SZ
346	宜通世纪	7.65	−9.1	电信	2012-04-25	300310.SZ
347	太平洋网络	7.64	33.1	媒体	2007-12-18	0543.HK
348	宏大爆破	7.63	44.5	化工	2012-06-12	002683.SZ
349	金龙羽	7.62	4.8	装备	2017-07-17	002882.SZ
350	岭南股份	7.38	−25.8	建筑	2014-02-19	002717.SZ
351	美盈森	7.37	0.3	包装	2009-11-03	002303.SZ
352	奥海科技	7.24		电子	2020-08-17	002993.SZ

续表

序号	证券名称	品牌价值/亿元	增长率/%	行业	上市日期	证券代码
353	飞荣达	7.22	48.3	电子	2017-01-26	300602.SZ
354	溢多利	7.18	83.2	医药	2014-01-28	300381.SZ
355	国联水产	7.12	−15.1	农业	2010-07-08	300094.SZ
356	佳士科技	7.10	14.6	装备	2011-03-22	300193.SZ
357	安奈儿	7.08	−24.4	服饰	2017-06-01	002875.SZ
358	万顺新材	7.08	18.1	包装	2010-02-26	300057.SZ
359	锦龙股份	7.06	28.1	金融	1997-04-15	000712.SZ
360	海南发展	7.01	55.9	建筑	2007-08-23	002163.SZ
361	ST联建	6.92	−31.9	媒体	2011-10-12	300269.SZ
362	道通科技	6.87		电子	2020-02-13	688208.SH
363	科达利	6.85	50.9	装备	2017-03-02	002850.SZ
364	中奥到家	6.83	78.2	房地产	2015-11-25	1538.HK
365	指尖悦动	6.78	−64.5	休闲	2018-07-12	6860.HK
366	电连技术	6.72	−4.8	电子	2017-07-31	300679.SZ
367	中装建设	6.71	47.6	建筑	2016-11-29	002822.SZ
368	深粮控股	6.70	158.8	贸易	1992-10-12	000019.SZ
369	昌红科技	6.67	327.4	装备	2010-12-22	300151.SZ
370	超盈国际控股	6.59	23.8	纺织	2014-05-23	2111.HK
371	迅雷	6.57	−39.6	休闲	2014-06-24	XNET.O
372	岁宝百货	6.55	−22.0	零售	2010-11-17	0312.HK
373	光峰科技	6.54	−14.3	电子	2019-07-22	688007.SH
374	方大集团	6.48	−25.3	建筑	1996-04-15	000055.SZ
375	远光软件	6.46	5.2	互联网	2006-08-23	002063.SZ
376	星徽股份	6.44	329.6	装备	2015-06-10	300464.SZ
377	一品红	6.37	1.4	医药	2017-11-16	300723.SZ
378	宝莱特	6.36	145.0	医药	2011-07-19	300246.SZ
379	华夏文化科技	6.35	−29.6	休闲	2015-03-12	1566.HK
380	博雅互动	6.35	−36.2	休闲	2013-11-12	0434.HK
381	香山股份	6.32	−16.1	家电	2017-05-15	002870.SZ
382	芭田股份	6.32	−4.5	化工	2007-09-19	002170.SZ
383	博敏电子	6.31	37.0	电子	2015-12-09	603936.SH

广东榜单

续表

序号	证券名称	品牌价值/亿元	增长率/%	行业	上市日期	证券代码
384	康华医疗	6.29	−28.9	保健	2016-11-08	3689.HK
385	海洋王	6.22	41.9	电子	2014-11-04	002724.SZ
386	欧陆通	6.19		电子	2020-08-24	300870.SZ
387	智光电气	6.18	10.5	装备	2007-09-19	002169.SZ
388	深桑达A	6.18	14.1	贸易	1993-10-28	000032.SZ
389	朗科科技	6.17	31.0	电子	2010-01-08	300042.SZ
390	银宝山新	6.16	−5.8	装备	2015-12-23	002786.SZ
391	雄韬股份	6.12	−31.7	装备	2014-12-03	002733.SZ
392	时代邻里	6.07	95.6	房地产	2019-12-19	9928.HK
393	合景悠活	6.06		房地产	2020-10-30	3913.HK
394	雷赛智能	6.05		装备	2020-04-08	002979.SZ
395	金马游乐	6.04	−26.4	休闲	2018-12-28	300756.SZ
396	天赐材料	6.03	111.6	化工	2014-01-23	002709.SZ
397	科思科技	6.03		通信	2020-10-22	688788.SH
398	世纪联合控股	5.98	32.9	汽车	2019-10-18	1959.HK
399	协创数据	5.98		电子	2020-07-27	300857.SZ
400	宜华健康	5.95	−16.1	保健	2000-08-07	000150.SZ
401	泛华金控	5.92	−31.2	金融	2007-10-31	FANH.O
402	深赛格	5.86	−8.6	房地产	1996-12-26	000058.SZ
403	精艺股份	5.85	19.0	贸易	2009-09-29	002295.SZ
404	富途控股	5.85	174.0	金融	2019-03-08	FUTU.O
405	禾望电气	5.81	34.3	装备	2017-07-28	603063.SH
406	金莱特	5.80	37.2	家电	2014-01-29	002723.SZ
407	超讯通信	5.73	10.4	电信	2016-07-28	603322.SH
408	全志科技	5.68	22.9	电子	2015-05-15	300458.SZ
409	宝明科技	5.65		电子	2020-08-03	002992.SZ
410	硕贝德	5.65	−47.9	电子	2012-06-08	300322.SZ
411	星湖科技	5.61	24.0	食品	1994-08-18	600866.SH
412	中信海直	5.60	5.0	运输	2000-07-31	000099.SZ
413	东旭蓝天	5.59	−55.0	公用事业	1994-08-08	000040.SZ
414	信邦控股	5.59	11.7	汽车	2017-06-28	1571.HK

广东榜单

续表

序号	证券名称	品牌价值/亿元	增长率/%	行业	上市日期	证券代码
415	凯普生物	5.45	87.9	医药	2017-04-12	300639.SZ
416	法本信息	5.44		互联网	2020-12-30	300925.SZ
417	巨轮智能	5.36	64.8	装备	2004-08-16	002031.SZ
418	农产品	5.36	95.2	贸易	1997-01-10	000061.SZ
419	中智药业	5.32	36.0	医药	2015-07-13	3737.HK
420	卫光生物	5.26	34.3	医药	2017-06-16	002880.SZ
421	北鼎股份	5.20		家电	2020-06-19	300824.SZ
422	宝新能源	5.20	36.3	公用事业	1997-01-28	000690.SZ
423	中京电子	5.16	47.3	电子	2011-05-06	002579.SZ
424	华铁股份	5.15	94.1	装备	2000-06-01	000976.SZ
425	鸿利智汇	5.12	−31.8	电子	2011-05-18	300219.SZ
426	房多多	5.12	−25.9	房地产	2019-11-01	DUO.O
427	锐明技术	5.11	−9.6	电子	2019-12-17	002970.SZ
428	豪美新材	5.08		有色金属	2020-05-18	002988.SZ
429	证通电子	5.04	−9.3	电子	2007-12-18	002197.SZ
430	捷顺科技	5.02	13.5	电子	2011-08-15	002609.SZ
431	华盛昌	5.00		电子	2020-04-15	002980.SZ
432	捷荣技术	4.97	9.8	电子	2017-03-21	002855.SZ
433	盛路通信	4.94	−43.0	通信	2010-07-13	002446.SZ
434	艾比森	4.93	−34.1	电子	2014-08-01	300389.SZ
435	明辉国际	4.92	−7.0	商业服务	2007-11-02	3828.HK
436	白云电器	4.89	26.6	装备	2016-03-22	603861.SH
437	皮阿诺	4.88	55.7	家居	2017-03-10	002853.SZ
438	盛视科技	4.78		电子	2020-05-25	002990.SZ
439	太辰光	4.75	−22.2	通信	2016-12-06	300570.SZ
440	冠豪高新	4.75	28.7	造纸	2003-06-19	600433.SH
441	瑞松科技	4.73		装备	2020-02-17	688090.SH
442	智莱科技	4.71	−15.1	电子	2019-04-22	300771.SZ
443	广电计量	4.69	−7.0	商业服务	2019-11-08	002967.SZ
444	珠海港	4.66	−7.0	运输	1993-03-26	000507.SZ
445	博士眼镜	4.66	7.7	零售	2017-03-15	300622.SZ

广东榜单

序号	证 券 名 称	品牌价值/亿元	增长率/%	行业	上市日期	证券代码
446	维力医疗	4.62	60.8	医药	2015-03-02	603309.SH
447	美格智能	4.60	−36.7	通信	2017-06-22	002881.SZ
448	海王英特龙	4.59	65.2	医药	2005-09-12	8329.HK
449	赛意信息	4.59	18.9	互联网	2017-08-03	300687.SZ
450	元邦地产	4.58	45.3	房地产	2007-05-09	BCD.SG
451	兆威机电	4.58		装备	2020-12-04	003021.SZ
452	新亚制程	4.57	108.8	电子	2010-04-13	002388.SZ
453	长亮科技	4.57	8.4	互联网	2012-08-17	300348.SZ
454	亚钾国际	4.54	−29.3	化工	1998-12-24	000893.SZ
455	新宙邦	4.48	46.7	化工	2010-01-08	300037.SZ
456	高乐股份	4.48	−39.0	日用	2010-02-03	002348.SZ
457	联赢激光	4.47		装备	2020-06-22	688518.SH
458	蓝盾股份	4.40	−49.3	互联网	2012-03-15	300297.SZ
459	盐田港	4.37	−14.3	运输	1997-07-28	000088.SZ
460	正业国际	4.37	−26.2	包装	2011-06-03	3363.HK
461	润都股份	4.36	2.0	医药	2018-01-05	002923.SZ
462	力合科创	4.36	37.9	包装	2008-05-28	002243.SZ
463	奥飞数据	4.36	95.6	互联网	2018-01-19	300738.SZ
464	名臣健康	4.34	2.4	日用	2017-12-18	002919.SZ
465	节能铁汉	4.34	−40.6	建筑	2011-03-29	300197.SZ
466	文灿股份	4.33	15.2	汽车	2018-04-26	603348.SH
467	泛华金融	4.30	−56.0	金融	2018-11-07	CNF.N
468	荔枝	4.27		互联网	2020-01-17	LIZI.O
469	祥鑫科技	4.24	−8.8	汽车	2019-10-25	002965.SZ
470	信隆健康	4.24	−28.9	日用	2007-01-12	002105.SZ
471	高新兴	4.24	−64.0	互联网	2010-07-28	300098.SZ
472	凯中精密	4.21	35.3	装备	2016-11-24	002823.SZ
473	先健科技	4.19	41.8	医药	2011-11-10	1302.HK
474	邦宝益智	4.18	23.5	日用	2015-12-09	603398.SH
475	英威腾	4.17	−15.7	装备	2010-01-13	002334.SZ
476	华阳国际	4.14	−5.8	商业服务	2019-02-26	002949.SZ

续表

序号	证 券 名 称	品牌价值/亿元	增长率/%	行业	上市日期	证券代码
477	海鸥住工	4.14	82.8	建筑	2006-11-24	002084.SZ
478	优克联新(UCLOUDLINK)	4.14		通信	2020-06-10	UCL.O
479	亿胜生物科技	4.12	−17.0	医药	2001-06-27	1061.HK
480	银之杰	4.11	−29.4	互联网	2010-05-26	300085.SZ
481	华津国际控股	4.11	−6.0	钢铁	2016-04-15	2738.HK

3.3 浙江品牌价值榜

在 2021 年中国上市公司品牌价值总榜的 3 000 家企业中：浙江的企业共计 337 家，比 2020 年减少了 2 家；品牌价值总计 29 727.15 亿元，比 2020 年增长了 38.9%。

3.3.1 2021 年浙江上市公司品牌价值榜分析

【区域集中度】 在 2021 年浙江上市公司品牌价值榜中：排在前 10 位的公司品牌价值合计 22 457.69 亿元，占浙江榜单总计品牌价值的 75.6%；排在前 30 位的公司品牌价值合计 24 521.96 亿元，占浙江榜单总计品牌价值的 82.5%；排在前 100 位的公司品牌价值合计 27 225.57 亿元，占行业榜单总计品牌价值的 91.6%。

【所在行业】 在 2021 年浙江上市公司品牌价值榜中，337 家公司来自 33 个行业。其中，零售行业的 6 家公司主要是互联网零售公司，品牌价值合计 17 792.24 亿元，占浙江榜单总计品牌价值的 59.9%，处于主导地位。其他行业的情况见图 3-5 和图 3-6。

【上市板块】 在 2021 年浙江上市公司品牌价值榜中：在港股上市的中资股公司有27 家，品牌价值合计 21 716.98 亿元，占浙江榜单总计品牌价值的 73.1%，排在第一位；在沪市主板上市的公司有 148 家，品牌价值合计 3 605.27 亿元，占浙江榜单总计品牌价值的12.1%，排在第二位；在深市中小板上市的公司有 95 家，品牌价值合计 3 117.25 亿元，占浙江榜单总计品牌价值的 10.5%，排在第三位。此外，在深市创业板上市的公司有 45 家，品牌价值合计 635.17 亿元；在深市主板上市的公司有 12 家，品牌价值合计 413.92 亿元；在国外上市的中概股公司有 6 家，品牌价值合计 203.3 亿元；在沪市科创板上市的公司有4 家，品牌价值合计 35.26 亿元。

【上市时间】 在 2021 年浙江上市公司品牌价值榜中：2016—2020 年上市的公司有111 家，品牌价值合计 22 826.58 亿元，占浙江榜单总计品牌价值的 76.8%，排在第一位；2006—2010 年上市的公司有 76 家，品牌价值合计 2 569 亿元，占浙江榜单总计品牌价值的 8.6%，排在第二位；2011—2015 年上市的公司有 71 家，品牌价值合计 1 499.24 亿元，

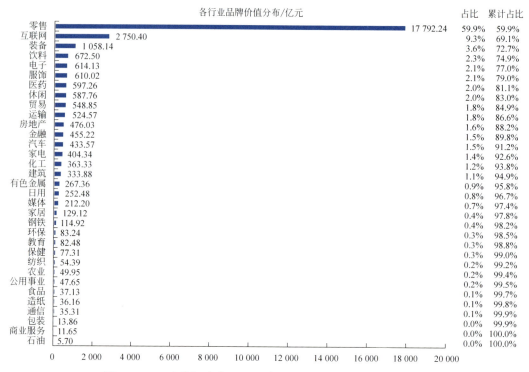

图 3-5   2021 年浙江上市公司品牌价值榜所在行业品牌价值分布

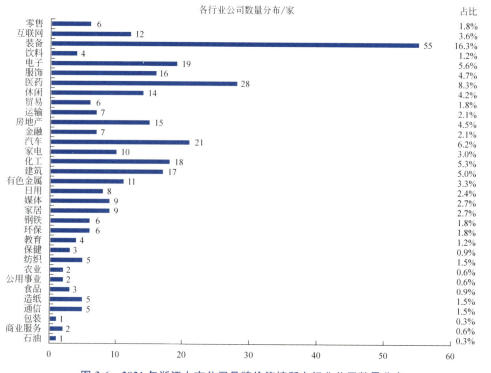

图 3-6   2021 年浙江上市公司品牌价值榜所在行业公司数量分布

占浙江榜单总计品牌价值的 5%,排在第三位。此外,1996—2000 年上市的公司有 36 家,品牌价值合计 1 398.19 亿元;2001—2005 年上市的公司有 34 家,品牌价值合计 1 151.94 亿元;1996 年以前上市的公司有 9 家,品牌价值合计 282.2 亿元。

3.3.2 2021 年浙江上市公司品牌价值榜单

序号	证券名称	品牌价值/亿元	增长率/%	行业	上市日期	证券代码
1	阿里巴巴-SW	17 672.76	50.0	零售	2019-11-26	9988.HK
2	网易-S	2 636.44	26.6	互联网	2020-06-11	9999.HK
3	农夫山泉	554.23		饮料	2020-09-08	9633.HK
4	物产中大	400.97	43.5	贸易	1996-06-06	600704.SH
5	海康威视	289.14	2.9	电子	2010-05-28	002415.SZ
6	申洲国际	252.91	7.7	服饰	2005-11-24	2313.HK
7	完美世界	179.15	53.4	休闲	2011-10-28	002624.SZ
8	世纪华通	166.99	103.2	休闲	2011-07-28	002602.SZ
9	苏泊尔	154.82	−6.4	家电	2004-08-17	002032.SZ
10	浙商银行	150.28	5.2	金融	2019-11-26	601916.SH
11	宁波银行	149.62	17.3	金融	2007-07-19	002142.SZ
12	韵达股份	149.43	41.8	运输	2007-03-06	002120.SZ
13	均胜电子	127.33	49.5	汽车	1993-12-06	600699.SH
14	荣盛石化	116.14	62.7	化工	2010-11-02	002493.SZ
15	雅戈尔	115.58	3.8	房地产	1998-11-19	600177.SH
16	公牛集团	109.34		日用	2020-02-06	603195.SH
17	舜宇光学科技	108.07	60.4	电子	2007-06-15	2382.HK
18	华东医药	107.30	−1.6	医药	2000-01-27	000963.SZ
19	森马服饰	104.37	−27.1	服饰	2011-03-11	002563.SZ
20	大华股份	97.65	15.9	电子	2008-05-20	002236.SZ
21	正泰电器	95.79	28.6	装备	2010-01-21	601877.SH
22	浙江建投	94.92		建筑	2015-06-10	002761.SZ
23	申通快递	92.46	−14.4	运输	2010-09-08	002468.SZ
24	百世集团	90.24	24.4	运输	2017-09-20	BEST.N
25	浙商中拓	88.26	62.9	贸易	1999-07-07	000906.SZ
26	海天国际	86.49	19.6	装备	2006-12-22	1882.HK
27	利欧股份	86.26	119.4	媒体	2007-04-27	002131.SZ

浙江榜单

序号	证券名称	品牌价值/亿元	增长率/%	行业	上市日期	证券代码
28	传化智联	82.84	58.8	运输	2004-06-29	002010.SZ
29	老板电器	82.72	9.5	家电	2010-11-23	002508.SZ
30	杭州银行	79.46	44.9	金融	2016-10-27	600926.SH
31	东方日升	76.22	43.0	装备	2010-09-02	300118.SZ
32	滨江集团	68.22	−3.2	房地产	2008-05-29	002244.SZ
33	杭叉集团	66.92	132.9	装备	2016-12-27	603298.SH
34	新和成	65.41	37.5	医药	2004-06-25	002001.SZ
35	金田铜业	64.40		有色金属	2020-04-22	601609.SH
36	宋城演艺	64.12	−34.6	休闲	2010-12-09	300144.SZ
37	海亮股份	60.70	13.5	有色金属	2008-01-16	002203.SZ
38	香飘飘	59.91	16.8	饮料	2017-11-30	603711.SH
39	新湖中宝	59.78	−11.5	房地产	1999-06-23	600208.SH
40	太平鸟	58.69	5.1	服饰	2017-01-09	603877.SH
41	宁波港	58.69	−1.0	运输	2010-09-28	601018.SH
42	巨星科技	57.48	72.5	装备	2010-07-13	002444.SZ
43	杭钢股份	52.78	79.0	钢铁	1998-03-11	600126.SH
44	德信中国	52.36	23.9	房地产	2019-02-26	2019.HK
45	超威动力	51.66	−2.6	装备	2010-07-07	0951.HK
46	迪安诊断	51.55	63.6	保健	2011-07-19	300244.SZ
47	顾家家居	50.52	52.2	家居	2016-10-14	603816.SH
48	云集	48.72	−70.5	零售	2019-05-03	YJ.O
49	宁波华翔	44.13	29.6	汽车	2005-06-03	002048.SZ
50	桐昆股份	44.11	24.5	化工	2011-05-18	601233.SH
51	浙能电力	43.34	−4.6	公用事业	2013-12-19	600023.SH
52	阳光照明	43.02	17.2	家电	2000-07-20	600261.SH
53	三花智控	41.92	36.2	家电	2005-06-07	002050.SZ
54	浙江沪杭甬	41.92	−19.5	运输	1997-05-15	0576.HK
55	小商品城	39.83	45.9	房地产	2002-05-09	600415.SH
56	海正药业	39.13	31.2	医药	2000-07-25	600267.SH
57	敏实集团	38.10	5.6	汽车	2005-12-01	0425.HK
58	振德医疗	38.06	702.1	医药	2018-04-12	603301.SH

浙江榜单

续表

序号	证券名称	品牌价值/亿元	增长率/%	行业	上市日期	证券代码
59	浙江永强	36.52	50.7	日用	2010-10-21	002489.SZ
60	卧龙电驱	36.35	14.1	装备	2002-06-06	600580.SH
61	华友钴业	36.06	80.5	有色金属	2015-01-29	603799.SH
62	绿城服务	35.90	39.6	房地产	2016-07-12	2869.HK
63	盈峰环境	35.29	56.5	环保	2000-03-30	000967.SZ
64	华策影视	34.80	−53.3	休闲	2010-10-26	300133.SZ
65	普洛药业	33.87	33.6	医药	1997-05-09	000739.SZ
66	得邦照明	33.31	26.5	家电	2017-03-30	603303.SH
67	古越龙山	32.70	13.2	饮料	1997-05-16	600059.SH
68	杭州解百	32.50	4.0	零售	1994-01-14	600814.SH
69	宝业集团	32.46	19.3	建筑	2003-06-30	2355.HK
70	珀莱雅	31.83	33.2	日用	2017-11-15	603605.SH
71	亿帆医药	31.35	34.1	医药	2004-07-13	002019.SZ
72	浙江鼎力	31.14	108.9	装备	2015-03-25	603338.SH
73	浙江龙盛	31.14	−69.3	化工	2003-08-01	600352.SH
74	江南布衣	30.47	16.6	服饰	2016-10-31	3306.HK
75	华海药业	30.46	47.9	医药	2003-03-04	600521.SH
76	英特集团	29.94	37.1	贸易	1996-07-16	000411.SZ
77	浙数文化	29.82	37.1	媒体	1993-03-04	600633.SH
78	浙江医药	29.43	29.3	医药	1999-10-21	600216.SH
79	天邦股份	28.73	82.8	农业	2007-04-03	002124.SZ
80	有道	28.56	122.0	教育	2019-10-25	DAO.N
81	新凤鸣	27.36	12.7	化工	2017-04-18	603225.SH
82	晶盛机电	27.17	38.9	装备	2012-05-11	300316.SZ
83	海亮教育	26.74	2.7	教育	2015-07-07	HLG.O
84	龙元建设	26.61	16.3	建筑	2004-05-24	600491.SH
85	平治信息	26.53	65.7	休闲	2016-12-13	300571.SZ
86	华数传媒	26.45	6.6	媒体	2000-09-06	000156.SZ
87	罗欣药业	26.41	345.1	医药	2016-04-15	002793.SZ
88	甬金股份	26.10	−7.5	钢铁	2019-12-24	603995.SH
89	万丰奥威	25.72	−2.4	汽车	2006-11-28	002085.SZ

浙江榜单

续表

序号	证券名称	品牌价值/亿元	增长率/%	行业	上市日期	证券代码
90	会稽山	25.67	13.9	饮料	2014-08-25	601579.SH
91	航民股份	25.48	−5.0	纺织	2004-08-09	600987.SH
92	三江购物	25.28	33.3	零售	2011-03-02	601116.SH
93	杭锅股份	25.06	88.5	装备	2011-01-10	002534.SZ
94	杭氧股份	24.55	232.8	装备	2010-06-10	002430.SZ
95	运达股份	24.37	44.6	装备	2019-04-26	300772.SZ
96	万向钱潮	24.30	−5.0	汽车	1994-01-10	000559.SZ
97	豪悦护理	24.09		日用	2020-09-11	605009.SH
98	三维通信	24.06	144.0	媒体	2007-02-15	002115.SZ
99	春风动力	23.70	101.9	汽车	2017-08-18	603129.SH
100	万邦德	23.61	44.7	有色金属	2006-11-20	002082.SZ
101	中国巨石	23.60	4.9	建筑	1999-04-22	600176.SH
102	康恩贝	23.44	−23.3	医药	2004-04-12	600572.SH
103	宁波建工	23.39	30.6	建筑	2011-08-16	601789.SH
104	电魂网络	23.38	133.3	休闲	2016-10-26	603258.SH
105	拓普集团	23.23	61.8	汽车	2015-03-19	601689.SH
106	浙商证券	23.20	62.1	金融	2017-06-26	601878.SH
107	恒生电子	23.02	23.2	互联网	2003-12-16	600570.SH
108	三星医疗	22.96	44.8	装备	2011-06-15	601567.SH
109	嘉宏教育	22.45	103.7	教育	2019-06-18	1935.HK
110	横店影视	22.42	−43.4	休闲	2017-10-12	603103.SH
111	杰克股份	22.24	−1.4	装备	2017-01-19	603337.SH
112	京投发展	21.88	−37.5	房地产	1993-10-25	600683.SH
113	泰格医药	21.73	33.3	医药	2012-08-17	300347.SZ
114	通策医疗	21.63	41.4	保健	1996-10-30	600763.SH
115	华统股份	21.22	35.8	农业	2017-01-10	002840.SZ
116	新安股份	21.09	−38.1	化工	2001-09-06	600596.SH
117	福莱特	21.06	207.5	装备	2019-02-15	601865.SH
118	安正时尚	20.97	49.6	服饰	2017-02-14	603839.SH
119	荣安地产	20.86	85.5	房地产	1993-08-06	000517.SZ
120	浙江东方	20.80	49.8	金融	1997-12-01	600120.SH

续表

序号	证券名称	品牌价值/亿元	增长率/%	行业	上市日期	证券代码
121	天山铝业	20.73	127.3	有色金属	2010-12-31	002532.SZ
122	红蜻蜓	20.12	−8.5	服饰	2015-06-29	603116.SH
123	财通证券	20.03	−0.7	金融	2017-10-24	601108.SH
124	钱江摩托	19.98	94.5	汽车	1999-05-14	000913.SZ
125	同花顺	19.95	−24.1	互联网	2009-12-25	300033.SZ
126	嘉欣丝绸	19.82	3.6	服饰	2010-05-11	002404.SZ
127	中金环境	19.74	−15.2	装备	2010-12-09	300145.SZ
128	万马股份	19.59	37.4	装备	2009-07-10	002276.SZ
129	亿晶光电	19.27	8.0	装备	2003-01-23	600537.SH
130	浙江交科	19.16	1.8	建筑	2006-08-16	002061.SZ
131	诺力股份	19.12	69.3	装备	2015-01-28	603611.SH
132	伟明环保	18.90	86.5	环保	2015-05-28	603568.SH
133	报喜鸟	18.83	18.6	服饰	2007-08-16	002154.SZ
134	爱仕达	18.79	−2.9	日用	2010-05-11	002403.SZ
135	浙江美大	18.72	22.2	家电	2012-05-25	002677.SZ
136	明牌珠宝	18.54	−18.5	服饰	2011-04-22	002574.SZ
137	华谊兄弟	17.88	−70.9	休闲	2009-10-30	300027.SZ
138	奥康国际	17.59	−22.3	服饰	2012-04-26	603001.SH
139	宋都股份	17.50	19.9	房地产	1997-05-20	600077.SH
140	仙琚制药	17.38	32.3	医药	2010-01-12	002332.SZ
141	南都电源	17.27	0.8	装备	2010-04-21	300068.SZ
142	宁波联合	16.64	159.7	贸易	1997-04-10	600051.SH
143	横店东磁	16.54	43.1	有色金属	2006-08-02	002056.SZ
144	一鸣食品	16.45		食品	2020-12-28	605179.SH
145	继峰股份	16.35	180.3	汽车	2015-03-02	603997.SH
146	日月股份	15.90	174.3	装备	2016-12-28	603218.SH
147	巨化股份	15.77	3.7	化工	1998-06-26	600160.SH
148	亚厦股份	15.65	26.7	建筑	2010-03-23	002375.SZ
149	奥普家居	15.20		日用	2020-01-15	603551.SH
150	银轮股份	15.19	26.7	汽车	2007-04-18	002126.SZ
151	贝因美	15.10	4.6	食品	2011-04-12	002570.SZ

浙江榜单

续表

浙江榜单

序号	证 券 名 称	品牌价值/亿元	增长率/%	行业	上市日期	证券代码
152	喜临门	14.93	46.6	家居	2012-07-17	603008.SH
153	万里扬	14.78	45.9	汽车	2010-06-18	002434.SZ
154	百隆东方	14.52	−8.3	纺织	2012-06-12	601339.SH
155	海翔药业	14.44	−19.9	医药	2006-12-26	002099.SZ
156	海兴电力	14.34	47.6	电子	2016-11-10	603556.SH
157	天宇股份	14.24	125.0	医药	2017-09-19	300702.SZ
158	宏润建设	14.20	27.0	建筑	2006-08-16	002062.SZ
159	盾安环境	14.13	26.2	装备	2004-07-05	002011.SZ
160	恒林股份	14.08	76.6	家居	2017-11-21	603661.SH
161	思美传媒	13.90	−32.0	媒体	2014-01-23	002712.SZ
162	齐合环保	13.89	−8.7	有色金属	2010-07-12	0976.HK
163	中粮包装	13.86	12.0	包装	2009-11-16	0906.HK
164	开山股份	13.66	14.4	装备	2011-08-19	300257.SZ
165	东方电缆	13.49	93.3	装备	2014-10-15	603606.SH
166	天通股份	13.41	61.3	装备	2001-01-18	600330.SH
167	东方通信	13.40	−27.3	通信	1996-11-26	600776.SH
168	京新药业	12.82	16.5	医药	2004-07-15	002020.SZ
169	大丰实业	12.61	15.1	装备	2017-04-20	603081.SH
170	浙大网新	12.58	2.4	互联网	1997-04-18	600797.SH
171	尖峰集团	12.52	158.3	建筑	1993-07-28	600668.SH
172	星星科技	12.44	57.1	电子	2011-08-19	300256.SZ
173	福斯特	12.43	−70.7	化工	2014-09-05	603806.SH
174	江山欧派	12.30	153.9	家居	2017-02-10	603208.SH
175	杭可科技	12.28	4.2	装备	2019-07-22	688006.SH
176	九洲药业	12.13	53.3	医药	2014-10-10	603456.SH
177	火星人	12.08		家电	2020-12-31	300894.SZ
178	博威合金	11.93	45.2	有色金属	2011-01-27	601137.SH
179	美盛文化	11.89	3.5	休闲	2012-09-11	002699.SZ
180	健盛集团	11.83	54.3	服饰	2015-01-27	603558.SH
181	南华期货	11.82	−1.0	金融	2019-08-30	603093.SH
182	银都股份	11.78	40.7	装备	2017-09-11	603277.SH

续表

序号	证券名称	品牌价值/亿元	增长率/%	行业	上市日期	证券代码
183	合盛硅业	11.55	4.1	化工	2017-10-30	603260.SH
184	卫星石化	11.43	25.7	化工	2011-12-28	002648.SZ
185	ST 起步	11.43	5.3	服饰	2017-08-18	603557.SH
186	华峰化学	11.42	133.3	化工	2006-08-23	002064.SZ
187	永艺股份	11.41	92.7	家居	2015-01-23	603600.SH
188	贝达药业	11.38	50.8	医药	2016-11-07	300558.SZ
189	东南网架	11.32	36.4	建筑	2007-05-30	002135.SZ
190	杭电股份	11.22	35.1	装备	2015-02-17	603618.SH
191	仙鹤股份	11.13	38.2	造纸	2018-04-20	603733.SH
192	宁波东力	10.98	−29.8	装备	2007-08-23	002164.SZ
193	中控技术	10.97		互联网	2020-11-24	688777.SH
194	浙富控股	10.69	35.7	环保	2008-08-06	002266.SZ
195	杭萧钢构	10.69	53.1	建筑	2003-11-10	600477.SH
196	中国三江化工	10.69	18.7	化工	2010-09-16	2198.HK
197	永高股份	10.67	57.4	建筑	2011-12-08	002641.SZ
198	士兰微	10.50	3.5	电子	2003-03-11	600460.SH
199	永兴材料	10.27	35.0	钢铁	2015-05-15	002756.SZ
200	水晶光电	10.17	24.4	电子	2008-09-19	002273.SZ
201	永创智能	9.95	33.5	装备	2015-05-29	603901.SH
202	浙江震元	9.93	33.9	医药	1997-04-10	000705.SZ
203	杉杉股份	9.91	5.5	化工	1996-01-30	600884.SH
204	哈尔斯	9.89	−3.6	日用	2011-09-09	002615.SZ
205	聚光科技	9.87	−32.1	电子	2011-04-15	300203.SZ
206	爱柯迪	9.81	20.0	汽车	2017-11-17	600933.SH
207	浙江广厦	9.76	26.4	休闲	1997-04-15	600052.SH
208	伟星新材	9.71	−10.5	建筑	2010-03-18	002372.SZ
209	日发精机	9.58	9.8	装备	2010-12-10	002520.SZ
210	慈文传媒	9.55	−31.5	休闲	2010-01-26	002343.SZ
211	长城科技	9.37	−3.0	装备	2018-04-10	603897.SH
212	景兴纸业	9.30	−2.7	造纸	2006-09-15	002067.SZ
213	广博股份	9.29	−59.8	媒体	2007-01-10	002103.SZ

浙江榜单

续表

序号	证券名称	品牌价值/亿元	增长率/%	行业	上市日期	证券代码
214	华媒控股	9.29	−5.0	媒体	1996-08-30	000607.SZ
215	嘉化能源	9.21	−4.8	化工	2003-06-27	600273.SH
216	华达新材	9.19		钢铁	2020-08-05	605158.SH
217	巨匠建设	9.15	41.4	建筑	2016-01-12	1459.HK
218	大元泵业	9.12	57.1	装备	2017-07-11	603757.SH
219	浙江富润	9.09	62.1	互联网	1997-06-04	600070.SH
220	众安集团	9.01	−23.6	房地产	2007-11-13	0672.HK
221	宁波海运	9.00	53.3	运输	1997-04-23	600798.SH
222	久立特材	8.80	33.9	钢铁	2009-12-11	002318.SZ
223	卧龙地产	8.73	−15.2	房地产	1999-04-15	600173.SH
224	麒盛科技	8.59	−15.3	家居	2019-10-29	603610.SH
225	众合科技	8.46	172.7	装备	1999-06-11	000925.SZ
226	海宁皮城	8.33	−16.0	房地产	2010-01-26	002344.SZ
227	轻纺城	8.26	−5.7	房地产	1997-02-28	600790.SH
228	鲍斯股份	8.13	55.7	装备	2015-04-23	300441.SZ
229	菲达环保	8.11	17.5	环保	2002-07-22	600526.SH
230	金卡智能	8.09	−9.3	电子	2012-08-17	300349.SZ
231	美康生物	7.99	−20.5	医药	2015-04-22	300439.SZ
232	闰土股份	7.98	−25.7	化工	2010-07-06	002440.SZ
233	顺网科技	7.87	−41.0	互联网	2010-08-27	300113.SZ
234	赞宇科技	7.84	46.9	化工	2011-11-25	002637.SZ
235	金洲管道	7.78	33.7	钢铁	2010-07-06	002443.SZ
236	乔治白	7.68	−1.9	服饰	2012-07-13	002687.SZ
237	帅丰电器	7.67		家电	2020-10-19	605336.SH
238	长鹰信质	7.55	18.2	汽车	2012-03-16	002664.SZ
239	伟星股份	7.55	−13.4	服饰	2004-06-25	002003.SZ
240	东方生物	7.54		医药	2020-02-05	688298.SH
241	司太立	7.53	81.1	医药	2016-03-09	603520.SH
242	捷昌驱动	7.51	67.6	装备	2018-09-21	603583.SH
243	兔宝宝	7.47	−31.0	建筑	2005-05-10	002043.SZ
244	华铁应急	7.30	177.0	商业服务	2015-05-29	603300.SH

浙江榜单

续表

序号	证 券 名 称	品牌价值/亿元	增长率/%	行业	上市日期	证券代码
245	创业慧康	7.26	50.6	互联网	2015-05-14	300451.SZ
246	双林股份	7.23	−28.7	汽车	2010-08-06	300100.SZ
247	东睦股份	7.20	81.3	有色金属	2004-05-11	600114.SH
248	兴业合金	7.15	−1.5	有色金属	2007-12-27	0505.HK
249	兑吧	7.12	−41.2	媒体	2019-05-07	1753.HK
250	海天精工	7.11	40.4	装备	2016-11-07	601882.SH
251	航天彩虹	7.08	48.7	装备	2010-04-13	002389.SZ
252	百大集团	6.82	9.9	零售	1994-08-09	600865.SH
253	创源股份	6.81	24.8	日用	2017-09-19	300703.SZ
254	仁东控股	6.80	30.5	互联网	2011-12-28	002647.SZ
255	宁水集团	6.66	36.7	电子	2019-01-22	603700.SH
256	腾达建设	6.64	55.7	建筑	2002-12-26	600512.SH
257	波导股份	6.58	10.8	通信	2000-07-06	600130.SH
258	卡森国际	6.57	−40.9	家居	2005-10-20	0496.HK
259	广宇集团	6.55	−46.8	贸易	2007-04-27	002133.SZ
260	双环传动	6.50	−4.5	装备	2010-09-10	002472.SZ
261	ST华鼎	6.49	92.1	贸易	2011-05-09	601113.SH
262	晋亿实业	6.40	−3.6	装备	2007-01-26	601002.SH
263	中恒电气	6.39	−1.6	装备	2010-03-05	002364.SZ
264	天正电气	6.38		装备	2020-08-07	605066.SH
265	亚太股份	6.36	6.3	汽车	2009-08-28	002284.SZ
266	银江股份	6.25	−4.1	互联网	2009-10-30	300020.SZ
267	五洲特纸	6.24		造纸	2020-11-10	605007.SH
268	旭升股份	6.18	59.7	汽车	2017-07-10	603305.SH
269	宁波中百	6.16	6.1	零售	1994-04-25	600857.SH
270	旺能环境	6.13	110.7	环保	2004-08-26	002034.SZ
271	锦浪科技	6.04	61.1	装备	2019-03-19	300763.SZ
272	美诺华	6.04	61.7	医药	2017-04-07	603538.SH
273	兆龙互连	6.02		通信	2020-12-07	300913.SZ
274	金科文化	6.01	−26.9	媒体	2015-05-15	300459.SZ
275	炬华科技	5.98	5.3	电子	2014-01-21	300360.SZ

浙江榜单

续表

序号	证 券 名 称	品牌价值/亿元	增长率/%	行业	上市日期	证券代码
276	乐歌股份	5.94	111.5	家居	2017-12-01	300729.SZ
277	亿田智能	5.92		家电	2020-12-03	300911.SZ
278	立昂微	5.89		电子	2020-09-11	605358.SH
279	意华股份	5.85	54.0	电子	2017-09-07	002897.SZ
280	越剑智能	5.82		装备	2020-04-15	603095.SH
281	华正新材	5.72	44.0	电子	2017-01-03	603186.SH
282	宁波富达	5.72	10.8	建筑	1996-07-16	600724.SH
283	壹网壹创	5.71	−32.7	互联网	2019-09-27	300792.SZ
284	我武生物	5.71	12.1	医药	2014-01-21	300357.SZ
285	ST 海越	5.70	−33.7	石油	2004-02-18	600387.SH
286	熊猫乳品	5.58		食品	2020-10-16	300898.SZ
287	露笑科技	5.52	9.9	装备	2011-09-20	002617.SZ
288	乐惠国际	5.52	14.4	装备	2017-11-13	603076.SH
289	联化科技	5.51	9.0	化工	2008-06-19	002250.SZ
290	大叶股份	5.45		装备	2020-09-01	300879.SZ
291	慈星股份	5.42	21.9	装备	2012-03-29	300307.SZ
292	天鸽互动	5.41	−67.1	休闲	2014-07-09	1980.HK
293	柯力传感	5.34	−0.5	装备	2019-08-06	603662.SH
294	思创医惠	5.27	−8.5	电子	2010-04-30	300078.SZ
295	南都物业	5.25	32.2	房地产	2018-02-01	603506.SH
296	迪普科技	5.21	−11.6	通信	2019-04-12	300768.SZ
297	昂利康	5.20	34.8	医药	2018-10-23	002940.SZ
298	祥源文化	5.19	119.8	休闲	2003-02-20	600576.SH
299	兄弟科技	5.19	219.5	医药	2011-03-10	002562.SZ
300	诺邦股份	5.16	167.9	纺织	2017-02-22	603238.SH
301	宁波韵升	5.14	8.3	有色金属	2000-10-30	600366.SH
302	中亚股份	5.14	−14.7	装备	2016-05-26	300512.SZ
303	新澳股份	5.09	−4.8	纺织	2014-12-31	603889.SH
304	大立科技	5.06	248.2	电子	2008-02-18	002214.SZ
305	牧高笛	4.96	30.2	服饰	2017-03-07	603908.SH
306	三美股份	4.95	−45.7	化工	2019-04-02	603379.SH

浙江榜单

续表

序号	证券名称	品牌价值/亿元	增长率/%	行业	上市日期	证券代码
307	今飞凯达	4.92	−16.7	汽车	2017-04-18	002863.SZ
308	泰瑞机器	4.87	9.6	装备	2017-10-31	603289.SH
309	金固股份	4.86	−21.2	汽车	2010-10-21	002488.SZ
310	永太科技	4.81	50.6	化工	2009-12-22	002326.SZ
311	森林包装	4.78		造纸	2020-12-22	605500.SH
312	海象新材	4.77		家居	2020-09-30	003011.SZ
313	丽翔教育 (LIXIANG EDUCATION)	4.73		教育	2020-10-01	LXEH.O
314	荣晟环保	4.71	60.6	造纸	2017-01-17	603165.SH
315	洁美科技	4.70	12.0	电子	2017-04-07	002859.SZ
316	万安科技	4.69	20.1	汽车	2011-06-10	002590.SZ
317	飞扬集团	4.69	8.3	休闲	2019-06-28	1901.HK
318	亿利达	4.64	−29.6	装备	2012-07-03	002686.SZ
319	冠盛股份	4.60		汽车	2020-08-17	605088.SH
320	康基医疗	4.58		医药	2020-06-29	9997.HK
321	长华股份	4.54		汽车	2020-09-29	605018.SH
322	金龙机电	4.52	−20.8	电子	2009-12-25	300032.SZ
323	滨江服务	4.51	60.9	房地产	2019-03-15	3316.HK
324	虹软科技	4.47	34.6	互联网	2019-07-22	688088.SH
325	东亚药业	4.35		医药	2020-11-25	605177.SH
326	浙农股份	4.35	−7.9	商业服务	2015-05-27	002758.SZ
327	浙能锦江环境	4.32	5.1	公用事业	2016-08-01	BWM.SG
328	君禾股份	4.30	14.9	装备	2017-07-03	603617.SH
329	棒杰股份	4.25	45.5	服饰	2011-12-05	002634.SZ
330	花园生物	4.23	39.3	医药	2014-10-09	300401.SZ
331	晨丰科技	4.21	−35.5	电子	2017-11-27	603685.SH
332	迦南科技	4.18	45.0	装备	2014-12-31	300412.SZ
333	朗迪集团	4.15	−53.0	家电	2016-04-21	603726.SH
334	康隆达	4.14	114.1	纺织	2017-03-13	603665.SH
335	康宁医院	4.13	−4.4	保健	2015-11-20	2120.HK
336	兴源环境	4.11	15.1	环保	2011-09-27	300266.SZ
337	博创科技	4.11	103.3	通信	2016-10-12	300548.SZ

浙江榜单

3.4 上海品牌价值榜

在 2021 年中国上市公司品牌价值总榜的 3 000 家企业中：上海的企业共计 289 家，比 2020 年增加了 17 家；品牌价值总计 24 063.96 亿元，比 2020 年增长了 9.6%。

3.4.1 2021 年上海上市公司品牌价值榜分析

【区域集中度】 在 2021 年上海上市公司品牌价值榜中：排在前 10 位的公司品牌价值合计 11 351.19 亿元，占上海榜单总计品牌价值的 47.2%；排在前 30 位的公司品牌价值合计 16 439.7 亿元，占上海榜单总计品牌价值的 68.3%；排在前 100 位的公司品牌价值合计 21 713.73 亿元，占行业榜单总计品牌价值的 90.2%。

【所在行业】 在 2021 年上海上市公司品牌价值榜中，289 家公司来自 34 个行业。其中，汽车、金融、房地产和零售四个行业共计包括 92 家公司，品牌价值合计 13 520.69 亿元，占上海榜单总计品牌价值的 56.2%，处于主导地位。其他行业的情况见图 3-7 和图 3-8。

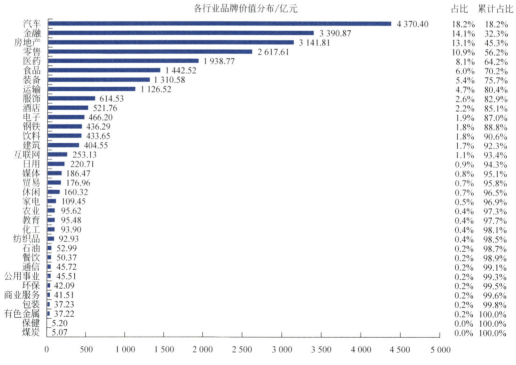

图 3-7 2021 年上海上市公司品牌价值榜所在行业品牌价值分布

【上市板块】 在 2021 年上海上市公司品牌价值榜中：在沪市主板上市的公司有 157 家，品牌价值合计 15 256.41 亿元，占上海榜单总计品牌价值的 63.4%，排在第一位；在港股上市的中资股公司有 54 家，品牌价值合计 4 918.24 亿元，占上海榜单总计品牌价值的 20.4%，排在第

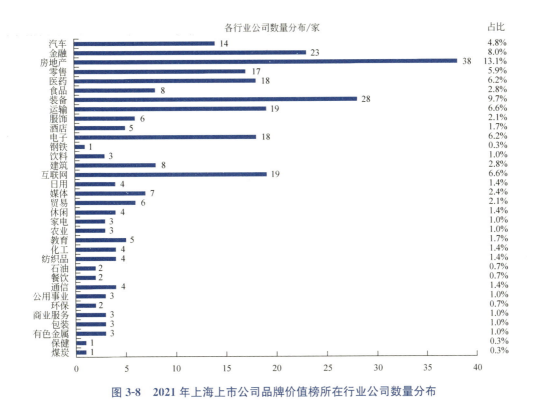

图 3-8　2021 年上海上市公司品牌价值榜所在行业公司数量分布

二位;在国外上市的中概股公司有 24 家,品牌价值合计 1 821.24 亿元,占上海榜单总计品牌价值的 7.6%,排在第三位。此外,在深市创业板上市的公司有 22 家,品牌价值合计 1 584.92 亿元;在深市中小板上市的公司有 19 家,品牌价值合计 293.93 亿元;在沪市科创板上市的公司有 12 家,品牌价值合计 181.4 亿元;在深市主板上市的公司有 1 家,品牌价值 7.82 亿元。

　　【上市时间】　在 2021 年上海上市公司品牌价值榜中:1996—2000 年上市的公司有 29 家,品牌价值合计 6 739.65 亿元,占上海榜单总计品牌价值的 28%,排在第一位;2016—2020 年上市的公司有 104 家,品牌价值合计 5 496.62 亿元,占上海榜单总计品牌价值的 22.8%,排在第二位;2006—2010 年上市的公司有 39 家,品牌价值合计 4 554.21 亿元,占上海榜单总计品牌价值的 18.9%,排在第三位。此外,1996 年以前上市的公司有 60 家,品牌价值合计 3 943.26 亿元;2011—2015 年上市的公司有 40 家,品牌价值合计 2 219.21 亿元;2001—2005 年上市的公司有 17 家,品牌价值合计 1 110.99 亿元。

3.4.2　2021 年上海上市公司品牌价值榜单

序号	证券名称	品牌价值/亿元	增长率/%	行业	上市日期	证券代码
1	上汽集团	3 679.69	−22.6	汽车	1997-11-25	600104.SH
2	金龙鱼	1 302.98		食品	2020-10-15	300999.SZ

续表

序号	证券名称	品牌价值/亿元	增长率/%	行业	上市日期	证券代码
3	国药控股	1 058.46	5.8	医药	2009-09-23	1099.HK
4	绿地控股	924.98	17.9	房地产	1992-03-27	600606.SH
5	交通银行	859.34	1.9	金融	2007-05-15	601328.SH
6	高鑫零售	781.25	10.3	零售	2011-07-27	6808.HK
7	拼多多	776.34	28.3	零售	2018-07-26	PDD.O
8	中国太保	734.40	14.0	金融	2007-12-25	601601.SH
9	浦发银行	677.42	−7.7	金融	1999-11-10	600000.SH
10	上海电气	556.34	26.0	装备	2008-12-05	601727.SH
11	上海医药	534.17	17.2	医药	1994-03-24	601607.SH
12	宝钢股份	436.29	−10.8	钢铁	2000-12-12	600019.SH
13	光明乳业	376.75	30.2	饮料	2002-08-28	600597.SH
14	华域汽车	364.10	−8.6	汽车	1996-08-26	600741.SH
15	百联股份	363.03	41.0	零售	1994-02-04	600827.SH
16	老凤祥	362.90	15.7	服饰	1992-08-14	600612.SH
17	上海建工	239.55	17.0	建筑	1998-06-23	600170.SH
18	旭辉控股集团	226.24	29.0	房地产	2012-11-23	0884.HK
19	中国东航	213.90	−40.5	运输	1997-11-05	600115.SH
20	陆金所控股(LUFAX)	199.49		金融	2020-10-30	LU.N
21	融信中国	192.88	23.3	房地产	2016-01-13	3301.HK
22	中通快递-SW	187.99	34.0	运输	2020-09-29	2057.HK
23	中梁控股	187.76	−13.9	房地产	2019-07-16	2772.HK
24	上海银行	185.15	2.6	金融	2016-11-16	601229.SH
25	祥生控股集团	181.71		房地产	2020-11-18	2599.HK
26	豫园股份	179.89	62.7	服饰	1992-09-02	600655.SH
27	美凯龙	177.46	−9.0	零售	2018-01-17	601828.SH
28	携程网	168.37	−12.2	零售	2003-12-09	TCOM.O
29	复星国际	158.17	17.5	金融	2007-07-16	0656.HK
30	联华超市	152.72	41.7	零售	2003-06-27	0980.HK
31	锦江酒店	151.76	−10.1	酒店	1996-10-11	600754.SH
32	锦江资本	148.74	−19.4	酒店	2006-12-15	2006.HK
33	环旭电子	146.52	28.2	电子	2012-02-20	601231.SH

上海榜单

续表

序号	证券名称	品牌价值/亿元	增长率/%	行业	上市日期	证券代码
34	复星医药	142.03	44.1	医药	1998-08-07	600196.SH
35	仁恒置地	137.05	1.2	房地产	2006-06-22	Z25.SG
36	正荣地产	136.50	−7.4	房地产	2018-01-16	6158.HK
37	上海实业控股	135.21	18.5	房地产	1996-05-30	0363.HK
38	上海机电	133.78	2.8	装备	1994-02-24	600835.SH
39	保利置业集团	130.93	34.8	房地产	1973-08-30	0119.HK
40	海通证券	126.83	−7.5	金融	1994-02-24	600837.SH
41	国泰君安	125.63	−14.5	金融	2015-06-26	601211.SH
42	中骏集团控股	123.60	45.9	房地产	2010-02-05	1966.HK
43	上港集团	121.12	−22.4	运输	2006-10-26	600018.SH
44	中国船舶	115.29	26.3	装备	1998-05-20	600150.SH
45	复星旅游文化	106.76	−20.6	酒店	2018-12-14	1992.HK
46	广汇宝信	105.20	19.7	汽车	2011-12-14	1293.HK
47	世茂股份	104.87	−4.6	房地产	1994-02-04	600823.SH
48	晨光文具	101.51	32.1	日用	2015-01-27	603899.SH
49	东方明珠	101.01	0.4	媒体	1993-03-16	600637.SH
50	中芯国际	100.01	43.9	电子	2020-07-16	688981.SH
51	上海钢联	98.88	−37.9	贸易	2011-06-08	300226.SZ
52	哔哩哔哩	95.47	54.1	休闲	2018-03-28	BILI.O
53	华住	95.24	−25.9	酒店	2010-03-26	HTHT.O
54	振华重工	94.11	−11.9	装备	2000-12-21	600320.SH
55	陆家嘴	91.17	19.9	房地产	1993-06-28	600663.SH
56	德邦股份	86.01	0.4	运输	2018-01-16	603056.SH
57	上海梅林	79.97	18.3	农业	1997-07-04	600073.SH
58	绿地香港	75.49	26.8	房地产	2006-10-10	0337.HK
59	中国核建	73.43	53.3	建筑	2016-06-06	601611.SH
60	中国龙工	72.86	46.3	装备	2005-11-17	3339.HK
61	颐海国际	71.71	128.9	食品	2016-07-13	1579.HK
62	上坤地产	71.51		房地产	2020-11-17	6900.HK
63	中远海能	71.03	39.9	运输	2002-05-23	600026.SH
64	蔚来	65.84	156.2	汽车	2018-09-12	NIO.N

上海榜单

续表

序号	证券名称	品牌价值/亿元	增长率/%	行业	上市日期	证券代码
65	招商轮船	64.47	90.2	运输	2006-12-01	601872.SH
66	上海家化	64.07	−7.4	日用	2001-03-15	600315.SH
67	欧普照明	59.52	−3.3	家电	2016-08-19	603515.SH
68	中远海发	56.91	3.0	运输	2007-12-12	601866.SH
69	隧道股份	56.20	32.1	建筑	1994-01-28	600820.SH
70	华贸物流	56.10	26.5	运输	2012-05-29	603128.SH
71	中化国际	53.54	17.4	化工	2000-03-01	600500.SH
72	爱旭股份	53.19	116.1	装备	1996-08-16	600732.SH
73	国药现代	52.26	35.4	医药	2004-06-16	600420.SH
74	光大证券	51.27	43.5	金融	2009-08-18	601788.SH
75	韦尔股份	49.48	237.0	电子	2017-05-04	603501.SH
76	远东宏信	48.73	−25.6	金融	2011-03-30	3360.HK
77	上海石化	48.47	−20.4	石油	1993-11-08	600688.SH
78	荣威国际	46.51	22.3	日用	2017-11-16	3358.HK
79	光明地产	46.34	−40.9	房地产	1996-06-06	600708.SH
80	春秋航空	45.93	−11.5	运输	2015-01-21	601021.SH
81	姚记科技	45.93	384.5	休闲	2011-08-05	002605.SZ
82	海立股份	45.68	−5.2	装备	1992-11-16	600619.SH
83	大名城	44.98	3.3	房地产	1997-07-03	600094.SH
84	百润股份	43.59	51.0	饮料	2011-03-25	002568.SZ
85	中华企业	42.55	18.8	房地产	1993-09-24	600675.SH
86	天虹纺织	42.45	−10.3	纺织	2004-12-09	2678.HK
87	飞科电器	42.37	2.1	家电	2016-04-18	603868.SH
88	上海机场	41.27	−32.6	运输	1998-02-18	600009.SH
89	东方证券	40.70	8.3	金融	2015-03-23	600958.SH
90	360 DIGITECH	39.71	−57.1	金融	2018-12-14	QFIN.O
91	景瑞控股	39.11	−4.6	房地产	2013-10-31	1862.HK
92	宝信软件	38.19	49.4	互联网	1994-03-11	600845.SH
93	中谷物流	37.69		运输	2020-09-25	603565.SH
94	吉祥航空	36.11	−33.1	运输	2015-05-27	603885.SH
95	味千(中国)	35.83	−30.3	餐饮	2007-03-30	0538.HK

续表

序号	证券名称	品牌价值/亿元	增长率/%	行业	上市日期	证券代码
96	精锐教育	35.48	−18.6	教育	2018-03-28	ONE.N
97	华虹半导体	34.37	13.0	电子	2014-10-15	1347.HK
98	达达集团(DADA NEXUS)	32.93		零售	2020-06-05	DADA.O
99	阅文集团	32.61	77.9	媒体	2017-11-08	0772.HK
100	丽人丽妆	32.44		零售	2020-09-29	605136.SH
101	福然德	31.37		运输	2020-09-24	605050.SH
102	东方创业	29.68	42.2	贸易	2000-07-12	600278.SH
103	上实发展	29.63	−27.7	房地产	1996-09-25	600748.SH
104	宝尊电商-SW	29.35	5.0	互联网	2020-09-29	9991.HK
105	华谊集团	27.66	−21.5	化工	1992-12-04	600623.SH
106	地素时尚	27.53	7.8	服饰	2018-06-22	603587.SH
107	1药网	27.52	176.3	零售	2018-09-12	YI.O
108	电科数字	27.09	−1.7	互联网	1994-03-24	600850.SH
109	美邦服饰	26.00	−20.7	服饰	2008-08-28	002269.SZ
110	润达医疗	25.68	2.0	医药	2015-05-27	603108.SH
111	上海实业环境	25.61	5.6	环保	2018-03-23	0807.HK
112	来伊份	25.28	28.9	零售	2016-10-12	603777.SH
113	交运股份	25.23	28.0	汽车	1993-09-28	600676.SH
114	外高桥	24.82	−31.5	贸易	1993-05-04	600648.SH
115	申达股份	23.91	3.2	汽车	1993-01-07	600626.SH
116	龙头股份	23.78	0.2	纺织	1993-02-09	600630.SH
117	上海临港	23.29	77.1	房地产	1994-03-24	600848.SH
118	申能股份	22.84	−19.3	公用事业	1993-04-16	600642.SH
119	大全新能源	22.15	71.3	电子	2010-10-07	DQ.N
120	昂立教育	22.15	−19.0	教育	1993-06-14	600661.SH
121	协鑫集成	21.72	−65.6	电子	2010-11-18	002506.SZ
122	移远通信	21.60	7.9	通信	2019-07-16	603236.SH
123	众安在线	20.54	223.5	金融	2017-09-28	6060.HK
124	紫江企业	20.39	18.8	包装	1999-08-24	600210.SH
125	浦东金桥	20.31	19.0	房地产	1993-03-26	600639.SH
126	网宿科技	20.14	−38.2	互联网	2009-10-30	300017.SZ

上海榜单

续表

序号	证券名称	品牌价值/亿元	增长率/%	行业	上市日期	证券代码
127	上柴股份	20.04	43.9	装备	1994-03-11	600841.SH
128	思源电气	19.89	58.2	装备	2004-08-05	002028.SZ
129	密尔克卫	19.76	89.1	运输	2018-07-13	603713.SH
130	元祖股份	19.72	40.0	食品	2016-12-28	603886.SH
131	润东汽车	19.70	−20.0	汽车	2014-08-12	1365.HK
132	水星家纺	19.68	7.9	纺织	2017-11-20	603365.SH
133	起帆电缆	19.63		装备	2020-07-31	605222.SH
134	华建集团	19.33	50.2	商业服务	1993-02-09	600629.SH
135	摩贝	19.28	−30.3	互联网	2019-12-30	MKD.O
136	国投资本	19.27	−8.4	金融	1997-05-19	600061.SH
137	格林酒店	19.25	−4.9	酒店	2018-03-27	GHG.N
138	大众交通	19.00	12.8	运输	1992-08-07	600611.SH
139	万国数据-SW	18.99	124.4	互联网	2020-11-02	9698.HK
140	妙可蓝多	18.89	237.6	食品	1995-12-06	600882.SH
141	上海电力	18.50	23.4	公用事业	2003-10-29	600021.SH
142	号百控股	17.97	−47.6	媒体	1993-04-07	600640.SH
143	龙宇燃油	17.96	143.5	有色金属	2012-08-17	603003.SH
144	东方财富	17.62	31.2	金融	2010-03-19	300059.SZ
145	光大嘉宝	17.58	12.4	房地产	1992-12-03	600622.SH
146	兴达国际	17.55	12.1	汽车	2006-12-21	1899.HK
147	上海莱士	17.38	56.4	医药	2008-06-23	002252.SZ
148	新世界	17.18	−16.1	零售	1993-01-19	600628.SH
149	ST 方科	17.18	−9.1	电子	1990-12-19	600601.SH
150	万业企业	17.16	−18.6	房地产	1993-04-07	600641.SH
151	云赛智联	17.13	1.3	互联网	1990-12-19	600602.SH
152	平安好医生	17.05	43.8	医药	2018-05-04	1833.HK
153	东富龙	16.53	22.5	装备	2011-02-01	300171.SZ
154	上海环境	16.47	37.5	环保	2017-03-31	601200.SH
155	城投控股	16.41	−62.3	房地产	1993-05-18	600649.SH
156	信也科技	16.34	−14.2	金融	2017-11-10	FINV.N
157	建桥教育	16.07		教育	2020-01-16	1525.HK

上海榜单

续表

序号	证 券 名 称	品牌价值/亿元	增长率/%	行业	上市日期	证券代码
158	前程无忧	16.05	−14.0	商业服务	2004-09-29	JOBS.O
159	东风科技	16.01	−6.7	汽车	1997-07-03	600081.SH
160	上工申贝	15.84	22.2	装备	1994-03-11	600843.SH
161	强生控股	15.75	7.5	运输	1993-06-14	600662.SH
162	海通恒信	15.74	−0.8	金融	2019-06-03	1905.HK
163	岱美股份	15.65	43.4	汽车	2017-07-28	603730.SH
164	泰胜风能	15.65	77.0	装备	2010-10-19	300129.SZ
165	国新文化	15.61	347.8	教育	1993-03-16	600636.SH
166	科华生物	15.29	89.2	医药	2004-07-21	002022.SZ
167	同济科技	15.27	24.6	房地产	1994-03-11	600846.SH
168	澜起科技	15.01	18.7	电子	2019-07-22	688008.SH
169	国网英大	15.01	−12.4	装备	2003-10-10	600517.SH
170	世茂服务	14.96		房地产	2020-10-30	0873.HK
171	国际天食	14.54	−28.3	餐饮	2012-07-04	3666.HK
172	汉钟精机	13.96	54.7	装备	2007-08-17	002158.SZ
173	剑桥科技	13.95	−16.5	通信	2017-11-10	603083.SH
174	航天机电	13.86	17.5	装备	1998-06-05	600151.SH
175	爱婴室	13.82	9.0	零售	2018-03-30	603214.SH
176	华荣股份	13.69	256.8	装备	2017-05-24	603855.SH
177	二三四五	13.33	−2.6	互联网	2007-12-12	002195.SZ
178	金枫酒业	13.30	25.6	饮料	1992-09-29	600616.SH
179	上海物贸	13.14	−33.3	贸易	1994-02-04	600822.SH
180	璞泰来	12.94	47.5	有色金属	2017-11-03	603659.SH
181	达芙妮国际	12.36	−40.9	服饰	1995-11-03	0210.HK
182	中银证券	12.32		金融	2020-02-26	601696.SH
183	益民集团	12.27	−13.5	零售	1994-02-04	600824.SH
184	爱建集团	12.13	32.1	金融	1993-04-26	600643.SH
185	徐家汇	12.12	−24.3	零售	2011-03-03	002561.SZ
186	港龙中国地产	12.03		房地产	2020-07-15	6968.HK
187	风语筑	11.94	−39.6	媒体	2017-10-20	603466.SH
188	新城悦服务	11.88	118.9	房地产	2018-11-06	1755.HK

上海榜单

续表

上海榜单

序号	证 券 名 称	品牌价值/亿元	增长率/%	行业	上市日期	证券代码
189	创力集团	11.86	16.3	装备	2015-03-20	603012.SH
190	宝钢包装	11.74	70.5	包装	2015-06-11	601968.SH
191	中国船舶租赁	11.71	1.7	金融	2019-06-17	3877.HK
192	康德莱	11.45	137.3	医药	2016-11-21	603987.SH
193	张江高科	11.24	−12.6	房地产	1996-04-22	600895.SH
194	永升生活服务	11.13	150.6	房地产	2018-12-17	1995.HK
195	趣头条	10.97	−60.4	媒体	2018-09-14	QTT.O
196	品渥食品	10.94		食品	2020-09-24	300892.SZ
197	新朋股份	10.70	−4.9	汽车	2009-12-30	002328.SZ
198	卫宁健康	10.44	12.5	互联网	2011-08-18	300253.SZ
199	锦江在线	10.38	16.9	运输	1993-06-07	600650.SH
200	凯赛生物	10.28		医药	2020-08-12	688065.SH
201	上海电影	10.24	−40.3	休闲	2016-08-17	601595.SH
202	第一医药	9.91	27.8	零售	1994-02-24	600833.SH
203	科博达	9.77	−6.3	汽车	2019-10-15	603786.SH
204	良信股份	9.34	90.9	装备	2014-01-21	002706.SZ
205	浦东建设	9.22	22.9	建筑	2004-03-16	600284.SH
206	巴比食品	8.88		食品	2020-10-12	605338.SH
207	昊海生科	8.83	−22.5	医药	2019-10-30	688366.SH
208	海昌海洋公园	8.68	−70.4	休闲	2014-03-13	2255.HK
209	上海凤凰	8.62	138.0	日用	1993-10-08	600679.SH
210	松芝股份	8.62	−8.8	汽车	2010-07-20	002454.SZ
211	金安国纪	8.58	17.6	电子	2011-11-25	002636.SZ
212	永利股份	8.51	17.2	装备	2011-06-15	300230.SZ
213	晶晨股份	8.51	19.0	电子	2019-08-08	688099.SH
214	保隆科技	8.41	41.0	汽车	2017-05-19	603197.SH
215	凯利泰	8.31	20.9	医药	2012-06-13	300326.SZ
216	荣泰健康	8.25	10.8	医药	2017-01-11	603579.SH
217	旗天科技	8.22	−29.9	零售	2010-03-19	300061.SZ
218	城地香江	7.89	496.7	建筑	2016-10-10	603887.SH
219	开创国际	7.83	274.1	农业	1997-06-19	600097.SH

续表

序号	证券名称	品牌价值/亿元	增长率/%	行业	上市日期	证券代码
220	雪榕生物	7.82	41.7	农业	2016-05-04	300511.SZ
221	三湘印象	7.82	84.1	房地产	1997-09-25	000863.SZ
222	ST中安	7.58	9.8	互联网	1990-12-19	600654.SH
223	开能健康	7.57	−10.0	家电	2011-11-02	300272.SZ
224	汉得信息	7.52	−34.9	互联网	2011-02-01	300170.SZ
225	全筑股份	7.46	21.8	建筑	2015-03-20	603030.SH
226	中微公司	7.42	100.6	电子	2019-07-22	688012.SH
227	诺亚财富	7.28	−21.3	金融	2010-11-10	NOAH.N
228	畅联股份	7.08	14.2	运输	2017-09-13	603648.SH
229	上海三毛	7.02	−3.4	纺织	1993-11-08	600689.SH
230	中国物流资产	6.97	106.9	房地产	2016-07-15	1589.HK
231	氯碱化工	6.85	12.2	化工	1992-11-13	600618.SH
232	波奇网（BOQII）	6.77		零售	2020-09-30	BQ.N
233	科大智能	6.69	−57.8	装备	2011-05-25	300222.SZ
234	灿谷	6.64	−26.0	互联网	2018-07-26	CANG.N
235	新时达	6.63	21.2	装备	2010-12-24	002527.SZ
236	市北高新	6.61	100.8	房地产	1992-03-27	600604.SH
237	神奇制药	6.59	−4.4	医药	1992-08-20	600613.SH
238	华丽家族	6.51	150.4	房地产	2002-07-09	600503.SH
239	华检医疗	6.47	254.5	医药	2019-07-12	1931.HK
240	新华传媒	6.37	−14.1	媒体	1994-02-04	600825.SH
241	至纯科技	6.37	108.6	装备	2017-01-13	603690.SH
242	华峰铝业	6.32		有色金属	2020-09-07	601702.SH
243	万达信息	6.30	−39.4	互联网	2011-01-25	300168.SZ
244	上海凯宝	6.18	−21.9	医药	2010-01-08	300039.SZ
245	上海沪工	6.18	39.4	装备	2016-06-07	603131.SH
246	流利说	6.18	−67.7	教育	2018-09-27	LAIX.N
247	多维科技	6.14	54.5	商业服务	2007-08-02	CZ4.SG
248	恒盛地产	6.10	−31.3	房地产	2009-10-02	0845.HK
249	CAPITALAND CHINA TRUST	5.96	9.3	金融	2006-12-08	AU8U.SG
250	鸣志电器	5.87	30.6	装备	2017-05-09	603728.SH

上海榜单

续表

序号	证券名称	品牌价值/亿元	增长率/%	行业	上市日期	证券代码
251	普利特	5.86	41.7	化工	2009-12-18	002324.SZ
252	日播时尚	5.85	−27.0	服饰	2017-05-31	603196.SH
253	中国海诚	5.84	−2.9	建筑	2007-02-15	002116.SZ
254	泛微网络	5.68	49.6	互联网	2017-01-13	603039.SH
255	三生国健	5.67		医药	2020-07-22	688336.SH
256	恒玄科技	5.65		通信	2020-12-16	688608.SH
257	中视金桥	5.61	−33.5	媒体	2008-07-08	0623.HK
258	柏楚电子	5.57	88.4	电子	2019-08-08	688188.SH
259	上海复旦	5.53	−8.3	电子	2000-08-04	1385.HK
260	兰生股份	5.50	−17.2	贸易	1994-02-04	600826.SH
261	鼎捷软件	5.26	14.9	互联网	2014-01-27	300378.SZ
262	数据港	5.23	59.3	互联网	2017-02-08	603881.SH
263	瑞慈医疗	5.20	13.2	保健	2016-10-06	1526.HK
264	优刻得-W	5.15		互联网	2020-01-20	688158.SH
265	易鑫集团	5.15	−21.8	金融	2017-11-16	2858.HK
266	济丰包装	5.10	8.1	包装	2018-12-21	1820.HK
267	上海贝岭	5.08	84.5	电子	1998-09-24	600171.SH
268	上海能源	5.07	24.7	煤炭	2001-08-29	600508.SH
269	海融科技	5.05		食品	2020-12-02	300915.SZ
270	新黄浦	5.02	−29.1	房地产	1993-03-26	600638.SH
271	威派格	5.01	−9.2	装备	2019-02-22	603956.SH
272	中远海科	5.00	47.2	互联网	2010-05-06	002401.SZ
273	耀皮玻璃	4.96	53.0	建筑	1994-01-28	600819.SH
274	鹏欣资源	4.94	6.5	贸易	2003-06-26	600490.SH
275	中颖电子	4.93	44.3	电子	2012-06-13	300327.SZ
276	华铭智能	4.83	137.8	电子	2015-05-27	300462.SZ
277	触宝	4.81	36.4	互联网	2018-09-28	CTK.N
278	南亚新材	4.70		电子	2020-08-18	688519.SH
279	长江投资	4.67	−19.4	运输	1998-01-15	600119.SH
280	克来机电	4.64	38.3	装备	2017-03-14	603960.SH
281	锦和商业	4.61		房地产	2020-04-21	603682.SH

上海榜单

续表

序号	证 券 名 称	品牌价值/亿元	增长率/%	行业	上市日期	证券代码
282	沪硅产业-U	4.61		电子	2020-04-20	688126.SH
283	移为通信	4.52	−6.6	通信	2017-01-11	300590.SZ
284	惠生工程	4.51	−20.9	石油	2012-12-28	2236.HK
285	正荣服务	4.43		房地产	2020-07-10	6958.HK
286	海欣股份	4.43	−41.7	医药	1994-04-04	600851.SH
287	爱普股份	4.34	41.6	食品	2015-03-25	603020.SH
288	大众公用	4.17	−6.5	公用事业	1993-03-04	600635.SH
289	海得控制	4.15	8.9	装备	2007-11-16	002184.SZ

3.5　香港品牌价值榜

在 2021 年中国上市公司品牌价值总榜的 3 000 家企业中：在香港注册的企业共计 137 家，比 2020 年减少了 4 家；品牌价值总计 14 393.02 亿元，比 2020 年增长了 6.1%。

3.5.1　2021 年香港上市公司品牌价值榜分析

【区域集中度】　在 2021 年香港上市公司品牌价值榜中：排在前 10 位的公司品牌价值合计 10 009.86 亿元，占香港榜单总计品牌价值的 69.6%；排在前 20 位的公司品牌价值合计 11 563.95 亿元，占香港榜单总计品牌价值的 80.3%；排在前 50 位的公司品牌价值合计 13 298.98 亿元，占香港榜单总计品牌价值的 92.4%。

【所在行业】　在 2021 年香港上市公司品牌价值榜中，137 家公司来自 32 个行业。其中，电信和房地产两个行业共计包括 25 家公司，品牌价值合计 9 017.57 亿元，占香港榜单总计品牌价值的 62.7%，处于主导地位。其他行业的情况见图 3-9 和图 3-10。

【上市板块】　在 2021 年香港上市公司品牌价值榜中：在港股上市的中资股公司有 134 家，品牌价值合计 14 278.58 亿元，占香港榜单总计品牌价值的 99.2%。其余 3 家是在国外上市的中概股公司，品牌价值合计 114.44 亿元。

【上市时间】　在 2021 年香港上市公司品牌价值榜中：1996—2000 年上市的公司有 28 家，品牌价值合计 7 742.65 亿元，占香港榜单总计品牌价值的 53.8%，排在第一位；1996 年以前上市的公司有 37 家，品牌价值合计 3 413.19 亿元，占香港榜单总计品牌价值的 23.7%，排在第二位；2006—2010 年上市的公司有 28 家，品牌价值合计 1 916.81 亿元，占香港榜单总计品牌价值的 13.3%，排在第三位。此外，2001—2005 年上市的公司有 23 家，品牌价值合计 624.37 亿元；2016—2020 年上市的公司有 11 家，品牌价值合计 455.63

上海榜单

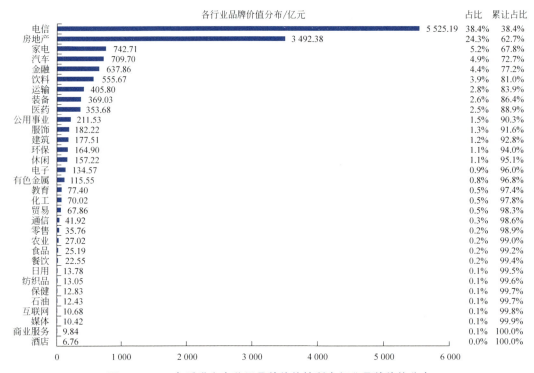

图 3-9　2021 年香港上市公司品牌价值榜所在行业品牌价值分布

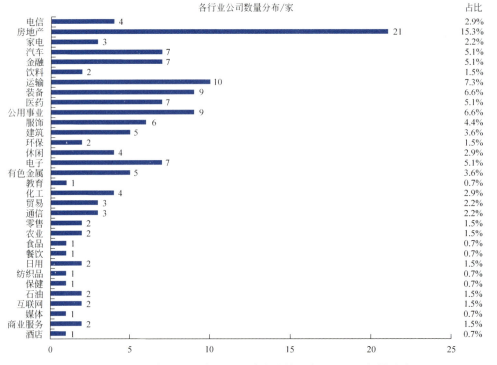

图 3-10　2021 年香港上市公司品牌价值榜所在行业公司数量分布

亿元；2011—2015 年上市的公司有 10 家，品牌价值合计 240.37 亿元。

3.5.2　2021 年香港上市公司品牌价值榜单

序号	证 券 名 称	品牌价值/亿元	增长率/%	行业	上市日期	证券代码
1	中国移动	5 439.91	1.1	电信	1997-10-23	0941.HK
2	中国海外发展	974.21	2.6	房地产	1992-08-20	0688.HK
3	华润置地	733.45	−2.3	房地产	1996-11-08	1109.HK
4	世茂集团	636.06	42.3	房地产	2006-07-05	0813.HK
5	吉利汽车	557.69	15.4	汽车	1973-02-23	0175.HK
6	华润啤酒	543.30	−9.0	饮料	1973-11-15	0291.HK
7	中国太平	331.00	6.7	金融	2000-06-29	0966.HK
8	TCL 电子	296.23	36.9	家电	1999-11-26	1070.HK
9	中银香港	269.31	11.0	金融	2002-07-25	2388.HK
10	创维集团	228.69	16.3	家电	2000-04-07	0751.HK
11	JS 环球生活	217.80	40.8	家电	2019-12-18	1691.HK
12	越秀地产	210.72	50.8	房地产	1992-12-15	0123.HK
13	中国金茂	193.41	−7.5	房地产	2007-08-17	0817.HK
14	光大环境	146.22	47.3	环保	1997-02-28	0257.HK
15	中国生物制药	137.43	37.8	医药	2000-09-29	1177.HK
16	东方海外国际	137.09	−3.7	运输	1992-07-31	0316.HK
17	保利协鑫能源	135.24	2.7	装备	2007-11-13	3800.HK
18	合生创展集团	132.41	113.2	房地产	1998-05-27	0754.HK
19	天能动力	124.41	83.8	装备	2007-06-11	0819.HK
20	合景泰富集团	119.37	139.4	房地产	2007-07-03	1813.HK
21	石药集团	111.70	44.2	医药	1994-06-21	1093.HK
22	波司登	101.10	14.9	服饰	2007-10-11	3998.HK
23	昆仑能源	93.08	13.3	公用事业	1973-03-13	0135.HK
24	网龙	88.00	103.2	休闲	2007-11-02	0777.HK
25	香港置地	86.36	−14.3	房地产	1990-10-01	H78.SG
26	中国建筑国际	82.17	22.3	建筑	2005-07-08	3311.HK
27	华润水泥控股	81.33	23.9	建筑	2009-10-06	1313.HK
28	中教控股	77.40	109.6	教育	2017-12-15	0839.HK
29	招商局置地	70.53	7.6	房地产	1997-10-16	0978.HK

香港榜单

续表

序号	证券名称	品牌价值/亿元	增长率/%	行业	上市日期	证券代码
30	中银航空租赁	68.59	19.0	运输	2016-06-01	2588.HK
31	中信国际电讯	63.11	−4.4	电信	2007-04-03	1883.HK
32	建发国际集团	61.81	36.4	房地产	2012-12-14	1908.HK
33	五菱汽车	61.10	160.9	汽车	1992-11-23	0305.HK
34	海丰国际	56.93	30.5	运输	2010-10-06	1308.HK
35	大悦城地产	50.59	−10.7	房地产	1973-03-06	0207.HK
36	耐世特	47.59	−32.1	汽车	2013-10-07	1316.HK
37	中国高速传动	47.10	−18.2	装备	2007-07-04	0658.HK
38	华润燃气	46.03	14.5	公用事业	1994-11-07	1193.HK
39	中国大冶有色金属	41.60	16.0	有色金属	1990-11-21	0661.HK
40	华南城	40.89	32.1	房地产	2009-09-30	1668.HK
41	信义玻璃	40.62	−18.1	化工	2005-02-03	0868.HK
42	深圳国际	38.96	2.9	运输	1972-09-25	0152.HK
43	五矿地产	38.77	−21.5	房地产	1991-12-20	0230.HK
44	信利国际	38.26	29.1	电子	1991-07-29	0732.HK
45	长虹佳华	37.51	113.9	贸易	2000-01-24	3991.HK
46	联邦制药	36.09	24.3	医药	2007-06-15	3933.HK
47	五矿资源	32.86	−29.1	有色金属	1994-12-15	1208.HK
48	香港中旅	32.33	−48.2	休闲	1992-11-11	0308.HK
49	上实城市开发	31.60	9.4	房地产	1993-09-10	0563.HK
50	朗诗地产	31.03	−52.7	房地产	1986-03-24	0106.HK
51	远大医药	30.90	50.4	医药	1995-12-19	0512.HK
52	天津港发展	30.66	−9.4	运输	2006-05-24	3382.HK
53	京信通信	29.27	0.0	通信	2003-07-15	2342.HK
54	中国有色矿业	28.01	8.0	有色金属	2012-06-29	1258.HK
55	联泰控股	27.11	−19.4	服饰	2004-07-15	0311.HK
56	招商局港口	25.97	−4.7	运输	1992-07-15	0144.HK
57	中烟香港	25.19	−27.7	食品	2019-06-12	6055.HK
58	粤海投资	24.96	22.0	公用事业	1993-01-08	0270.HK
59	中海物业	24.39	55.4	房地产	2015-10-23	2669.HK
60	亨得利	24.30	−38.6	零售	2005-09-26	3389.HK

香港榜单

续表

序号	证券名称	品牌价值/亿元	增长率/%	行业	上市日期	证券代码
61	百富环球	24.06	52.1	电子	2010-12-20	0327.HK
62	阳光能源	23.83	99.6	装备	2008-03-31	0757.HK
63	新濠影汇	22.98	−61.9	休闲	2018-10-18	MSC.N
64	唐宫中国	22.55	−24.0	餐饮	2011-04-19	1181.HK
65	中国食品	22.49	−7.3	贸易	1988-10-07	0506.HK
66	时计宝	20.09	−17.4	服饰	2013-02-05	2033.HK
67	通达集团	19.58	62.3	电子	2000-12-22	0698.HK
68	华显光电	19.25	−4.7	电子	1997-06-18	0334.HK
69	北大资源	18.84	−63.2	房地产	1991-10-07	0618.HK
70	首创环境	18.68	27.0	环保	2006-07-13	3989.HK
71	石四药集团	18.32	4.4	医药	2005-12-20	2005.HK
72	中远海运港口	17.58	2.8	运输	1994-12-19	1199.HK
73	中国淀粉	17.01	−1.7	农业	2007-09-27	3838.HK
74	浦林成山	16.51	11.2	汽车	2018-10-09	1809.HK
75	力劲科技	16.45	6.3	装备	2006-10-16	0558.HK
76	BRILLIANCE CHI	16.01	−8.8	汽车	1999-10-22	1114.HK
77	珠光控股	15.91	−31.8	房地产	1996-12-09	1176.HK
78	越秀交通基建	14.39	−18.3	运输	1997-01-30	1052.HK
79	博华太平洋	13.91	−72.3	休闲	2002-02-11	1076.HK
80	创兴银行	13.31	13.3	金融	1994-07-11	1111.HK
81	福田实业	13.05	−16.4	纺织	1988-04-20	0420.HK
82	冠城钟表珠宝	13.00	−29.8	服饰	1991-12-10	0256.HK
83	中国波顿	12.83	707.4	保健	2005-12-09	3318.HK
84	威胜控股	12.58	−7.7	电子	2005-12-19	3393.HK
85	西藏水资源	12.36	5.7	饮料	2011-06-30	1115.HK
86	航天控股	12.00	17.5	电子	1981-08-25	0031.HK
87	亚太卫星	11.77	115.7	电信	1996-12-18	1045.HK
88	CEC INTL HOLD	11.46	9.4	零售	1999-11-15	0759.HK
89	安莉芳控股	11.29	−26.8	服饰	2006-12-18	1388.HK
90	华宝国际	10.65	29.9	化工	1992-01-22	0336.HK
91	中国水务	10.44	14.3	公用事业	1999-10-11	0855.HK

香港榜单

续表

序号	证券名称	品牌价值/亿元	增长率/%	行业	上市日期	证券代码
92	凤凰卫视	10.42	−37.6	媒体	2000-06-30	2008.HK
93	中国全通	10.39	2.5	电信	2009-09-16	0633.HK
94	大成生化科技	10.01	0.3	农业	2001-03-16	0809.HK
95	中广核新能源	10.00	21.3	公用事业	2014-10-03	1811.HK
96	华侨城（亚洲）	9.98	−49.6	房地产	2005-11-02	3366.HK
97	天津发展	9.97	−22.6	医药	1997-12-10	0882.HK
98	叶氏化工集团	9.79	11.7	化工	1991-08-22	0408.HK
99	华鼎控股	9.62	−16.1	服饰	2005-12-15	3398.HK
100	中远海运国际	9.36	−22.2	运输	1992-02-11	0517.HK
101	同仁堂国药	9.28	−9.3	医药	2013-05-07	3613.HK
102	世纪阳光	8.97	−39.5	化工	2004-02-17	0509.HK
103	京东方精电	8.83	47.8	电子	1991-07-01	0710.HK
104	建溢集团	8.67	−1.6	日用	1997-05-01	0638.HK
105	珠海控股投资	8.61	55.4	公用事业	1998-05-26	0908.HK
106	国泰君安国际	8.31	−9.2	金融	2010-07-08	1788.HK
107	宝新金融	7.86	70.6	贸易	2010-12-15	1282.HK
108	晨讯科技	7.79	−29.4	通信	2005-06-30	2000.HK
109	中国恒天立信国际	7.76	−26.2	装备	1990-10-12	0641.HK
110	粤海置地	7.35	138.4	房地产	1997-08-08	0124.HK
111	金川国际	6.97	−13.0	有色金属	2001-07-09	2362.HK
112	万达酒店发展	6.76	−32.4	酒店	2002-06-04	0169.HK
113	协鑫新能源	6.76	1.9	公用事业	1992-03-25	0451.HK
114	G.A.控股	6.41	105.0	汽车	2002-06-17	8126.HK
115	延长石油国际	6.35	24.2	石油	2001-04-19	0346.HK
116	珠江船务	6.27	−22.2	运输	1997-05-23	0560.HK
117	中国光大绿色环保	6.11	10.8	公用事业	2017-05-08	1257.HK
118	中国黄金国际	6.11	−1.2	有色金属	2010-12-01	2099.HK
119	海峡石油化工	6.08	12.4	石油	2009-01-12	0852.HK
120	浪潮国际	6.08	10.6	互联网	2004-04-29	0596.HK
121	亿和控股	5.76	−62.1	装备	2005-05-11	0838.HK
122	中国三迪	5.56	261.2	金融	1998-12-01	0910.HK

续表

序号	证 券 名 称	品牌价值/亿元	增长率/%	行业	上市日期	证券代码
123	庄臣控股	5.56	53.3	商业服务	2019-10-16	1955.HK
124	中油燃气	5.56	12.4	公用事业	1993-05-28	0603.HK
125	交银国际	5.26	21.0	金融	2017-05-19	3329.HK
126	华营建筑	5.13	－4.4	建筑	2019-10-16	1582.HK
127	HERALD HOLD	5.11	2.5	日用	1970-03-12	0114.HK
128	尚乘国际	5.10	44.0	金融	2019-08-05	HKIB.N
129	中国新电信	4.86	－52.6	通信	2002-08-06	8167.HK
130	中国建筑兴业	4.71	30.9	建筑	2010-03-30	0830.HK
131	中渝置地	4.70	－48.5	房地产	1999-04-30	1224.HK
132	中国有赞	4.60	467.7	互联网	2000-04-14	8083.HK
133	京西国际	4.38	－11.0	汽车	2003-10-10	2339.HK
134	光宇国际集团科技	4.31	－21.7	装备	1999-11-17	1043.HK
135	同方泰德	4.28	－15.2	商业服务	2011-10-27	1206.HK
136	水发兴业能源	4.18	16.8	建筑	2009-01-13	0750.HK
137	嘉瑞国际	4.16	21.9	装备	2007-06-27	0822.HK

香港榜单

3.6　江苏品牌价值榜

在 2021 年中国上市公司品牌价值总榜的 3 000 家企业中:江苏的企业共计 270 家,比 2020 年增加了 5 家;品牌价值总计 9 213.83 亿元,比 2020 年增长了 12.3%。

3.6.1　2021 年江苏上市公司品牌价值榜分析

【区域集中度】　在 2021 年江苏上市公司品牌价值榜中:排在前 10 位的公司品牌价值合计 3 627.64 亿元,占江苏榜单总计品牌价值的 39.4%;排在前 30 位的公司品牌价值合计 5 592.56 亿元,占江苏榜单总计品牌价值的 60.7%;排在前 100 位的公司品牌价值合计 7 763.13 亿元,占江苏榜单总计品牌价值的 84.3%。

【所在行业】　在 2021 年江苏上市公司品牌价值榜中,270 家公司来自 32 个行业。其中,装备、零售、房地产和饮料四个行业共计包括 87 家公司,品牌价值合计 4 813.76 亿元,占江苏榜单总计品牌价值的 52.2%,处于主导地位。其他行业的情况见图 3-11 和图 3-12。

【上市板块】　在 2021 年江苏上市公司品牌价值榜中:在沪市主板上市的公司有 120 家,品牌价值合计 3 885.82 亿元,占江苏榜单总计品牌价值的 42.2%,排在第一位;在深市

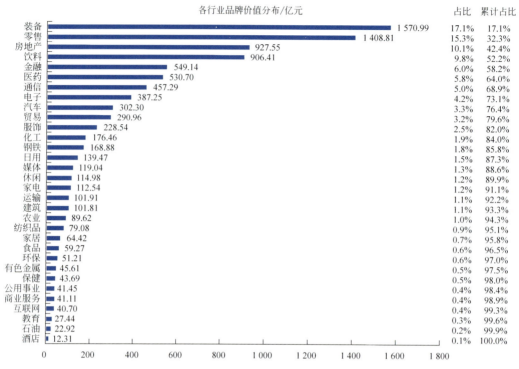

图 3-11   2021 年江苏上市公司品牌价值榜所在行业品牌价值分布

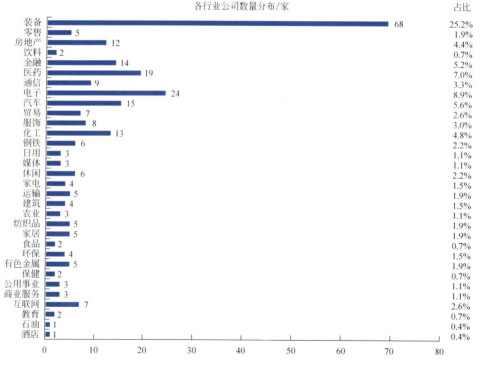

图 3-12   2021 年江苏上市公司品牌价值榜所在行业公司数量分布

中小板上市的公司有 64 家,品牌价值合计 2 984.89 亿元,占江苏榜单总计品牌价值的 32.4%,排在第二位;在深市主板上市的公司有 17 家,品牌价值合计 752.24 亿元,占江苏榜单总计品牌价值的 8.2%,排在第三位。此外,在港股上市的中资股公司有 21 家,品牌价值合计 739.87 亿元;在深市创业板上市公司有 32 家,品牌价值合计 333.95 亿元;在国外上市的中概股公司有 7 家,品牌价值合计 318.45 亿元;在沪市科创板上市的公司有 9 家,品牌价值合计 198.62 亿元。

【上市时间】 在 2021 年江苏上市公司品牌价值榜中:2001—2005 年上市的公司有 30 家,品牌价值合计 2 410.56 亿元,占江苏榜单总计品牌价值的 26.2%,排在第一位; 2006—2010 年上市的公司有 52 家,品牌价值合计 2 183.93 亿元,占江苏榜单总计品牌价值的 23.7%,排在第二位;2016—2020 年上市的公司有 88 家,品牌价值合计 1 514.36 亿元,占江苏榜单总计品牌价值的 16.4%,排在第三位。此外,2011—2015 年上市的公司有 64 家,品牌价值合计 1 474.73 亿元;1996—2000 年上市的公司有 28 家,品牌价值合计 1 463.34 亿元;1996 年以前上市的公司有 8 家,品牌价值合计 166.91 亿元。

3.6.2 2021 年江苏上市公司品牌价值榜单

序号	证 券 名 称	品牌价值/亿元	增长率/%	行业	上市日期	证券代码
1	苏宁易购	1 245.72	−7.8	零售	2004-07-21	002024.SZ
2	洋河股份	730.05	−10.3	饮料	2009-11-06	002304.SZ
3	新城控股	339.75	43.0	房地产	2015-12-04	601155.SH
4	徐工机械	277.66	89.7	装备	1996-08-28	000425.SZ
5	中天科技	205.60	40.9	通信	2002-10-24	600522.SH
6	今世缘	176.37	41.1	饮料	2014-07-03	603369.SH
7	中南建设	174.76	61.2	房地产	2000-03-01	000961.SZ
8	海澜之家	161.73	−27.1	服饰	2000-12-28	600398.SH
9	亨通光电	158.52	−2.9	通信	2003-08-22	600487.SH
10	恒瑞医药	157.49	45.6	医药	2000-10-18	600276.SH
11	江苏银行	156.04	19.9	金融	2016-08-02	600919.SH
12	阿特斯太阳能	139.49	−10.4	装备	2006-11-09	CSIQ.O
13	扬子江	131.90	−4.0	装备	2007-04-18	BS6.SG
14	南京银行	129.50	8.0	金融	2007-07-19	601009.SH
15	天合光能	126.62		装备	2020-06-10	688599.SH
16	华泰证券	112.78	0.7	金融	2010-02-26	601688.SH
17	丘钛科技	110.28	173.1	日用	2014-12-02	1478.HK

江苏榜单

· 续表

序号	证 券 名 称	品牌价值/亿元	增长率/%	行业	上市日期	证券代码
18	苏美达	103.76	—1.7	贸易	1996-07-01	600710.SH
19	南京医药	103.11	31.9	医药	1996-07-01	600713.SH
20	长电科技	100.27	18.4	电子	2003-06-03	600584.SH
21	国电南瑞	83.22	17.1	装备	2003-10-16	600406.SH
22	药明康德	82.97	50.5	医药	2018-05-08	603259.SH
23	雅迪控股	81.75	37.8	汽车	2016-05-19	1585.HK
24	弘阳地产	79.61	48.3	房地产	2018-07-12	1996.HK
25	凤凰传媒	72.81	—3.2	媒体	2011-11-30	601928.SH
26	南钢股份	71.28	16.0	钢铁	2000-09-19	600282.SH
27	佳源国际控股	70.94	149.6	房地产	2016-03-08	2768.HK
28	宝胜股份	70.24	51.3	装备	2004-08-02	600973.SH
29	远大控股	69.77	8.7	贸易	1996-11-28	000626.SZ
30	南京新百	68.57	—45.1	零售	1993-10-18	600682.SH
31	东山精密	64.08	50.5	电子	2010-04-09	002384.SZ
32	恒立液压	62.90	148.0	装备	2011-10-28	601100.SH
33	明发集团	61.45	95.3	房地产	2009-11-13	0846.HK
34	江苏国泰	54.57	21.1	贸易	2006-12-08	002091.SZ
35	南极电商	53.86	—10.4	零售	2007-04-18	002127.SZ
36	莱克电气	46.15	36.7	家电	2015-05-13	603355.SH
37	宁沪高速	46.14	—14.8	运输	2001-01-16	600377.SH
38	绿景中国地产	45.35	12.8	房地产	2005-12-02	0095.HK
39	扬农化工	44.82	83.3	化工	2002-04-25	600486.SH
40	威孚高科	44.12	23.5	汽车	1998-09-24	000581.SZ
41	大明国际	42.83	33.9	钢铁	2010-12-01	1090.HK
42	天顺风能	42.54	69.8	装备	2010-12-31	002531.SZ
43	汇鸿集团	42.18	10.3	贸易	2004-06-30	600981.SH
44	江苏有线	39.99	4.1	媒体	2015-04-28	600959.SH
45	黑牡丹	39.38	61.8	房地产	2002-06-18	600510.SH
46	科沃斯	39.34	32.0	家电	2018-05-28	603486.SH
47	先导智能	39.33	28.5	装备	2015-05-18	300450.SZ
48	通富微电	38.70	70.1	电子	2007-08-16	002156.SZ

江苏榜单

续表

序号	证券名称	品牌价值/亿元	增长率/%	行业	上市日期	证券代码
49	中材科技	38.54	132.4	装备	2006-11-20	002080.SZ
50	友谊时光	38.33	35.2	休闲	2019-10-08	6820.HK
51	金螳螂	38.02	1.0	建筑	2006-11-20	002081.SZ
52	罗莱生活	37.20	−7.9	纺织	2009-09-10	002293.SZ
53	雨润食品	37.19	−10.9	农业	2005-10-03	1068.HK
54	ST 维维	34.09	40.8	食品	2000-06-30	600300.SH
55	鱼跃医疗	34.01	71.4	医药	2008-04-18	002223.SZ
56	文峰股份	33.81	−31.5	零售	2011-06-03	601010.SH
57	银城国际控股	33.42	21.9	房地产	2019-03-06	1902.HK
58	美年健康	30.88	−34.1	保健	2005-05-18	002044.SZ
59	苏垦农发	30.59	70.8	农业	2017-05-15	601952.SH
60	沙钢股份	30.53	28.5	钢铁	2006-10-25	002075.SZ
61	大东方	30.23	13.3	汽车	2002-06-25	600327.SH
62	中材国际	29.04	4.3	建筑	2005-04-12	600970.SH
63	江南集团	27.66	33.4	装备	2012-04-20	1366.HK
64	南京高科	27.53	9.8	房地产	1997-05-06	600064.SH
65	宝通科技	27.32	72.9	休闲	2009-12-25	300031.SZ
66	中国天楹	27.15	281.7	环保	1994-04-08	000035.SZ
67	苏州银行	26.68	−3.9	金融	2019-08-02	002966.SZ
68	大亚圣象	26.05	11.3	家居	1999-06-30	000910.SZ
69	康力电梯	25.23	3.5	装备	2010-03-12	002367.SZ
70	恒顺醋业	25.19	28.4	食品	2001-02-06	600305.SH
71	星宇股份	23.86	40.9	汽车	2011-02-01	601799.SH
72	中新集团	23.76	19.4	房地产	2019-12-20	601512.SH
73	太极实业	23.55	−37.8	建筑	1993-07-28	600667.SH
74	东方盛虹	23.04	6.0	化工	2000-05-29	000301.SZ
75	东华能源	22.92	−9.4	石油	2008-03-06	002221.SZ
76	永安行	22.44	17.1	日用	2017-08-17	603776.SH
77	中来股份	22.38	93.4	装备	2014-09-12	300393.SZ
78	沪电股份	22.33	43.3	电子	2010-08-18	002463.SZ
79	今创集团	22.28	−4.7	装备	2018-02-27	603680.SH

江苏榜单

续表

序号	证券名称	品牌价值/亿元	增长率/%	行业	上市日期	证券代码
80	先声药业	22.26		医药	2020-10-27	2096.HK
81	新日股份	22.13	17.4	汽车	2017-04-27	603787.SH
82	华润微	22.07		电子	2020-02-27	688396.SH
83	日出东方	21.93	40.9	家电	2012-05-21	603366.SH
84	立华股份	21.83	−35.4	农业	2019-02-18	300761.SZ
85	常熟银行	21.69	26.6	金融	2016-09-30	601128.SH
86	苏州高新	21.66	−22.7	房地产	1996-08-15	600736.SH
87	俊知集团	21.32	−12.0	通信	2012-03-19	1300.HK
88	南京熊猫	21.27	−14.8	通信	1996-11-18	600775.SH
89	中利集团	21.16	−46.5	装备	2009-11-27	002309.SZ
90	梦百合	20.83	11.9	家居	2016-10-13	603313.SH
91	红豆股份	20.52	−10.5	服饰	2001-01-08	600400.SH
92	东吴证券	19.97	−5.4	金融	2011-12-12	601555.SH
93	顺风清洁能源	19.57	−58.3	装备	2011-07-13	1165.HK
94	蔚蓝锂芯	19.45	20.6	运输	2008-06-05	002245.SZ
95	健友股份	18.93	118.5	医药	2017-07-19	603707.SH
96	华光环能	18.76	−9.2	装备	2003-07-21	600475.SH
97	科德教育	18.53	171.4	教育	2011-03-22	300192.SZ
98	江山股份	18.21	18.8	化工	2001-01-10	600389.SH
99	苏交科	18.04	−19.7	商业服务	2012-01-10	300284.SZ
100	星雅集团	17.46	−10.0	休闲	2004-02-20	S85.SG
101	南京公用	17.23	746.6	公用事业	1996-08-06	000421.SZ
102	江苏国信	17.15	20.1	公用事业	2011-08-10	002608.SZ
103	永鼎股份	17.14	−13.8	通信	1997-09-29	600105.SH
104	爱康科技	16.86	−18.0	装备	2011-08-15	002610.SZ
105	华设集团	16.78	36.8	商业服务	2014-10-13	603018.SH
106	亚普股份	16.77	4.2	汽车	2018-05-09	603013.SH
107	上机数控	16.67	178.4	装备	2018-12-28	603185.SH
108	招商南油	16.65	19.9	运输	2019-01-08	601975.SH
109	恩华药业	16.49	8.0	医药	2008-07-23	002262.SZ
110	康缘药业	16.14	1.6	医药	2002-09-18	600557.SH

江苏榜单

续表

序号	证券名称	品牌价值/亿元	增长率/%	行业	上市日期	证券代码
111	江苏阳光	15.90	3.6	纺织	1999-09-27	600220.SH
112	华昌化工	15.89	163.3	化工	2008-09-25	002274.SZ
113	模塑科技	15.64	80.3	汽车	1997-02-28	000700.SZ
114	视觉中国	15.38	−35.7	休闲	1997-01-21	000681.SZ
115	鼎胜新材	14.46	4.2	有色金属	2018-04-18	603876.SH
116	利民股份	14.34	145.7	化工	2015-01-27	002734.SZ
117	华宏科技	14.04	55.0	装备	2011-12-20	002645.SZ
118	卓胜微	14.00	242.4	电子	2019-06-18	300782.SZ
119	江苏租赁	13.96	24.7	金融	2018-03-01	600901.SH
120	通鼎互联	13.90	−48.3	通信	2010-10-21	002491.SZ
121	国茂股份	13.62	15.0	装备	2019-06-14	603915.SH
122	天奇股份	13.56	0.0	装备	2004-06-29	002009.SZ
123	航天晨光	13.52	30.7	装备	2001-06-15	600501.SH
124	长江健康	13.32	14.6	医药	2010-06-18	002435.SZ
125	迈为股份	13.23	82.2	装备	2018-11-09	300751.SZ
126	飞力达	12.82	−6.7	运输	2011-07-06	300240.SZ
127	澳洋健康	12.80	−28.6	保健	2007-09-21	002172.SZ
128	润邦股份	12.74	73.2	装备	2010-09-29	002483.SZ
129	无锡银行	12.67	46.2	金融	2016-09-23	600908.SH
130	双良节能	12.66	−6.8	装备	2003-04-22	600481.SH
131	紫金银行	12.53	−18.7	金融	2019-01-03	601860.SH
132	金陵饭店	12.31	13.4	酒店	2007-04-06	601007.SH
133	龙腾光电	12.28		电子	2020-08-17	688055.SH
134	天工国际	12.27	17.0	钢铁	2007-07-26	0826.HK
135	国电南自	12.19	3.1	装备	1999-11-18	600268.SH
136	长青股份	12.08	10.1	化工	2010-04-16	002391.SZ
137	林洋能源	11.64	2.2	装备	2011-08-08	601222.SH
138	锦泓集团	11.59	−27.5	服饰	2014-12-03	603518.SH
139	联发股份	11.50	−0.6	纺织	2010-04-23	002394.SZ
140	奥特佳	11.44	71.6	汽车	2008-05-22	002239.SZ
141	天沃科技	11.20	233.7	建筑	2011-03-10	002564.SZ

江苏榜单

续表

序号	证 券 名 称	品牌价值/亿元	增长率/%	行业	上市日期	证券代码
142	新泉股份	11.16	90.5	汽车	2017-03-17	603179.SH
143	中超控股	11.06	−20.1	装备	2010-09-10	002471.SZ
144	春兴精工	10.84	3.2	电子	2011-02-18	002547.SZ
145	华达科技	10.75	41.5	汽车	2017-01-25	603358.SH
146	中航高科	10.75	49.0	装备	1994-05-20	600862.SH
147	亚星客车	10.58	−10.9	汽车	1999-08-31	600213.SH
148	莱绅通灵	10.56	−26.2	服饰	2016-11-23	603900.SH
149	扬杰科技	10.55	49.2	电子	2014-01-23	300373.SZ
150	创元科技	10.53	48.5	环保	1994-01-06	000551.SZ
151	ST红太阳	10.45	−44.7	化工	1993-10-28	000525.SZ
152	云海金属	10.40	55.9	有色金属	2007-11-13	002182.SZ
153	金陵药业	10.30	−15.4	医药	1999-11-18	000919.SZ
154	苏常柴A	10.22	8.3	装备	1994-07-01	000570.SZ
155	华东重机	10.02	−70.9	贸易	2012-06-12	002685.SZ
156	栖霞建设	9.95	21.0	房地产	2002-03-28	600533.SH
157	纽威股份	9.89	−42.8	装备	2014-01-17	603699.SH
158	苏农银行	9.71	21.8	金融	2016-11-29	603323.SH
159	三房巷	9.60	300.4	纺织	2003-03-06	600370.SH
160	南京证券	9.33	56.2	金融	2018-06-13	601990.SH
161	华瑞服装	9.32	−54.4	服饰	2008-07-16	EVK.O
162	赛腾股份	9.10	32.4	装备	2017-12-25	603283.SH
163	天目湖	9.06	1.0	休闲	2017-09-27	603136.SH
164	王道	8.91		教育	2020-07-23	EDTK.O
165	亚威股份	8.83	10.6	装备	2011-03-03	002559.SZ
166	张家港行	8.81	30.6	金融	2017-01-24	002839.SZ
167	怡球资源	8.71	51.6	有色金属	2012-04-23	601388.SH
168	苏利股份	8.56	14.8	化工	2016-12-14	603585.SH
169	亨鑫科技	8.51	−13.9	通信	2010-12-23	1085.HK
170	硕世生物	8.48	489.6	医药	2019-12-05	688399.SH
171	江阴银行	8.34	31.1	金融	2016-09-02	002807.SZ
172	吴通控股	8.25	−2.8	互联网	2012-02-29	300292.SZ

续表

序号	证券名称	品牌价值/亿元	增长率/%	行业	上市日期	证券代码
173	中国鹏飞集团	7.89	194.8	装备	2019-11-15	3348.HK
174	华兴源创	7.87	−3.4	电子	2019-07-22	688001.SH
175	苏州固锝	7.85	20.5	电子	2006-11-16	002079.SZ
176	春秋电子	7.84	88.0	电子	2017-12-12	603890.SH
177	鸿达兴业	7.72	−18.6	化工	2004-06-25	002002.SZ
178	维尔利	7.66	−3.4	环保	2011-03-16	300190.SZ
179	亿嘉和	7.50	71.1	装备	2018-06-12	603666.SH
180	幸福蓝海	7.44	−46.1	休闲	2016-08-08	300528.SZ
181	航发控制	7.43	26.7	装备	1997-06-26	000738.SZ
182	通用股份	7.33	19.7	汽车	2016-09-19	601500.SH
183	常宝股份	7.28	0.7	钢铁	2010-09-21	002478.SZ
184	江海股份	7.26	49.7	电子	2010-09-29	002484.SZ
185	朗新科技	7.24	79.6	互联网	2017-08-01	300682.SZ
186	四方科技	7.19	16.3	装备	2016-05-19	603339.SH
187	五洋停车	7.17	59.4	装备	2015-02-17	300420.SZ
188	国联证券	7.14	−1.4	金融	2020-07-31	601456.SH
189	协鑫能科	7.07	4.8	公用事业	2004-07-08	002015.SZ
190	金通灵	7.03	−9.5	装备	2010-06-25	300091.SZ
191	千红制药	6.95	9.5	医药	2011-02-18	002550.SZ
192	中旗股份	6.93	15.3	化工	2016-12-20	300575.SZ
193	基蛋生物	6.89	64.8	医药	2017-07-17	603387.SH
194	途牛	6.85	−75.1	零售	2014-05-09	TOUR.O
195	海晨股份	6.84		运输	2020-08-24	300873.SZ
196	苏州科达	6.83	−8.5	电子	2016-12-01	603660.SH
197	智慧农业	6.81	14.7	装备	1997-08-18	000816.SZ
198	江苏吴中	6.76	45.7	医药	1999-04-01	600200.SH
199	倍加洁	6.75	5.6	日用	2018-03-02	603059.SH
200	常熟汽饰	6.69	51.2	汽车	2017-01-05	603035.SH
201	法兰泰克	6.63	89.4	装备	2017-01-25	603966.SH
202	科森科技	6.60	30.0	电子	2017-02-09	603626.SH
203	捷捷微电	6.53	94.4	电子	2017-03-14	300623.SZ

江苏榜单

续表

序号	证券名称	品牌价值/亿元	增长率/%	行业	上市日期	证券代码
204	恒润股份	6.49	141.9	装备	2017-05-05	603985.SH
205	亚太科技	6.43	0.7	有色金属	2011-01-18	002540.SZ
206	江苏舜天	6.34	−5.0	贸易	2000-09-01	600287.SH
207	中衡设计	6.28	16.3	商业服务	2014-12-31	603017.SH
208	紫天科技	6.24	204.5	媒体	2011-12-29	300280.SZ
209	江苏雷利	6.22	21.8	装备	2017-06-02	300660.SZ
210	苏试试验	6.19	65.3	装备	2015-01-22	300416.SZ
211	恒宝股份	6.15	−14.5	电子	2007-01-10	002104.SZ
212	我乐家居	6.15	71.1	家居	2017-06-16	603326.SH
213	南微医学	6.10	22.0	医药	2019-07-22	688029.SH
214	斯莱克	5.93	16.0	装备	2014-01-29	300382.SZ
215	康尼机电	5.93	35.8	装备	2014-08-01	603111.SH
216	联环药业	5.90	84.4	医药	2003-03-19	600513.SH
217	鹏鹞环保	5.87	62.7	环保	2018-01-05	300664.SZ
218	银河电子	5.86	2.8	通信	2010-12-07	002519.SZ
219	哈森股份	5.84	1.0	服饰	2016-06-29	603958.SH
220	德尔未来	5.84	−0.3	家居	2011-11-11	002631.SZ
221	海伦哲	5.79	−21.5	装备	2011-04-07	300201.SZ
222	安洁科技	5.78	−62.8	电子	2011-11-25	002635.SZ
223	中信博	5.76		装备	2020-08-28	688408.SH
224	富瑞特装	5.71	3.5	装备	2011-06-08	300228.SZ
225	天华超净	5.69	102.6	电子	2014-07-31	300390.SZ
226	哈工智能	5.69	10.2	装备	1995-11-28	000584.SZ
227	快克股份	5.64	47.5	装备	2016-11-08	603203.SH
228	八方股份	5.61	38.1	装备	2019-11-11	603489.SH
229	常铝股份	5.60	26.2	有色金属	2007-08-21	002160.SZ
230	风范股份	5.56	−28.9	装备	2011-01-18	601700.SH
231	爱丽家居	5.55		家居	2020-03-23	603221.SH
232	东瑞制药	5.53	−4.9	医药	2003-07-11	2348.HK
233	焦点科技	5.49	54.0	互联网	2009-12-09	002315.SZ
234	晶方科技	5.46	73.9	电子	2014-02-10	603005.SH

续表

序号	证券名称	品牌价值/亿元	增长率/%	行业	上市日期	证券代码
235	华软科技	5.45	30.6	互联网	2010-07-20	002453.SZ
236	旷达科技	5.39	—10.3	汽车	2010-12-07	002516.SZ
237	丰山集团	5.29	10.4	化工	2018-09-17	603810.SH
238	华脉科技	5.19	29.1	通信	2017-06-02	603042.SH
239	ST 远程	5.15	—11.6	装备	2012-08-08	002692.SZ
240	东方电热	5.11	5.2	家电	2011-05-18	300217.SZ
241	金财互联	5.04	17.2	互联网	2010-12-31	002530.SZ
242	润和软件	4.98	—44.6	互联网	2012-07-18	300339.SZ
243	浙文影业	4.87	—38.3	纺织	2011-05-27	601599.SH
244	易德龙	4.83	37.4	电子	2017-06-22	603380.SH
245	双星新材	4.81	46.0	化工	2011-06-02	002585.SZ
246	国盛智科	4.78		装备	2020-06-30	688558.SH
247	音飞储存	4.74	48.6	装备	2015-06-11	603066.SH
248	金斯瑞生物科技	4.74	—21.1	医药	2015-12-30	1548.HK
249	千百度	4.73	—74.8	服饰	2011-09-23	1028.HK
250	武进不锈	4.68	87.8	钢铁	2016-12-19	603878.SH
251	埃斯顿	4.66	74.2	装备	2015-03-20	002747.SZ
252	固德威	4.65		电子	2020-09-04	688390.SH
253	信捷电气	4.65	148.6	装备	2016-12-21	603416.SH
254	精研科技	4.64	10.3	电子	2017-10-19	300709.SZ
255	佳力图	4.63	32.9	装备	2017-11-01	603912.SH
256	光明沃得	4.52	21.6	装备	2006-04-27	B49.SG
257	腾龙股份	4.46	55.4	汽车	2015-03-20	603158.SH
258	亚玛顿	4.43	—24.9	装备	2011-10-13	002623.SZ
259	药石科技	4.32	80.8	医药	2017-11-10	300725.SZ
260	弘业股份	4.31	—5.7	贸易	1997-09-01	600128.SH
261	苏博特	4.31	105.2	化工	2017-11-10	603916.SH
262	通润装备	4.29	36.7	装备	2007-08-10	002150.SZ
263	多伦科技	4.26	4.2	互联网	2016-05-03	603528.SH
264	谭木匠	4.24	—15.8	服饰	2009-12-29	0837.HK
265	吉鑫科技	4.24	31.1	装备	2011-05-06	601218.SH

江苏榜单

序号	证 券 名 称	品牌价值 /亿元	增长率/%	行业	上市日期	证券代码
266	凯迪股份	4.24		装备	2020-06-01	605288.SH
267	金轮股份	4.17	40.2	装备	2014-01-28	002722.SZ
268	振江股份	4.14	60.9	装备	2017-11-06	603507.SH
269	国瑞科技	4.14	9.9	装备	2017-01-25	300600.SZ
270	传艺科技	4.13	49.0	电子	2017-04-26	002866.SZ

3.7 山东品牌价值榜

在 2021 年中国上市公司品牌价值总榜的 3 000 家企业中：山东的企业共计 158 家，比 2020 年减少了 4 家；品牌价值总计 7 479.83 亿元，比 2020 年增长了 4.5%。

3.7.1 2021 年山东上市公司品牌价值榜分析

【区域集中度】 在 2021 年山东上市公司品牌价值榜中：排在前 10 位的公司品牌价值合计 4 055.56 亿元，占山东榜单总计品牌价值的 54.2%；排在前 20 位的公司品牌价值合计 4 954.02 亿元，占山东榜单总计品牌价值的 66.2%；排在前 50 位的公司品牌价值合计 6 216.11 亿元，占山东榜单总计品牌价值的 83.1%。

【所在行业】 在 2021 年山东上市公司品牌价值榜中，158 家公司来自 29 个行业。其中，家电、汽车、饮料和医药四个行业共计包括 39 家公司，品牌价值合计 4 110.07 亿元，占山东榜单总计品牌价值的 55%，处于主导地位。其他行业的情况见图 3-13 和图 3-14。

【上市板块】 在 2021 年山东上市公司品牌价值榜中：在沪市主板上市的公司有 59 家，品牌价值合计 4 077.45 亿元，占山东榜单总计品牌价值的 54.5%，排在第一位；在深市主板上市的公司有 18 家，品牌价值合计 1 210.11 亿元，占山东榜单总计品牌价值的 16.2%，排在第二位；在深市中小板上市的公司有 47 家，品牌价值合计 995.38 亿元，占山东榜单总计品牌价值的 13.3%，排在第三位。此外，在港股上市的中资股公司有 16 家，品牌价值合计 981.94 亿元；在深市创业板上市的公司有 14 家，品牌价值合计 178.13 亿元；在沪市科创板上市的公司有 4 家，品牌价值合计 36.82 亿元。

【上市时间】 在 2021 年山东上市公司品牌价值榜中：1996 年以前上市的公司有 3 家，品牌价值合计 1 958.1 亿元，占山东榜单总计品牌价值的 26.2%，排在第一位；2006—2010 年上市的公司有 37 家，品牌价值合计 1 769.59 亿元，占山东榜单总计品牌价值的 23.7%，排在第二位；1996—2000 年上市的公司有 29 家，品牌价值合计 1 424.23 亿元，占山东榜单总计品牌价值的 19%，排在第三位。此外，2016—2020 年上市的公司有 43 家，

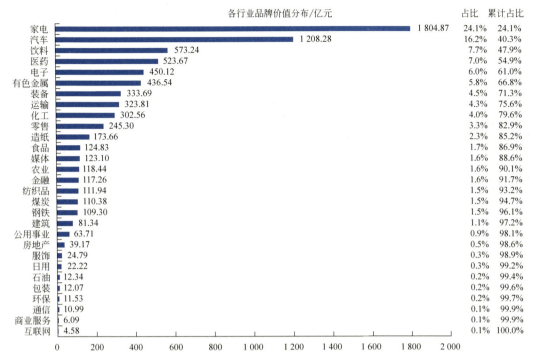

图 3-13　2021 年山东上市公司品牌价值榜所在行业品牌价值分布

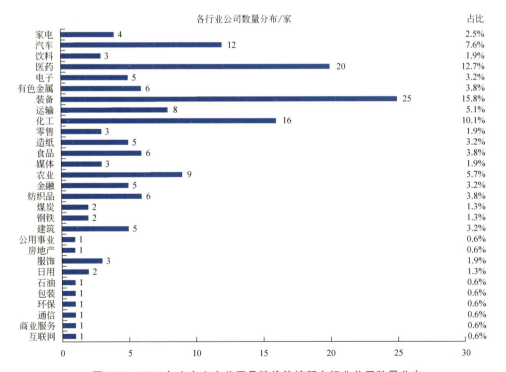

图 3-14　2021 年山东上市公司品牌价值榜所在行业公司数量分布

品牌价值合计 905.45 亿元；2001—2005 年上市的公司有 19 家，品牌价值合计 777.65 亿元；2011—2015 年上市的公司有 27 家，品牌价值合计 644.81 亿元。

3.7.2　2021 年山东上市公司品牌价值榜单

序号	证券名称	品牌价值/亿元	增长率/%	行业	上市日期	证券代码
1	海尔智家	1 431.80	12.6	家电	1993-11-19	600690.SH
2	潍柴动力	523.60	17.2	汽车	2007-04-30	000338.SZ
3	中国重汽	480.07	59.4	汽车	2007-11-28	3808.HK
4	青岛啤酒	467.55	7.4	饮料	1993-08-27	600600.SH
5	浪潮信息	272.65	38.6	电子	2000-06-08	000977.SZ
6	海信视像	236.97	21.2	家电	1997-04-22	600060.SH
7	中国宏桥	205.52	10.0	有色金属	2011-03-24	1378.HK
8	瑞茂通	160.43	7.5	运输	1998-07-03	600180.SH
9	歌尔股份	151.57	70.3	电子设备	2008-05-22	002241.SZ
10	家家悦	125.39	30.4	零售	2016-12-13	603708.SH
11	山东黄金	120.09	27.7	有色金属	2003-08-28	600547.SH
12	万华化学	110.95	25.1	化工	2001-01-05	600309.SH
13	兖州煤业	104.17	30.3	煤炭	1998-07-01	600188.SH
14	张裕 A	98.60	−20.2	饮料	2000-10-26	000869.SZ
15	山东钢铁	95.28	38.7	钢铁	2004-06-29	600022.SH
16	九阳股份	85.56	10.0	家电	2008-05-28	002242.SZ
17	瑞康医药	77.06	4.5	医药	2011-06-10	002589.SZ
18	步长制药	74.67	24.8	医药	2016-11-18	603858.SH
19	威高股份	68.37	54.0	医药	2004-02-27	1066.HK
20	华电国际	63.71	−4.7	公用事业	2005-02-03	600027.SH
21	利群股份	61.15	−3.0	零售	2017-04-12	601366.SH
22	银座股份	58.76	−10.6	零售	1994-05-06	600858.SH
23	晨鸣纸业	56.90	−6.3	造纸	2000-11-20	000488.SZ
24	浙文互联	56.62	2.5	媒体	2004-04-26	600986.SH
25	英科医疗	55.75	887.3	医药	2017-07-21	300677.SZ
26	太阳纸业	55.07	12.3	造纸	2006-11-16	002078.SZ
27	玲珑轮胎	54.27	54.3	汽车	2016-07-06	601966.SH

山东榜单

续表

序号	证券名称	品牌价值/亿元	增长率/%	行业	上市日期	证券代码
28	龙大肉食	53.95	116.9	农业	2014-06-26	002726.SZ
29	山东出版	51.57	−6.0	媒体	2017-11-22	601019.SH
30	澳柯玛	50.54	99.5	家电	2000-12-29	600336.SH
31	山东高速	49.28	18.1	运输	2002-03-18	600350.SH
32	恒邦股份	44.86	20.5	有色金属	2008-05-20	002237.SZ
33	青岛港	43.02	−14.6	运输	2019-01-21	601298.SH
34	赛轮轮胎	41.61	38.2	汽车	2011-06-30	601058.SH
35	南山铝业	39.77	23.8	有色金属	1999-12-23	600219.SH
36	鲁商发展	39.17	30.9	房地产	2000-01-13	600223.SH
37	中航沈飞	36.85	156.1	装备	1996-10-11	600760.SH
38	孚日股份	36.73	−8.9	纺织	2006-11-24	002083.SZ
39	华鲁恒升	36.68	−5.5	化工	2002-06-20	600426.SH
40	新华医疗	33.82	10.0	医药	2002-09-27	600587.SH
41	西王食品	33.79	15.7	食品	1996-11-26	000639.SZ
42	魏桥纺织	32.83	−9.9	纺织	2003-09-24	2698.HK
43	山水水泥	31.96	51.6	建筑	2008-07-04	0691.HK
44	中泰证券	31.57		金融	2020-06-03	600918.SH
45	青岛银行	31.05	−5.1	金融	2019-01-16	002948.SZ
46	仙坛股份	30.41	41.5	食品	2015-02-16	002746.SZ
47	中通客车	29.55	−1.3	汽车	2000-01-13	000957.SZ
48	博汇纸业	29.14	82.2	造纸	2004-06-08	600966.SH
49	绿叶制药	27.90	7.1	医药	2014-07-09	2186.HK
50	山东路桥	27.52	66.6	建筑	1997-06-09	000498.SZ
51	齐翔腾达	27.42	20.1	化工	2010-05-18	002408.SZ
52	山推股份	26.77	29.9	装备	1997-01-22	000680.SZ
53	华泰股份	26.58	8.4	造纸	2000-09-28	600308.SH
54	克劳斯	25.39	5.8	装备	2002-08-09	600579.SH
55	威海银行	25.30		金融	2020-10-12	9677.HK
56	三角轮胎	24.24	58.0	汽车	2016-09-09	601163.SH
57	蓝帆医疗	23.01	167.4	医药	2010-04-02	002382.SZ
58	青农商行	22.89	−22.9	金融	2019-03-26	002958.SZ

山东榜单

续表

山东榜单

序号	证 券 名 称	品牌价值/亿元	增长率/%	行业	上市日期	证券代码
59	东阿阿胶	22.54	−47.6	医药	1996-07-29	000423.SZ
60	中创物流	22.25	−14.5	运输	2019-04-29	603967.SH
61	冰轮环境	21.97	11.9	装备	1998-05-28	000811.SZ
62	双塔食品	20.86	5.3	食品	2010-09-21	002481.SZ
63	新华制药	20.74	43.3	医药	1997-08-06	000756.SZ
64	恒通股份	19.72	65.9	运输	2015-06-30	603223.SH
65	史丹利	19.64	−0.1	化工	2011-06-10	002588.SZ
66	招金矿业	19.04	7.7	有色金属	2006-12-08	1818.HK
67	汉缆股份	18.90	45.2	装备	2010-11-09	002498.SZ
68	豪迈科技	18.71	20.6	装备	2011-06-28	002595.SZ
69	艾迪精密	18.41	144.6	装备	2017-01-20	603638.SH
70	山东药玻	18.19	31.1	医药	2002-06-03	600529.SH
71	青岛金王	17.52	−11.2	日用	2006-12-15	002094.SZ
72	阜丰集团	17.37	19.3	化工	2007-02-08	0546.HK
73	天能重工	17.25	134.5	装备	2016-11-25	300569.SZ
74	凤祥股份	15.99		农业	2020-07-16	9977.HK
75	中宠股份	15.84	72.3	食品	2017-08-21	002891.SZ
76	鲁泰 A	15.68	−74.7	纺织	2000-12-25	000726.SZ
77	鲁西化工	15.55	−80.6	化工	1998-08-07	000830.SZ
78	得利斯	15.35	65.7	食品	2010-01-06	002330.SZ
79	东诚药业	15.09	65.0	医药	2012-05-25	002675.SZ
80	通裕重工	14.92	80.2	装备	2011-03-08	300185.SZ
81	城市传媒	14.91	5.0	媒体	2000-03-09	600229.SH
82	威海广泰	14.91	26.0	装备	2007-01-26	002111.SZ
83	特锐德	14.86	−6.5	装备	2009-10-30	300001.SZ
84	华熙生物	14.68	52.6	医药	2019-11-06	688363.SH
85	东岳集团	14.56	−13.6	化工	2007-12-10	0189.HK
86	森麒麟	14.50		汽车	2020-09-11	002984.SZ
87	南山智尚	14.04		纺织	2020-12-22	300918.SZ
88	西王特钢	14.02	−33.6	钢铁	2012-02-23	1266.HK
89	日照港	13.95	17.9	运输	2006-10-17	600017.SH

续表

序号	证券名称	品牌价值/亿元	增长率/%	行业	上市日期	证券代码
90	辰欣药业	13.90	9.6	医药	2017-09-29	603367.SH
91	中际旭创	13.88	87.9	装备	2012-04-10	300308.SZ
92	鲁抗医药	13.13	46.3	医药	1997-02-26	600789.SH
93	海容冷链	12.92	67.5	装备	2018-11-29	603187.SH
94	杰瑞股份	12.34	55.7	石油	2010-02-05	002353.SZ
95	海利尔	12.32	49.7	化工	2017-01-12	603639.SH
96	阳光纸业	12.07	2.9	包装	2007-12-12	2002.HK
97	天润工业	11.82	75.6	汽车	2009-08-21	002283.SZ
98	新北洋	11.58	−30.7	电子	2010-03-23	002376.SZ
99	金城医药	11.53	16.6	医药	2011-06-22	300233.SZ
100	景津环保	11.53	−43.1	环保	2019-07-29	603279.SH
101	潍柴重机	11.44	32.8	装备	1998-04-02	000880.SZ
102	益生股份	11.17	134.7	农业	2010-08-10	002458.SZ
103	华特达因	11.06	30.0	医药	1999-06-09	000915.SZ
104	鼎信通讯	10.99	−14.9	通信	2016-10-11	603421.SH
105	新华锦	10.61	17.8	服饰	1996-07-26	600735.SH
106	软控股份	9.50	−21.0	装备	2006-10-18	002073.SZ
107	民和股份	9.38	63.0	农业	2008-05-16	002234.SZ
108	睿创微纳	9.36	167.3	电子	2019-07-22	688002.SH
109	东方铁塔	9.32	114.0	建筑	2011-02-11	002545.SZ
110	渤海轮渡	9.22	7.5	运输	2012-09-06	603167.SH
111	希努尔	8.93	26.5	服饰	2010-10-15	002485.SZ
112	惠发食品	8.57	22.2	食品	2017-06-13	603536.SH
113	海联金汇	8.44	−2.5	汽车	2011-01-10	002537.SZ
114	山东矿机	8.09	49.4	装备	2010-12-17	002526.SZ
115	保龄宝	7.99	100.5	农业	2009-08-28	002286.SZ
116	青岛双星	7.87	6.3	汽车	1996-04-30	000599.SZ
117	东方电子	7.71	−4.8	装备	1997-01-21	000682.SZ
118	渤海汽车	7.60	41.4	汽车	2004-04-07	600960.SH
119	滨化股份	7.48	−16.8	化工	2010-02-23	601678.SH
120	国恩股份	7.30	129.5	化工	2015-06-30	002768.SZ

山东榜单

续表

山东榜单

序号	证券名称	品牌价值/亿元	增长率/%	行业	上市日期	证券代码
121	索通发展	7.25	83.9	有色金属	2017-07-18	603612.SH
122	金晶科技	7.20	53.9	建筑	2002-08-15	600586.SH
123	ST威龙	7.10	−16.7	饮料	2016-05-16	603779.SH
124	先达股份	7.02	8.1	化工	2017-05-11	603086.SH
125	海尔生物	6.98	55.8	医药	2019-10-25	688139.SH
126	华纺股份	6.74	7.1	纺织	2001-09-03	600448.SH
127	山东国信	6.44	−11.2	金融	2017-12-08	1697.HK
128	昇辉科技	6.27	85.1	装备	2015-02-17	300423.SZ
129	金能科技	6.21	44.6	煤炭	2017-05-11	603113.SH
130	新能泰山	6.17	−43.8	电气	1997-05-09	000720.SZ
131	联泓新科	6.17		化工	2020-12-08	003022.SZ
132	东港股份	6.09	−16.5	商业服务	2007-03-02	002117.SZ
133	齐峰新材	5.98	−6.3	造纸	2010-12-10	002521.SZ
134	如意集团	5.93	−8.5	纺织	2007-12-07	002193.SZ
135	齐鲁高速	5.93	−5.8	运输	2018-07-19	1576.HK
136	科兴制药	5.80		医药	2020-12-14	688136.SH
137	石大胜华	5.56	9.2	化工	2015-05-29	603026.SH
138	好当家	5.47	−17.9	农业	2004-04-05	600467.SH
139	美晨生态	5.35	−7.2	建筑	2011-06-29	300237.SZ
140	金雷股份	5.35	79.6	装备	2015-04-22	300443.SZ
141	道恩股份	5.33	276.7	化工	2017-01-06	002838.SZ
142	酷特智能	5.26		服饰	2020-07-08	300840.SZ
143	登海种业	5.24	−16.7	农业	2005-04-18	002041.SZ
144	山东章鼓	5.20	33.7	装备	2011-07-07	002598.SZ
145	山东威达	5.07	49.4	装备	2004-07-27	002026.SZ
146	东软载波	4.96	−15.7	电子	2011-02-22	300183.SZ
147	沃华医药	4.80	88.5	医药	2007-01-24	002107.SZ
148	万润股份	4.76	36.9	化工	2011-12-20	002643.SZ
149	金麒麟	4.72	23.5	汽车	2017-04-06	603586.SH
150	英派斯	4.71	−26.6	日用	2017-09-15	002899.SZ
151	华明装备	4.69	4.7	装备	2008-09-05	002270.SZ

续表

序号	证券名称	品牌价值/亿元	增长率/%	行业	上市日期	证券代码
152	德利股份	4.67	−46.3	农业	2020-09-18	605198.SH
153	未名医药	4.64	19.6	医药	2011-05-20	002581.SZ
154	浪潮软件	4.58	−28.2	互联网	1996-09-23	600756.SH
155	康大食品	4.56	128.4	农业	2008-12-22	0834.HK
156	国瓷材料	4.47	42.1	化工	2012-01-13	300285.SZ
157	双一科技	4.26	98.0	装备	2017-08-08	300690.SZ
158	华丰股份	4.19		装备	2020-08-11	605100.SH

3.8 福建品牌价值榜

在 2021 年中国上市公司品牌价值总榜的 3 000 家企业中：福建的企业共计 99 家，比 2020 年减少了 9 家；品牌价值总计 5 701.4 亿元，比 2020 年增长了 16.1%。

3.8.1 2021 年福建上市公司品牌价值榜分析

【区域集中度】 在 2021 年福建上市公司品牌价值榜中：排在前 10 位的公司品牌价值合计 3 531.85 亿元，占福建榜单总计品牌价值的 62%；排在前 20 位的公司品牌价值合计 4 295.06 亿元，占福建榜单总计品牌价值的 75.3%；排在前 30 位的公司品牌价值合计 4 757.34 亿元，占福建榜单总计品牌价值的 83.4%。

【所在行业】 在 2021 年福建上市公司品牌价值榜中，99 家公司来自 30 个行业。其中，贸易、金融、服饰和零售四个行业共计包括 24 家公司，品牌价值合计 3 151.36 亿元，占福建榜单总计品牌价值的 55.3%，处于主导地位。其他行业的情况见图 3-15 和图 3-16。

【上市板块】 在 2021 年福建上市公司品牌价值榜中：在沪市主板上市的公司有 40 家，品牌价值合计 3 420.62 亿元，占福建榜单总计品牌价值的 60%，排在第一位；在港股上市的中资股公司有 14 家，品牌价值合计 1 002.02 亿元，占福建榜单总计品牌价值的 17.6%，排在第二位；在深市中小板上市的公司有 26 家，品牌价值合计 636.91 亿元，占福建榜单总计品牌价值的 11.2%，排在第三位。此外，在深市主板上市的公司有 10 家，品牌价值合计 399.62 亿元；在深市创业板上市的公司有 7 家，品牌价值合计 216.84 亿元；在国外上市的中概股公司有 2 家，品牌价值合计 25.4 亿元。

【上市时间】 在 2021 年福建上市公司品牌价值榜中：2006—2010 年上市的公司有 24 家，品牌价值合计 2 642.46 亿元，占福建榜单总计品牌价值的 46.4%，排在第一位；1996—2000 年上市的公司有 18 家，品牌价值合计 1 826.26 亿元，占福建榜单总计品牌价

山东榜单

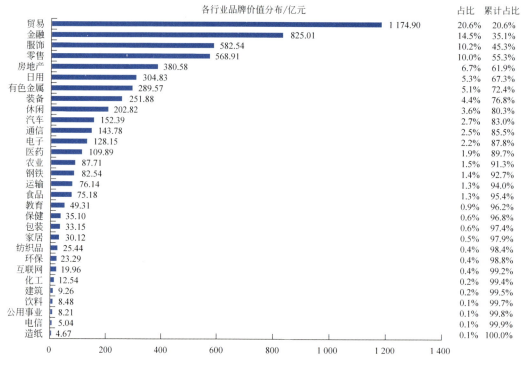

图 3-15　2021 年福建上市公司品牌价值榜所在行业品牌价值分布

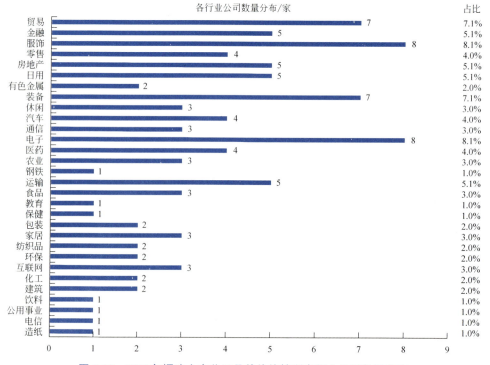

图 3-16　2021 年福建上市公司品牌价值榜所在行业公司数量分布

值的32%,排在第二位;2016—2020年上市的公司有26家,品牌价值合计652.63亿元,占福建榜单总计品牌价值的11.5%,排在第三位。此外,1996年以前上市的公司有6家,品牌价值合计228.29亿元;2011—2015年上市的公司有17家,品牌价值合计194.74亿元;2001—2005年上市的公司有8家,品牌价值合计157.02亿元。

3.8.2 2021年福建上市公司品牌价值榜单

序号	证 券 名 称	品牌价值/亿元	增长率/%	行业	上市日期	证券代码
1	兴业银行	739.27	−0.5	金融	2007-02-05	601166.SH
2	永辉超市	516.51	14.4	零售	2010-12-15	601933.SH
3	建发股份	391.51	11.6	贸易	1998-06-16	600153.SH
4	安踏体育	383.74	46.3	服饰	2007-07-10	2020.HK
5	厦门象屿	379.70	89.5	贸易	1997-06-04	600057.SH
6	厦门国贸	287.26	50.0	贸易	1996-10-03	600755.SH
7	紫金矿业	262.68	48.8	有色金属	2008-04-25	601899.SH
8	恒安国际	247.58	11.0	日用	1998-12-08	1044.HK
9	阳光城	170.86	3.0	房地产	1996-12-18	000671.SZ
10	宁德时代	152.75	39.8	装备	2018-06-11	300750.SZ
11	禹洲集团	133.58	14.9	房地产	2009-11-02	1628.HK
12	吉比特	104.54	89.3	休闲	2017-01-04	603444.SH
13	三钢闽光	82.54	28.6	钢铁	2007-01-26	002110.SZ
14	福耀玻璃	77.45	2.7	汽车	1993-06-10	600660.SH
15	游族网络	72.77	20.4	休闲	2007-09-25	002174.SZ
16	金龙汽车	61.87	−19.7	汽车	1993-11-08	600686.SH
17	安井食品	59.95	68.8	食品	2017-02-22	603345.SH
18	厦门信达	57.84	20.3	贸易	1997-02-26	000701.SZ
19	特步国际	56.93	−10.5	服饰	2008-06-03	1368.HK
20	圣农发展	55.75	12.5	农业	2009-10-21	002299.SZ
21	福日电子	54.95	45.5	通信	1999-05-14	600203.SH
22	星网锐捷	52.83	5.5	通信	2010-06-23	002396.SZ
23	龙净环保	51.02	1.1	装备	2000-12-29	600388.SH
24	学大教育	49.31	−14.6	教育	1993-11-01	000526.SZ
25	兴业证券	45.76	31.8	金融	2010-10-13	601377.SH
26	盛屯矿业	43.30	30.9	贸易	1996-05-31	600711.SH

福建榜单

续表

序号	证 券 名 称	品牌价值/亿元	增长率/%	行业	上市日期	证券代码
27	片仔癀	43.08	56.2	医药	2003-06-16	600436.SH
28	361度	42.59	11.3	服饰	2009-06-30	1361.HK
29	合力泰	41.93	0.6	电子	2008-02-20	002217.SZ
30	鹭燕医药	37.50	46.9	医药	2016-02-18	002788.SZ
31	亿联网络	36.00	46.1	通信	2017-03-17	300628.SZ
32	金达威	35.10	146.2	保健	2011-10-28	002626.SZ
33	盈趣科技	34.28	154.2	日用	2018-01-15	002925.SZ
34	新大陆	33.30	4.0	电子	2000-08-07	000997.SZ
35	泰禾集团	31.27	−68.0	房地产	1997-07-04	000732.SZ
36	中国利郎	28.19	−22.5	服饰	2009-09-25	1234.HK
37	厦门港务	28.07	15.9	运输	2005-12-19	3378.HK
38	厦门钨业	26.89	18.4	有色金属	2002-11-07	600549.SH
39	九牧王	25.90	−5.0	服饰	2011-05-30	601566.SH
40	恺英网络	25.51	−18.9	休闲	2010-12-07	002517.SZ
41	厦门港务	23.59	29.1	运输	1999-04-29	000905.SZ
42	傲农生物	23.33	20.0	农业	2017-09-26	603363.SH
43	冠城大通	22.66	14.5	房地产	1997-05-08	600067.SH
44	东百集团	22.40	11.1	零售	1993-11-22	600693.SH
45	大唐集团控股	22.21		房地产	2020-12-11	2117.HK
46	新华都	21.78	−39.7	零售	2008-07-31	002264.SZ
47	七匹狼	21.08	−15.0	服饰	2004-08-06	002029.SZ
48	百宏实业	20.52	−4.2	纺织	2011-05-18	2299.HK
49	龙马环卫	18.07	95.3	环保	2015-01-26	603686.SH
50	厦门银行	17.67		金融	2020-10-27	601187.SH
51	合兴包装	17.35	−4.2	包装	2008-05-08	002228.SZ
52	趣店	17.18	−60.5	金融	2017-10-18	QD.N
53	奥佳华	17.14	−3.6	医药	2011-09-09	002614.SZ
54	欣贺股份	16.67		服饰	2020-10-26	003016.SZ
55	吉宏股份	15.80	237.9	包装	2016-07-12	002803.SZ
56	建霖家居	14.80		家居	2020-07-30	603408.SH
57	锐信控股	13.83	−3.4	电子	2006-12-21	1399.HK

福建榜单

续表

序号	证 券 名 称	品牌价值/亿元	增长率/%	行业	上市日期	证券代码
58	太阳电缆	13.70	78.1	装备	2009-10-21	002300.SZ
59	航天发展	12.83	51.0	装备	1993-11-30	000547.SZ
60	大博医疗	12.17	70.4	医药	2017-09-22	002901.SZ
61	舒华体育	12.13		日用	2020-12-15	605299.SH
62	福建高速	11.64	−8.1	运输	2001-02-09	600033.SH
63	科华数据	11.42	64.7	装备	2010-01-13	002335.SZ
64	火炬电子	11.10	86.8	电子	2015-01-26	603678.SH
65	法拉电子	9.55	24.4	电子	2002-12-10	600563.SH
66	海欣食品	8.76	53.2	食品	2012-10-11	002702.SZ
67	天马科技	8.63	122.4	农业	2017-01-17	603668.SH
68	家乡互动	8.58	15.3	互联网	2019-07-04	3798.HK
69	漳州发展	8.56	−4.7	汽车	1997-06-26	000753.SZ
70	惠泉啤酒	8.48	14.6	饮料	2003-02-26	600573.SH
71	福能股份	8.21	−6.7	公用事业	2004-05-31	600483.SH
72	中闽百汇	8.21	11.4	零售	2011-01-20	5SR.SG
73	ST冠福	8.07	42.6	贸易	2006-12-29	002102.SZ
74	三棵树	8.01	87.7	化工	2016-06-03	603737.SH
75	松霖科技	7.68	−54.9	家居	2019-08-26	603992.SH
76	金牌厨柜	7.64	44.3	家居	2017-05-12	603180.SH
77	爱迪尔	7.44	−27.5	服饰	2015-01-22	002740.SZ
78	三木集团	7.22	4.6	贸易	1996-11-21	000632.SZ
79	美亚柏科	7.07	−17.4	互联网	2011-03-16	300188.SZ
80	龙洲股份	6.69	−46.8	运输	2012-06-12	002682.SZ
81	瑞芯微	6.67		电子	2020-02-07	603893.SH
82	亲亲食品	6.47	9.5	食品	2016-07-08	1583.HK
83	茶花股份	6.23	4.8	日用	2017-02-13	603615.SH
84	达华智能	6.15	29.7	电子	2010-12-03	002512.SZ
85	厦门空港	6.14	−21.9	运输	1996-05-31	600897.SH
86	弘信电子	5.61	26.4	电子	2017-05-23	300657.SZ
87	红相股份	5.27	94.9	装备	2015-02-17	300427.SZ
88	圣元环保	5.22		环保	2020-08-24	300867.SZ

福建榜单

序号	证券名称	品牌价值/亿元	增长率/%	行业	上市日期	证券代码
89	鼎丰集团控股	5.12	174.3	金融	2013-12-09	6878.HK
90	国脉科技	5.04	−32.9	电信	2006-12-15	002093.SZ
91	延江股份	4.92	112.2	纺织	2017-06-02	300658.SZ
92	雪人股份	4.89	0.8	装备	2011-12-05	002639.SZ
93	中国武夷	4.83	−5.1	建筑	1997-07-15	000797.SZ
94	青山纸业	4.67	8.2	造纸	1997-07-03	600103.SH
95	未来发展控股	4.61	83.9	日用	2011-07-15	1259.HK
96	坚知集团	4.53	60.0	化工	2010-05-06	002398.SZ
97	华懋科技	4.51	16.2	汽车	2014-09-26	603306.SH
98	福建水泥	4.43	89.7	建筑	1994-01-03	600802.SH
99	南威软件	4.31	13.1	互联网	2014-12-30	603636.SH

3.9 四川品牌价值榜

在 2021 年中国上市公司品牌价值总榜的 3 000 家企业中：四川的企业共计 70 家，比 2020 年减少了 4 家；品牌价值总计 5 701.4 亿元，比 2020 年增长了 40%。

3.9.1 2021 年四川上市公司品牌价值榜分析

【区域集中度】 在 2021 年四川上市公司品牌价值榜中：排在前 10 位的公司品牌价值合计 4 217.47 亿元，占四川榜单总计品牌价值的 79.4%；排在前 20 位的公司品牌价值合计 4 736.67 亿元，占四川榜单总计品牌价值的 89.2%；排在前 30 位的公司品牌价值合计 4 976.50 亿元，占四川榜单总计品牌价值的 93.7%。

【所在行业】 在 2021 年四川上市公司品牌价值榜中，70 家公司来自 25 个行业。其中，饮料行业共计包括 5 家公司，品牌价值合计 2 854.82 亿元，占四川榜单总计品牌价值的 53.8%，处于主导地位。其他行业的情况见图 3-17 和图 3-18。

【上市板块】 在 2021 年四川上市公司品牌价值榜中：在深市主板上市的公司有 12 家，品牌价值合计 3 127.22 亿元，占四川榜单总计品牌价值的 58.9%，排在第一位；在沪市主板上市的公司有 22 家，品牌价值合计 1 563.42 亿元，占四川榜单总计品牌价值的 29.4%，排在第二位；在深市中小板上市的公司有 20 家，品牌价值合计 372.08 亿元，占四川榜单总计品牌价值的 7%，排在第三位。此外，在港股上市的中资股公司有 9 家，品牌价值合计 174.16 亿元；在深市创业板上市的公司有 6 家，品牌价值合计 69.37 亿元；在沪市

各行业品牌价值分布/亿元 占比 累计占比

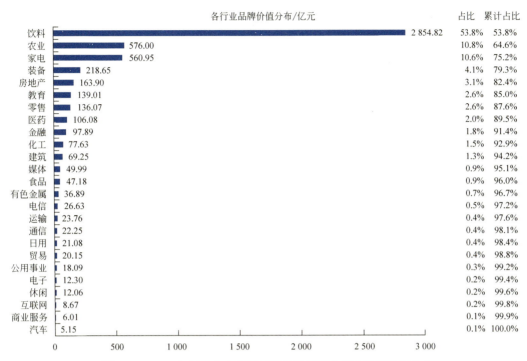

行业	品牌价值/亿元	占比	累计占比
饮料	2 854.82	53.8%	53.8%
农业	576.00	10.8%	64.6%
家电	560.95	10.6%	75.2%
装备	218.65	4.1%	79.3%
房地产	163.90	3.1%	82.4%
教育	139.01	2.6%	85.0%
零售	136.07	2.6%	87.6%
医药	106.08	2.0%	89.5%
金融	97.89	1.8%	91.4%
化工	77.63	1.5%	92.9%
建筑	69.25	1.3%	94.2%
媒体	49.99	0.9%	95.1%
食品	47.18	0.9%	96.0%
有色金属	36.89	0.7%	96.7%
电信	26.63	0.5%	97.2%
运输	23.76	0.4%	97.6%
通信	22.25	0.4%	98.1%
日用	21.08	0.4%	98.4%
贸易	20.15	0.4%	98.8%
公用事业	18.09	0.3%	99.2%
电子	12.30	0.2%	99.4%
休闲	12.06	0.2%	99.6%
互联网	8.67	0.2%	99.8%
商业服务	6.01	0.1%	99.9%
汽车	5.15	0.1%	100.0%

图 3-17 2021 年四川上市公司品牌价值榜所在行业品牌价值分布

各行业公司数量分布/家 占比

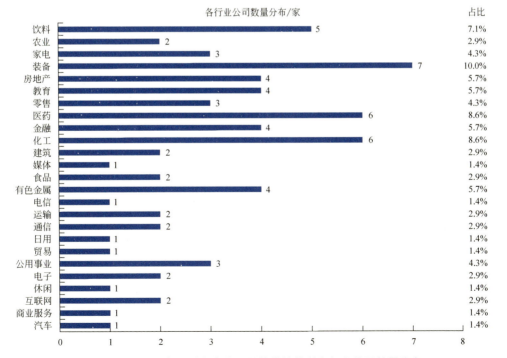

行业	公司数量/家	占比
饮料	5	7.1%
农业	2	2.9%
家电	3	4.3%
装备	7	10.0%
房地产	4	5.7%
教育	4	5.7%
零售	3	4.3%
医药	6	8.6%
金融	4	5.7%
化工	6	8.6%
建筑	2	2.9%
媒体	1	1.4%
食品	2	2.9%
有色金属	4	5.7%
电信	1	1.4%
运输	2	2.9%
通信	2	2.9%
日用	1	1.4%
贸易	1	1.4%
公用事业	3	4.3%
电子	2	2.9%
休闲	1	1.4%
互联网	2	2.9%
商业服务	1	1.4%
汽车	1	1.4%

图 3-18 2021 年四川上市公司品牌价值榜所在行业公司数量分布

科创板上市的公司有 1 家,品牌价值 4.22 亿元。

【上市时间】 在 2021 年四川上市公司品牌价值榜中:1996—2000 年上市的公司有 14 家,品牌价值合计 2 758.15 亿元,占四川榜单总计品牌价值的 51.9%,排在第一位;1996 年以前上市的公司有 7 家,品牌价值合计 1 299.23 亿元,占四川榜单总计品牌价值的 24.5%,排在第二位;2016—2020 年上市的公司有 24 家,品牌价值合计 514.14 亿元,占四川榜单总计品牌价值的 9.7%,排在第三位。此外,2001—2005 年上市的公司有 5 家,品牌价值合计 422.97 亿元;2011—2015 年上市的公司有 11 家,品牌价值合计 167.69 亿元;2006—2010 年上市的公司有 9 家,品牌价值合计 148.29 亿元。

3.9.2　2021 年四川上市公司品牌价值榜单

序号	证券名称	品牌价值/亿元	增长率/%	行业	上市日期	证券代码
1	五粮液	2 092.68	52.8	饮料	1998-04-27	000858.SZ
2	泸州老窖	538.05	35.9	饮料	1994-05-09	000568.SZ
3	四川长虹	496.00	12.3	家电	1994-03-11	600839.SH
4	新希望	356.84	16.7	农业	1998-03-11	000876.SZ
5	通威股份	219.16	87.6	农业	2004-03-02	600438.SH
6	东方电气	158.14	2.0	装备	1995-10-10	600875.SH
7	蓝光发展	127.44	15.7	房地产	2001-02-12	600466.SH
8	水井坊	87.85	13.4	饮料	1996-12-06	600779.SH
9	新乳业	77.98	11.0	饮料	2019-01-25	002946.SZ
10	四川路桥	63.33	35.2	建筑	2003-03-25	600039.SH
11	红旗连锁	62.49	31.3	零售	2012-09-05	002697.SZ
12	舍得酒业	58.27	79.1	饮料	1996-05-24	600702.SH
13	茂业商业	57.93	−29.4	零售	1994-02-24	600828.SH
14	希望教育	56.92	79.4	教育	2018-08-03	1765.HK
15	创维数字	56.49	8.7	家电	1998-06-02	000810.SZ
16	成都银行	50.01	22.6	金融	2018-01-31	601838.SH
17	新华文轩	49.99	17.7	媒体	2016-08-08	601811.SH
18	科伦药业	48.92	−15.6	医药	2010-06-03	002422.SZ
19	成实外教育	43.96	237.9	教育	2016-01-15	1565.HK
20	国机重装	34.23		装备	2020-06-08	601399.SH
21	天立教育	33.33	80.7	教育	2018-07-12	1773.HK
22	云图控股	29.22	101.4	化工	2011-01-18	002539.SZ

续表

序号	证 券 名 称	品牌价值/亿元	增长率/%	行业	上市日期	证券代码
23	鹏博士	26.63	10.6	电信	1994-01-03	600804.SH
24	天味食品	26.17	73.8	食品	2019-04-16	603317.SH
25	国金证券	22.86	41.1	金融	1997-08-07	600109.SH
26	四川九洲	21.08	7.4	日用	1998-05-06	000801.SZ
27	千禾味业	21.01	91.4	食品	2016-03-07	603027.SH
28	迈克生物	20.47	55.3	医药	2015-05-28	300463.SZ
29	天原股份	20.15	67.9	贸易	2010-04-09	002386.SZ
30	四川成渝	18.91	−19.7	运输	2009-07-27	601107.SH
31	康弘药业	18.04	9.1	医药	2015-06-26	002773.SZ
32	利尔化学	17.86	16.6	化工	2008-07-08	002258.SZ
33	华西证券	16.13	23.9	金融	2018-02-05	002926.SZ
34	吉峰科技	15.66	1.9	零售	2009-10-30	300022.SZ
35	广汇物流	13.89	14.0	房地产	1992-01-13	600603.SH
36	攀钢钒钛	13.35	−33.4	有色金属	1996-11-15	000629.SZ
37	新易盛	13.35	119.7	通信	2016-03-03	300502.SZ
38	富森美	12.33	19.0	房地产	2016-11-09	002818.SZ
39	峨眉山 A	12.06	−32.8	休闲	1997-10-21	000888.SZ
40	泸天化	11.84	45.9	化工	1999-06-03	000912.SZ
41	蓝光嘉宝服务	10.24	21.6	房地产	2019-10-18	2606.HK
42	天齐锂业	9.71	−57.4	有色金属	2010-08-31	002466.SZ
43	天邑股份	8.90	−33.2	通信	2018-03-30	300504.SZ
44	泸州银行	8.89	19.4	金融	2018-12-17	1983.HK
45	川投能源	8.60	−4.1	公用事业	1993-09-24	600674.SH
46	彩虹集团	8.45		家电	2020-12-11	003023.SZ
47	盛和资源	8.20	46.6	有色金属	2003-05-29	600392.SH
48	贝瑞基因	7.99	1.6	医药	1997-04-22	000710.SZ
49	卫士通	7.94	−36.7	电子	2008-08-11	002268.SZ
50	四川美丰	7.36	−0.1	化工	1997-06-17	000731.SZ
51	康华生物	6.44		医药	2020-06-16	300841.SZ
52	华西能源	6.24	−62.8	装备	2011-11-11	002630.SZ
53	利君股份	6.07	93.6	装备	2012-01-06	002651.SZ

四川榜单

续表

序号	证券名称	品牌价值/亿元	增长率/%	行业	上市日期	证券代码
54	人瑞人才	6.01	14.6	商业服务	2019-12-13	6919.HK
55	帝欧家居	5.92	130.0	建筑	2016-05-25	002798.SZ
56	国光股份	5.74	26.4	化工	2015-03-20	002749.SZ
57	安宁股份	5.62		有色金属	2020-04-17	002978.SZ
58	和邦生物	5.61	−13.3	化工	2012-07-31	603077.SH
59	兴蓉环境	5.36	16.3	公用事业	1996-05-29	000598.SZ
60	新晨动力	5.15	28.1	汽车	2013-03-13	1148.HK
61	台海核电	5.02	−72.9	装备	2010-03-12	002366.SZ
62	成都高速	4.85	−38.4	运输	2019-01-15	1785.HK
63	航发科技	4.84	21.5	装备	2001-12-12	600391.SH
64	银杏教育	4.80	18.0	教育	2019-01-18	1851.HK
65	创意信息	4.55	23.5	互联网	2014-01-27	300366.SZ
66	福蓉科技	4.36	24.8	电子	2019-05-23	603327.SH
67	苑东生物	4.22		医药	2020-09-02	688513.SH
68	川能动力	4.14	121.9	公用事业	2000-09-26	000155.SZ
69	久远银海	4.12	2.3	互联网	2015-12-31	002777.SZ
70	川润股份	4.11	60.7	装备	2008-09-19	002272.SZ

四川榜单

3.10 贵州品牌价值榜

在 2021 年中国上市公司品牌价值总榜的 3 000 家企业中：贵州的企业共计 20 家，比 2020 年增加了 1 家；品牌价值总计 5 143.6 亿元，比 2020 年增长了 36%。

3.10.1 2021 年贵州上市公司品牌价值榜分析

【区域集中度】 在 2021 年贵州上市公司品牌价值榜中：排在第 1 位的公司是贵州茅台，品牌价值 4 815.62 亿元，占贵州榜单总计品牌价值的 93.6%；排在前 3 位的公司品牌价值合计 4 912.39 亿元，占贵州榜单总计品牌价值的 95.5%；排在前 5 位的公司品牌价值合计 4 977.09 亿元，占贵州榜单总计品牌价值的 96.8%。

【所在行业】 在 2021 年贵州上市公司品牌价值榜中，20 家公司来自 13 个行业。其中，饮料行业有 1 家公司，品牌价值 4 815.62 亿元，占贵州榜单总计品牌价值的 93.6%，处于主导地位。其他行业的情况见图 3-19 和图 3-20。

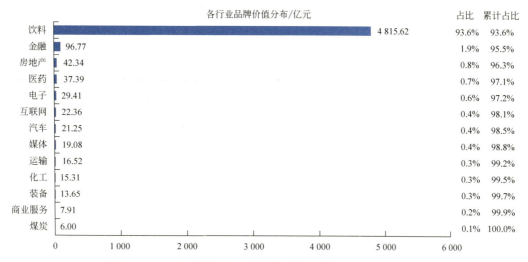

图 3-19　2021 年贵州上市公司品牌价值榜所在行业品牌价值分布

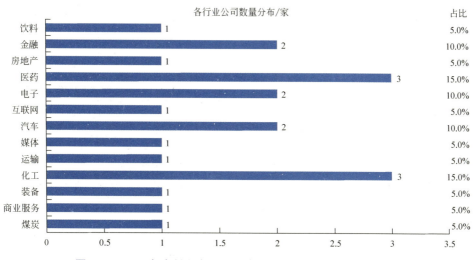

图 3-20　2021 年贵州上市公司品牌价值榜所在行业公司数量分布

【**上市板块**】　在 2021 年贵州上市公司品牌价值榜中：在沪市主板上市的公司有 9 家，品牌价值合计 4 938.78 亿元，占贵州榜单总计品牌价值的 96%，排在第一位。此外，在深市主板上市的公司有 4 家，品牌价值合计 95.49 亿元；在深市中小板上市的公司有 5 家，品牌价值合计 60.01 亿元；在港股上市的中资股公司有 1 家，品牌价值 43.47 亿元；在深市创业板上市的公司有 1 家，品牌价值 5.85 亿元。

【**上市时间**】　在 2021 年贵州上市公司品牌价值榜中：2001—2005 年上市的公司有 6 家，品牌价值合计 4 856.19 亿元，占贵州榜单总计品牌价值的 94.4%，排在第一位。此外，2016—2020 年上市的公司有 6 家，品牌价值合计 146.13 亿元；1996—2000 年上市的公司有 5 家，品牌价值合计 71.97 亿元；1996 年以前上市的公司有 1 家，品牌价值 42.34

亿元；2006—2010 年上市的公司有 2 家，品牌价值合计 26.97 亿元。

3.10.2　2021 年贵州上市公司品牌价值榜单

序号	证 券 名 称	品牌价值/亿元	增长率/%	行业	上市日期	证券代码
1	贵州茅台	4 815.62	39.6	饮料	2001-08-27	600519.SH
2	贵阳银行	53.30	5.2	金融	2016-08-16	601997.SH
3	贵州银行	43.47	40.4	金融	2019-12-30	6199.HK
4	中天金融	42.34	−33.7	房地产	1994-02-02	000540.SZ
5	高鸿股份	22.36	−19.4	互联网	1998-06-09	000851.SZ
6	贵广网络	19.08	16.3	媒体	2016-12-26	600996.SH
7	振华科技	17.17	−6.1	电子	1997-07-03	000733.SZ
8	华夏航空	16.52	20.2	运输	2018-03-02	002928.SZ
9	信邦制药	15.09	−10.7	医药	2010-04-16	002390.SZ
10	中航重机	13.65	56.0	装备	1996-11-06	600765.SH
11	贵州轮胎	13.62	9.3	汽车	1996-03-08	000589.SZ
12	航天电器	12.25	−41.0	电子	2004-07-26	002025.SZ
13	贵州百灵	11.88	−12.9	医药	2010-06-03	002424.SZ
14	益佰制药	10.42	6.5	医药	2004-03-23	600594.SH
15	勘设股份	7.91	34.1	商业服务	2017-08-09	603458.SH
16	贵航股份	7.62	−8.3	汽车	2001-12-27	600523.SH
17	盘江股份	6.00	47.8	煤炭	2001-05-31	600395.SH
18	中伟股份	5.85		化工	2020-12-23	300919.SZ
19	圣济堂	5.18	−5.9	化工	2000-02-21	600227.SH
20	保利联合	4.28	−0.1	化工	2004-09-08	002037.SZ

贵州榜单

3.11　安徽品牌价值榜

在 2021 年中国上市公司品牌价值总榜的 3 000 家企业中：安徽的企业共计 85 家，比 2020 年增加了 4 家；品牌价值总计 3 715.12 亿元，比 2020 年增长了 24.7%。

3.11.1　2021 年安徽上市公司品牌价值榜分析

【区域集中度】　在 2021 年安徽上市公司品牌价值榜中：排在前 10 位的公司品牌价

值合计 2 103.65 亿元,占安徽榜单总计品牌价值的 56.6％;排在前 20 位的公司品牌价值
合计 2 765.88 亿元,占安徽榜单总计品牌价值的 74.5％;排在前 30 位的公司品牌价值合
计 3 080.14 亿元,占安徽榜单总计品牌价值的 82.9％。

　　【所在行业】　在 2021 年安徽上市公司品牌价值榜中,85 家公司来自 33 个行业。其中,
饮料、建筑、装备、教育和休闲五个行业共计包括 25 家公司,品牌价值合计 2 015.68 亿元,占安
徽榜单总计品牌价值的 54.3％,处于主导地位。其他行业的情况见图 3-21 和图 3-22。

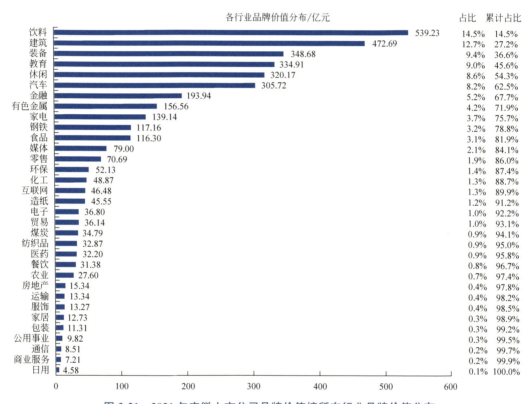

各行业品牌价值分布/亿元

行业	品牌价值	占比	累计占比
饮料	539.23	14.5%	14.5%
建筑	472.69	12.7%	27.2%
装备	348.68	9.4%	36.6%
教育	334.91	9.0%	45.6%
休闲	320.17	8.6%	54.3%
汽车	305.72	8.2%	62.5%
金融	193.94	5.2%	67.7%
有色金属	156.56	4.2%	71.9%
家电	139.14	3.7%	75.7%
钢铁	117.16	3.2%	78.8%
食品	116.30	3.1%	81.9%
媒体	79.00	2.1%	84.1%
零售	70.69	1.9%	86.0%
环保	52.13	1.4%	87.4%
化工	48.87	1.3%	88.7%
互联网	46.48	1.3%	89.9%
造纸	45.55	1.2%	91.2%
电子	36.80	1.0%	92.2%
贸易	36.14	1.0%	93.1%
煤炭	34.79	0.9%	94.1%
纺织品	32.87	0.9%	95.0%
医药	32.20	0.9%	95.8%
餐饮	31.38	0.8%	96.7%
农业	27.60	0.7%	97.4%
房地产	15.34	0.4%	97.8%
运输	13.34	0.4%	98.2%
服饰	13.27	0.4%	98.5%
家居	12.73	0.3%	98.9%
包装	11.31	0.3%	99.2%
公用事业	9.82	0.3%	99.5%
通信	8.51	0.2%	99.7%
商业服务	7.21	0.2%	99.9%
日用	4.58	0.1%	100.0%

图 3-21　2021 年安徽上市公司品牌价值榜所在行业品牌价值分布

　　【上市板块】　在 2021 年安徽上市公司品牌价值榜中:在沪市主板上市的公司有 36
家,品牌价值合计 1 620.05 亿元,占安徽榜单总计品牌价值的 43.6％,排在第一位;在深市
中小板上市的公司有 21 家,品牌价值合计 831.84 亿元,占安徽榜单总计品牌价值的
22.4％,排在第二位;在深市主板上市的公司有 12 家,品牌价值合计 648.12 亿元,占安徽
榜单总计品牌价值的 17.5％,排在第三位。此外,在港股上市的中资股公司有 6 家,品牌
价值合计 420.69 亿元;在深市创业板上市的公司有 10 家,品牌价值合计 194.42 亿元。

　　【上市时间】　在 2021 年安徽上市公司品牌价值榜中:2011—2015 年上市的公司有
19 家,品牌价值合计 1 298.62 亿元,占安徽榜单总计品牌价值的 35％,排在第一位;
2001—2005 年上市的公司有 18 家,品牌价值合计 991.73 亿元,占安徽榜单总计品牌价值
的 26.7％,排在第二位;1996—2000 年上市的公司有 15 家,品牌价值合计 674.67 亿元,占

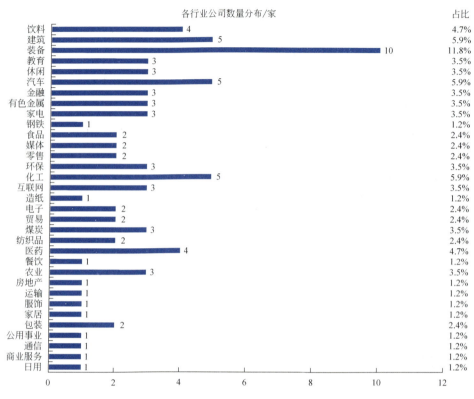

图 3-22 2021 年安徽上市公司品牌价值榜所在行业公司数量分布

安徽榜单总计品牌价值的 18.2%,排在第三位。此外,2016—2020 年上市的公司有 16 家,品牌价值合计 301.66 亿元;2006—2010 年上市的公司有 14 家,品牌价值合计 231.61 亿元;1996 年以前上市的公司有 3 家,品牌价值合计 216.83 亿元。

3.11.2 2021 年安徽上市公司品牌价值榜单

序号	证券名称	品牌价值/亿元	增长率/%	行业	上市日期	证券代码
1	海螺水泥	386.90	55.5	建筑	2002-02-07	600585.SH
2	三七互娱	286.96	8.8	休闲	2011-03-02	002555.SZ
3	古井贡酒	280.79	25.1	饮料	1996-09-27	000596.SZ
4	江淮汽车	253.87	60.8	汽车	2001-08-24	600418.SH
5	中公教育	235.23	24.3	教育	2011-08-10	002607.SZ
6	徽商银行	165.70	27.5	金融	2013-11-12	3698.HK
7	口子窖	140.50	−1.1	饮料	2015-06-29	603589.SH
8	铜陵有色	125.00	1.8	有色金属	1996-11-20	000630.SZ

安徽榜单

续表

序号	证 券 名 称	品牌价值/亿元	增长率/%	行业	上市日期	证券代码
9	马钢股份	117.16	8.8	钢铁	1994-01-06	600808.SH
10	信义光能	111.53	34.8	装备	2013-12-12	0968.HK
11	迎驾贡酒	108.06	22.6	饮料	2015-05-28	603198.SH
12	长虹美菱	89.85	14.3	家电	1993-10-18	000521.SZ
13	中国东方教育	83.40	−5.1	教育	2019-06-12	0667.HK
14	安徽合力	66.30	36.2	装备	1996-10-09	600761.SH
15	洽洽食品	59.80	39.9	食品	2011-03-02	002557.SZ
16	三只松鼠	56.49	4.6	食品	2019-07-12	300783.SZ
17	合肥百货	56.49	−5.2	零售	1996-08-12	000417.SZ
18	安徽建工	48.79	71.0	建筑	2003-04-15	600502.SH
19	皖新传媒	47.13	12.4	媒体	2010-01-18	601801.SH
20	阳光电源	45.90	71.2	装备	2011-11-02	300274.SZ
21	山鹰国际	45.55	1.9	造纸	2001-12-18	600567.SH
22	惠而浦	35.43	−4.6	家电	2004-07-27	600983.SH
23	汉马科技	32.52	38.0	装备	2003-04-01	600375.SH
24	时代出版	31.87	−4.2	媒体	2002-09-05	600551.SH
25	同庆楼	31.38		餐饮	2020-07-16	605108.SH
26	科大讯飞	31.08	14.5	互联网	2008-05-12	002230.SZ
27	海螺创业	27.37	75.4	环保	2013-12-19	0586.HK
28	楚江新材	26.81	57.9	有色金属	2007-09-21	002171.SZ
29	华孚时尚	26.18	−5.1	纺织	2005-04-27	002042.SZ
30	精达股份	26.08	23.3	装备	2002-09-11	600577.SH
31	长信科技	25.97	5.5	电子	2010-05-26	300088.SZ
32	中鼎股份	25.78	−2.9	汽车	1998-12-03	000887.SZ
33	黄山旅游	25.54	−23.9	休闲	1997-05-06	600054.SH
34	淮北矿业	22.30	148.3	煤炭	2004-04-28	600985.SH
35	辉隆股份	21.94	53.9	贸易	2011-03-02	002556.SZ
36	国轩高科	20.67	44.0	装备	2006-10-18	002074.SZ
37	鸿路钢构	19.07	172.5	建筑	2011-01-18	002541.SZ
38	全柴动力	18.25	−7.9	装备	1998-12-03	600218.SH
39	美亚光电	16.95	8.9	装备	2012-07-31	002690.SZ

安徽榜单

续表

序号	证券名称	品牌价值/亿元	增长率/%	行业	上市日期	证券代码
40	广信股份	16.58	47.0	化工	2015-05-13	603599.SH
41	现代牧业	16.41	35.2	农业	2010-11-26	1117.HK
42	中国新华教育	16.28	17.9	教育	2018-03-26	2779.HK
43	国元证券	15.34	−5.0	金融	1997-06-16	000728.SZ
44	合肥城建	15.34	68.9	房地产	2008-01-28	002208.SZ
45	玉禾田	15.09		环保	2020-01-23	300815.SZ
46	安德利	14.20	53.6	零售	2016-08-22	603031.SH
47	淮河能源	14.20	89.1	贸易	2003-03-28	600575.SH
48	ST 德豪	13.86	14.3	家电	2004-06-25	002005.SZ
49	精工钢构	13.64	91.3	建筑	2002-06-05	600496.SH
50	皖通高速	13.34	9.3	运输	2003-01-07	600012.SH
51	开润股份	13.27	−8.3	服饰	2016-12-21	300577.SZ
52	华安证券	12.90	43.7	金融	2016-12-06	600909.SH
53	志邦家居	12.73	65.7	家居	2017-06-30	603801.SH
54	丰原药业	11.04	2.7	医药	2000-09-20	000153.SZ
55	凯盛科技	10.83	69.0	电子	2002-11-08	600552.SH
56	安凯客车	10.79	−39.8	汽车	1997-07-25	000868.SZ
57	中电兴发	10.54	63.6	互联网	2009-09-29	002298.SZ
58	中粮科技	10.17	64.0	化工	1999-07-12	000930.SZ
59	伯特利	9.98	42.6	汽车	2018-04-27	603596.SH
60	金种子酒	9.87	−39.4	饮料	1998-08-12	600199.SH
61	皖能电力	9.82	−5.7	公用事业	1993-12-20	000543.SZ
62	节能国祯	9.67	−10.5	环保	2014-08-01	300388.SZ
63	司尔特	9.32	−11.7	化工	2011-01-18	002538.SZ
64	大富科技	8.51	−16.1	通信	2010-10-26	300134.SZ
65	新集能源	8.12	122.0	煤炭	2007-12-19	601918.SH
66	九华旅游	7.67	−3.4	休闲	2015-03-26	603199.SH
67	欧普康视	7.63	63.2	医药	2017-01-17	300595.SZ
68	设计总院	7.21	7.8	商业服务	2017-08-01	603357.SH
69	安科生物	7.04	−5.5	医药	2009-10-30	300009.SZ
70	永新股份	6.76	19.2	包装	2004-07-08	002014.SZ

续表

序号	证券名称	品牌价值/亿元	增长率/%	行业	上市日期	证券代码
71	华茂股份	6.69	7.2	纺织	1998-10-07	000850.SZ
72	金禾实业	6.54	3.2	化工	2011-07-07	002597.SZ
73	立方制药	6.48		医药	2020-12-15	003020.SZ
74	丰乐种业	6.36	2.4	农业	1997-04-22	000713.SZ
75	皖维高新	6.27	41.3	化工	1997-05-28	600063.SH
76	常青股份	5.31	69.9	汽车	2017-03-24	603768.SH
77	四创电子	5.24	−42.9	装备	2004-05-10	600990.SH
78	应流股份	5.23	55.0	装备	2014-01-22	603308.SH
79	皖通科技	4.85	22.7	互联网	2010-01-06	002331.SZ
80	荃银高科	4.84	50.0	农业	2010-05-26	300087.SZ
81	众源新材	4.74	28.7	有色金属	2017-09-07	603527.SH
82	德力股份	4.58	13.9	日用	2011-04-12	002571.SZ
83	嘉美包装	4.56	−33.7	包装	2019-12-02	002969.SZ
84	恒源煤电	4.38	28.7	煤炭	2004-08-17	600971.SH
85	东华科技	4.29	2.9	建筑	2007-07-12	002140.SZ

安徽榜单

3.12 湖北品牌价值榜

在 2021 年中国上市公司品牌价值总榜的 3 000 家企业中：湖北的企业共计 75 家，比 2020 年增加了 11 家；品牌价值总计 3 215.42 亿元，比 2020 年增长了 5.9%。

3.12.1 2021 年湖北上市公司品牌价值榜分析

【区域集中度】 在 2021 年湖北上市公司品牌价值榜中：排在前 10 位的公司品牌价值合计 1 774.12 亿元，占湖北榜单总计品牌价值的 55.2%；排在前 20 位的公司品牌价值合计 2 415.26 亿元，占湖北榜单总计品牌价值的 75.1%；排在前 30 位的公司品牌价值合计 2 730.74 亿元，占湖北榜单总计品牌价值的 84.9%。

【所在行业】 在 2021 年湖北上市公司品牌价值榜中，75 家公司来自 21 个行业。其中，汽车、医药和通信三个行业共计包括 22 家公司，品牌价值合计 1 639.32 亿元，占湖北榜单总计品牌价值的 51%，处于主导地位。其他行业的情况见图 3-23 和图 3-24。

【上市板块】 在 2021 年湖北上市公司品牌价值榜中：在沪市主板上市的公司有 29 家，品牌价值合计 1 669.45 亿元，占湖北榜单总计品牌价值的 51.9%，排在第一位；在深市

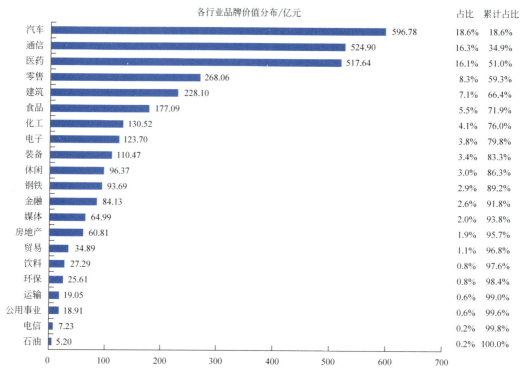

图 3-23　2021 年湖北上市公司品牌价值榜所在行业品牌价值分布

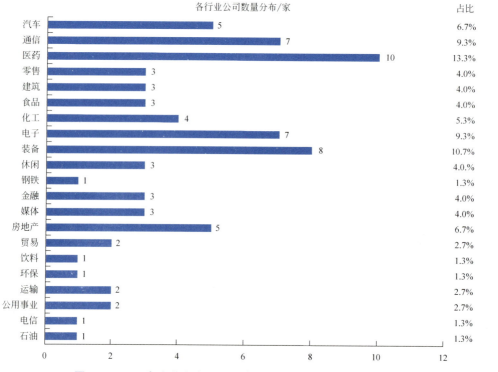

图 3-24　2021 年湖北上市公司品牌价值榜所在行业公司数量分布

主板上市的公司有 18 家,品牌价值合计 672.46 亿元,占湖北榜单总计品牌价值的
20.9％,排在第二位;在港股上市的中资股公司有 5 家,品牌价值合计 583.47 亿元,占湖北
榜单总计品牌价值的 18.2％,排在第三位。此外,在深市中小板上市的公司有 10 家,品牌
价值合计 128.27 亿元;在国外上市的中概股公司有 2 家,品牌价值合计 89.82 亿元;在深
市创业板上市的公司有 10 家,品牌价值合计 65.23 亿元;在沪市科创板上市的公司有 1
家,品牌价值 6.72 亿元。

【上市时间】 在 2021 年湖北上市公司品牌价值榜中:1996—2000 年上市的公司有
29 家,品牌价值合计 1 422.64 亿元,占湖北榜单总计品牌价值的 44.2％,排在第一位;
2001—2005 年上市的公司有 8 家,品牌价值合计 693.43 亿元,占湖北榜单总计品牌价值
的 21.6％,排在第二位;2006—2010 年上市的公司有 7 家,品牌价值合计 391.61 亿元,占
湖北榜单总计品牌价值的 12.2％,排在第三位。此外,2016—2020 年上市的公司有 15
家,品牌价值合计 322.83 亿元;1996 年以前上市的公司有 4 家,品牌价值合计 245.37 亿
元;2011—2015 年上市的公司有 12 家,品牌价值合计 139.54 亿元。

3.12.2 2021 年湖北上市公司品牌价值榜单

序号	证券名称	品牌价值/亿元	增长率/%	行业	上市日期	证券代码
1	东风集团股份	485.07	−17.0	汽车	2005-12-07	0489.HK
2	九州通	316.61	44.5	医药	2010-11-02	600998.SH
3	闻泰科技	248.56	36.5	通信	1996-08-28	600745.SH
4	葛洲坝	147.25	13.8	建筑	1997-05-26	600068.SH
5	烽火通信	115.24	−0.1	通信	2001-08-23	600498.SH
6	鄂武商 A	103.37	−15.6	零售	1992-11-20	000501.SZ
7	中信特钢	93.69	383.4	钢铁	1997-03-26	000708.SZ
8	安琪酵母	90.27	58.8	食品	2000-08-18	600298.SH
9	人福医药	89.57	74.2	医药	1997-06-06	600079.SH
10	斗鱼	84.49	77.0	休闲	2019-07-17	DOYU.O
11	居然之家	84.12	−14.6	零售	1997-07-11	000785.SZ
12	中百集团	80.57	−12.3	零售	1997-05-19	000759.SZ
13	东风汽车	78.73	10.7	汽车	1999-07-27	600006.SH
14	华新水泥	68.95	37.3	建筑	1994-01-03	600801.SH
15	凯乐科技	64.78	−0.8	通信	2000-07-06	600260.SH
16	三安光电	61.88	23.6	电子	1996-05-28	600703.SH
17	良品铺子	55.36		食品	2020-02-24	603719.SH

续表

序号	证券名称	品牌价值/亿元	增长率/%	行业	上市日期	证券代码
18	天茂集团	49.93	90.0	金融	1996-11-12	000627.SZ
19	安道麦A	49.65	−35.5	化工	1993-12-03	000553.SZ
20	长飞光纤	47.18	−27.7	通信	2018-07-20	601869.SH
21	长江传媒	47.10	−28.9	媒体	1996-10-03	600757.SH
22	新洋丰	38.80	−5.0	化工	1999-04-08	000902.SZ
23	周黑鸭	31.46	−5.6	食品	2016-11-11	1458.HK
24	光迅科技	30.46	4.7	通信	2009-08-21	002281.SZ
25	东阳光药	29.98	78.3	医药	2015-12-29	1558.HK
26	宏发股份	29.20	32.0	装备	1996-02-05	600885.SH
27	济川药业	29.10	−15.6	医药	2001-08-22	600566.SH
28	均瑶健康	27.29		饮料	2020-08-18	605388.SH
29	中航机电	26.49	10.9	装备	2004-07-05	002013.SZ
30	启迪环境	25.61	−19.3	环保	1998-02-25	000826.SZ
31	卓尔智联	25.43	−46.7	贸易	2011-07-13	2098.HK
32	福星股份	24.88	−29.6	房地产	1999-06-18	000926.SZ
33	湖北宜化	24.10	25.7	化工	1996-08-15	000422.SZ
34	长江证券	23.89	−8.3	金融	1997-07-31	000783.SZ
35	航天电子	23.40	9.2	装备	1995-11-15	600879.SH
36	骆驼股份	22.70	6.3	汽车	2011-06-02	601311.SH
37	华工科技	21.76	20.9	电子	2000-06-08	000988.SZ
38	兴发集团	17.97	9.1	化工	1999-06-16	600141.SH
39	奥美医疗	15.45	56.0	医药	2019-03-11	002950.SZ
40	湖北能源	14.45	32.1	公用事业	1998-05-19	000883.SZ
41	湖北广电	13.00	−15.7	媒体	1996-12-10	000665.SZ
42	高德红外	12.76	161.3	电子	2010-07-16	002414.SZ
43	楚天高速	11.91	4.9	运输	2004-03-10	600035.SH
44	东湖高新	11.90	21.2	建筑	1998-02-12	600133.SH
45	马应龙	11.81	34.2	医药	2004-05-17	600993.SH
46	中电光谷	11.54	3.2	房地产	2014-03-28	0798.HK
47	天风证券	10.31	14.4	金融	2018-10-19	601162.SH
48	三峡新材	10.16	−47.0	通信	2000-09-19	600293.SH

湖北榜单

续表

序号	证 券 名 称	品牌价值 /亿元	增长率/%	行业	上市日期	证券代码
49	力源信息	9.46	−59.9	贸易	2011-02-22	300184.SZ
50	南国置业	9.31	−13.2	房地产	2009-11-06	002305.SZ
51	武汉凡谷	8.54	−8.3	通信	2007-12-07	002194.SZ
52	健民集团	8.49	25.9	医药	2004-04-19	600976.SH
53	锐科激光	8.03	−32.0	电子	2018-06-25	300747.SZ
54	国创高新	7.90	35.3	房地产	2010-03-23	002377.SZ
55	京山轻机	7.80	−13.0	装备	1998-06-26	000821.SZ
56	精测电子	7.54	5.8	电子	2016-11-22	300567.SZ
57	中贝通信	7.23	−19.9	电信	2018-11-15	603220.SH
58	奥园美谷	7.19	−4.6	房地产	1996-10-16	000615.SZ
59	宜昌交运	7.15	11.5	运输	2011-11-03	002627.SZ
60	帝尔激光	6.90	16.3	装备	2019-05-17	300776.SZ
61	科前生物	6.72		医药	2020-09-22	688526.SH
62	*ST 华昌	6.57	−51.0	装备	2011-12-16	300278.SZ
63	天嗵信息	6.05	−17.4	电子	2011-04-21	300205.SZ
64	三特索道	6.04	−26.5	休闲	2007-08-17	002159.SZ
65	当代文体	5.83	−73.5	休闲	1998-03-03	600136.SH
66	三丰智能	5.78	28.4	装备	2011-11-15	300276.SZ
67	塞力医疗	5.72	31.9	医药	2016-10-31	603716.SH
68	华灿光电	5.68	−37.9	电子	2012-06-01	300323.SZ
69	中汽系统	5.33	−5.8	汽车	2004-08-24	CAAS.O
70	石化机械	5.20	42.5	石油	1998-11-26	000852.SZ
71	长源东谷	4.96		汽车	2020-05-26	603950.SH
72	盛天网络	4.89	50.7	媒体	2015-12-31	300494.SZ
73	长源电力	4.46	−14.6	公用事业	2000-03-16	000966.SZ
74	华中数控	4.33	40.5	装备	2011-01-13	300161.SZ
75	明德生物	4.19	225.5	医药	2018-07-10	002932.SZ

湖北榜单

3.13　内蒙古品牌价值榜

在 2021 年中国上市公司品牌价值总榜的 3 000 家企业中:内蒙古的企业共计 22 家,比 2020 年减少了 3 家;品牌价值总计 3 154.39 亿元,比 2020 年增长了 18%。

3.13.1 2021 年内蒙古上市公司品牌价值榜分析

【区域集中度】 在 2021 年内蒙古上市公司品牌价值榜中：排在前 3 位的公司品牌价值合计 2 822.43 亿元,占内蒙古榜单总计品牌价值的 89.5%；排在前 5 位的公司品牌价值合计 2 889.86 亿元,占内蒙古榜单总计品牌价值的 91.6%；排在前 10 位的公司品牌价值合计 3 019.27 亿元,占内蒙古榜单总计品牌价值的 95.7%。

【所在行业】 在 2021 年内蒙古上市公司品牌价值榜中,22 家公司来自 11 个行业。其中,饮料行业共计包括 2 家公司,品牌价值合计 2 742.09 亿元,占内蒙古榜单总计品牌价值的 86.9%,处于主导地位。其他行业的情况见图 3-25 和图 3-26。

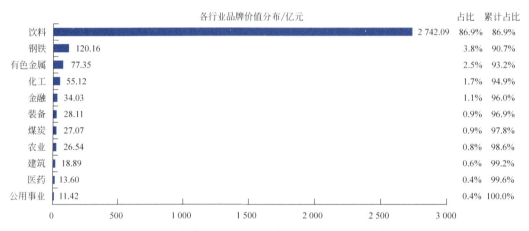

图 3-25 2021 年内蒙古上市公司品牌价值榜所在行业品牌价值分布

图 3-26 2021 年内蒙古上市公司品牌价值榜所在行业公司数量分布

【上市板块】 在 2021 年内蒙古上市公司品牌价值榜中：在沪市主板上市的公司有 13 家,品牌价值合计 1 833.07 亿元,占内蒙古榜单总计品牌价值的 58.1%,排在第一位；在港股上市的中资股公司有 5 家,品牌价值合计 1 265.88 亿元,占内蒙古榜单总计品牌价值的 40.1%,排在第二位。此外,在深市中小板和主板上市的公司各有 2 家,品牌价值合计分别为 32.54 和 22.89 亿元。

【上市时间】　在 2021 年内蒙古上市公司品牌价值榜中:1996—2000 年上市的公司有 9 家,品牌价值合计 1 664.81 亿元,占内蒙古榜单总计品牌价值的 52.8%,排在第一位;2001—2005 年上市的公司有 5 家,品牌价值合计 1 346.49 亿元,占内蒙古榜单总计品牌价值的 42.7%,排在第二位。此外,2011—2015 年上市的公司有 5 家,品牌价值合计 87.43 亿元;2006—2010 年、2016—2020 年和 1996 年以前上市的公司各有 1 家,品牌价值分别为 25.34 亿元、18.89 亿元和 11.42 亿元。

3.13.2　2021 年内蒙古上市公司品牌价值榜单

序号	证券名称	品牌价值/亿元	增长率/%	行业	上市日期	证券代码
1	伊利股份	1 548.64	18.4	饮料	1996-03-12	600887.SH
2	蒙牛乳业	1 193.45	20.9	饮料	2004-06-10	2319.HK
3	包钢股份	80.34	15.5	钢铁	2001-03-09	600010.SH
4	鄂尔多斯	39.82	24.1	钢铁	2001-04-26	600295.SH
5	北方稀土	27.61	79.8	有色金属	1997-09-24	600111.SH
6	伊泰煤炭	27.07	−13.1	煤炭	2012-07-12	3948.HK
7	*ST 西水	26.89	−63.6	金融	2000-07-31	600291.SH
8	君正集团	26.68	114.4	化工	2011-02-22	601216.SH
9	露天煤业	25.34	240.6	有色金属	2007-04-18	002128.SZ
10	内蒙一机	23.42	9.1	装备	2004-05-18	600967.SH
11	中国圣牧	19.34	113.1	农业	2014-07-15	1432.HK
12	内蒙古能建	18.89	113.9	建筑	2017-07-18	1649.HK
13	银泰黄金	14.95	72.2	有色金属	2000-06-08	000975.SZ
14	生物股份	13.60	−19.1	医药	1999-01-15	600201.SH
15	亿利洁能	12.39	−2.7	化工	2000-07-25	600277.SH
16	内蒙华电	11.42	5.2	公用事业	1994-05-20	600863.SH
17	赤峰黄金	9.45	91.4	有色金属	2004-04-14	600988.SH
18	中盐化工	8.10	127.9	化工	2000-12-22	600328.SH
19	远兴能源	7.95	−20.9	化工	1997-01-31	000683.SZ
20	金河生物	7.20	20.3	农业	2012-07-13	002688.SZ
21	恒投证券	7.13	6.6	金融	2015-10-15	1476.HK
22	北方股份	4.68	26.2	装备	2000-06-30	600262.SH

内蒙古榜单

3.14 河北品牌价值榜

在 2021 年中国上市公司品牌价值总榜的 3 000 家企业中：河北的企业共计 50 家,比 2020 年增加了 4 家;品牌价值总计 2 738.45 亿元,比 2020 年增长了 16.4%。

3.14.1 2021 年河北上市公司品牌价值榜分析

【区域集中度】 在 2021 年河北上市公司品牌价值榜中：排在前 5 位的公司品牌价值合计 1 592.77 亿元,占河北榜单总计品牌价值的 58.2%;排在前 10 位的公司品牌价值合计 2 034.88 亿元,河北榜单总计品牌价值的 74.3%;排在前 20 位的公司品牌价值合计 2 430 亿元,占河北榜单总计品牌价值的 88.7%。

【所在行业】 在 2021 年河北上市公司品牌价值榜中,50 家公司来自 19 个行业。其中,汽车和房地产两个行业共计包括 7 家公司,品牌价值合计 1 425.51 亿元,占河北榜单总计品牌价值的 52.1%,处于主导地位。其他行业的情况见图 3-27 和图 3-28。

图 3-27　2021 年河北上市公司品牌价值榜所在行业品牌价值分布

【上市板块】 在 2021 年河北上市公司品牌价值榜中：在沪市主板上市的公司有 18 家,品牌价值合计 1 646.61 亿元,占河北榜单总计品牌价值的 60.1%,排在第一位;在深市中小板上市的公司有 5 家,品牌价值合计 449.55 亿元,占河北榜单总计品牌价值的

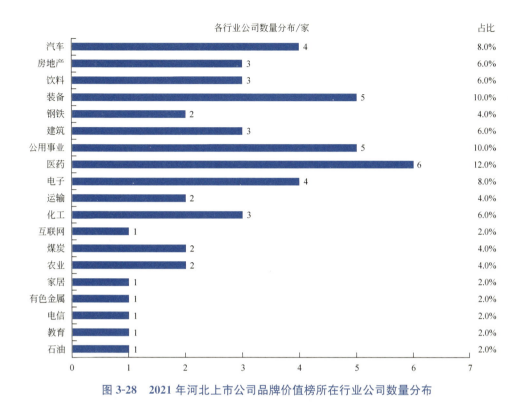

图 3-28 2021 年河北上市公司品牌价值榜所在行业公司数量分布

16.4%,排在第二位;在深市主板上市的公司有 12 家,品牌价值合计 398.3 亿元,占河北榜单总计品牌价值的 14.5%,排在第三位。此外,在港股上市的中资股公司有 9 家,品牌价值合计 186.36 亿元;在深市创业板上市的公司有 6 家,品牌价值合计 57.64 亿元。

【上市时间】 在 2021 年河北上市公司品牌价值榜中:2011—2015 年上市的公司有 5 家,品牌价值合计 871.31 亿元,占河北榜单总计品牌价值的 31.8%,排在第一位;2001—2005 年上市的公司有 11 家,品牌价值合计 605.85 亿元,占河北榜单总计品牌价值的 22.1%,排在第二位;2006—2010 年上市的公司有 6 家,品牌价值合计 443.61 亿元,占河北榜单总计品牌价值的 16.2%,排在第三位。此外,1996—2000 年上市的公司有 13 家,品牌价值合计 404.21 亿元;2016—2020 年上市的公司有 13 家,品牌价值合计 353.47 亿元;1996 年以前上市的公司有 2 家,品牌价值合计 60 亿元。

3.14.2 2021 年河北上市公司品牌价值榜单

序 号	证 券 名 称	品牌价值/亿元	增长率/%	行业	上市日期	证券代码
1	长城汽车	694.84	36.4	汽车	2011-09-28	601633.SH
2	华夏幸福	328.85	−0.8	房地产	2003-12-30	600340.SH
3	荣盛发展	226.26	1.6	房地产	2007-08-08	002146.SZ

续表

序号	证券名称	品牌价值/亿元	增长率/%	行业	上市日期	证券代码
4	养元饮品	189.38	−16.5	饮料	2018-02-12	603156.SH
5	晶澳科技	153.44	38.2	装备	2010-08-10	002459.SZ
6	河钢股份	142.49	4.6	钢铁	1997-04-16	000709.SZ
7	庞大集团	107.10	−0.7	汽车	2011-04-28	601258.SH
8	河北建设	68.58	13.0	建筑	2017-12-15	1727.HK
9	新兴铸管	62.38	−3.2	钢铁	1997-06-06	000778.SZ
10	老白干酒	61.56	43.0	饮料	2002-10-29	600559.SH
11	新奥能源	59.87	19.4	公用事业	2002-06-03	2688.HK
12	中国动力	54.16	16.6	装备	2004-07-14	600482.SH
13	冀东水泥	50.44	114.0	建筑	1996-06-14	000401.SZ
14	承德露露	43.02	−22.1	饮料	1997-11-13	000848.SZ
15	以岭药业	41.67	110.4	医药	2011-07-28	002603.SZ
16	华北制药	37.57	20.0	医药	1994-01-14	600812.SH
17	凌云股份	30.57	68.8	汽车	2003-08-15	600480.SH
18	唐山港	29.25	10.2	运输	2010-07-05	601000.SH
19	常山北明	26.14	−26.3	互联网	2000-07-24	000158.SZ
20	新奥股份	22.43	−51.0	公用事业	1994-01-03	600803.SH
21	立中集团	20.12	181.0	汽车	2015-03-19	300428.SZ
22	三友化工	18.04	−6.2	化工	2003-06-18	600409.SH
23	天山发展控股	17.77	17.3	房地产	2010-07-15	2118.HK
24	东旭光电	17.44	−72.4	电子	1996-09-25	000413.SZ
25	紫光国微	17.17	54.7	电子	2005-06-06	002049.SZ
26	秦港股份	16.38	−6.2	运输	2017-08-16	601326.SH
27	惠达卫浴	13.46	52.5	家居	2017-04-05	603385.SH
28	冀中能源	12.93	24.9	煤炭	1999-09-09	000937.SZ
29	开滦股份	12.33	23.2	煤炭	2004-06-02	600997.SH
30	晨光生物	12.32	51.0	农业	2010-11-05	300138.SZ
31	新天绿能	11.67	34.4	公用事业	2020-06-29	600956.SH
32	青鸟消防	11.01	5.5	电子	2019-08-09	002960.SZ
33	神威药业	10.19	−21.8	医药	2004-12-02	2877.HK
34	建投能源	9.83	17.9	公用事业	1996-06-06	000600.SZ

河北榜单

续表

序号	证券名称	品牌价值/亿元	增长率/%	行业	上市日期	证券代码
35	河钢资源	8.92	186.6	有色金属	1999-07-14	000923.SZ
36	中嘉博创	8.86	−31.0	电信	1997-12-18	000889.SZ
37	中国天保集团	8.29	202.8	建筑	2019-11-11	1427.HK
38	保变电气	8.03	62.7	装备	2001-02-28	600550.SH
39	东方能源	8.02	264.9	公用事业	1999-12-23	000958.SZ
40	冀东装备	7.83	43.1	装备	1998-08-13	000856.SZ
41	常山药业	7.58	20.6	医药	2011-08-19	300255.SZ
42	东光化工	7.19	−12.3	化工	2017-07-11	1702.HK
43	康泰医学	6.68		医药	2020-08-24	300869.SZ
44	新诺威	6.36	−13.3	医药	2019-03-22	300765.SZ
45	乐凯胶片	5.91	−2.9	化工	1998-01-22	600135.SH
46	21世纪教育	5.38	15.6	教育	2018-05-29	1598.HK
47	福成股份	5.08	−14.2	农业	2004-07-13	600965.SH
48	翼辰实业	4.74	2.9	装备	2016-12-21	1596.HK
49	先河环保	4.57	2.5	电子	2010-11-05	300137.SZ
50	达力普控股	4.35	−40.5	石油	2019-11-08	1921.HK

河北榜单

3.15 河南品牌价值榜

在2021年中国上市公司品牌价值总榜的3000家企业中：河南的企业共计63家，比2020年减少了3家；品牌价值总计2406.62亿元，比2020年增长了38.2%。

3.15.1 2021年河南上市公司品牌价值榜分析

【区域集中度】 在2021年河南上市公司品牌价值榜中：排在前5位的公司品牌价值合计1275.61亿元，占河南榜单总计品牌价值的53%；排在前10位的公司品牌价值合计1621.28亿元，占河南榜单总计品牌价值的67.4%；排在前20位的公司品牌价值合计1960.27亿元，占河南榜单总计品牌价值的81.5%。

【所在行业】 在2021年河南上市公司品牌价值榜中，63家公司来自21个行业。其中，食品、农业和装备三个行业共计包括17家公司，品牌价值合计1300.94亿元，占河南榜单总计品牌价值的54.1%，处于主导地位。其他行业的情况见图3-29和图3-30。

【上市板块】 在2021年河南上市公司品牌价值榜中：在深市主板上市的公司有7家，

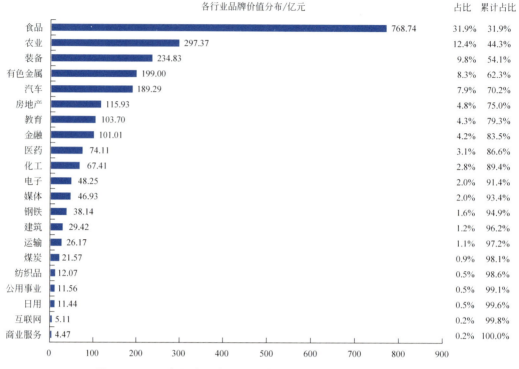

图 3-29   2021 年河南上市公司品牌价值榜所在行业品牌价值分布

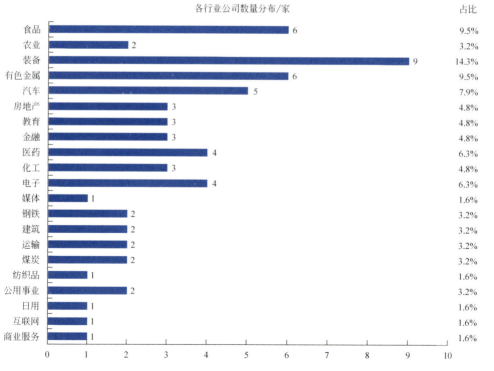

图 3-30   2021 年河南上市公司品牌价值榜所在行业公司数量分布

品牌价值合计 743.24 亿元,占河南榜单总计品牌价值的 30.9%,排在第一位;在沪市主板上市的公司有 20 家,品牌价值合计 657 亿元,占河南榜单总计品牌价值的 27.3%,排在第二位;在深市中小板上市的公司有 17 家,品牌价值合计 606.43 亿元,占河南榜单总计品牌价值的 25.2%,排在第三位。此外,在港股上市的中资股公司有 12 家,品牌价值合计 351.03 亿元;在深市创业板上市的公司有 7 家,品牌价值合计 48.93 亿元。

【上市时间】　在 2021 年河南上市公司品牌价值榜中:1996—2000 年上市的公司有 10 家,品牌价值合计 924.3 亿元,占河南榜单总计品牌价值的 38.4%,排在第一位;2011—2015 年上市的公司有 15 家,品牌价值合计 626.53 亿元,占河南榜单总计品牌价值的 26%,排在第二位;2006—2010 年上市的公司有 17 家,品牌价值合计 413.24 亿元,占河南榜单总计品牌价值的 17.2%,排在第三位。此外,2016—2020 年上市的公司有 13 家,品牌价值合计 266.27 亿元;2001—2005 年上市的公司有 7 家,品牌价值合计 165.88 亿元;1996 年以前上市的公司有 1 家,品牌价值 10.4 亿元。

3.15.2　2021 年河南上市公司品牌价值榜单

序号	证券名称	品牌价值/亿元	增长率/%	行业	上市日期	证券代码
1	双汇发展	623.52	28.4	食品	1998-12-10	000895.SZ
2	牧原股份	288.40	328.1	农业	2014-01-28	002714.SZ
3	宇通客车	159.10	−16.0	汽车	1997-05-08	600066.SH
4	洛阳钼业	106.78	147.5	有色金属	2012-10-09	603993.SH
5	建业地产	97.81	45.1	房地产	2008-06-06	0832.HK
6	郑煤机	93.17	263.1	装备	2010-08-03	601717.SH
7	宇华教育	77.04	116.0	教育	2017-02-28	6169.HK
8	三全食品	65.53	87.1	食品	2008-02-20	002216.SZ
9	好想你	56.91	168.8	食品	2011-05-20	002582.SZ
10	中原银行	53.02	107.0	金融	2017-07-19	1216.HK
11	中原传媒	46.93	6.3	媒体	1997-03-31	000719.SZ
12	郑州银行	41.81	−10.9	金融	2018-09-19	002936.SZ
13	华兰生物	37.17	51.6	医药	2004-06-25	002007.SZ
14	一拖股份	36.44	48.1	装备	2012-08-08	601038.SH
15	安阳钢铁	33.75	−17.9	钢铁	2001-08-20	600569.SH
16	中国心连心化肥	33.11	−3.7	化工	2009-12-08	1866.HK
17	中航光电	30.29	10.1	电子	2007-11-01	002179.SZ
18	许继电气	28.00	25.9	装备	1997-04-18	000400.SZ

河南榜单

续表

序号	证券名称	品牌价值/亿元	增长率/%	行业	上市日期	证券代码
19	豫光金铅	26.26	32.3	有色金属	2002-07-30	600531.SH
20	神火股份	25.22	18.9	有色金属	1999-08-31	000933.SZ
21	明泰铝业	25.13	45.2	有色金属	2011-09-19	601677.SH
22	中国天瑞水泥	24.77	35.2	建筑	2011-12-23	1252.HK
23	平高电气	23.93	0.7	装备	2001-02-21	600312.SH
24	龙蟒佰利	23.89	63.1	化工	2011-07-15	002601.SZ
25	中信重工	22.51	−2.6	装备	2012-07-06	601608.SH
26	安图生物	21.48	58.6	医药	2016-09-01	603658.SH
27	中国春来	21.10	13.0	教育	2018-09-13	1969.HK
28	中原高速	19.62	−9.1	运输	2003-08-08	600020.SH
29	平煤股份	15.23	52.1	煤炭	2006-11-23	601666.SH
30	风神股份	13.71	7.5	汽车	2003-10-21	600469.SH
31	新野纺织	12.07	17.3	纺织	2006-11-30	002087.SZ
32	瑞贝卡	11.44	−16.8	日用	2003-07-10	600439.SH
33	莲花健康	11.28	28.6	食品	1998-08-25	600186.SH
34	易成新能	11.13	7.6	装备	2010-06-25	300080.SZ
35	羚锐制药	10.69	24.7	医药	2000-10-18	600285.SH
36	建业新生活	10.59		房地产	2020-05-15	9983.HK
37	神马股份	10.40	−56.0	化工	1994-01-06	600810.SH
38	隆华科技	9.80	27.7	装备	2011-09-16	300263.SZ
39	*ST 华英	8.98	−18.9	农业	2009-12-16	002321.SZ
40	灵宝黄金	8.00	14.5	有色金属	2006-01-12	3330.HK
41	焦作万方	7.60	62.3	有色金属	1996-09-26	000612.SZ
42	恒达集团控股	7.54	−10.8	房地产	2018-11-12	3616.HK
43	仲景食品	6.71		食品	2020-11-23	300908.SZ
44	城发环境	6.56	46.2	运输	1999-03-19	000885.SZ
45	汉威科技	6.48	15.4	电子	2009-10-30	300007.SZ
46	金马能源	6.33	17.8	煤炭	2017-10-10	6885.HK
47	中原证券	6.19	−13.1	金融	2017-01-03	601375.SH
48	天伦燃气	6.15	18.8	公用事业	2010-11-10	1600.HK
49	远东传动	6.00	49.1	汽车	2010-05-18	002406.SZ

河南榜单

续表

序号	证 券 名 称	品牌价值/亿元	增长率/%	行业	上市日期	证券代码
50	新天科技	5.91	1.5	电子	2011-08-31	300259.SZ
51	飞龙股份	5.90	−1.5	汽车	2011-01-11	002536.SZ
52	中光学	5.67	32.0	电子	2007-12-03	002189.SZ
53	大山教育	5.56		教育	2020-07-15	9986.HK
54	通达股份	5.42	42.6	装备	2011-03-03	002560.SZ
55	豫能控股	5.40	99.0	公用事业	1998-01-22	001896.SZ
56	思维列控	5.11	0.3	互联网	2015-12-24	603508.SH
57	*ST科迪	4.78	−41.4	食品	2015-06-30	002770.SZ
58	普莱柯	4.77	48.1	医药	2015-05-18	603566.SH
59	濮耐股份	4.65	15.8	建筑	2008-04-25	002225.SZ
60	中原内配	4.59	9.1	汽车	2010-07-16	002448.SZ
61	设研院	4.47	11.6	商业服务	2017-12-12	300732.SZ
62	新强联	4.43		装备	2020-07-13	300850.SZ
63	恒星科技	4.39	28.8	钢铁	2007-04-27	002132.SZ

河南榜单

3.16　天津品牌价值榜

在 2021 年中国上市公司品牌价值总榜的 3 000 家企业中：天津的企业共计 40 家，比 2020 年增加了 4 家；品牌价值总计 2 337.18 亿元，比 2020 年增长了 30.8%。

3.16.1　2021 年天津上市公司品牌价值榜分析

【区域集中度】　在 2021 年天津上市公司品牌价值榜中：排在前 3 位的公司品牌价值合计 1297.39 元，占天津榜单总计品牌价值的 55.5%；排在前 5 位的公司品牌价值合计 1 541.14 亿元，占天津榜单总计品牌价值的 65.9%；排在前 10 位的公司品牌价值合计 1 883.38 亿元，占天津榜单总计品牌价值的 80.6%。

【所在行业】　在 2021 年天津上市公司品牌价值榜中，40 家公司来自 15 个行业。其中，运输、贸易和互联网三个行业共计包括 9 家公司，品牌价值合计 1 461.26 亿元，占天津榜单总计品牌价值的 62.5%，处于主导地位。其他行业的情况见图 3-31 和图 3-32。

【上市板块】　在 2021 年天津上市公司品牌价值榜中：在沪市主板上市的公司有 22 家，品牌价值合计 1 805.46 亿元，占天津榜单总计品牌价值的 77.3%，排在第一位；在港股上市的中资股公司有 4 家，品牌价值合计 2 38.44 亿元，占天津榜单总计品牌价值的 10.2%，

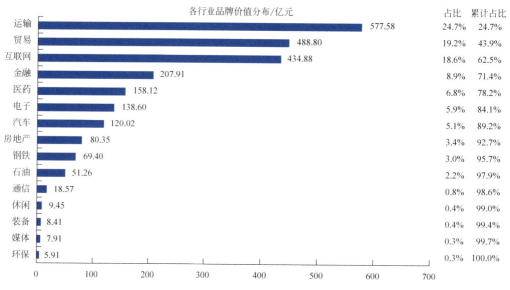

图 3-31　2021 年天津上市公司品牌价值榜所在行业品牌价值分布

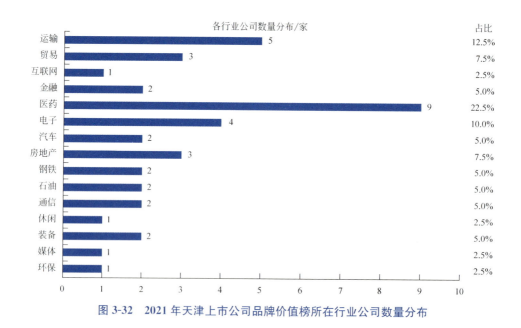

图 3-32　2021 年天津上市公司品牌价值榜所在行业公司数量分布

排在第二位;在深市主板上市的公司有 5 家,品牌价值合计 142.74 亿元,占天津榜单总计品牌价值的 6.1%,排在第三位。此外,在深市中小板上市的公司有 5 家,品牌价值合计 106.33 亿元;在深市创业板上市的公司有 4 家,品牌价值合计 44.2 亿元。

【上市时间】　在 2021 年天津上市公司品牌价值榜中:2006—2010 年上市的公司有 10 家,品牌价值合计 649.55 亿元,占天津榜单总计品牌价值的 27.8%,排在第一位;2011—2015 年上市的公司有 6 家,品牌价值合计 521.99 亿元,占天津榜单总计品牌价值的 22.3%,排在第二位;1996—2000 年上市的公司有 7 家,品牌价值合计 502.72 亿元,占天津榜单总计品牌价值的 21.5%,排在第三位。此外,2016—2020 年上市的公司有 8 家,品牌价值合计 352.67 亿元;2001—2005 年上市的公司有 7 家,品牌价值合计 241.87 亿元;1996 年以前上市的公司有 2 家,品牌价值合计 68.37 亿元。

3.16.2 2021 年天津上市公司品牌价值榜单

序号	证券名称	品牌价值/亿元	增长率/%	行业	上市日期	证券代码
1	中远海控	478.69	86.7	运输	2007-06-26	601919.SH
2	三六零	434.88	−24.4	互联网	2012-01-16	601360.SH
3	海航科技	383.83	3.0	贸易	1996-09-09	600751.SH
4	渤海银行	127.94		金融	2020-07-16	9668.HK
5	国机汽车	115.80	−16.5	汽车	2001-03-05	600335.SH
6	天津银行	79.97	37.2	金融	2016-03-30	1578.HK
7	中环股份	73.99	16.1	电子	2007-04-20	002129.SZ
8	友发集团	65.12		钢铁	2020-12-04	601686.SH
9	广宇发展	63.15	4.2	房地产	1993-12-10	000537.SZ
10	天士力	60.01	−7.1	医药	2002-08-23	600535.SH
11	中科曙光	52.00	13.3	电子	2014-11-06	603019.SH
12	招商公路	36.39	−20.3	运输	2017-12-25	001965.SZ
13	中储股份	34.27	8.4	贸易	1997-01-21	600787.SH
14	中海油服	33.05	10.5	石油	2007-09-28	601808.SH
15	天津港	31.98	−0.7	运输	1996-06-14	600717.SH
16	泰达股份	30.70	64.0	贸易	1996-11-28	000652.SZ
17	红日药业	25.18	39.8	医药	2009-10-30	300026.SZ
18	中新药业	22.48	−4.3	医药	2001-06-06	600329.SH
19	中国飞机租赁	20.77	7.9	运输	2014-07-11	1848.HK
20	凯莱英	18.32	64.5	医药	2016-11-18	002821.SZ
21	海油工程	18.21	−20.6	石油	2002-02-05	600583.SH
22	七一二	11.93	36.1	通信	2018-02-26	603712.SH
23	天房发展	11.34	−5.2	房地产	2001-09-10	600322.SH
24	天药股份	9.76	58.5	医药	2001-06-18	600488.SH
25	滨海泰达物流	9.76	16.8	运输	2008-04-30	8348.HK
26	中体产业	9.45	59.4	休闲	1998-03-27	600158.SH
27	新经典	7.91	−19.9	媒体	2017-04-25	603096.SH

天津榜单

续表

序号	证券名称	品牌价值/亿元	增长率/%	行业	上市日期	证券代码
28	经纬辉开	7.53	167.4	电子	2010-09-17	300120.SZ
29	瑞普生物	7.35	39.7	医药	2010-09-17	300119.SZ
30	富通信息	6.64	−25.1	通信	1997-09-29	000836.SZ
31	中材节能	5.91	50.2	环保	2014-07-31	603126.SH
32	天保基建	5.86	−19.1	房地产	2000-04-06	000965.SZ
33	力生制药	5.47	19.8	医药	2010-04-23	002393.SZ
34	中源协和	5.22	20.0	医药	1993-05-04	600645.SH
35	恒银科技	5.09	−10.3	电子	2017-09-20	603106.SH
36	九安医疗	4.34	250.3	医药	2010-06-10	002432.SZ
37	银龙股份	4.28	49.9	钢铁	2015-02-27	603969.SH
38	百利电气	4.27	46.0	装备	2001-06-15	600468.SH
39	天汽模	4.22	−16.2	汽车	2010-11-25	002510.SZ
40	长荣股份	4.14	−45.3	装备	2011-03-29	300195.SZ

天津榜单

3.17　重庆品牌价值榜

在 2021 年中国上市公司品牌价值总榜的 3 000 家企业中：重庆的企业共计 42 家，比 2020 年减少了 1 家；品牌价值总计 2 074.71 亿元，比 2020 年增长了 20.6%。

3.17.1　2021 年重庆上市公司品牌价值榜分析

【区域集中度】　在 2021 年重庆上市公司品牌价值榜中：排在前 3 位的公司品牌价值合计 920.37 亿元，占重庆榜单总计品牌价值的 44.4%；排在前 5 位的公司品牌价值合计 1 112.22 亿元，占重庆榜单总计品牌价值的 53.6%；排在前 10 位的公司品牌价值合计 1 453.55 亿元，占重庆榜单总计品牌价值的 70.1%。

【所在行业】　在 2021 年重庆上市公司品牌价值榜中，42 家公司来自 17 个行业。其中，汽车和房地产两个行业共计包括 12 家公司，品牌价值合计 1 076.26 亿元，占重庆榜单总计品牌价值的 51.9%，处于主导地位。其他行业的情况见图 3-33 和图 3-34。

【上市板块】　在 2021 年重庆上市公司品牌价值榜中：在深市主板上市的公司有 8 家，品牌价值合计 881.41 亿元，占重庆榜单总计品牌价值的 42.5%，排在第一位；在沪市主板上市的公司有 18 家，品牌价值合计 774.57 亿元，占重庆榜单总计品牌价值的 37.3%，排在第二位；在港股上市的中资股公司有 5 家，品牌价值合计 155.95 亿元，占重庆

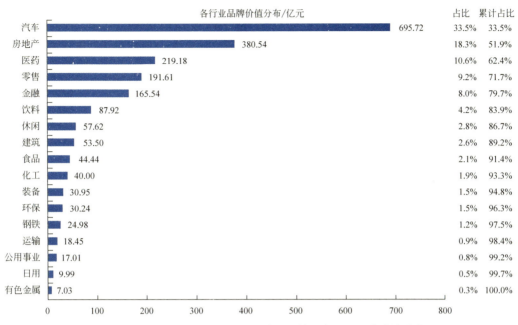

图 3-33　2021 年重庆上市公司品牌价值榜所在行业品牌价值分布

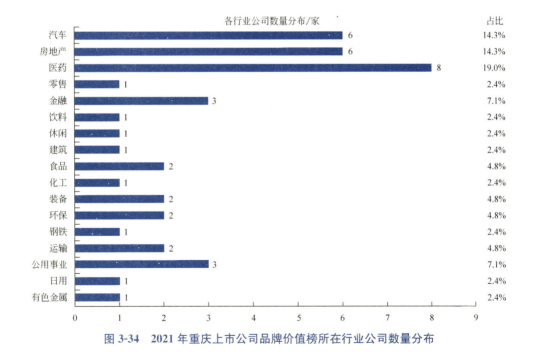

图 3-34　2021 年重庆上市公司品牌价值榜所在行业公司数量分布

榜单总计品牌价值的 7.5%,排在第三位。此外,在深市中小板上市的公司有 7 家,品牌价值合计 155.72 亿元;在深市创业板上市的公司有 4 家,品牌价值合计 107.07 亿元。

【上市时间】　在 2021 年重庆上市公司品牌价值榜中:1996—2000 年上市的公司有13 家,品牌价值合计 1 218.04 亿元,占重庆榜单总计品牌价值的 58.7%,排在第一位;

2016—2020 年上市的公司有 10 家,品牌价值合计 338 亿元,占重庆榜单总计品牌价值的
16.3%,排在第二位;2011—2015 年上市的公司有 8 家,品牌价值合计 208.44 亿元,占重
庆榜单总计品牌价值的 10.1%,排在第三位。此外,2006—2010 年上市的公司有 7 家,品
牌价值合计 183.07 亿元;2001—2005 年上市的公司有 3 家,品牌价值合计 97.62 亿元;
1996 年以前上市的公司有 1 家,品牌价值 29.54 亿元。

3.17.2 2021 年重庆上市公司品牌价值榜单

序号	证券名称	品牌价值/亿元	增长率/%	行业	上市日期	证券代码
1	长安汽车	503.41	31.4	汽车	1997-06-10	000625.SZ
2	金科股份	225.36	62.8	房地产	1996-11-28	000656.SZ
3	重庆百货	191.61	−19.0	零售	1996-07-02	600729.SH
4	渝农商行	103.93	−9.8	金融	2019-10-29	601077.SH
5	重庆啤酒	87.92	42.0	饮料	1997-10-30	600132.SH
6	智飞生物	85.18	330.3	医药	2010-09-28	300122.SZ
7	小康股份	75.27	−14.4	汽车	2016-06-15	601127.SH
8	重药控股	65.90	99.5	医药	1999-09-16	000950.SZ
9	巨人网络	57.62	3.8	休闲	2011-03-02	002558.SZ
10	隆鑫通用	57.36	5.6	汽车	2012-08-10	603766.SH
11	重庆建工	53.50	34.8	建筑	2017-02-21	600939.SH
12	重庆银行	48.95	9.0	金融	2013-11-06	1963.HK
13	金科服务	48.32		房地产	2020-11-17	9666.HK
14	中交地产	48.20	94.6	房地产	1997-04-25	000736.SZ
15	迪马股份	44.95	11.6	房地产	2002-07-23	600565.SH
16	华邦健康	40.00	17.5	化工	2004-06-25	002004.SZ
17	太极集团	35.55	33.9	医药	1997-11-18	600129.SH
18	涪陵榨菜	32.37	28.8	食品	2010-11-23	002507.SZ
19	庆铃汽车股份	29.54	−9.3	汽车	1994-08-17	1122.HK
20	重庆钢铁	24.98	27.5	钢铁	2007-02-28	601005.SH
21	重庆机电	21.21	54.6	装备	2008-06-13	2722.HK
22	三峰环境	19.20		环保	2020-06-05	601827.SH
23	宗申动力	17.47	−45.9	汽车	1997-03-06	001696.SZ
24	中国汽研	12.68	67.1	汽车	2012-06-11	601965.SH
25	西南证券	12.66	−17.5	金融	2001-01-09	600369.SH

续表

序号	证 券 名 称	品牌价值/亿元	增长率/%	行业	上市日期	证券代码
26	有友食品	12.07	1.4	食品	2019-05-08	603697.SH
27	远达环保	11.04	18.3	环保	2000-11-01	600292.SH
28	重庆港九	10.52	1.2	运输	2000-07-31	600279.SH
29	百亚股份	9.99		日用	2020-09-21	003006.SZ
30	博腾股份	9.75	66.8	医药	2014-01-29	300363.SZ
31	川仪股份	9.75	21.8	装备	2014-08-05	603100.SH
32	财信发展	9.51	34.0	房地产	1997-06-26	000838.SZ
33	福安药业	7.94	3.6	医药	2011-03-22	300194.SZ
34	长安民生物流	7.93	−16.2	运输	2006-02-23	1292.HK
35	重庆水务	7.20	14.7	公用事业	2010-03-29	601158.SH
36	顺博合金	7.03		有色金属	2020-08-28	002996.SZ
37	北大医药	6.15	1.2	医药	1997-06-16	000788.SZ
38	太阳能	5.40	35.9	公用事业	1996-02-08	000591.SZ
39	ST 天圣	4.50	−40.4	医药	2017-05-19	002872.SZ
40	重庆燃气	4.40	4.7	公用事业	2014-09-30	600917.SH
41	莱美药业	4.20	−7.8	医药	2009-10-30	300006.SZ
42	新大正	4.19	10.5	房地产	2019-12-03	002968.SZ

重庆榜单

3.18 湖南品牌价值榜

在 2021 年中国上市公司品牌价值总榜的 3 000 家企业中：湖南的企业共计 69 家，比 2020 年增加了 6 家；品牌价值总计 2 071.66 亿元，比 2020 年增长了 32.7%。

3.18.1 2021 年湖南上市公司品牌价值榜分析

【区域集中度】 在 2021 年湖南上市公司品牌价值榜中：排在前 5 位的公司品牌价值合计 725.90 亿元，占湖南榜单总计品牌价值的 35%；排在前 10 位的公司品牌价值合计 1 078.22 亿元，占湖南榜单总计品牌价值的 52.1%；排在前 20 位的公司品牌价值合计 1 488.9 亿元，占湖南榜单总计品牌价值的 71.9%。

【所在行业】 在 2021 年湖南上市公司品牌价值榜中，69 家公司来自 25 个行业。其中，装备、零售、食品和媒体四个行业共计包括 24 家公司，品牌价值合计 1 117.71 亿元，占湖南榜单总计品牌价值的 54%，处于主导地位。其他行业的情况见图 3-35 和图 3-36。

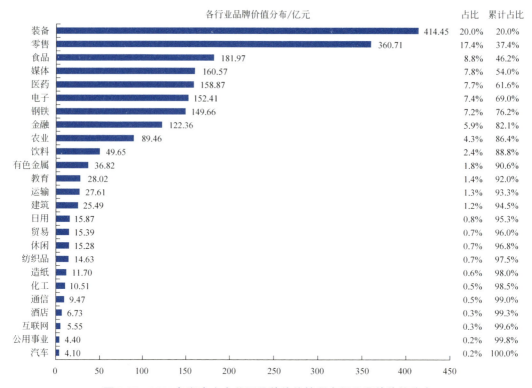

图 3-35　2021 年湖南上市公司品牌价值榜所在行业品牌价值分布

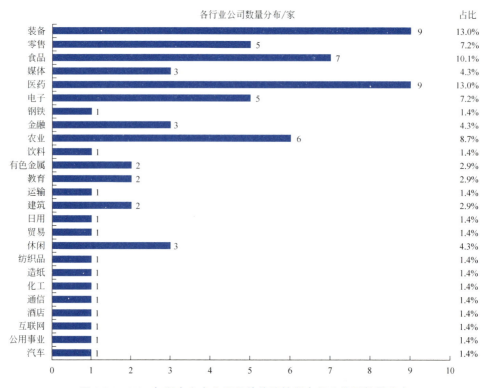

图 3-36　2021 年湖南上市公司品牌价值榜所在行业公司数量分布

【上市板块】 在2021年湖南上市公司品牌价值榜中:在深市主板上市的公司有12家,品牌价值合计605.51亿元,占湖南榜单总计品牌价值的29.2%,排在第一位;在沪市主板上市的公司有20家,品牌价值合计575.62亿元,占湖南榜单总计品牌价值的27.8%,排在第二位;在深市中小板上市的公司有17家,品牌价值合计441.38亿元,占湖南榜单总计品牌价值的21.3%,排在第三位。此外,在深市创业板上市的公司有14家,品牌价值合计337.95亿元;在港股上市的中资股公司有2家,品牌价值合计46.89亿元;在沪市科创板上市的公司和在国外上市的中概股公司各有1家,品牌价值分别为44.03亿元和20.28亿元。

【上市时间】 在2021年湖南上市公司品牌价值榜中:1996—2000年上市的公司有13家,品牌价值合计608.92亿元,占湖南榜单总计品牌价值的29.4%,排在第一位;2011—2015年上市的公司有17家,品牌价值合计561.87亿元,占湖南榜单总计品牌价值的27.1%,排在第二位;2006—2010年上市的公司有14家,品牌价值合计455.93亿元,占湖南榜单总计品牌价值的22%,排在第三位。此外,2016—2020年上市的公司有17家,品牌价值合计311.77亿元;2001—2005年上市的公司有7家,品牌价值合计120.82亿元;1996年以前上市的公司有1家,品牌价值12.35亿元。

3.18.2 2021年湖南上市公司品牌价值榜单

序号	证券名称	品牌价值/亿元	增长率/%	行业	上市日期	证券代码
1	中联重科	271.00	119.5	装备	2000-10-12	000157.SZ
2	华菱钢铁	149.66	27.6	钢铁	1999-08-03	000932.SZ
3	步步高	105.58	9.5	零售	2008-06-19	002251.SZ
4	蓝思科技	103.03	89.9	电子	2015-03-18	300433.SZ
5	老百姓	96.63	46.9	零售	2015-04-23	603883.SH
6	益丰药房	95.76	83.6	零售	2015-02-17	603939.SH
7	中南传媒	68.36	−7.9	媒体	2010-10-28	601098.SH
8	爱尔眼科	63.98	1.9	医药	2009-10-30	300015.SZ
9	绝味食品	63.58	40.7	食品	2017-03-17	603517.SH
10	芒果超媒	60.63	107.2	媒体	2015-01-21	300413.SZ
11	长沙银行	56.12	8.8	金融	2018-09-26	601577.SH
12	酒鬼酒	49.65	80.3	饮料	1997-07-18	000799.SZ
13	唐人神	47.23	−26.0	农业	2011-03-25	002567.SZ
14	中车时代电气	42.39	−25.2	装备	2006-12-20	3898.HK
15	友阿股份	41.34	−0.7	零售	2009-07-17	002277.SZ

湖南榜单

续表

序号	证券名称	品牌价值/亿元	增长率/%	行业	上市日期	证券代码
16	五矿资本	40.37	21.0	金融	2001-01-15	600390.SH
17	山河智能	36.63	112.9	装备	2006-12-22	002097.SZ
18	道道全	34.38	54.7	食品	2017-03-10	002852.SZ
19	电广传媒	31.58	−30.5	媒体	1999-03-25	000917.SZ
20	克明面业	30.99	55.8	食品	2012-03-16	002661.SZ
21	圣湘生物	30.26		医药	2020-08-28	688289.SH
22	安克创新	28.80		电子	2020-08-24	300866.SZ
23	现代投资	27.61	−9.6	运输	1999-01-28	000900.SZ
24	方正证券	25.86	−5.2	金融	2011-08-10	601901.SH
25	通程控股	21.41	−7.9	零售	1996-08-16	000419.SZ
26	旗滨集团	20.99	51.7	建筑	2011-08-12	601636.SH
27	中圣集团	20.28	63.7	装备	2005-03-16	5GD.SG
28	湖南黄金	19.57	15.2	有色金属	2007-08-16	002155.SZ
29	拓维信息	18.64	32.3	教育	2008-07-23	002261.SZ
30	ST加加	17.50	30.1	食品	2012-01-06	002650.SZ
31	盐津铺子	17.42	140.7	食品	2017-02-08	002847.SZ
32	株冶集团	17.25	−7.1	有色金属	2004-08-30	600961.SH
33	水羊股份	15.87	31.1	日用	2018-02-08	300740.SZ
34	九芝堂	15.66	−10.2	医药	2000-06-28	000989.SZ
35	鹏都农牧	15.39	−17.0	贸易	2010-11-18	002505.SZ
36	梦洁股份	14.63	8.9	纺织	2010-04-29	002397.SZ
37	千金药业	13.07	11.9	医药	2004-03-12	600479.SH
38	金杯电工	12.78	47.3	装备	2010-12-31	002533.SZ
39	中兵红箭	12.35	52.7	装备	1993-10-08	000519.SZ
40	岳阳林纸	11.70	31.3	造纸	2004-05-25	600963.SH
41	金健米业	11.35	48.2	农业	1998-05-06	600127.SH
42	尔康制药	11.30	−26.2	医药	2011-09-27	300267.SZ
43	时代新材	10.51	−4.5	化工	2002-12-19	600458.SH
44	雪天盐业	10.37	−18.4	食品	2018-03-26	600929.SH
45	三诺生物	9.80	51.5	医药	2012-03-19	300298.SZ
46	威胜信息	9.47		通信	2020-01-21	688100.SH

湖南榜单

续表

序号	证券名称	品牌价值/亿元	增长率/%	行业	上市日期	证券代码
47	隆平高科	9.40	−41.3	农业	2000-12-11	000998.SZ
48	开元教育	9.38	−23.8	教育	2012-07-26	300338.SZ
49	楚天科技	8.45	8.7	装备	2014-01-21	300358.SZ
50	艾华集团	8.31	33.7	电子	2015-05-15	603989.SH
51	劲仔食品	7.74		食品	2020-09-14	003000.SZ
52	湘佳股份	7.66		农业	2020-04-24	002982.SZ
53	新五丰	7.64	0.7	农业	2004-06-09	600975.SH
54	奥士康	7.64	10.0	电子	2017-12-01	002913.SZ
55	华天酒店	6.73	1.5	酒店	1996-08-08	000428.SZ
56	天桥起重	6.28	−16.6	装备	2010-12-10	002523.SZ
57	景峰医药	6.21	−38.4	医药	1999-02-03	000908.SZ
58	佳沃股份	6.17	252.4	农业	2011-09-27	300268.SZ
59	天舟文化	6.07	76.0	休闲	2010-12-15	300148.SZ
60	天泽信息	5.55	151.0	互联网	2011-04-26	300209.SZ
61	中广天择	4.95	−4.9	休闲	2017-08-11	603721.SH
62	宏达电子	4.63	52.5	电子	2017-11-21	300726.SZ
63	远大住工	4.50	5.1	建筑	2019-11-06	2163.HK
64	华银电力	4.40	25.4	公用事业	1996-09-05	600744.SH
65	南新制药	4.30		医药	2020-03-26	688189.SH
66	亚光科技	4.29	131.2	装备	2010-09-21	300123.SZ
67	方盛制药	4.29	32.8	医药	2014-12-05	603998.SH
68	张家界	4.26	−43.2	休闲	1996-08-29	000430.SZ
69	湘油泵	4.10	147.6	汽车	2016-11-30	603319.SH

湖南榜单

3.19　辽宁品牌价值榜

　　在 2021 年中国上市公司品牌价值总榜的 3 000 家企业中：辽宁的企业共计 51 家,比 2020 年增加了 1 家;品牌价值总计 1 837.97 亿元,比 2020 年增长了 2.5%。

3.19.1　2021 年辽宁上市公司品牌价值榜分析

　　【区域集中度】　在 2021 年辽宁上市公司品牌价值榜中:排在前 5 位的公司品牌价

值合计 927.7 亿元,占辽宁榜单总计品牌价值的 50.5%;排在前 10 位的公司品牌价值合计 1 255.38 亿元,占辽宁榜单总计品牌价值的 68.3%;排在前 20 位的公司品牌价值合计 1 540.9 亿元,占辽宁榜单总计品牌价值的 83.8%。

【所在行业】 在 2021 年辽宁上市公司品牌价值榜中,51 家公司来自 20 个行业。其中,汽车、钢铁、运输和化工四个行业共计包括 18 家公司,品牌价值合计 1 017.66 亿元,占辽宁榜单总计品牌价值的 55.4%,处于主导地位。其他行业的情况见图 3-37 和图 3-38。

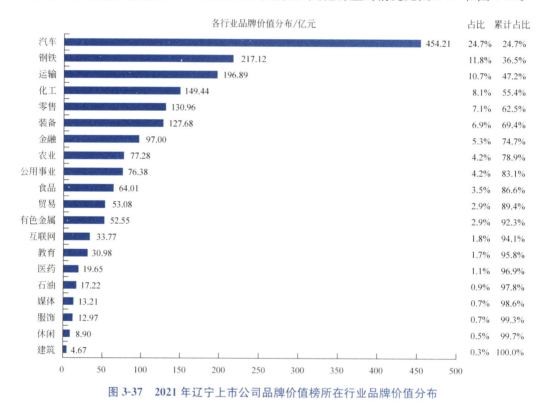

图 3-37　2021 年辽宁上市公司品牌价值榜所在行业品牌价值分布

【上市板块】 在 2021 年辽宁上市公司品牌价值榜中:在沪市主板上市的公司有 22 家,品牌价值合计 1 244.99 亿元,占辽宁榜单总计品牌价值的 67.7%,排在第一位;在深市主板上市的公司有 10 家,品牌价值合计 258.72 亿元,占辽宁榜单总计品牌价值的 14.1%,排在第二位;在港股上市的中资股公司有 7 家,品牌价值合计 210.48 亿元,占辽宁榜单总计品牌价值的 11.5%,排在第三位。此外,在深市中小板上市的公司有 7 家,品牌价值合计 82.84 亿元;在深市创业板上市的公司有 4 家,品牌价值合计 34.81 亿元;在沪市科创板上市的公司有 1 家,品牌价值 6.13 亿元。

【上市时间】 在 2021 年辽宁上市公司品牌价值榜中:1996—2000 年上市的公司有 21 家,品牌价值合计 1 038.65 亿元,占辽宁榜单总计品牌价值的 56.5%,排在第一位;2011—2015 年上市的公司有 11 家,品牌价值合计 282.5 亿元,占辽宁榜单总计品牌价值的 15.4%,排在第二位;2006—2010 年上市的公司有 10 家,品牌价值合计 190.01 亿元,占

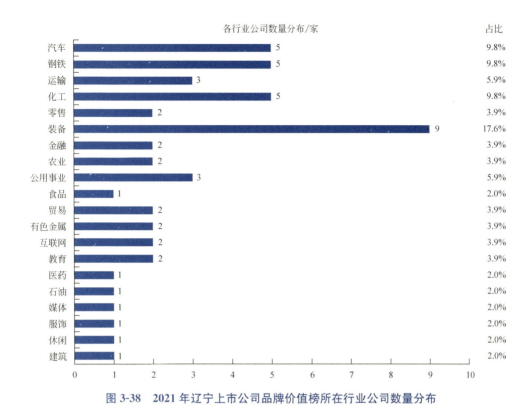

图 3-38　2021 年辽宁上市公司品牌价值榜所在行业公司数量分布

辽宁榜单总计品牌价值的 10.3%，排在第三位。此外，1996 年以前上市的公司有 4 家，品牌价值合计 161.76 亿元；2001—2005 年上市的公司有 2 家，品牌价值合计 127.94 亿元；2016—2020 年上市的公司有 3 家，品牌价值合计 37.1 亿元。

3.19.2　2021 年辽宁上市公司品牌价值榜单

序号	证券名称	品牌价值/亿元	增长率/%	行业	上市日期	证券代码
1	广汇汽车	403.10	−5.9	汽车	2000-11-16	600297.SH
2	圆通速递	165.48	6.0	运输	2000-06-08	600233.SH
3	恒力石化	123.53	192.5	化工	2001-08-20	600346.SH
4	大商股份	118.32	−32.0	零售	1993-11-22	600694.SH
5	鞍钢股份	117.26	−15.8	钢铁	1997-12-25	000898.SZ
6	禾丰股份	72.44	32.1	农业	2014-08-08	603609.SH
7	盛京银行	71.36	4.7	金融	2014-12-29	2066.HK
8	国电电力	65.86	32.3	公用事业	1997-03-18	600795.SH
9	桃李面包	64.01	31.1	食品	2015-12-22	603866.SH

辽宁榜单

续表

序号	证 券 名 称	品牌价值/亿元	增长率/%	行业	上市日期	证券代码
10	本钢板材	54.01	0.9	钢铁	1998-01-15	000761.SZ
11	中国忠旺	43.21	−30.2	有色金属	2009-05-08	1333.HK
12	辽宁成大	35.08	39.9	贸易	1996-08-19	600739.SH
13	三一国际	34.82	118.8	装备	2009-11-25	0631.HK
14	大连重工	31.58	10.6	装备	2008-01-16	002204.SZ
15	凌钢股份	28.00	0.8	钢铁	2000-05-11	600231.SH
16	锦州银行	25.64	−48.8	金融	2015-12-07	0416.HK
17	东软教育	24.34		教育	2020-09-29	9616.HK
18	东软集团	24.13	−9.7	互联网	1996-06-18	600718.SH
19	东北制药	19.65	9.5	医药	1996-05-23	000597.SZ
20	辽港股份	19.07	6.5	运输	2010-12-06	601880.SH
21	申华控股	19.01	6.8	汽车	1990-12-19	600653.SH
22	铁龙物流	17.99	−52.7	贸易	1998-05-11	600125.SH
23	华锦股份	17.22	−6.6	石油	1997-01-30	000059.SZ
24	金杯汽车	15.25	−32.0	汽车	1992-07-24	600609.SH
25	机器人	14.21	−27.2	装备	2009-10-30	300024.SZ
26	出版传媒	13.21	50.3	媒体	2007-12-21	601999.SH
27	萃华珠宝	12.97	−22.7	服饰	2014-11-04	002731.SZ
28	大金重工	12.97	486.2	装备	2010-10-15	002487.SZ
29	中兴商业	12.64	−19.5	零售	1997-05-08	000715.SZ
30	锦州港	12.34	45.5	运输	1999-06-09	600190.SH
31	抚顺特钢	11.41	147.0	钢铁	2000-12-29	600399.SH
32	曙光股份	10.70	−0.3	汽车	2000-12-26	600303.SH
33	梦网科技	9.64	8.6	互联网	2007-03-28	002123.SZ
34	沈阳化工	9.43	24.5	化工	1997-02-20	000698.SZ
35	锌业股份	9.34	10.2	有色金属	1997-06-26	000751.SZ
36	冰山冷热	9.17	−4.5	装备	1993-12-08	000530.SZ
37	文投控股	8.90	−15.4	休闲	1996-07-01	600715.SH
38	蓝英装备	7.97	103.1	装备	2012-03-08	300293.SZ

辽宁榜单

续表

序号	证券名称	品牌价值/亿元	增长率/%	行业	上市日期	证券代码
39	美吉姆	6.64	61.2	教育	2011-09-29	002621.SZ
40	金辰股份	6.63	59.1	装备	2017-10-18	603396.SH
41	奥克股份	6.48	14.7	化工	2010-05-20	300082.SZ
42	中国罕王	6.45	137.5	钢铁	2011-09-30	3788.HK
43	德尔股份	6.14	−2.0	汽车	2015-06-12	300473.SZ
44	豪森股份	6.13		装备	2020-11-09	688529.SH
45	联美控股	6.11	−6.5	公用事业	1999-01-28	600167.SH
46	航锦科技	5.27	28.1	化工	1997-10-17	000818.SZ
47	獐子岛	4.84	−31.2	农业	2006-09-28	002069.SZ
48	中广核技	4.73	70.5	化工	1998-09-02	000881.SZ
49	远大中国	4.67	0.6	建筑	2011-05-17	2789.HK
50	金山股份	4.41	55.5	公用事业	2001-03-28	600396.SH
51	远大智能	4.20	−40.3	装备	2012-07-17	002689.SZ

辽宁榜单

3.20　山西品牌价值榜

在 2021 年中国上市公司品牌价值总榜的 3 000 家企业中：山西的企业共计 27 家，比 2020 年增加了 3 家；品牌价值总计 1 222.95 亿元，比 2020 年增长了 4.4%。

3.20.1　2021 年山西上市公司品牌价值榜分析

【区域集中度】　在 2021 年山西上市公司品牌价值榜中：排在前 3 位的公司品牌价值合计 835.48 亿元，占山西榜单总计品牌价值的 68.3%；排在前 5 位的公司品牌价值合计 951.13 亿元，占山西榜单总计品牌价值的 77.8%；排在前 10 位的公司品牌价值合计 1 074.07 亿元，占山西榜单总计品牌价值的 87.8%。

【所在行业】　在 2021 年山西上市公司品牌价值榜中，27 家公司来自 12 个行业。其中，运输和饮料两个行业共计包括 2 家公司，品牌价值合计 752.67 亿元，占山西榜单总计品牌价值的 61.6%，处于主导地位。其他行业的情况见图 3-39 和图 3-40。

【上市板块】　在 2021 年山西上市公司品牌价值榜中：在沪市主板上市的公司有 15 家，品牌价值合计 965.25 亿元，占山西榜单总计品牌价值的 78.9%，排在第一位；在深市主板上市的公司有 6 家，品牌价值合计 128.74 亿元，占山西榜单总计品牌价值的 10.5%，

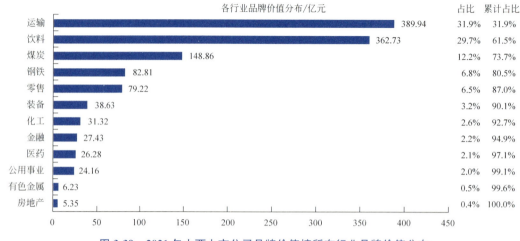

图 3-39　2021 年山西上市公司品牌价值榜所在行业品牌价值分布

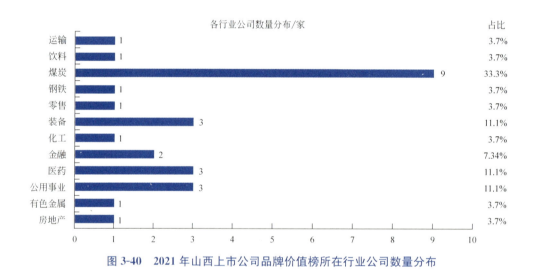

图 3-40　2021 年山西上市公司品牌价值榜所在行业公司数量分布

排在第二位。此外,在深市中小板上市的公司有 2 家,品牌价值合计 90.78 亿元;在港股上市的中资股公司有 3 家,品牌价值合计 25.9 亿元;在深市创业板上市的公司有 1 家,品牌价值 12.28 亿元。

【上市时间】　在 2021 年山西上市公司品牌价值榜中,2006—2010 年上市的公司有 4 家,品牌价值合计 426.91 亿元,占山西榜单总计品牌价值的 34.9%,排在第一位;1996 年以前上市的公司有 4 家,品牌价值合计 403.91 亿元,占山西榜单总计品牌价值的 33%,排在第二位;1996—2000 年上市的公司有 9 家,品牌价值合计 193.86 亿元,占山西榜单总计品牌价值的 15.9%,排在第三位。此外,2011—2015 年上市的公司有 3 家,品牌价值合计 96.84 亿元;2001—2005 年上市的公司有 5 家,品牌价值合计 80.3 亿元;2016—2020 年上市的公司有 2 家,品牌价值合计 21.12 亿元。

3.20.2 2021 年山西上市公司品牌价值榜单

序号	证券名称	品牌价值/亿元	增长率/%	行业	上市日期	证券代码
1	大秦铁路	389.94	−8.3	运输	2006-08-01	601006.SH
2	山西汾酒	362.73	77.0	饮料	1994-01-06	600809.SH
3	太钢不锈	82.81	−26.5	钢铁	1998-10-21	000825.SZ
4	*ST 跨境	79.22	−57.8	零售	2011-12-08	002640.SZ
5	山煤国际	36.43	35.4	煤炭	2003-07-31	600546.SH
6	阳煤化工	31.32	−17.3	化工	1993-11-19	600691.SH
7	太原重工	27.45	7.9	装备	1998-09-04	600169.SH
8	兰花科创	24.31	4.8	煤炭	1998-12-17	600123.SH
9	华阳股份	20.34	12.3	煤炭	2003-08-21	600348.SH
10	山西焦煤	19.53	17.1	煤炭	2000-07-26	000983.SZ
11	潞安环能	16.65	2.2	煤炭	2006-09-22	601699.SH
12	晋商银行	15.86	19.4	金融	2019-07-18	2558.HK
13	永泰能源	13.37	24.6	公用事业	1998-05-13	600157.SH
14	振东制药	12.28	18.8	医药	2011-01-07	300158.SZ
15	山西证券	11.57	−36.2	金融	2010-11-15	002500.SZ
16	美锦能源	9.53	−17.7	煤炭	1997-05-15	000723.SZ
17	亚宝药业	8.99	−10.4	医药	2002-09-26	600351.SH
18	晋控煤业	8.77	53.2	煤炭	2006-06-23	601001.SH
19	ST 安泰	8.62	62.9	煤炭	2003-02-12	600408.SH
20	英洛华	6.23	127.4	有色金属	1997-08-08	000795.SZ
21	晋西车轴	5.93	106.8	装备	2004-05-26	600495.SH
22	晋控电力	5.62	3.5	公用事业	1997-06-09	000767.SZ
23	辰兴发展	5.35	−29.4	房地产	2015-07-03	2286.HK
24	华翔股份	5.26		装备	2020-09-17	603112.SH
25	国新能源	5.17	−4.6	公用事业	1992-10-13	600617.SH
26	派林生物	5.02	55.2	医药	1996-06-28	000403.SZ
27	首钢资源	4.69	53.2	煤炭	1990-10-02	0639.HK

山西榜单

3.21 江西品牌价值榜

在 2021 年中国上市公司品牌价值总榜的 3 000 家企业中：江西的企业共计 33 家，与 2020 年持平；品牌价值总计 1 380.83 亿元，比 2020 年增长了 19.5%。

3.21.1 2021 年江西上市公司品牌价值榜分析

【区域集中度】 在 2021 年江西上市公司品牌价值榜中：排在前 3 位的公司品牌价值合计 645.5 亿元，占江西榜单总计品牌价值的 46.8%；排在前 5 位的公司品牌价值合计 826.86 亿元，占江西榜单总计品牌价值的 59.9%；排在前 10 位的公司品牌价值合计 1 081.89 亿元，占江西榜单总计品牌价值的 78.4%。

【所在行业】 在 2021 年江西上市公司品牌价值榜中，33 家公司来自 20 个行业。其中，有色金属、装备、汽车和农业四个行业共计包括 9 家公司，品牌价值合计 818.01 亿元，占江西榜单总计品牌价值的 59.2%，处于主导地位。其他行业的情况见图 3-41 和图 3-42。

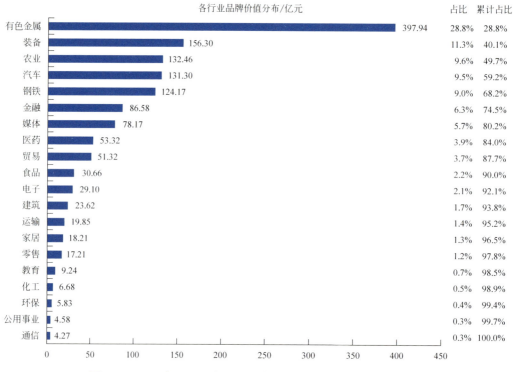

图 3-41　2021 年江西上市公司品牌价值榜所在行业品牌价值分布

【上市板块】 在 2021 年江西上市公司品牌价值榜中：在沪市主板上市的公司有 12 家，品牌价值合计 669.7 亿元，占江西榜单总计品牌价值的 48.5%，排在第一位；在深市主板上市的公司有 6 家，品牌价值合计 271.33 亿元，占江西榜单总计品牌价值的 19.7%，排在第

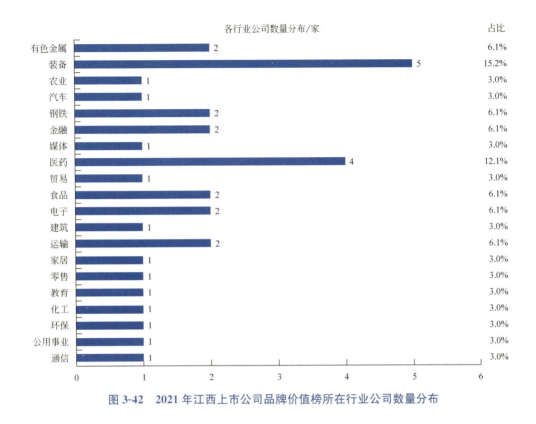

图 3-42 2021 年江西上市公司品牌价值榜所在行业公司数量分布

二位;在深市中小板上市的公司有 5 家,品牌价值合计 196.41 亿元,占江西榜单总计品牌价值的 14.2%,排在第三位。此外,在港股上市的中资股公司有 5 家,品牌价值合计 118.3 亿元;在国外上市的中概股公司和在沪市科创板上市的公司各有 1 家,品牌价值分别为 91.02 亿元和 5.83 亿元;在深市创业板上市的公司有 3 家,品牌价值合计 28.24 亿元。

【上市时间】 在 2021 年江西上市公司品牌价值榜中:2001—2005 年上市的公司有 8 家,品牌价值合计 544.03 亿元,占江西榜单总计品牌价值的 39.4%,排在第一位;1996—2000 年上市的公司有 9 家,品牌价值合计 265.58 亿元,占江西榜单总计品牌价值的 19.2%,排在第二位;2006—2010 年上市的公司有 4 家,品牌价值合计 246.42 亿元,占江西榜单总计品牌价值的 17.9%,排在第三位。此外,2016—2020 年上市的公司有 8 家,品牌价值 151.43 亿元;1996 年以前上市的公司有 1 家,品牌价值合计 131.3 亿元;2011—2015 年上市的公司有 3 家,品牌价值合计 42.07 亿元。

3.21.2 2021 年江西上市公司品牌价值榜单

序号	证券名称	品牌价值/亿元	增长率/%	行业	上市日期	证券代码
1	江西铜业	381.74	20.6	有色金属	2002-01-11	600362.SH
2	正邦科技	132.46	44.2	农业	2007-08-17	002157.SZ

江西榜单

续表

序号	证券名称	品牌价值/亿元	增长率/%	行业	上市日期	证券代码
3	江铃汽车	131.30	−14.8	汽车	1993-12-01	000550.SZ
4	晶科能源	91.02	59.6	装备	2010-05-14	JKS.N
5	新钢股份	90.33	15.2	钢铁	1996-12-25	600782.SH
6	中文传媒	78.17	20.3	媒体	2002-03-04	600373.SH
7	天音控股	51.32	26.8	贸易	1997-12-02	000829.SZ
8	九江银行	43.62	14.0	金融	2018-07-10	6190.HK
9	江西银行	42.96	−7.9	金融	2018-06-26	1916.HK
10	长虹华意	38.97	17.4	装备	1996-06-19	000404.SZ
11	方大特钢	33.84	1.4	钢铁	2003-09-30	600507.SH
12	万年青	23.62	34.9	建筑	1997-09-23	000789.SZ
13	煌上煌	20.57	83.1	食品	2012-09-05	002695.SZ
14	仁和药业	19.43	−15.0	医药	1996-12-10	000650.SZ
15	汇森家居	18.21		家居	2020-12-29	2127.HK
16	国光连锁	17.21		零售	2020-07-28	605188.SH
17	联创电子	17.08	26.3	电子	2004-09-03	002036.SZ
18	赣锋锂业	16.20	21.3	有色金属	2010-08-10	002460.SZ
19	赣粤高速	13.85	−13.4	运输	2000-05-18	600269.SH
20	博雅生物	12.94	4.3	医药	2012-03-08	300294.SZ
21	江中药业	12.39	24.2	医药	1996-09-23	600750.SH
22	联创光电	12.02	55.1	电子	2001-03-29	600363.SH
23	泰豪科技	10.60	−7.8	装备	2002-07-03	600590.SH
24	甘源食品	10.10		食品	2020-07-31	002991.SZ
25	辰林教育	9.24	−2.2	教育	2019-12-13	1593.HK
26	洪都航空	8.97	69.1	装备	2000-12-15	600316.SH
27	富祥药业	8.56	66.9	医药	2015-12-22	300497.SZ
28	华伍股份	6.74	84.2	装备	2010-07-28	300095.SZ
29	诚志股份	6.68	−20.3	化工	2000-07-06	000990.SZ
30	江西长运	6.00	−7.7	运输	2002-07-16	600561.SH
31	金达莱	5.83		环保	2020-11-11	688057.SH
32	洪城环境	4.58	59.3	公用事业	2004-06-01	600461.SH
33	普天通信集团	4.27	−12.9	通信	2017-11-09	1720.HK

江西榜单

3.22 新疆品牌价值榜

在 2021 年中国上市公司品牌价值总榜的 3 000 家企业中：新疆的企业共计 31 家，比 2020 年减少了 2 家；品牌价值总计 1 097.51 亿元，比 2020 年增长了 3.9%。

3.22.1 2021 年新疆上市公司品牌价值榜分析

【区域集中度】 在 2021 年新疆上市公司品牌价值榜中：排在前 3 位的公司品牌价值合计 383.49 亿元，占新疆榜单总计品牌价值的 34.9%；排在前 5 位的公司品牌价值合计 531.58 亿元，占新疆榜单总计品牌价值的 48.4%；排在前 10 位的公司品牌价值合计 796.06 亿元，占新疆榜单总计品牌价值的 72.5%。

【所在行业】 在 2021 年新疆上市公司品牌价值榜中，31 家公司来自 17 个行业。其中，装备和金融两个行业共计包括 7 家公司，品牌价值合计 609.56 亿元，占新疆榜单总计品牌价值的 55.5%，处于主导地位。其他行业的情况见图 3-43 和图 3-44。

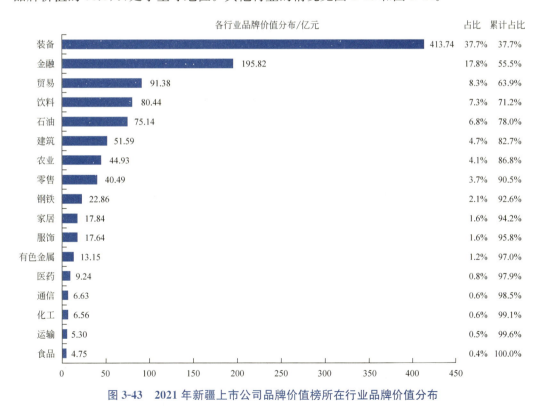

图 3-43　2021 年新疆上市公司品牌价值榜所在行业品牌价值分布

【上市板块】 在 2021 年新疆上市公司品牌价值榜中：在沪市主板上市的公司有 15 家，品牌价值合计 430.44 亿元，占新疆榜单总计品牌价值的 39.2%，排在第一位；在深市中小板上市的公司有 7 家，品牌价值合计 340.52 亿元，占新疆榜单总计品牌价值的 31%，

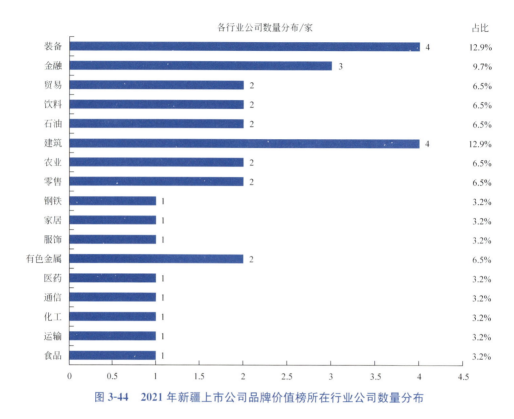

图 3-44　2021 年新疆上市公司品牌价值榜所在行业公司数量分布

排在第二位;在深市主板上市的公司有 5 家,品牌价值合计 220.32 亿元,占新疆榜单总计品牌价值的 20.1%,排在第三位。此外,在港股上市的中资股公司和在深市创业板上市的公司各有 2 家,品牌价值合计分别为 94.84 亿元和 11.38 亿元。

【上市时间】　在 2021 年新疆上市公司品牌价值榜中:1996—2000 年上市的公司有 13 家,品牌价值合计 459.08 亿元,占新疆榜单总计品牌价值的 41.8%,排在第一位;2006—2010 年上市的公司有 6 家,品牌价值合计 335.04 亿元,占新疆榜单总计品牌价值的 30.5%,排在第二位;2011—2015 年上市的公司有 4 家,品牌价值合计 176.48 亿元,占新疆榜单总计品牌价值的 16.1%,排在第三位。此外,2001—2005 年上市的公司有 4 家,品牌价值合计 92.71 亿元;2016—2020 年上市的公司有 4 家,品牌价值合计 34.19 亿元。

3.22.2　2021 年新疆上市公司品牌价值榜单

序号	证券名称	品牌价值/亿元	增长率/%	行业	上市日期	证券代码
1	金风科技	199.11	2.9	装备	2007-12-26	002202.SZ
2	特变电工	107.19	8.7	装备	1997-06-18	600089.SH
3	新特能源	77.20	10.3	装备	2015-12-30	1799.HK
4	申万宏源	76.96	−10.1	金融	2015-01-26	000166.SZ

续表

序号	证券名称	品牌价值 /亿元	增长率/%	行业	上市日期	证券代码
5	中油资本	71.12	50.0	金融	1996-10-22	000617.SZ
6	中油工程	66.42	−13.5	石油	2000-12-25	600339.SH
7	中泰化学	64.57	50.9	贸易	2006-12-08	002092.SZ
8	伊力特	50.55	7.6	饮料	1999-09-16	600197.SH
9	渤海租赁	47.74	−15.3	金融	1996-07-16	000415.SZ
10	天康生物	35.21	45.9	农业	2006-12-26	002100.SZ
11	卓郎智能	30.25	−34.6	装备	2003-12-03	600545.SH
12	天润乳业	29.89	26.0	饮料	2001-06-28	600419.SH
13	中粮糖业	26.82	25.1	贸易	1996-07-31	600737.SH
14	友好集团	23.16	−20.3	零售	1996-12-03	600778.SH
15	八一钢铁	22.86	5.2	钢铁	2002-08-16	600581.SH
16	西部建设	21.61	23.1	建筑	2009-11-03	002302.SZ
17	美克家居	17.84	2.4	家居	2000-11-27	600337.SH
18	拉夏贝尔	17.64	−57.5	服饰	2014-10-09	6116.HK
19	汇嘉时代	17.32	−8.4	零售	2016-05-06	603101.SH
20	天山股份	15.26	113.4	建筑	1999-01-07	000877.SZ
21	北新路桥	9.79	6.5	建筑	2009-11-11	002307.SZ
22	冠农股份	9.72	54.4	农业	2003-06-09	600251.SH
23	德展健康	9.24	−61.1	医药	1998-05-19	000813.SZ
24	广汇能源	8.73	2.6	石油	2000-05-26	600256.SH
25	新疆众和	8.47	1.2	有色金属	1996-02-15	600888.SH
26	立昂技术	6.63	93.2	通信	2017-01-26	300603.SZ
27	新疆天业	6.56	78.4	化工	1997-06-17	600075.SH
28	天顺股份	5.30	49.4	运输	2016-05-30	002800.SZ
29	新疆交建	4.94	−23.4	建筑	2018-11-28	002941.SZ
30	西部牧业	4.75	37.0	食品	2010-08-20	300106.SZ
31	西部黄金	4.68	128.2	有色金属	2015-01-22	601069.SH

新疆榜单

3.23 陕西品牌价值榜

在 2021 年中国上市公司品牌价值总榜的 3 000 家企业中：陕西的企业共计 37 家,比 2020 年增加了 2 家;品牌价值总计 1 019.11 亿元,比 2020 年增长了 15.7%。

3.23.1 2021 年陕西上市公司品牌价值榜分析

【区域集中度】 在 2021 年陕西上市公司品牌价值榜中:排在前 3 位的公司品牌价值合计 482.02 亿元,占陕西榜单总计品牌价值的 47.3%;排在前 5 位的公司品牌价值合计 604.79 亿元,占陕西榜单总计品牌价值的 59.3%;排在前 10 位的公司品牌价值合计 779.25 亿元,占陕西榜单总计品牌价值的 76.5%。

【所在行业】 在 2021 年陕西上市公司品牌价值榜中,37 家公司来自 18 个行业。其中,装备行业包括 8 家公司,品牌价值合计 550.28 亿元,占陕西榜单总计品牌价值的 54%,处于主导地位。其他行业的情况见图 3-45 和图 3-46。

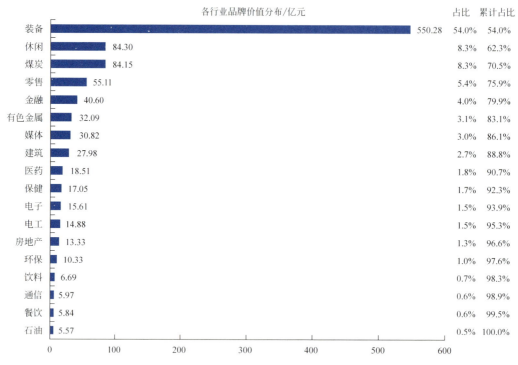

图 3-45 2021 年陕西上市公司品牌价值榜所在行业品牌价值分布

【上市板块】 在 2021 年陕西上市公司品牌价值榜中:在沪市主板上市的公司有 18 家,品牌价值合计 703.72 亿元,占陕西榜单总计品牌价值的 69.1%,排在第一位;在深市主板上市的公司有 8 家,品牌价值合计 228.8 亿元,占陕西榜单总计品牌价值的 22.5%,排在第二位。此外,在深市中小企业板上市的公司有 4 家,品牌价值合计 41.05 亿元;在港股上市的中资股公司有 3 家,品牌价值合计 26.56 亿元;在深市创业板上市的公司有 3 家,品牌价值合计 14.82 亿元;在沪市科创板上市的公司有 1 家,品牌价值 4.16 亿元。

【上市时间】 在 2021 年陕西上市公司品牌价值榜中:2011—2015 年上市的公司有 3 家,品牌价值合计 427.92 亿元,占陕西榜单总计品牌价值的 42%,排在第一位;1996—

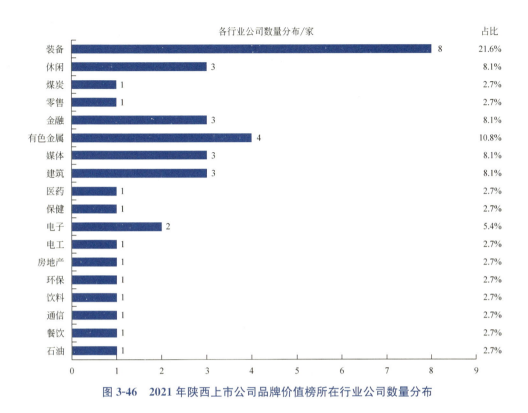

图 3-46　2021 年陕西上市公司品牌价值榜所在行业公司数量分布

2000 年上市的公司有 9 家,品牌价值合计 240.75 亿元,占陕西榜单总计品牌价值的 23.6%,排在第二位;2006—2010 年上市的公司有 8 家,品牌价值合计 140.97 亿元,占陕西榜单总计品牌价值的 13.8%,排在第三位。此外,1996 年以前上市的公司有 6 家,品牌价值合计 110.55 亿元;2016—2020 年上市的公司有 6 家,品牌价值合计 64.55 亿元;2001—2005 年上市的公司有 5 家,品牌价值合计 34.37 亿元。

3.23.2　2021 年陕西上市公司品牌价值榜单

序号	证 券 名 称	品牌价值/亿元	增长率/%	行业	上市日期	证券代码
1	隆基股份	331.54	109.4	装备	2012-04-11	601012.SH
2	陕西煤业	84.15	52.7	煤炭	2014-01-28	601225.SH
3	凯撒旅业	66.33	−1.6	休闲	1997-07-03	000796.SZ
4	中航西飞	66.02	16.3	装备	1997-06-26	000768.SZ
5	航发动力	56.75	24.8	装备	1996-04-08	600893.SH
6	*ST 大集	55.11	−37.6	零售	1994-01-10	000564.SZ
7	中国西电	41.78	30.6	装备	2010-01-28	601179.SH
8	陕鼓动力	36.76	42.3	装备	2010-04-28	601369.SH

续表

序号	证券名称	品牌价值/亿元	增长率/%	行业	上市日期	证券代码
9	西安银行	22.31	−19.7	金融	2019-03-01	600928.SH
10	延安必康	18.51	−41.3	医药	2010-05-25	002411.SZ
11	国际医学	17.05	−42.5	保健	1993-08-09	000516.SZ
12	金钼股份	14.95	1.0	有色金属	2008-04-17	601958.SH
13	北元集团	14.88		化工	2020-10-20	601568.SH
14	西部水泥	13.99	52.0	建筑	2010-08-23	2233.HK
15	天地源	13.33	−12.7	房地产	1993-07-09	600665.SH
16	三人行	13.04		媒体	2020-05-28	605168.SH
17	广电网络	13.04	−22.6	媒体	1994-02-24	600831.SH
18	西部证券	12.22	18.4	金融	2012-05-03	002673.SZ
19	曲江文旅	11.54	−0.7	休闲	1996-05-16	600706.SH
20	彩虹股份	10.69	550.1	电子	1996-05-20	600707.SH
21	中再资环	10.33	22.9	环保	1999-12-16	600217.SH
22	宝钛股份	7.57	63.4	有色金属	2002-04-12	600456.SH
23	建设机械	7.17	261.6	建筑	2004-07-07	600984.SH
24	航天动力	7.07	1.9	装备	2003-04-08	600343.SH
25	陕西建工	6.82	26.1	建筑	2000-06-22	600248.SH
26	海升果汁	6.69	−49.3	饮料	2005-11-04	0359.HK
27	西安旅游	6.43	−36.1	休闲	1996-09-26	000610.SZ
28	陕国投 A	6.06	31.0	金融	1994-01-10	000563.SZ
29	烽火电子	5.97	11.7	通信	1994-05-09	000561.SZ
30	彩虹新能源	5.88	−30.6	装备	2004-12-20	0438.HK
31	西安饮食	5.84	−7.9	餐饮	1997-04-30	000721.SZ
32	陕天然气	5.57	−18.2	石油	2008-08-13	002267.SZ
33	美畅股份	5.41		有色金属	2020-08-24	300861.SZ
34	中航电测	4.92	20.2	电子	2010-08-27	300114.SZ
35	环球印务	4.75	382.8	媒体	2016-06-08	002799.SZ
36	达刚控股	4.49	275.0	装备	2010-08-12	300103.SZ
37	西部超导	4.16	58.5	有色金属	2019-07-22	688122.SH

陕西榜单

3.24 云南品牌价值榜

在2021年中国上市公司品牌价值总榜的3 000家企业中：云南的企业共计26家，比2020年增加了2家；品牌价值总计836.84亿元，比2020年增长了16.7%。

3.24.1 2021年云南上市公司品牌价值榜分析

【区域集中度】 在2021年云南上市公司品牌价值榜中：排在前3位的公司品牌价值合计311.68亿元，占云南榜单总计品牌价值的37.3%；排在前5位的公司品牌价值合计425.67亿元，占云南榜单总计品牌价值的50.9%；排在前10位的公司品牌价值合计597.78亿元，占云南榜单总计品牌价值的71.4%。

【所在行业】 在2021年云南上市公司品牌价值榜中，26家公司来自13个行业。其中，有色金属、医药和零售三个行业共计包括11家公司，品牌价值合计547.42亿元，占云南榜单总计品牌价值的65.4%，处于主导地位。其他行业的情况见图3-47和图3-48。

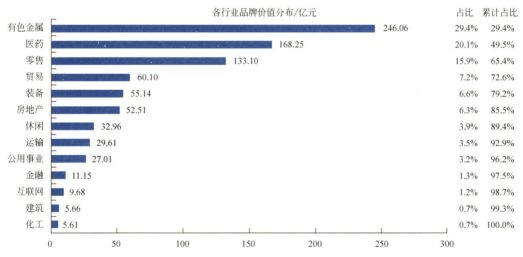

图 3-47 2021年云南上市公司品牌价值榜所在行业品牌价值分布

【上市板块】 在2021年云南上市公司品牌价值榜中：在深市主板上市的公司有8家，品牌价值合计405.22亿元，占云南榜单总计品牌价值的48.4%，排在第一位；在沪市主板上市的公司有9家，品牌价值合计259.54亿元，占云南榜单总计品牌价值的31%，排在第二位；在深市中小板上市的公司有4家，品牌价值合计116.72亿元，占云南榜单总计品牌价值的14%，排在第三位。此外，在深市创业板上市的公司有2家，品牌价值合计35.82亿元；在港股上市的中资股公司有3家，品牌价值合计19.55亿元。

【上市时间】 在2021年云南上市公司品牌价值榜中：1996—2000年上市的公司有10家，品牌价值合计393.07亿元，占云南榜单总计品牌价值的47%，排在第一位；1996年

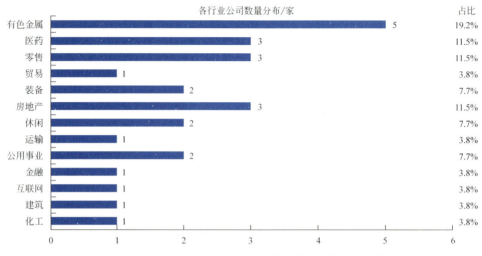

图 3-48 2021 年云南上市公司品牌价值榜所在行业公司数量分布

以前上市的公司有 2 家,品牌价值合计 150.71 亿元,占云南榜单总计品牌价值的 18%,排在第二位;2016—2020 年上市的公司有 6 家,品牌价值合计 99.42 亿元,占云南榜单总计品牌价值的 11.9%,排在第三位。此外,2011—2015 年上市的公司有 3 家,品牌价值合计 92.03 亿元;2001—2005 年上市的公司有 3 家,品牌价值合计 74.28 亿元;2006—2010 年上市的公司有 2 家,品牌价值合计 27.34 亿元。

3.24.2 2021 年云南上市公司品牌价值榜单

序号	证券名称	品牌价值/亿元	增长率/%	行业	上市日期	证券代码
1	云南白药	133.67	8.0	医药	1993-12-15	000538.SZ
2	云南铜业	99.87	29.7	有色金属	1998-06-02	000878.SZ
3	一心堂	78.15	15.8	零售	2014-07-02	002727.SZ
4	云天化	60.10	6.2	贸易	1997-07-09	600096.SH
5	锡业股份	53.89	−5.6	有色金属	2000-02-21	000960.SZ
6	云内动力	46.22	99.2	装备	1999-04-15	000903.SZ
7	贵研铂业	36.82	52.1	有色金属	2003-05-16	600459.SH
8	云铝股份	31.47	17.7	有色金属	1998-04-08	000807.SZ
9	易见股份	29.61	−8.2	运输	1997-06-26	600093.SH
10	华致酒行	27.99	25.5	零售	2019-01-29	300755.SZ
11	健之佳	26.97		零售	2020-12-01	605266.SH
12	昆药集团	26.75	1.3	医药	2000-12-06	600422.SH
13	驰宏锌锗	24.01	−5.8	有色金属	2004-04-20	600497.SH

续表

序号	证 券 名 称	品牌价值/亿元	增长率/%	行业	上市日期	证券代码
14	* ST 云城	22.09	−29.1	房地产	1999-12-02	600239.SH
15	华能水电	22.04	24.1	公用事业	2017-12-15	600025.SH
16	云南旅游	19.51	−52.5	休闲	2006-08-10	002059.SZ
17	我爱我家	17.04	33.9	房地产	1994-02-02	000560.SZ
18	丽江股份	13.45	−20.1	休闲	2004-08-25	002033.SZ
19	美好置业	13.38	−11.9	房地产	1996-12-05	000667.SZ
20	红塔证券	11.15	124.3	金融	2019-07-05	601236.SH
21	南天信息	9.68	14.7	互联网	1999-10-14	000948.SZ
22	铁建装备	8.92	−39.8	装备	2015-12-16	1786.HK
23	沃森生物	7.84	83.4	医药	2010-11-12	300142.SZ
24	云南建投混凝土	5.66	−0.1	建筑	2019-10-31	1847.HK
25	恩捷股份	5.61	96.0	化工	2016-09-14	002812.SZ
26	云南水务	4.96	9.4	公用事业	2015-05-27	6839.HK

云南榜单

3.25　吉林品牌价值榜

在 2021 年中国上市公司品牌价值总榜的 3 000 家企业中：吉林的企业共计 22 家，比 2020 年减少了 4 家；品牌价值总计 644.53 亿元，比 2020 年增长了 17.2%。

3.25.1　2021 年吉林上市公司品牌价值榜分析

【区域集中度】　在 2021 年吉林上市公司品牌价值榜中：排在前 3 位的公司品牌价值合计 357.27 亿元，占吉林榜单总计品牌价值的 55.4%；排在前 5 位的公司品牌价值合计 429.66 亿元，占吉林榜单总计品牌价值的 66.7%；排在前 10 位的公司品牌价值合计 535.47 亿元，占吉林榜单总计品牌价值的 83.1%。

【所在行业】　在 2021 年吉林上市公司品牌价值榜中，22 家公司来自 13 个行业。其中，汽车和医药两个行业共计包括 7 家公司，品牌价值合计 402.81 亿元，占吉林榜单总计品牌价值的 62.5%，处于主导地位。其他行业的情况见图 3-49 和图 3-50。

【上市板块】　在 2021 年吉林上市公司品牌价值榜中：在深市主板上市的公司有 10 家，品牌价值合计 421.87 亿元，占吉林榜单总计品牌价值的 65.5%，排在第一位；在沪市主板上市的公司有 9 家，品牌价值合计 190.22 亿元，占吉林榜单总计品牌价值的 29.5%，排在第二位。此外，在港股上市的中资股公司、在深市创业板上市的公司和在深市中小板

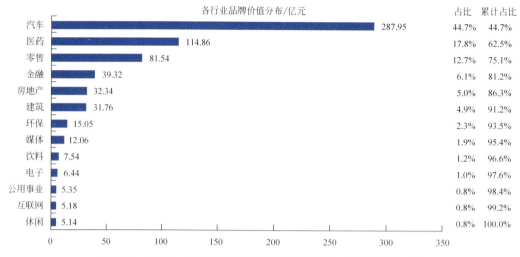

图 3-49　2021 年吉林上市公司品牌价值榜所在行业品牌价值分布

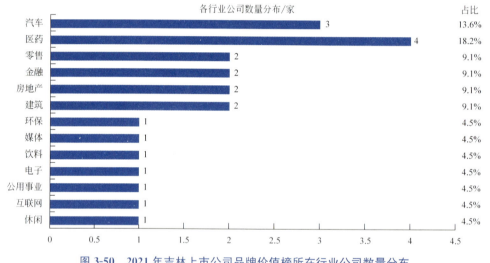

图 3-50　2021 年吉林上市公司品牌价值榜所在行业公司数量分布

上市的公司各有 1 家,品牌价值分别为 21.28 亿元、5.97 亿元和 15.18 亿元。

　　【上市时间】　在 2021 年吉林上市公司品牌价值榜中:1996—2000 年上市的公司有 9 家,品牌价值合计 420.75 亿元,占吉林榜单总计品牌价值的 65.3%,排在第一位;1996 年以前上市的公司有 5 家,品牌价值合计 156.7 亿元,占吉林榜单总计品牌价值的 24.3%,排在第二位。此外,2011—2015 年上市的公司有 3 家,品牌价值合计 23.17 元; 2016—2020 年上市的公司有 1 家,品牌价值 21.28 亿元;2001—2005 年上市的公司有 3 家,品牌价值合计 17.45 亿元;2006—2010 年上市的公司有 1 家,品牌价值 5.18 亿元。

3.25.2　2021 年吉林上市公司品牌价值榜单

序号	证券名称	品牌价值/亿元	增长率/%	行业	上市日期	证券代码
1	一汽解放	215.57	84.9	汽车	1997-06-18	000800.SZ
2	欧亚集团	75.89	−18.4	零售	1993-12-06	600697.SH
3	长春高新	65.81	86.5	医药	1996-12-18	000661.SZ
4	一汽富维	42.07	37.3	汽车	1996-08-26	600742.SH
5	富奥股份	30.32	54.9	汽车	1993-09-29	000030.SZ
6	吉林敖东	25.46	−14.1	医药	1996-10-28	000623.SZ
7	苏宁环球	23.20	5.1	房地产	1997-04-08	000718.SZ
8	九台农商银行	21.28	−10.8	金融	2017-01-12	6122.HK
9	东北证券	18.04	−17.2	金融	1997-02-27	000686.SZ
10	亚泰集团	17.83	22.1	建筑	1995-11-15	600881.SH
11	通化东宝	17.61	4.1	医药	1994-08-24	600867.SH
12	金圆股份	15.05	−0.7	环保	1993-12-15	000546.SZ
13	中钢国际	13.93	25.7	建筑	1999-03-12	000928.SZ
14	吉视传媒	12.06	−18.3	媒体	2012-02-23	601929.SH
15	顺发恒业	9.14	−53.6	房地产	1996-11-22	000631.SZ
16	泉阳泉	7.54	20.1	饮料	1998-10-07	600189.SH
17	华微电子	6.44	21.1	电子	2001-03-16	600360.SH
18	迪瑞医疗	5.97	23.5	医药	2014-09-10	300396.SZ
19	ST 通葡	5.65	−51.2	零售	2001-01-15	600365.SH
20	吉电股份	5.35	83.3	公用事业	2002-09-26	000875.SZ
21	启明信息	5.18	11.0	互联网	2008-05-09	002232.SZ
22	长白山	5.14	−38.0	休闲	2014-08-22	603099.SH

吉林榜单

3.26　广西品牌价值榜

在 2021 年中国上市公司品牌价值总榜的 3 000 家企业中：广西的企业共计 28 家，比 2020 年增加了 1 家；品牌价值总计 637.18 亿元，比 2020 年增长了 21.1%。

3.26.1　2021 年广西上市公司品牌价值榜分析

【区域集中度】　在 2021 年广西上市公司品牌价值榜中：排在前 3 位的公司品牌价

值合计 248.94 亿元,占广西榜单总计品牌价值的 39.1%;排在前 5 位的公司品牌价值合计 371.1 亿元,占广西榜单总计品牌价值的 58.2%;排在前 10 位的公司品牌价值合计 477.19 亿元,占广西榜单总计品牌价值的 74.9%。

【所在行业】 在 2021 年广西上市公司品牌价值榜中,28 家公司来自 20 个行业。其中,装备、医药和化工三个行业共计包括 6 家公司,品牌价值合计 328.69 亿元,占广西榜单总计品牌价值的 51.6%,处于主导地位。其他行业的情况见图 3-51 和图 3-52。

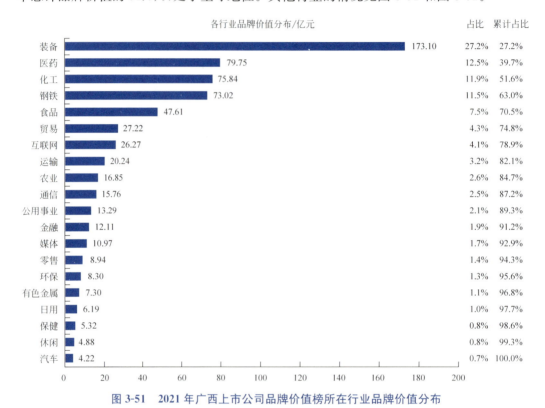

图 3-51 2021 年广西上市公司品牌价值榜所在行业品牌价值分布

【上市板块】 在 2021 年广西上市公司品牌价值榜中:在沪市主板上市的公司有 12 家,品牌价值合计 246.25 亿元,占广西榜单总计品牌价值的 38.7%,排在第一位;在深市主板上市的公司有 6 家,品牌价值合计 222.19 亿元,占广西榜单总计品牌价值的 34.9%,排在第二位;在国外上市的中概股公司有 1 家,品牌价值 86.51 亿元,占广西榜单总计品牌价值的 13.6%,排在第三位。此外,在深市中小板上市的公司有 5 家,品牌价值合计 56.43 亿元;在港股上市的中资股公司有 3 家,品牌价值合计 17.49 亿元;在深市创业板上市的公司有 1 家,品牌价值 8.3 亿元。

【上市时间】 在 2021 年广西上市公司品牌价值榜中:1996 年以前上市的公司有 3 家,品牌价值合计 187.21 亿元,占广西榜单总计品牌价值的 29.4%,排在第一位;1996—2000 年上市的公司有 8 家,品牌价值合计 170.73 亿元,占广西榜单总计品牌价值的 26.8%,排在第二位;2006—2010 年上市的公司有 5 家,品牌价值合计 110.79 亿元,占广西榜单总

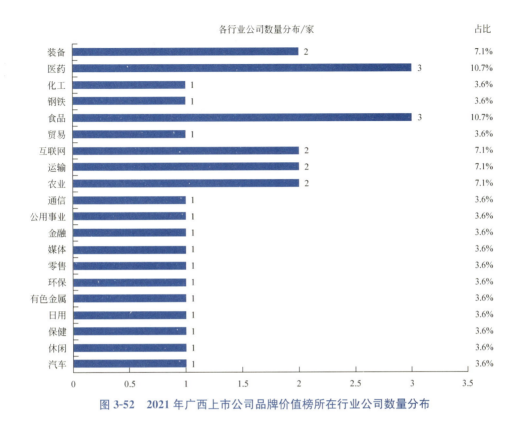

图 3-52　2021 年广西上市公司品牌价值榜所在行业公司数量分布

广西榜单

计品牌价值的 17.4%，排在第三位。此外，2011—2015 年上市的公司有 5 家，品牌价值合计 74.83 亿元；2001—2005 年上市的公司有 3 家，品牌价值合计 52.74 亿元；2016—2020 年上市的公司有 4 家，品牌价值合计 40.89 亿元。

3.26.2　2021 年广西上市公司品牌价值榜单

序号	证 券 名 称	品牌价值/亿元	增长率/%	行业	上市日期	证券代码
1	柳工	86.59	42.7	装备	1993-11-18	000528.SZ
2	玉柴国际	86.51	10.8	装备	1994-12-16	CYD.N
3	恒逸石化	75.84	11.7	化工	1997-03-28	000703.SZ
4	柳钢股份	73.02	−2.6	钢铁	2007-02-27	601003.SH
5	柳药股份	49.13	36.9	医药	2014-12-04	603368.SH
6	桂东电力	27.22	414.5	贸易	2001-02-28	600310.SH
7	黑芝麻	22.92	8.0	食品	1997-04-18	000716.SZ
8	中恒集团	20.87	28.1	医药	2000-11-30	600252.SH
9	天下秀	19.33	8164.5	互联网	2001-08-07	600556.SH

续表

序号	证券名称	品牌价值/亿元	增长率/%	行业	上市日期	证券代码
10	润建股份	15.76	−7.6	通信	2018-03-01	002929.SZ
11	皇氏集团	15.41	64.9	食品	2010-01-06	002329.SZ
12	北部湾港	14.11	34.7	运输	1995-11-02	000582.SZ
13	桂冠电力	13.29	0.1	公用事业	2000-03-23	600236.SH
14	国海证券	12.11	12.9	金融	1997-07-09	000750.SZ
15	广西广电	10.97	−4.7	媒体	2016-08-15	600936.SH
16	南宁糖业	10.62	58.1	农业	1999-05-27	000911.SZ
17	桂林三金	9.75	−6.9	医药	2009-07-10	002275.SZ
18	西麦食品	9.28	8.2	食品	2019-06-19	002956.SZ
19	南宁百货	8.94	−33.5	零售	1996-06-26	600712.SH
20	博世科	8.30	27.9	环保	2015-02-17	300422.SZ
21	南方锰业	7.30	15.9	有色金属	2010-11-18	1091.HK
22	新智认知	6.94	−19.2	互联网	2015-03-26	603869.SH
23	百洋股份	6.23	−16.2	农业	2012-09-05	002696.SZ
24	两面针	6.19	22.8	日用	2004-01-30	600249.SH
25	五洲交通	6.13	36.7	运输	2000-12-21	600368.SH
26	神冠控股	5.32	−29.2	保健	2009-10-13	0829.HK
27	新娱科控股	4.88		休闲	2020-07-15	6933.HK
28	福达股份	4.22	64.8	汽车	2014-11-27	603166.SH

3.27 黑龙江品牌价值榜

在 2021 年中国上市公司品牌价值总榜的 3 000 家企业中：黑龙江的企业共计 24 家，比 2020 年增加了 1 家；品牌价值总计 559.65 亿元，比 2020 年增长了 7.5%。

3.27.1 2021 年黑龙江上市公司品牌价值榜分析

【区域集中度】 在 2021 年黑龙江上市公司品牌价值榜中：排在前 3 位的公司品牌价值合计 230.05 亿元，占黑龙江榜单总计品牌价值的 41.1%；排在前 5 位的公司品牌价值合计 310.78 亿元，占黑龙江榜单总计品牌价值的 55.5%；排在前 10 位的公司品牌价值合计 429.84 亿元，占黑龙江榜单总计品牌价值的 76.8%。

【所在行业】 在 2021 年黑龙江上市公司品牌价值榜中，24 家公司来自 11 个行业。

其中,装备和医药两个行业共计包括 11 家公司,品牌价值合计 324.14 亿元,占黑龙江榜单总计品牌价值的 57.9%,处于主导地位。其他行业的情况见图 3-53 和图 3-54。

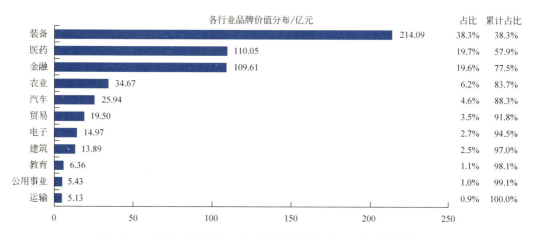

图 3-53　2021 年黑龙江上市公司品牌价值榜所在行业品牌价值分布

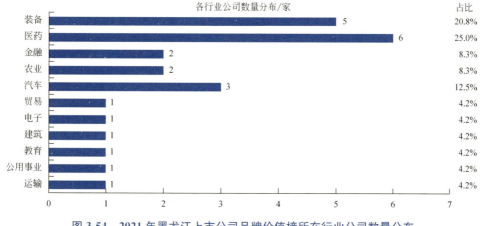

图 3-54　2021 年黑龙江上市公司品牌价值榜所在行业公司数量分布

【上市板块】　在 2021 年黑龙江上市公司品牌价值榜中:在沪市主板上市的公司有 13 家,品牌价值合计 287.66 亿元,占黑龙江榜单总计品牌价值的 51.4%,排在第一位;在港股上市的中资股公司有 4 家,品牌价值合计 195.7 亿元,占黑龙江榜单总计品牌价值的 35%,排在第二位。此外,在深市中小板上市的公司有 4 家,品牌价值合计 43.83 亿元;在深市主板上市的公司有 2 家,品牌价值合计 19.91 亿元;在国外上市的中概股公司有 1 家,品牌价值 12.55 亿元。

【上市时间】　在 2021 年黑龙江上市公司品牌价值榜中:1996 年以前上市的公司有 5 家,品牌价值合计 217.82 亿元,占黑龙江榜单总计品牌价值的 38.9%,排在第一位;1996—2000 年上市的公司有 7 家,品牌价值合计 121.64 亿元,占黑龙江榜单总计品牌价值的 21.7%,排在第二位;2011—2015 年上市的公司有 5 家,品牌价值合计 111.34 亿元,占黑龙江榜单总计品牌价值的 19.9%,排在第三位。此外,2006—2010 年上市的公司有 4 家,品牌价值合计 72.03 亿元;2001—2005 年上市的公司有 1 家,品牌价值 24.92 亿元;2016—2020 年上市的公司有 2 家,品牌价值合计 11.9 亿元。

3.27.2　2021 年黑龙江上市公司品牌价值榜单

序号	证券名称	品牌价值/亿元	增长率/%	行业	上市日期	证券代码
1	哈尔滨电气	120.44	−4.8	装备	1994-12-16	1133.HK
2	哈尔滨银行	59.15	−6.8	金融	2014-03-31	6138.HK
3	中航资本	50.47	12.6	金融	1996-05-16	600705.SH
4	中国一重	43.74	76.0	装备	2010-02-09	601106.SH
5	哈药股份	36.99	−14.8	医药	1993-06-29	600664.SH
6	中直股份	32.45	16.6	装备	2000-12-18	600038.SH
7	人民同泰	27.01	14.3	医药	1994-02-24	600829.SH
8	北大荒	24.92	46.1	农业	2002-03-29	600598.SH
9	东方集团	19.50	36.3	贸易	1994-01-06	600811.SH
10	葵花药业	15.17	−20.9	医药	2014-12-30	002737.SZ
11	航天科技	14.97	9.6	电子	1999-04-01	000901.SZ
12	珍宝岛	14.74	1.3	医药	2015-04-24	603567.SH
13	龙建股份	13.89	39.4	建筑	1994-04-04	600853.SH
14	鑫达集团	12.55	−28.6	汽车	2009-11-27	CXDC.O
15	博实股份	12.52	77.2	装备	2012-09-11	002698.SZ
16	誉衡药业	10.60	−41.3	医药	2010-06-23	002437.SZ
17	原生态牧业	9.76	107.3	农业	2013-11-26	1431.HK
18	SST 佳通	7.29	−17.3	汽车	1999-05-07	600182.SH
19	立德教育	6.36		教育	2020-08-06	1449.HK
20	东安动力	6.10	152.6	汽车	1998-10-14	600178.SH
21	哈三联	5.54	−14.9	医药	2017-09-22	002900.SZ
22	华电能源	5.43	32.6	公用事业	1996-07-01	600726.SH
23	龙江交通	5.13	17.9	运输	2010-03-19	601188.SH
24	佳电股份	4.93	47.9	装备	1999-06-18	000922.SZ

黑龙江榜单

3.28 海南品牌价值榜

在 2021 年中国上市公司品牌价值总榜的 3 000 家企业中：海南的企业共计 17 家，比 2020 年减少了 1 家；品牌价值总计 374 亿元，比 2020 年下降了 1.6％。

3.28.1 2021 年海南上市公司品牌价值榜分析

【区域集中度】 在 2021 年海南上市公司品牌价值榜中：排在第 1 位的公司是海航，品牌价值 119.4 亿元，占海南榜单总计品牌价值的 31.9％；排在前 3 位的公司品牌价值合计 200.46 亿元，占海南榜单总计品牌价值的 53.6％；排在前 5 位的公司品牌价值合计 265.05 亿元，占海南榜单总计品牌价值的 70.9％。

【所在行业】 在 2021 年海南上市公司品牌价值榜中，17 家公司来自 10 个行业。其中，运输、食品和房地产三个行业共计包括 6 家公司，品牌价值合计 223.4 亿元，占海南榜单总计品牌价值的 59.7％，处于主导地位。其他行业的情况见图 3-55 和图 3-56。

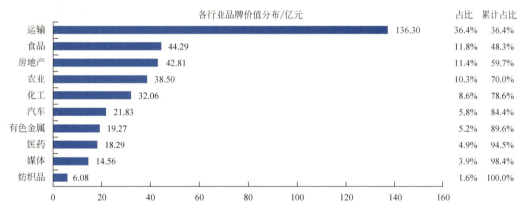

图 3-55 2021 年海南上市公司品牌价值榜所在行业品牌价值分布

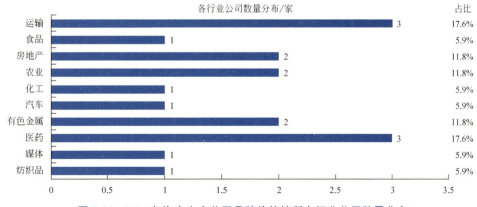

图 3-56 2021 年海南上市公司品牌价值榜所在行业公司数量分布

【上市板块】 在 2021 年海南上市公司品牌价值榜中：在沪市主板上市的公司有 5 家,品牌价值合计 201.52 亿元,占海南榜单总计品牌价值的 53.9%,排在第一位;在深市主板上市的公司有 7 家,品牌价值合计 111.22 亿元,占海南榜单总计品牌价值的 29.7%,排在第二位;在港股上市的中资股公司有 3 家,品牌价值合计 48.31 亿元,占海南榜单总计品牌价值的 12.9%,排在第三位。此外,在深市中小板和深市创业板上市的公司各有 1 家,品牌价值分别为 6.7 亿元和 6.25 亿元。

【上市时间】 在 2021 年海南上市公司品牌价值榜中:1996—2000 年上市的公司有 6 家,品牌价值合计 165.29 亿元,占海南榜单总计品牌价值的 44.2%,排在第一位;1996 年以前上市的公司有 3 家,品牌价值合计 73.67 亿元,占海南榜单总计品牌价值的 19.7%,排在第二位;2001—2005 年上市的公司有 2 家,品牌价值合计 46.97 亿元,占海南榜单总计品牌价值的 12.6%,排在第三位。此外,2006—2010 年上市的公司有 2 家,品牌价值合计 38.76 亿元;2011—2015 年上市的公司有 1 家,品牌价值 32.53 亿元;2016—2020 年上市的公司有 3 家,品牌价值合计 16.79 亿元。

3.28.2 2021 年海南上市公司品牌价值榜单

海南榜单

序号	证券名称	品牌价值/亿元	增长率/%	行业	上市日期	证券代码
1	*ST 海航	119.40	−24.0	运输	1999-11-25	600221.SH
2	京粮控股	44.29	59.7	食品	1992-12-21	000505.SZ
3	*ST 基础	36.77	−7.4	房地产	2002-08-06	600515.SH
4	海南橡胶	32.53	27.7	农业	2011-01-07	601118.SH
5	中海石油化学	32.06	−26.9	化工	2006-09-29	3983.HK
6	海马汽车	21.83	−25.8	汽车	1994-08-08	000572.SZ
7	华闻集团	14.56	22.2	媒体	1997-07-29	000793.SZ
8	中钨高新	10.94	23.4	有色金属	1996-12-05	000657.SZ
9	美兰空港	10.20	29.9	运输	2002-11-18	0357.HK
10	广晟有色	8.33	82.6	有色金属	2000-05-25	600259.SH
11	海南海药	7.55	−4.7	医药	1994-05-25	000566.SZ
12	海峡股份	6.70	19.8	运输	2009-12-16	002320.SZ
13	普利制药	6.25	62.1	医药	2017-03-28	300630.SZ
14	欣龙控股	6.08	63.2	纺织	1999-12-09	000955.SZ
15	海蓝控股	6.04	−52.7	房地产	2016-07-15	2278.HK
16	罗牛山	5.98	50.8	农业	1997-06-11	000735.SZ
17	葫芦娃	4.50		医药	2020-07-10	605199.SH

3.29 甘肃品牌价值榜

在 2021 年中国上市公司品牌价值总榜的 3 000 家企业中：甘肃的企业共计 17 家，比 2020 年减少了 1 家；品牌价值总计 352.41 亿元，比 2020 年下降了 3.6%。

3.29.1 2021 年甘肃上市公司品牌价值榜分析

【区域集中度】 在 2021 年甘肃上市公司品牌价值榜中：排在第 1 位的公司品牌价值 76.54 亿元，占甘肃榜单总计品牌价值的 21.7%；排在前 3 位的公司品牌价值合计 174.22 亿元，占甘肃榜单总计品牌价值的 49.4%；排在前 5 位的公司品牌价值合计 234.11 亿元，占甘肃榜单总计品牌价值的 66.4%。

【所在行业】 在 2021 年甘肃上市公司品牌价值榜中，17 家公司来自 12 个行业。其中，有色金属、钢铁和饮料三个行业共计包括 5 家公司，品牌价值合计 200.06 亿元，占甘肃榜单总计品牌价值的 56.8%，处于主导地位。其他行业的情况见图 3-57 和图 3-58。

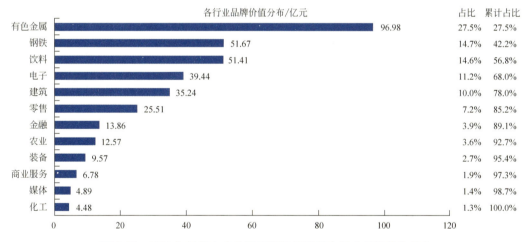

图 3-57 2021 年甘肃上市公司品牌价值榜所在行业品牌价值分布

【上市板块】 在 2021 年甘肃上市公司品牌价值榜中：在沪市主板上市的公司有 10 家，品牌价值合计 258.6 亿元，占甘肃榜单总计品牌价值的 73.4%，排在第一位；在深市中小板上市的公司有 3 家，品牌价值 48.71 亿元，占甘肃榜单总计品牌价值的 13.8%，排在第二位。此外，在深市主板上市的公司有 3 家，品牌价值合计 31.24 亿元；在港股上市的中资股公司有 1 家，品牌价值 13.86 亿元。

【上市时间】 在 2021 年甘肃上市公司品牌价值榜中：2016—2021 年上市的公司有 4 家，品牌价值合计 147.21 亿元，占甘肃榜单总计品牌价值的 41.8%，排在第一位；1996—2000 年上市的公司有 7 家，品牌价值合计 121.57 亿元，占甘肃榜单总计品牌价值的 34.5%，排在第二位。此外，2006—2010 年上市的公司有 2 家，品牌价值 43.92 亿元；2001—2005

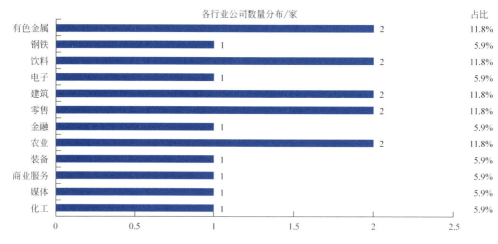

图 3-58　2021 年甘肃上市公司品牌价值榜所在行业公司数量分布

年上市的公司有 1 家,品牌价值 20.45 亿元;2011—2015 年上市的公司有 3 家,品牌价值合计 19.25 亿元。

3.29.2　2021 年甘肃上市公司品牌价值榜单

序号	证 券 名 称	品牌价值/亿元	增长率/%	行业	上市日期	证券代码
1	白银有色	76.54	17.3	有色金属	2017-02-15	601212.SH
2	酒钢宏兴	51.67	−13.0	钢铁	2000-12-20	600307.SH
3	金徽酒	46.01	51.8	饮料	2016-03-10	603919.SH
4	华天科技	39.44	56.5	电子	2007-11-20	002185.SZ
5	方大炭素	20.45	−32.7	有色金属	2002-08-30	600516.SH
6	上峰水泥	19.06	91.5	建筑	1996-12-18	000672.SZ
7	祁连山	16.18	78.2	建筑	1996-07-16	600720.SH
8	丽尚国潮	14.71	−26.2	零售	1996-08-02	600738.SH
9	甘肃银行	13.86	−66.6	金融	2018-01-18	2139.HK
10	国芳集团	10.80	−35.2	零售	2017-09-29	601086.SH
11	兰石重装	9.57	9.1	装备	2014-10-09	603169.SH
12	亚盛集团	7.78	6.8	农业	1997-08-18	600108.SH
13	甘咨询	6.78	143.2	商业服务	1997-05-28	000779.SZ
14	兰州黄河	5.40	−21.4	饮料	1999-06-23	000929.SZ
15	读者传媒	4.89	25.5	媒体	2015-12-10	603999.SH
16	众兴菌业	4.79	31.0	农业	2015-06-26	002772.SZ
17	中核钛白	4.48	48.6	化工	2007-08-03	002145.SZ

3.30 西藏品牌价值榜

在 2021 年中国上市公司品牌价值总榜的 3 000 家企业中：西藏的企业共计 11 家，与 2020 年持平；品牌价值总计 203.91 亿元，比 2020 年增长了 7.8%。

3.30.1 2021 年西藏上市公司品牌价值榜分析

【区域集中度】 在 2021 年西藏上市公司品牌价值榜中：排在第 1 位的公司是梅花生物，品牌价值 88.8 亿元，占西藏榜单总计品牌价值的 43.6%；排在前 2 位的公司品牌价值合计 133.77 亿元，占西藏榜单总计品牌价值的 65.6%；排在前 3 位的公司品牌价值合计 149.82 亿元，占西藏榜单总计品牌价值的 73.5%。

【所在行业】 在 2021 年西藏上市公司品牌价值榜中，11 家公司来自 8 个行业。其中，农业和食品两个行业共计包括 2 家公司，品牌价值合计 133.77 亿元，占西藏榜单总计品牌价值的 65.6%，处于主导地位。其他行业的情况见图 3-59 和图 3-60。

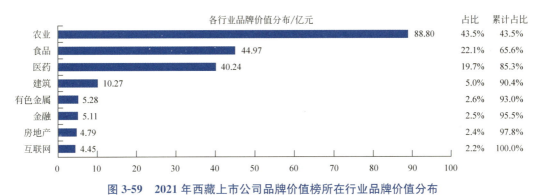

图 3-59 2021 年西藏上市公司品牌价值榜所在行业品牌价值分布

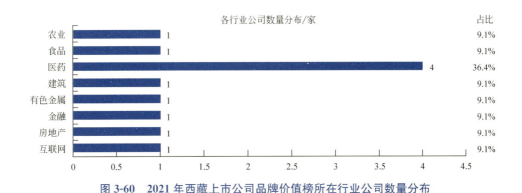

图 3-60 2021 年西藏上市公司品牌价值榜所在行业公司数量分布

【上市板块】 在 2021 年西藏上市公司品牌价值榜中：在沪市主板上市的公司有 6 家，品牌价值合计 124.79 亿元，占西藏榜单总计品牌价值的 61.2%，排在第一位。此外，在深市创业板上市的公司有 2 家,品牌价值合计 49.42 亿元;在深市中小板上市的公司有 3 家,品牌价值合计 29.7 亿元。

【上市时间】 在 2021 年西藏上市公司品牌价值榜中:1996 年以前上市的公司有 1 家,品牌价值 88.8 亿元,占西藏榜单总计品牌价值的 43.6%,排在第一位;2016—2020 年上市的公司有 3 家,品牌价值合计 54.53 亿元,占西藏榜单总计品牌价值的 26.7%,排在第二位;2011—2015 年上市的公司有 2 家,品牌价值合计 23.37 亿元,占西藏榜单总计品牌价值的 11.5%,排在第三位。此外,1996—2000 年上市的公司有 3 家,品牌价值合计 18.4 亿元;2001—2005 年和 2006—2010 年上市的公司各有 1 家,品牌价值分别为 10.27 亿元和 8.54 亿元。

3.30.2　2021 年西藏上市公司品牌价值榜单

序号	证券名称	品牌价值/亿元	增长率/%	行业	上市日期	证券代码
1	梅花生物	88.80	−4.5	农业	1995-02-17	600873.SH
2	华宝股份	44.97	8.1	食品	2018-03-01	300741.SZ
3	海思科	16.05	4.8	医药	2012-01-17	002653.SZ
4	西藏天路	10.27	64.2	建筑	2001-01-16	600326.SH
5	奇正藏药	8.54	51.0	医药	2009-08-28	002287.SZ
6	西藏药业	8.32	81.1	医药	1999-07-21	600211.SH
7	灵康药业	7.32	39.1	医药	2015-05-28	603669.SH
8	西藏珠峰	5.28	−25.6	有色金属	2000-12-27	600338.SH
9	华林证券	5.11	25.3	金融	2019-01-17	002945.SZ
10	西藏城投	4.79	43.6	房地产	1996-11-08	600773.SH
11	天阳科技	4.45		互联网	2020-08-24	300872.SZ

3.31　青海品牌价值榜

在 2021 年中国上市公司品牌价值总榜的 3 000 家企业中:青海的企业共计 5 家,比 2020 年减少了 1 家;品牌价值总计 120.39 亿元,比 2020 年增长了 9.7%。

3.31.1　2021 年青海上市公司品牌价值榜分析

【区域集中度】 在 2021 年青海上市公司品牌价值榜中:排在第 1 位的公司是西部矿业,品牌价值 50.94 亿元,占青海榜单总计品牌价值的 42.31%;排在前 2 位的公司品牌

西藏榜单

价值合计 87.33 亿元,占青海榜单总计品牌价值的 72.5%。

【所在行业】 在 2021 年青海上市公司品牌价值榜中,5 家公司来自 5 个行业。其中,来自有色金属和装备两个行业的公司品牌价值合计 87.33 亿元,占青海榜单总计品牌价值的 72.5%,处于主导地位。

【上市板块】 在 2021 年青海上市公司品牌价值榜中:在沪市主板上市的公司有 3 家,品牌价值合计 97.88 亿元,占青海榜单总计品牌价值的 81.3%。此外,在深市中小板和深市主板上市的公司各有 1 家,品牌价值分别为 17.13 亿元和 5.38 亿元。

【上市时间】 在 2021 年青海上市公司品牌价值榜中:2006—2010 年上市的公司有 1 家,品牌价值 50.94 亿元,占青海榜单总计品牌价值的 42.3%,排在第一位;1996 年以前上市的公司有 1 家,品牌价值 36.39 亿元,占青海榜单总计品牌价值的 30.2%,排在第二位。此外,2011—2015 年上市的公司有 1 家,品牌价值 17.13 亿元;1996—2000 年上市的公司有 2 家,品牌价值合计 15.93 亿元。

3.31.2 2021 年青海上市公司品牌价值榜单

序号	证券名称	品牌价值/亿元	增长率/%	行业	上市日期	证券代码
1	西部矿业	50.94	34.2	有色金属	2007-07-12	601168.SH
2	远东股份	36.39	18.2	装备	1995-02-06	600869.SH
3	青青稞酒	17.13	−23.2	饮料	2011-12-22	002646.SZ
4	西宁特钢	10.55	27.6	钢铁	1997-10-15	600117.SH
5	ST 顺利	5.38	247.3	互联网	1996-10-04	000606.SZ

青海榜单

3.32 宁夏品牌价值榜

在 2021 年中国上市公司品牌价值总榜的 3 000 家企业中:宁夏的企业共计 3 家,比 2020 年减少了 1 家;品牌价值总计 77.69 亿元,比 2020 年下降了 8.1%。

3.32.1 2021 年宁夏上市公司品牌价值榜分析

【区域集中度】 在 2021 年宁夏上市公司品牌价值榜中,排在第 1 位的公司是新华百货,品牌价值 39.59 亿元,占宁夏榜单总计品牌价值的 51%。

【所在行业】 在 2021 年宁夏上市公司品牌价值榜中,3 家公司来自 3 个行业。其中,来自零售行业的 1 家公司品牌价值 39.59 亿元,占宁夏榜单总计品牌价值的 51%,处于主导地位。

【上市板块】 在 2021 年宁夏上市公司品牌价值榜中,3 家公司都是在沪市主板上市,品牌价值合计 77.69 亿元。

【上市时间】 在 2021 年宁夏上市公司品牌价值榜中:1996—2000 年上市的公司有 1 家,品牌价值 39.59 亿元,占宁夏榜单总计品牌价值的 50.96%;2016—2020 年和 2001—2005 年上市的公司各有 1 家,品牌价值分别为 28.24 亿元和 9.86 亿元。

3.32.2 2021 年宁夏上市公司品牌价值榜单

序号	证券名称	品牌价值 /亿元	增长率/%	行业	上市日期	证券代码
1	新华百货	39.59	−9.7	零售	1997-01-08	600785.SH
2	宝丰能源	28.24	−1.4	化工	2019-05-16	600989.SH
3	宁夏建材	9.86	85.3	建筑	2003-08-29	600449.SH

第 4 篇

中国上市公司品牌价值评估方法论

4.1 基本概念

中国上市公司品牌价值评估基于如下三个基本概念：

第一个概念是"**品牌**"。本书中的品牌是指上市公司所拥有的以及合法使用的所有品牌的集合。这里的品牌既包括产品品牌和服务品牌，也包括公司品牌；既包括主品牌，也包括子品牌，还包括被特许使用的品牌等。

第二个概念是"**品牌价值**"。本书中的品牌价值是指上市公司所拥有与合法使用的品牌集合现在和未来能够给公司带来的全部收益。这里的现在是指 2021 年，未来是指从 2022 年开始公司存续的全部年份。这里的全部收益不仅是指上市公司所创造的净利润的一部分，还包括公司员工的工资和福利、研发费用、固定资产折旧、应缴纳的税金等，是公司所创造增加值的一部分。

第三个概念是"**品牌资产**"。品牌价值来源于品牌资产。品牌资产是指用户和公众对品牌的全部认知和情感。品牌资产是企业无形资产的重要组成部分，它储存在用户和公众的头脑中，像公司其他有形资产和无形资产一样能够给公司带来收益。所以，品牌价值实际上是指储存在用户和公众头脑中的品牌资产现在和未来能够给公司带来的全部收益。

需要指出的是，品牌资产对公司收益的作用体现在公司经营的各个方面。第一，在产品或服务市场上，品牌资产能够给公司带来更多的营业收入和利润。因为客户或消费者对品牌的认可会促使他们以更高的价格采购公司更多的产品或服务，他们会持续地购买、系列地购买，并通过口碑等传播方式带动其他客户或消费者购买。第二，在资本市场上，品牌资产给公司带来了更高的市盈率、股价或市值。因为广大股民和投资机构对品牌的认可会促使他们以更高的价格购买公司更多的股票，从而推动公司股票价格持续上涨。第三，在人力资源管理上，品牌资产能够更有效地吸引、保留和激励优秀人才为公司努力地工作，从而创造更高的财务业绩。第四，在对外关系上，品牌资产能够为公司带来更顺畅和高效的合作，从而转化成公司的财务业绩，因为银行、供应商、经销商及相关政府部门等对公司品牌的认可会促使其更积极地以更优惠的条件与公司开展合作。

以上三个基本概念从品牌价值评估的范围、内容和机理上对中国上市公司品牌价值评估方法作出了诠释。

4.2 清华 CBRC 数据库

为了与其他品牌价值评估方法相区别，本书将清华大学经济管理学院中国企业研究中心（China Business Research Center of SEM，Tsinghua University）的品牌价值评估方法简称为清华 CBRC 方法,如清华 CBRC 数据库、清华 CBRC 行业分类标准、清华 CBRC 品牌价值评估模型,等等。

为了确定中国上市公司品牌价值评估的边界,本书界定的中国上市公司是指在 A 股上市的所有公司、在香港上市的所有中资公司,以及在国外股票交易市场公开上市的所有中概股公司。需要特别指出的是,这里不包括在 B 股及新三板上市的公司、未上市或已退市的公司,也不包括香港、澳门和台湾的上市公司。

具体来说,2021 年中国上市公司品牌价值评估所构建的清华 CBRC 数据库包括的公司为在 2021 年 1 月 1 日之前在上海证券交易所和深圳证券交易所 A 股上市的所有公司,在香港联合交易所(HKEX)上市的所有中资公司,在纽约证券交易所(NYSE)、全美证券交易所(AMEX)、纳斯达克证券市场(NASDAQ)、伦敦证券交易所(LSE),以及新加坡交易所 (SGX)等地公开上市交易的所有中概股公司。

2021 年清华 CBRC 数据库中的两类数据采集于 WIND 数据库。第一类数据是上市公司历年年报中的财务数据及相关资讯,主要包括营业收入和营业利润数据,公司主营业务占比及变动数据,公司增发与分拆的信息,以及公司停牌与复牌的信息,等等。这类数据用于评估品牌在产品或服务市场上的表现。第二类数据是上市公司历年在资本市场上实时交易的数据,主要包括公司每一天的股票价格数据,上市地每一天股市大盘指数数据,等等。这类数据用于评估品牌在资本市场上的表现。

除此之外,2021 年清华 CBRC 数据库还有一类信息和数据来自清华大学经济管理学院中国企业研究中心的专家系统,即行业分类标准,以及在各个行业中品牌对公司财务收益平均贡献比率的数据。这类信息和数据用于评估品牌重要性在不同行业之间的差异。

4.3　清华 CBRC 行业分类标准

在不同行业中,品牌对公司收益的贡献是不同的,所以对行业进行合理的分类是能否对品牌价值进行科学评估的重要因素。目前在国内广泛应用的行业分类标准有三个：WIND 行业分类标准；申万行业分类标准；证监会行业分类标准。这三种行业分类标准都是基于投资或管理的目的开发编制的,方便了人们的投资管理活动。然而,这些行业分类标准对于品牌价值评估有较大的局限性,因为品牌价值评估实际是在评估品牌资产,而品牌资产对企业的重要性来自品牌对用户及公众的重要性,这对行业分类的要求与投资和管理有很大区别。因此,清华大学经济管理学院中国企业研究中心利用专家系统开发编制了专门用于品牌价值评估的清华 CBRC 行业分类标准,以便区别在不同行业中品牌的重要性。清华 CBRC 行业分类标准分为三个级别。一级行业有 12 个类别,二级行业有 37 个类别,三级行业有 105 个类别。表 4-1 列出了 CBRC 的一级和二级行业分类标准。

表 4-1 清华 CBRC 行业分类标准

一级分类	二级分类	典型企业	一级分类	二级分类	典型企业
01 农业	0101 农业	温氏股份	07 可选消费	0701 汽车	上汽集团
02 能源	0201 石油	中国石油		0702 家居	欧派家居
	0202 煤炭	中国神华		0703 家电	美的集团
03 材料	0301 化工	鲁西化工		0704 日用	恒安国际
	0302 钢铁	宝钢股份		0705 服饰	老凤祥
	0303 有色金属	江西铜业		0706 纺织	天虹纺织
	0304 造纸	晨鸣纸业		0707 酒店	锦江资本
	0305 包装	合兴包装		0708 餐饮	海底捞
04 工业	0402 装备	中国中车		0709 休闲	陌陌
	0403 通信	中兴通讯		0710 教育	新东方
	0404 电子	联想集团		0711 媒体	分众传媒
	0405 运输	中国国航	08 日常消费	0801 食品	双汇发展
	0406 环保	三聚环保		0802 饮料	五粮液
05 建筑业	0501 房地产	中国恒大	09 医疗保健	0901 保健	美年健康
	0502 建筑	中国建筑		0902 医药	国药控股
06 商业	0601 贸易	中信股份	10 信息服务	1001 互联网	腾讯控股
	0602 零售	京东		1002 电信	中国移动
	0603 商业服务	中国光大国际	11 金融	1101 金融	工商银行
			12 公用	1201 公用	华能国际

4.4 清华 CBRC 品牌价值评估模型

本书所采用的清华 CBRC 品牌价值评估模型如下：

$$V = BE \cdot BR \cdot BP$$

其中：V——品牌价值（Brand Value）；

BE——当期均衡财务收益（Business Earning）；

BR——行业品牌贡献比率（Brand Ratio）；

BP——品牌收益强度（Brand Potential）。

清华 CBRC 品牌价值评估模型是基于品牌资产收益理论设计的。由模型可以看出，中国上市公司品牌价值评估包含三个基本模块，它们分别体现了品牌价值的一个重要组成部分，不可或缺。

第一个模块是当期均衡财务收益(BE)。由于品牌资产是公司重要的无形资产,它与公司其他的无形资产和有形资产一起给公司带来收益,所以要评估品牌资产所能创造的收益必须评估公司当期在产品或服务市场上所能创造的财务收益。此外,由于公司的品牌资产只有通过长期的、持续的努力才能得到有效的增强,所以必须从长期视角评估公司当期均衡的财务收益。清华 CBRC 品牌价值评估模型采用近五年公司的营业收入和营业利润数据来综合预测公司当期的均衡财务收益。这一模块同时考虑了公司的成长性、盈利性、稳定性。

第二个模块是行业品牌贡献比率(BR)。为了将品牌资产对公司财务收益的贡献从公司所创造的全部财务收益中区分出来,需要区分公司主营业务所在的行业,以及在各个行业中,品牌对财务收益的平均贡献比率。这些数据来自清华大学经济管理学院中国企业研究中心的专家系统。若公司有几项主营业务,则需要依据主营业务的营业收入比重进行加权,计算出公司所在行业的综合品牌贡献比率。这一模块集中考虑了品牌对客户或消费者采购决策的影响程度,以便消除由于行业的差别导致的对品牌资产的误判。把第一个模块当期均衡财务收益(BE)与第二个模块行业品牌贡献比率(BR)相乘,就得到了品牌当期给公司创造的财务收益。

第三个模块是品牌收益强度(BP)。在同一行业中,不同公司品牌的强弱是不同的,它们在未来若干年中能够为公司带来的财务收益也是不同的。这种差别从根本上说来自公司的治理结构、发展战略、管理、所在行业的发展趋势等多种因素的差别,这些差别反馈到品牌资产上,又最终归结为人们对品牌态度和行为的差别。基于这种逻辑,考虑到在资本市场上人们用真金白银的实际行动来表达自己对品牌的态度,由此驱动的公司股票价格就可以准确和充分地反映人们对品牌的评价。因此,清华 CBRC 品牌价值评估模型通过统计上市公司连续三年每一交易日股价的变动数据和上市地点大盘指数的变动数据,来评估同一行业中不同品牌的强弱以及未来前景,并在此基础上计算代表品牌竞争优势和收益多寡的系数——品牌收益强度。将这一模块与前两个模块相乘,即可得到公司具体的品牌价值评估结果。

4.5　清华 CBRC 品牌价值评估的质量保证

清华 CBRC 中国上市公司品牌价值评估方法是以清华大学在品牌领域多年的学术研究积累为基础,集理论、数据、智库三位一体开发出来的,但评估结果是否能够获得广泛的认可和应用,关键还要看是否有完善的质量保证体系。清华 CBRC 中国上市公司品牌价值评估重点在如下四个方面提供质量保证。

(1) 以多维度科学理论作为支撑。本评估方法的计算原理是基于财务要素的品牌资产收益评估法,即品牌价值是品牌能够为企业带来的当前和未来的全部财务收益。同时,本评估方法也吸取了国际品牌价值研究的最新成果，从多个维度为榜单建设提供了理论支撑，以便保证评估过程和结果的科学性。

（2）以上市公司的真实数据作为评估基础。评估所采用的基础财务数据主要来自WIND数据库，公司产品或服务在市场上的财务表现主要采用经过审计的上市公司年报数据，公司在资本市场上的财务表现主要采用公司实时的前复权股票价格数据和相关大盘指数数据，由此来保证评估结果的客观性。

（3）通过中立的第三方研究机构实施评估。本评估是由清华大学经济管理学院中国企业研究中心完成的。在评估过程中不接受任何相关企业的询问和联系，以便保证评估过程和结果的公正性。

（4）借助行业和专业智库提供保障。在2021年中国上市公司品牌价值评估过程中，有来自30多个行业的300余位业界专家和来自40余所高校的知名学者组成的专业品牌智库提供支持，以保证评估结果的专业性。